ALFREDO ALVAR EZQUERRA

Cervantes

ALFREDO ALVAR EZQUERRA

Cervantes
Genio y libertad

temas de hoy. | BIOGRAFÍAS

Primera edición: septiembre de 2004

Segunda edición: enero de 2005

Colección: Biografías y Memorias

© Alfredo Alvar Ezquerra, 2004

© **Ediciones Temas de Hoy, S.A. (T. H.), 2004**

Paseo de Recoletos, 4. 28001 Madrid

www.temasdehoy.es

Diseño de colección: Tau Diseño

Fotografía de cubierta: AISA

ISBN: 84-8460-381-4

Depósito legal: M. 215-2005

Compuesto en J. A. Diseño Editorial, S.L.

Impreso y encuadernado en Artes Gráficas Huertas, S.A.

Printed in Spain–Impreso en España

ÍNDICE

PRÓLOGO   15

CAPÍTULO I.   **«El linaje, prosapia y alcurnia querríamos saber»**   25

CAPÍTULO II.   **«¡Qué mal parece en los gobernadores
el no saber leer ni escribir!»**   73

CAPÍTULO III.   **«Yo me hallé en aquella felicísima jornada»**   105

CAPÍTULO IV.   **«Esta, señores, que veis aquí pintada,
es la ciudad de Argel»**   149

CAPÍTULO V.   **«Ya a vista de tierra de España»**   181

CAPÍTULO VI.   **«Rompe [fama], del norte las cerradas nieblas»**   223

CAPÍTULO VII.   **«Quisiera que este libro, fuera el más hermoso,
el más gallardo y más discreto
que pudiera imaginarse»**   281

CAPÍTULO VIII.   **«Éste que veis aquí, de rostro aguileño...»**   347

NOTAS 377

APÉNDICE 417

CRONOLOGÍA 447

FUENTES Y BIBLIOGRAFÍA 463

ÍNDICE ONOMÁSTICO 465

A los que, por los infortunios de la vida, tenéis que ser rectos padres en la distancia y, en la cercanía, afrontáis con dignidad vuestros papeles de padres, madres, y las necesidades de vuestros hijos.

«Los generosos ánimos, como el tuyo, no suelen rendirse a las comunes desdichas.»

Amante liberal

NOTA DEL AUTOR

Las referencias a las obras de Cervantes remiten a la edición crítica de sus *Obras Completas* realizada por Florencio SEVILLA para la editorial Castalia, Madrid, 1999, 1.220 pp.

PRÓLOGO

Lo habitual es que cuando un escritor está ante las hojas (o la pantalla) en blanco que le llaman para que las ensucie con un «Prólogo», le ocurran dos cosas: o que no sepa qué decir, o sí lo sepa. Si no sabe qué decir, lo que va a ocurrir en los próximos minutos no será muy alentador. Aguardará, tal vez, a que un amigo le encuentre en medio de la turbación y le ayude a salir del paso; también a que paseando por algún mercadillo, la compra de un libelo original y su rápida lectura le inspiren y al volver a casa, siga.

Podría ocurrir que, como decía antes, nuestro autor tuviera las ideas muy claras. Y aun así, tal vez no supiera bien qué hacer, o un escrito largo, o uno breve.

Yo, ahora, ilustrado lector, me hallaba entre los primeros. Pero ni ha venido el amigo, ni he comprado libelo ninguno. Así que me las he de resolver a solas. Mas como el fin es redactar el «Prólogo», y eso es lo que ha de anteceder a mi libro, he de dejar la impresión de que formaba parte de los autores que sí saben qué es hacer un «Prólogo». Pues ya, inmerso en el ejército de éstos, iré viendo si sale largo o corto. En cualquier caso, no querría estar en las filas ni de los poetambres, ni de los sutiles y almidonados.

En nuestros irregulares procesos de socialización, tenemos por costumbre que haya circunstancias, individuos o acontecimientos que nos forjen la personalidad y nos ayuden a bien vivir, o nos avisen de qué es el mal vivir. Para que existan esos referentes, han de haber sido creados o, a lo menos, se nos ha tenido que dar aviso de su existencia. Tanta disparidad de asuntos, personas, sensaciones, símbolos, se alinean construyendo un edificio más o menos estable y ordenado al que llamamos «Cultura», que es, en fin, en fin, la capacidad de ordenar lo diferente. Para que haya una «Cultura», ha de haber, pues, un orden. La nuestra está muy zaherida últimamente, y algunos desorientados se creen que es más inteligente suplantarla por gotitas de una borrasca (que en realidad lo que ocurre es que llega una granizada que me río yo de las nubes de *El Viaje del Parnaso*) que se avecina, que no reordenar lo que hay.[1]

Pues bien, hubo en nuestra estructura cultural un llamado «Siglo de Oro»[2] en el que, como en su propio nombre se indica, proliferaron gentes de creación por doquier. Unos mejores y otros peores, que no sé por qué siempre el que coge papel y lápiz o se sube a un escenario se cree —en fascinante ejercicio narcisista— que «él es». Gentes de creación, digo, que llevaron por donde quisieron y como quisieron los defectos y las virtudes del alma y del ser humanos. De entre aquellos muchos, uno, Miguel de Cervantes, ha ido destacando a lo largo del tiempo hasta convertirse en el gran referente cultural español.

¿Por qué ha sido así? No hay una única respuesta. Sin duda, porque supo transmitir con limpieza sus sentimientos a generaciones de todo el orbe y todas las épocas. Esto es muy difícil de hacer y, acaso, en nuestro mundo actual, tan complaciente con todo lo efímero y lo creado con destino a la inmediata basura, a las generaciones de los deseducados que vienen les resulte difícil de entender. Pero fue y es así.

También Cervantes encarna ese yo que todos tenemos dentro: el de la frustración permanente. Él, como todos, se fijó unas metas y parece que las alcanzó sólo en los últimos meses de su compleja existencia. O sea, un desastre de vida. Como casi la de todos. Pero tiene esa faceta deslumbrante: aunque caía, se levantaba y seguía. A veces lo he imaginado sacudiéndose el polvo del batacazo, de la desilusión, calándose el sombrero, enderezando la espada, mirando de soslayo y marchándose. Como si no pasara nada.

Cervantes fue, también, genial. Cuando los ojos escuecen por el cansancio de tanto manuscrito y tanta letra impresa renacentista leídos, y uno se encuentra ese sinfín de aires nuevos, de provocaciones, de críticas, de propuestas de innovación, de originalidad, da gusto y se agradece. Imaginar a Cervantes en sus tres niveles creadores, comedia, novela y poesía, estrellándose en unos y otros, pero experimentando continuamente, para acabar creando lo que hizo y cómo lo hizo en los años finales de su vida es impresionante. Porque ¡claro que hubo antecedentes y precursores en cada uno de sus escritos!, pero lo que enriquece a Cervantes es que escribió de todo, variado y en cantidad. Y, por si esto no fuera suficiente, le echó una imaginación imparable.

Hay otra razón de carácter nacional: ese regusto hispano por el lamento de lo propio y la satisfacción de no alcanzar metas importantes está también en *El Quijote*: el buen caballero, lleno de ideales, que es apedreado, vejado y burlado por todos sus congéneres, que tienen los pies en la tierra. Dos mundos en perpetuo enfrentamiento, incapaces de escucharse. Lo he visto también en un cuadro magistral, de lo mejor de la pintura española, de Goya, *La pelea a garrotazos*.

El prologuista va animándose. Y no es bueno, que hay que parar. Cuando alguien hace una biografía en serio, quiero decir, con una base epistemológica (con un método de trabajo y unos conocimientos teóricos de lo que hace), busca comprender al ser biografiado y explicarlo, a su manera, a sus lectores (porque espero que no sea a «su» lector). El dilema objetividad/subjetividad está servido. En las páginas que siguen refiero un «mi» Cervantes, tal y como lo entiendo tras algún año que otro aprendiendo el oficio de historiador, que lo he forjado, como todos los que somos, en archivos, bibliotecas, congresos, evaluaciones, gestión científica, tertulias de café y soledad. Mucha de ésta. Con ello quiero decir que una biografía no se hace en un par de meses. Para hacer una biografía, además la de un personaje tan manido como Cervantes, se recurre a la mejor biografía, a la más documentada, y se mejora. En nuestro caso, el trabajo consistió en el profuso manejo de la de Astrana (como ha de hacer todo cervantista), que, con sus siete tomos y sus miles de documentos, es, en muchos aspectos, insuperable aunque de cortado carácter romántico: es una biografía que se debería haber hecho setenta años antes, pero la mente colectiva intelectual española estaba preguntándose a esas alturas del siglo qué era. Y aún no se ha respondido. Así que la gran biografía documental de Cervantes está hecha en la posguerra española y de entonces acá ha llovido bastante. Era necesario modernizar algunos de sus puntos de partida, o profundizar en cuestiones colaterales del ambiente social de Cervantes que a él ni se le ocurrió que se podría hacer. La segunda de las grandes biografías de Cervantes, con importante sustento de Astrana, es la de Canavaggio —y que me perdonen cientos más. Excelente y sintética; original e importante en muchas de sus consideraciones, sin duda. Pero —y no es una crítica— acaso insuficiente para un historiador. También me pareció deliciosa la de Riquer, en donde, además de su mesura, está su ingente ciencia y experiencia filológica. Y, por cierto, una gran virtud: Riquer escribe con una claridad sólo propia de los grandes maestros, de esos que, como tienen las ideas muy claras, no necesitan ser oscuros para parecer que son profundos.

Ha habido otros escritos ensayísticos —también mucha cosa de frívola creación— y mucho, muchísimo redactado por filólogos. Pero no por historiadores. Entonces, tuve la fortuna de aparecer por allá y se me propuso este reto. Dedicado un par de décadas a la comprensión de los comportamientos políticos y sociales de los siglos XVI y XVII, ¡cómo no iba a enfrentarme a Cervantes! Sondeé archivos y me di cuenta de que casi todo había sido rastreado ya. Sin embargo, por el carácter de esta obra, la investigación más rigurosa sobre algunas cuestiones, la dejo para presentarla en algún congreso. He contado con los trabajos de transcripción paleográfica que llevamos lustros haciendo en el Consejo Superior de Investigaciones Científicas (en concreto, la de las Actas del Ayuntamiento de Madrid desde 1561 a 1598, labor realizada —a día de hoy— por los doctores Teresa Prieto, Juan Carlos Zofío y García Guerra, y los licenciados Leonor Zozaya, Miguel Ángel Sánchez y Beatriz Valverde, con financiación de la Comunidad de Madrid) y que me han servido para perfeccionar parte de ese ambiente cervantino.

Mi aportación ha sido, con los datos documentales existentes, con las últimas tendencias para la comprensión del reinado de Felipe II y con los hitos biográficos más rigurosos, no los ensayos ni novelas, ofrecer la visión de un historiador sobre la vida de un hombre —singular por su creación literaria— común al de varios millones más con los que hubo de convivir en la cercanía y en la lejanía. Mi formación en las largas series demográficas o económicas y en sus teorías y métodos acaso ha llegado a su fin como objetivo último, nunca como medio de conocimiento. No creo que se pueda escribir una biografía sin haberse empapado antes de Historia, y mucho menos sin haber practicado «historia-serial», estadística. Por otro lado, no creo que pueda haber historiadores del Siglo de Oro si no se han leído la Literatura —precisamente— del Siglo de Oro. Perdida la tradición (a su manera genial, a su manera criticable) de Deleito Piñuela, Astrana, Ricardo del Arco y tantos más, convencido de la falta de respuestas de las ideologías estructuralistas, dogmáticas y mesiánicas, busco en la historia documentada y en la historiografía (que es, desde un punto de vista epistemológico, el meollo de la Historia) respuesta a todos mis interrogantes, que proceden de dos espacios próximos, convergentes, el de historiador y el de ciudadano; interrogantes, zozobras o certidumbres que son, en muchas ocasiones, los tuyos, paciente lector. Ahora Cervantes, en su día Isabel la Católica, antes había sido Carlos V, me han generado inquietudes intelectuales que van rellenando ese vacío siempre imposible de cubrir que es el saber. Sé que dentro de unos años, este libro lo habría escrito de otra manera, o acaso no suscitará mi interés. No importa: era hoy cuando había que hacerlo. El conocimiento histórico es subjetivo, cambiante y voluble; la Historia no. Como todas las Ciencias. A quienes desprecian, desde su infortunio, las Humanidades, recuérdales que todo, absolutamente todo lo sabido sobre la Medicina desde que el hombre es *sapiens,* hace sólo cincuenta y un años que se viene abajo, con Francis Crick y James Watson; recuérdales qué pasa con la Astrofísica; pregúntales por la Física. Y, sin embargo, las enfermedades y los seres vivos existen; las estrellas deambulan por el cosmos y, probablemente, ya dos cuerpos puedan ocupar el mismo espacio. En fin, abomino de aquellos que usan el conocimiento histórico como un panfleto, del signo que sea, y anteponen la justificación de su subjetividad al plegarse a la objetividad de las evidencias.

Mi trabajo ha consistido en comprender y explicar. Comprender a Cervantes y sus mundos; explicárselos al desocupado lector como he podido. No he buscado, en ningún momento, ni «construir» un Cervantes así o asá (no me tengo por entre los poetas posmodernos), ni demostrarme lo acertado que soy —o estoy— porque Cervantes encajara en «mi» rompecabezas intelectual. Sencillamente, me he dejado llevar por Cervantes... por lo que he ido aprendiendo de él o de la bibliografía, huyendo de interpretaciones esotéricas, grises o graciosas, que caben en el mismo saco.

Y una vez que he ido sabiendo de Cervantes, he ido pasándotelo como mejor he podido, pero con una doble intención: pretenderé, a veces, que reflexiones sobre la diferencia sustancial que hay entre la creación y la investigación, lo penoso que es estar sujeto a la disciplina del documento; me ha espoleado también el que compartiéramos juntos pensamientos e ideas de Cervantes que me seducen y me parecen plenamente enriquecedoras; también he sentido interés por decirte que nuestros orígenes culturales directos son éstos, que éste fue nuestro Siglo de Oro. He rehusado las grandes interpretaciones de la Historia de España que se intentan resolver en una sola frase, ese torerío de salón tan fácil de hacer. Prudencia, prudencia.

Muchas veces me he preguntado que por qué seguía escribiendo, con todo lo que se había hecho ya. A veces, apagaba el ordenador. Otras, por el contrario, me intentaba animar pensando que el que seamos inteligentes tiene unos costes enormes, así nuestra tardanza en la independencia biológica, así nuestra incapacidad de habernos instalado todavía en el mundo; como nunca lo conseguiremos, siempre debatiremos, abstraeremos... pensaremos. Y esto es un infinito suma y sigue. Agotador. Fascinante.

Por otro lado, creo que si te interesan Cervantes y su mundo, formas parte de esa legión que, aun partícipe de la psicocultura moderna (ya que no hay otro remedio), no está obsesionada con el racionalismo utilitario, aquel que enfoca todos sus esfuerzos intelectuales y técnicos en controlar más confortablemente el espacio vital que le rodea... cueste lo que cueste. Por el contrario, usas de tu inteligencia para saber que existen otras formas y otros fondos (y que hay muchas veces en que se debe escoger, menospreciar); que hay, en efecto, estructuras comunes en el comportamiento humano independientes del sistema legal-social; y que aprender sirve para evadirse, o angustiarse. Si puedo colaborar en algún momento de evasión, habrá sido un placer.

Quien no piensa no cultiva su inteligencia. El pensamiento se configura amasando representaciones y conceptos. Las representaciones, a su vez, se han creado o por la memoria, o por la imaginación. Los conceptos, por la capacidad de racionalizar, de abstraer, vivencias o ideas. No es difícil imaginar que a una persona medianamente inteligente le atraiga cómo otra ha moldeado su cabeza y lo ha expresado. Más aún, si con él se está de acuerdo; más todavía si la formulación del otro fue hace cuatrocientos años. Entonces, se convierte en nuestro mito. Por ello, nos cautiva Cervantes: por su fondo. Pero ¡es que lo decía magistralmente!... Nos cautiva también por su forma. En *Viaje del Parnaso,* exclamó vanidosa y orgullosamente: «Yo soy aquel que en la invención excede a muchos».

Además, la lectura de Cervantes, o la imaginación de «quién» fue, nos lleva a concluir que su personalidad estaba regida por una ingente dosis de amor a la libertad, a la independencia, a la autocrítica (que no le hace cobarde), a la crítica social, pero a la vez con ganas de integrarse plenamente entre los suyos. Ello, además, aderezado con un profundo sentido del humor y con una admirable capacidad de trabajo. Se trata, parece ser, de ciertos rasgos de la personalidad del genio.[3] Y los admiramos. Entre otras cosas, porque en mucho nos identificamos con él, con el genio, con Cervantes, quería decir: en su lucha contra las normas vacuas, en la defensa de las que nos hacen grandes; en el denodado esfuerzo que requiere el trabajo creativo, esfuerzo espiritual, vital y anímico; en la obstinación por empezar un trabajo y concluirlo con bien; en la ilusión de plantearse constantemente metas nuevas; en el trato poco agraciado que se ha recibido; en la satisfacción del reconocimiento, cuando llega; en la complicidad entre él y nosotros porque nos sabemos mental y anímicamente muy vulnerables. En su fe en la libertad individual.

La vida de Cervantes mueve a la conmiseración y a la admiración. Por eso, es inacabable y cada generación, oficio, o corriente cultural, por no decir que cada autor, hará un «su» Cervantes. Éste es, amable lector, el mío. No obstante, como decía antes, ha nacido de la lectura de papeles, de manuscritos y de libros impresos sobre él; pero, sobre todo, nace de mi formación como historiador, no de mi sola imaginación. Tiene deudas con los que me precedieron; espero generar alguna para los que vengan detrás. Aunque no venda la expresión, ésta no es, no puede ser, la biografía definitiva de Cervantes. Es una cuestión de humildad intelectual.

He pretendido tejer una red que me satisficiera, según los cabos que había sueltos. No todos, por cierto, pero los suficientes. Al final, el esfuerzo me ha compensado, aunque sospecho que superado: Cervantes y su mundo me siguen fascinando. Las grandes incógnitas de su existencia, también. En román paladino, «sigue habiendo Cervantes para rato».

Ahora he de poner punto y final. Lo hago recordando a mi hijo Jorge, en el verano de 1993, en Albany, leyéndose la edición de Clemencín de *El Quijote*, en la misma habitación donde yo me empapaba de sociología de los grupos sociales o buscaba arbitrios en Cervantes; recuerdo a mi hija Silvia, leyendo poco a Cervantes, es verdad, pero asumiendo con abnegación y paciencia el ser equipo de apoyo en la redacción de estas páginas, en libre elección de su función social. Sea.

Si dejara al margen a todos los que habéis estado interesados en «mi» Cervantes, pecaría de desagradecido: sin embargo, no puedo poneros a todos, comprendedme. Aunque voy a hacer tres excepciones que han sido clave en el alumbramiento de este libro: la primera, la editorial Temas de Hoy e Isabel Prieto cuando formó parte de él; la segunda, mi hermano Carlos, que se creía que esto iba a terminarse algún día; la tercera, mi madre, que nos enseñó a leer... con humor y animosidad, de la vida.

¡Cuánto querría que se me recordara (aun a pesar de que el primer capítulo no haya podido ser más ágil) con algo similar a «en efeto, lo que yo alcanzo, señor bachiller, es que para componer historias y libros, de cualquier suerte que sean, es menester un gran juicio y un maduro entendimiento» (*Quijote*, II, III), o sea, que te gustara este libro.

Creo que al final me han faltado páginas para las palabras que no salían. Perdona.

En Madrid, en la calle Cervantes.
23 de abril de 2004

CAPÍTULO I

«El linaje, prosapia y alcurnia querríamos saber»

Preliminar

En una modesta vivienda de la calle León con Francos, en la Corte del Rey Católico, da sus últimos jadeos un individuo ya anciano, con 69 años a sus espaldas, bien cargadas de todo, de experiencias, sinsabores, sufrimientos, pero también de alguna complacencia que otra. Es un hombre fuerte de espíritu, de carácter indómito, poseedor, en esas horas, de poco más que un acendrado sentimiento de la libertad personal y de la dignidad del individuo.

En algunos cientos de casas de sus convecinos, de los otros súbditos del rey Felipe III, hay libros escritos por él, de diferente fama. Le habría gustado dar a la imprenta más, para mejorar sus primeras publicaciones, para exteriorizar otros sentimientos de los que tiene dentro, para seguir viviendo y defendiéndose, por medio de la escritura, de esa mujer, siempre impertinente cuando aparece y nos invita a acompañarla, que se llama Muerte.

Tanto es lo que le apasiona el escribir que, sumido en la confusión de la conciencia que va y viene caprichosamente; sediento, porque el cuerpo le pide líquidos sin parar; reconfortado, porque ha puesto el alma a bien con Dios desde años atrás, desde que empezó a sentir que los asideros a esta vida eran tan frágiles como perecedera la Fortuna, reconfortado —digo—, porque ayer le dieron la extremaunción, hoy se ha decidido a escribir la última de las dedicatorias de sus obras a su gran señor, el VII conde de Lemos, virrey de Nápoles. La escribe, tal vez la dicta, con pulso o voz temblorosos, pero sabe bien cómo: se siente con «el pie puesto en el estribo de la muerte»; nota que ella le llama con sosiego aunque él no tenga ganas de acompañarla; piensa que su tiempo es breve y por dos veces usa la misma palabra, «ansias» de la muerte, «ansias» que crecen. En el lado opuesto, la esperanza, que mengua por doquier, y eso pese a que, por encima de todo, desea vivir. Aunque resignadamente, lo acepta: «Cúmplase la voluntad de los cielos», no sin revolverse en inquietante lucha, porque sabe que cuando el homenajeado vea lo que está escribiendo, él ya habrá muerto. A su manera, se habrá vengado contra la Muerte, porque aunque su cuerpo se haya ido, su espíritu hablará de nuevo en esa dedicatoria, que no ha sido oída antes. Pero sufre. Sufre porque se apaga la fuerza vital, y sufre porque en la faltriquera de la imaginación quedan muchas cosas preparadas, pero que no ha habido tiempo para redactarlas. Rabia. Pero inmensa grandeza: porque si no entonces, poco antes se ha despedido de todos, ofreciendo una sonrisa y una genial complicidad a cuantos con él han pasado la vida: «A Dios, gracias; a Dios donaires; a Dios, regocijados amigos —y ésta es la penúltima genialidad de este gran personaje en el lecho de muerte— yo me voy muriendo, y deseando veros presto contentos en la otra vida». No hay mayor generosidad que compartir el sentido del humor; nada mejor que esperar los reencuentros; ninguna obra de teatro superable a hacer de la propia muerte una llevadera escena en que cae el telón, sí, pero para continuar más adelante. El cuándo es cosa de otro facedor de comedias y tragedias.

A su alrededor, en esos últimos días y en ese 22 de abril de 1616, han estado gentes diversas, pero los sentidos turbados no dejaban verles bien los rostros. Sin duda, le han acompañado miembros de la Venerable Orden Tercera de San Francisco; el licenciado Francisco López, párroco de San Sebastián, le ha dado los santos sacramentos; allá ha estado su esposa Catalina; pero no adivina del todo el rostro de su hija Isabel.

Se van mil y un sentimientos, no pocas desazones y virtudes; curiosidades e imaginaciones. Pero también enigmas, decenas de enigmas de una vida complicadísima y ajetreada, valiente. Nacido en el seno de un grupo estigmatizable, el de los descendientes de conversos, tuvo que organizar su vida en función de unas estrategias que le permitieran vivir tranquilamente. No obstante, eso no fue lo único que le movió en su paso por este valle de lágrimas. Convencido cristiano (esto no haría falta ni explicitarlo), creyó en su adscripción religiosa, en su rey y en el tronco cultural que animaba a sus connaturales. Pero, al mismo tiempo, porque era un hombre ferviente creyente en la libertad, fue audaz crítico de su sistema social. Parcial disimulación, fe en los suyos y criticismo son, pienso, los tres pilares sobre los que se asentó su existir. ¿Contradicciones? Naturalmente, por todas partes. Porque era inteligente y esperaba más y más; porque veía qué ocurría a su alrededor: nació en tiempos de Carlos V, el año de la batalla de Mühlberg, y murió entrado el reinado de Felipe III, en una sociedad estamental en la que él no era hidalgo, pero parecía que él y su familia llevaron vida noble, en que quiso ser un gran poeta y no lo logró, soldado y en el primer lance le dejaron manco, en que se casó y huyó —o lo echaron— del hogar: ¿cómo no va a tener contradicciones?

Mas por encima de todo, aderezó su vida de manera espectacular: lejos de amedrentarse y retirarse, que es lo propio que suele hacer el ser humano, cada caída, cada obstáculo, le sirvieron para crecerse.

Alcalá, ¿29 de septiembre? de 1547

Nació en Alcalá de Henares y, aunque no se sabe bien el día, debió de ser allá por el día de San Miguel (29 de septiembre) de 1547, y a él le encomendaron, y fue bautizado, transcurridas unas jornadas, el 9 de octubre en la iglesia de Santa María.

Alcalá era ya por entonces afamada ciudad universitaria que contaba, según el censo de 1530 de la Corona de Castilla mandado hacer por Carlos V, con 850 vecinos pecheros (esto es, del estado llano).

Pero ¿por qué en Alcalá? La respuesta está en la vida llevada por los ancestros; aquellos suyos que fueron convertidos de judíos (y probablemente, pasando las generaciones, verdaderos cristianos como nuestro protagonista), que explica todos y cada uno de los comportamientos de Cervantes, ora disimulando, ora buscando ser aceptado en el grupo mayor, el de los cristianos sin mácula. Los antepasados habían recalado en Alcalá, lugar del oriente madrileño que, como Buitrago o Torrelaguna, entre otros, era cuna de muchos judíos y de conversos: ¿qué sentido tiene la espectacular iglesia de esta localidad en tan discreto pueblo, sino como símbolo de implantación de la fe triunfante y cabeza de la catequización de la zona?[1]

Alcalá de Henares era bien conocida ya desde finales del siglo XV y más aún desde los inicios del siglo XVI gracias a la fundación cisneriana.[2] El Cardenal pretendía que, habida cuenta de los problemas de transmisión de la fe o de comprensión del ministerio litúrgico por muchos clérigos, así como el desconocimiento de un texto bíblico puro, era necesario reformar la Iglesia y sus instrumentos. La empresa la acometió desde varios frentes. Uno de ellos, espectacular sin duda, fue por medio de la creación de una Universidad en la que, reunidos los más grandes filólogos del momento, se limpiaran de impurezas los textos sagrados y, al fin, se fijara uno perfecto y puro. Aunque no pudo reunir a todos los sabios que él quiso (uno de los más necios y despectivos al rechazar la invitación —en 1517 escribe a santo Tomás Moro aquel famoso «*Non placet Hispaniam*»— y que esta vez no supo estar a la altura de las circunstancias fue Erasmo), sí que pudo confeccionar su *Biblia Políglota Complutense*, obra cumbre del humanismo cristiano europeo.

Alcalá, lugar de feraz vega y de importantes restos arqueológicos bien conocidos en el siglo del Humanismo, fue descrita, alabada o incluso comparada (ganando en el envite) con aquel pueblo que había cerca de ella y que, de origen árabe, se llamaba Madrid. Los bien hermosos textos del portugués Gaspar Barreiros han sido manejados en más de una ocasión:

> [Alcalá] tiene mejores casas en general que las comunes de Madrid
> [...] Tiene una calle muy cumplida con porches a uno y otro lado,
> debajo de los cuales hay muchas tiendas de mercaderes de toda suer-
> te [...] Fue llamado antiguamente *Complutum*, de cuyo nombre hacen
> mención Plinio y Tolomeo [...][3]

Había por aquel entonces en Alcalá poco más de dos mil estudiantes
universitarios, repartidos por los colegios y los hospedajes de la ciudad.
Miles de estudiantes, notabilísima cantidad de mercaderes: no es de extrañar que hubiera una ajetreada vida vinculada al dar de comer, vestir y
calentar a tal cantidad de población.

Sin embargo, a partir de la década de 1570 las glorias de antaño
van convirtiéndose en angustias. Por un lado, las «exenciones de jurisdicción» o «las ventas de privilegio de villazgo», que suponían el que
de una localidad mayor se desgajaran otras menores (de una villa se
separan sus aldeas) llevándose —previo pago al rey— la administración civil y criminal, así como una parte del término municipal colectivo, supusieron para Alcalá un notable daño: fue una de las contribuciones de Alcalá al mantenimiento del imperio. Además de ello, el
establecimiento de la Corte en Madrid desde 1561 provocó el que una
parte de la emigración acabara el viaje en la ciudad del Manzanares y
no en la del Henares, y eso aun a pesar de la dependencia cultural de
Madrid con respecto a Alcalá. En fin, a finales del siglo, hubo una
situación puntual que agravó la tendencia hacia la crisis económica y
demográfica que empezaba a asolar el interior peninsular. Unas dra-
máticas inundaciones en septiembre de 1598 promovieron al Consejo Real a mandar a un juez de comisión a que averiguara qué había
ocurrido. Este Jorge de Tovar informaba impresionado que el daño
pasaba de los 230.000 ducados y que «tardará en recuperarse más de
40 o çinquenta años», por lo que proponía que hubiera una rebaja de
impuestos y que se repartiera dinero entre los dueños de las 363 casas
caídas. Luego, la peste. No eran buenos momentos para empezar el
siglo XVII.[4]

El hosco abuelo, Juan de Cervantes (antes de 1490-*circa* 1556)

No obstante, los orígenes de los Cervantes hay que situarlos en otra ciudad: en la andaluza Córdoba. Los primeros documentos fidedignos de aquel linaje se remontan a 1463.[5] Por cierta carta de pago sabemos que el tatarabuelo de Cervantes se llamó Pedro Díaz de Cervantes, parroquiano de San Nicolás y... no sabemos nada más. Un hijo suyo fue Rodrigo Díaz de Cervantes, vecino de San Bartolomé, de profesión pañero.

Este bisabuelo de Cervantes, Rodrigo Díaz, se casó con Catalina de Cabrera. De aquel matrimonio nacieron las siguientes criaturas: Catalina de Cervantes, María de Cervantes, y Rodrigo de Cervantes, Miguel Díaz y Juan de Cervantes (hacia 1470). Recuerde el lector que entonces no se heredaban directamente los apellidos paterno y materno, sino que se podía elegir el orden antroponímico, o incluso cambiarse, o ponerse el que se quisiera.[6] Advierta el lector cómo el Díaz se abandona y se suplanta por el Cervantes (sólo un indicio: muchos «Díaz» eran tenidos por judeoconversos). Creo que también responde a este proceso, a esta estrategia de difuminación social, el hecho de que a las dos hijas del pañero se les impida continuar con el linaje y se las meta a monjas en el convento de Jesús Crucificado.

El hijo Rodrigo tomó hacia 1490 el hábito dominico e ingresó en el convento de San Pablo. Su carrera eclesiástica fue rica en ascensos: vicario (1533 y 1537) y subprior (1542 en adelante). Murió al mediar el siglo, hacia 1551 o 1552.

Juan de Cervantes nació antes de 1480; y hacia 1492 era un muchacho postadolescente.

El pañero fue hábil en la estrategia de la difuminación social de los hijos: a Juan le pagó estudios de Derecho en Salamanca y, ya en 1500, ejercía como abogado de rentas de la ciudad de Córdoba. Es decir, el pañero formaría parte de un grupo de poder urbano: si no, ¿cómo iba a lograr que un hijo recién licenciado pudiera defender los intereses de la ciudad en materia de rentas? Por cierto, ¡de rentas!

Evidentemente, aquel pañero no era un vendedor de telas, sino que fue un mercader al por mayor y bien ostentoso de su abundante caudal.

A finales de 1503 o principios de 1504, Juan de Cervantes se casó con Leonor Fernández de Torreblanca, analfabeta. Ella era hija del bachiller Juan Díaz de Torreblanca, médico y cirujano[7] que tuvo nueve hijos. El 29 de mayo de 1504, habida cuenta de que el matrimonio ya se ha celebrado, Juan reconoce haber cobrado 50.000 maravedíes de su suegro como parte de la dote comprometida. El matrimonio se celebró en Córdoba y de Córdoba fueron Rodrigo, padre de Miguel, y probablemente el resto de sus tíos. Ahora bien, frente a esta afirmación, una declaración judicial del propio Rodrigo en que se declara «natural de Alcalá de Henares». De estas cosas que no podían constatarse documentalmente creo que se puede desconfiar y conjeturar cuanto se quiera, porque, a falta de registro escrito, una familia podía intentar revolver sus orígenes para que no se conocieran, si en ello les iba tranquilidad social o beneficio. Dice una crónica manuscrita que:

> [El marqués de Priego] estando el rey don Fernando [el Católico] en Nápoles soltó muchos presos por herejes de la cárcel [de Córdoba] de la Santa Inquisición...[8]

Muchos herejes-judaizantes presos en Córdoba liberados hacia 1507, aprovechando el vacío de poder en que estaba sumida Castilla, con la reina legítima enajenada, el rey consorte muerto, el gobernador Fernando en Nápoles...

Volvamos a los Cervantes-Fernández Torreblanca de Córdoba. En 1505 tuvieron el primer hijo, que murió hacia 1509; cuatro o cinco años más tarde nació Rodrigo (el padre de Miguel). Así que entre 1504 y 1510, se estabilizó la vida de los abuelos de Cervantes: hijos, empleos importantes, mudanzas de residencia. En efecto, sabemos que en 1508 era el abogado de Córdoba en los pleitos de esta ciudad en materia de rentas; en 1509 se trasladaron a Alcalá de Henares porque fue nombrado teniente de corregidor de la ciudad universitaria: ¿casualidad, o promoción social para salir de la ciudad —de Córdoba— de los herejes?

En Castilla empezó a haber presencia del rey en los Ayuntamientos ya en tiempos de Enrique IV. Sin embargo, esa presencia se hizo efectiva desde tiempos de Isabel. A esos individuos, que eran los presidentes de los ayuntamientos, se les llamó corregidores. Los hubo en algo menos de noventa municipios. Ya que eran los presidentes de los ayuntamientos por designación real, defendían —o así deberían hacerlo— los intereses de la Corona frente a los de otros grupos. Ocurría que algunos de ellos eran hombres de capa, hechos en el mundo de las armas, y sabían más bien poco de letras, de leyes. Para suplir tal carencia eran asesorados por expertos jurisconsultos, los tenientes de corregidor. Desempeñando la Tenencia del Corregimiento de Alcalá es cómo Juan de Cervantes llegó, hacia 1509, a esta villa. Ahora bien, como el de corregidor era oficio —en principio— anual, imponía cambios de destino a quienes lo disfrutaban o a sus *ad lateres*. Así las cosas, los Cervantes han vuelto a Córdoba en 1511. A lo que se dedica la familia en los años siguientes es un misterio, pues no hay documentos. Hicieron vida normal, porque Juan obtuvo permiso para traficar con una carga de vino y porque en 1515 dio un poder para que un intermediario le vendiera un par de borricas en Sevilla. Pocos testimonios para cuatro años de vida de un abogado que había sido teniente de corregidor: ¿se había eclipsado su estrella; se había truncado su *cursus honorum*? Volvió a ser teniente de corregidor de Córdoba en 1517 y de Cuenca en 1523: ¡Cuenca, donde tantos conversos había! No hay otros datos de peso; acaso, que debió de vivir en Toledo.

Sin embargo, en 1524, en un juicio de residencia (una inspección para ver cómo se ha ejercido el oficio público), se destapan ¡veintiuna demandas contra él!, a cada cual mejor para construir una novela picaresca: por ejemplo, fue sentenciado por quitarle de un manotazo la gorra a uno por la calle porque se cruzó ante él cubierto, y eso que le había sacado de la pobreza; fue sentenciado a pagar el valor de un buey a su dueño, al que se le había perdido, y andando por las carnicerías de Cuenca identificó a la res porque «topé con un cuerno de él, por lo cual conocí que en la dicha carnicería le habían muerto» con autorización del teniente de corregidor; se registraron varios abusos de autoridad, en ocasiones so color de banderías urbanas que a buen seguro encerraban algo más que pescozones o nimias afrentas públicas; al despensero y cocinero le escatimó el pago de sus servicios, al parecer porque también le había rescatado de la mendicidad en Toledo y debía considerar que con aquello ya le habría sufragado bastantes gastos y de por vida. A otros los excluyó de las listas de candidatos a oficios municipales; tuvo otro rifirrafe cuando se tomaron las cuentas de los bienes de propios de Cuenca; el proveedor de velas de la ciudad aún está esperando verlas después que se las requisara el teniente de corregidor; otra vez mandó en horas intempestivas a guardas rurales de Cuenca a perseguir ganados; la mujer de un preso se quejaba de que el teniente le había birlado los enseres de la cama que mandaba a la cárcel a su marido y de que, además, le cobraba alquiler de cama, como si no aportara nada desde el exterior; a otro le sometió arbitrariamente a tormento y tortura con sus propias manos.

Así pasaron aquellos «dinámicos» trece meses de Juan de Cervantes en Cuenca. Curiosamente, sus descendientes acallaron ese destino oficial del abuelo: mejor que no se hablara de tan estrafalaria estancia. Y, nuevamente, los silencios, hasta 1527.

En ese año es nombrado alcalde de las Alzadas de Guadalajara por el III duque del Infantado —don Diego Hurtado de Mendoza— a instancias de don Luis Méndez de Sotomayor, administrador del convento en el que estaba enclaustrada la hija de Juan. En ese año se trasladó con la familia a la ciudad alcarreña. Don Diego Hurtado de Mendoza ha sentido la necesidad de rejuvenecerse y la elegida es María de Maldonado, con la que se casa en 1530 en secreto (su confidente es Juan de Cervantes), y la dota con una importante suma de dos millones de maravedíes. El buen vejete muere (¿de amor?) en 1531 y ella hereda el quinto de los bienes.

El futuro duque no puede soportar ni la afrenta del matrimonio en secreto, ni la pérdida de una suculenta ración de la herencia.[9]

Juan de Cervantes paga no pocos platos rotos en una odisea en la que podemos perdernos con harta facilidad: además del enfado por lo del matrimonio secreto, el duque joven se la tenía jurada por otras causas, así que en 1532 fue despedido, ya que las relaciones carnales mantenidas por la hija de Juan de Cervantes, María, y un bastardo del duque, habido con gitana, don Martín de Mendoza —que era clérigo, archidiácono, y fue propuesto para la mitra toledana—, acabaron en pleito: la mujer, María de Cervantes, había sido su barragana y había parido. El escándalo, aderezado con acusaciones y probanzas, se fue saldando con un paso por la cárcel de Valladolid de Juan de Cervantes y, luego, con el pago de una indemnización del Mendoza a los Cervantes de 600.000 maravedíes. Entre medias, éstos se habían trasladado a Alcalá de Henares: sabía bien encarnar el agrio abogado las luchas del poder: si en Guadalajara estaban los Mendoza, en Alcalá —a la sombra del arzobispado— los Fonseca. Así, lo que uno me quite, me lo dará el otro. Desde el dictado de la sentencia: «Se llamará María de Mendoza».[10]

Parece ser que aquellos amores no fueron mal del todo a los Cervantes. Era público y notorio que la familia vivía en Alcalá con «grande fausto y gasto», o que solían acompañarse «de gente noble»; también, que «tenían esclavos y otros criados»; exteriorizaban en ropajes y telas su riqueza con «fantasías que semejantes hidalgos y caballeros suelen y acostumbran tener y traer en esta villa» de Alcalá. Todo aquello les servía para estar en «posesión de hijosdalgos notorios, sin pechar ni contribuir en los repartimientos acostumbrados ni derrama alguna»... Vivían como nobles y como a tales se les tenía, o se les debía tener. Han comprado dos casas, una en la calle de la Imagen, la otra la que se conocía como *La Calzonera*.

El bastardo del duque había ido anotando lo que había regalado a la mujer y hoy conocemos esos agasajos: dinero en efectivo, sedas, sartas de perlas, cadenas y brazaletes de oro; piedras preciosas engastadas, así diamantes, rubíes y zafiros; relojes de plata; martas; alfombras lujosas, colchones de lo mejor; colchas excelentes; arcas forradas en cuero; una jaca con sus guarniciones y silla; candeleros —por supuesto, de plata—; ciento veinticuatro botones de oro... La pobre muchacha apenas había recibido nada por sus favores carnales del clérigo aspirante a obispo. En fin: además de todo lo que anotó el clérigo (¿cuánto y qué es lo que no anotaría?) hubo de pagar la indemnización antedicha.[11] La fortuna que por esa peculiar vía femenina habían extraído los Cervantes a los Mendoza fue lo que les dio un importante respiro económico y consolidación en el ascenso social. Como ha escrito, sobrado de sentido del humor, Lope Huerta, «don Martín no olvidaría fácilmente, por acaudalado que fuese, a su amante María de Cervantes. Ni a los suyos».[12]

Así las cosas, y viendo como esas formas de vida se repetían por doquier, no es de extrañar que Erasmo dedicara tan respetuosas palabras a los sacerdotes en *El elogio de la locura*, o que Cisneros e Isabel la Católica tuvieran esa prisa por reformar la disciplina de los ministros de Dios.

Fueron buenos años en los que el abrupto abuelo habría logrado un reconocimiento social que, aunque fuera tan áspero o falso como él mismo, servía: en Alcalá, y a saber desde cuándo (que el cómo ha quedado claro: con dinero y ostentación), se hacían pasar por hijosdalgo. No está mal la habilidad estratégica de este hombre que, de mercader de paños, había logrado reconocimiento social a pesar de su ineptitud para administrar justicia.

Desde esos años la estrella era más rutilante que antaño. Anduvo por Ocaña (1536-1537) y, al fin, como corregidor en Plasencia (tal vez desde 1538 a 1541).

Entonces empieza una nueva fase en la vida del hosco abogado y de su familia. Su esposa se quedó en Alcalá con tres hijos, en clara manifestación hostil contra el marido. Mas a este monstruo nada le amilanó: de Alcalá se fue despechado a Córdoba, con su hijo Andrés, y en la cuna andaluza se benefició a María Díaz. Los tres, amén de otros criados, se fueron a Plasencia porque el padre tenía que presidir el corregimiento.

En el verano de 1541 el duque de Sessa le nombró alcalde mayor de Baena, Cabra e Iznájar. En Cabra fijó la vida su hijo Andrés.

La vida de la familia, partida en dos, continuó. Unos eran bautizados en Alcalá; otros deambulaban por Andalucía hasta recalar en Córdoba, de nuevo, en donde fue nombrado juez inquisitorial para administrar los bienes de los penitenciados (en 1550). Al año siguiente fue nombrado letrado del ayuntamiento de Córdoba. Meses después se da una situación un tanto curiosa: la esposa abandonada (o la esposa que echó al marido)[13] y Rodrigo recalan, tras azarosa existencia, en Córdoba (1553). Al principio no hay tratos entre padre e hijo; luego, el padre de Cervantes es colocado gracias a la intervención del extraño abuelo Juan. Sin embargo, el marido Juan vivía en un lugar y la esposa Leonor en otro. Y eso que el marido era familiar de la Inquisición:[14] ¿no es extraño que con piezas tan destartaladas funcione un reloj?

El caso es que hacia 1556 murió el abuelo Juan, dejando todo —dicen— a su amante,[15] y en 1557 la abuela Leonor, que firmó un confuso testamento, en el que acallaba a unos descendientes, dignificaba a otros, confundía a los terceros. Un testamento tan arbitrario como pudo ser su vida.

Rodrigo, padre de Miguel, quedó liberado de las cargas familiares progenitoras en ese año. Mas no en las de la descendencia: cirugía, esposa y seis hijos. Difícil futuro, sin duda.

El padre, Rodrigo (*circa* 1509-1585), un desgraciado y la madre, Leonor de Cortinas (*circa* 1520-1593), un carácter.

«El padre del más famoso y universal de nuestros escritores no fue, con toda certeza, un hombre feliz.» Tal aseveración se la debemos a Lope Huerta, el mejor conocedor de los Cervantes de Alcalá.[16]

Rodrigo de Cervantes era un cirujano, con la desestima social que ello comportaba. Era también, sin lugar a dudas, descendiente de judíos y de conversos, con el estigma que eso suponía en aquel siglo XVI. Precisamente, este hecho social es el que explica los desvaríos de su padre y de él mismo; también algunas actitudes de Miguel. Los frecuentes cambios de domicilio; la ocultación del rastro vital; la vuelta, en los momentos difíciles, al lugar de concentración del linaje (Córdoba); la ostentación (o mejor dicho, la necesidad de ostentar); las actitudes antisociales; la violencia contra el otro en el momento de alcanzar el poder; la necesidad vital de demostrar que no se pertenece al grupo de los estigmatizados, sino al de los «puros»...

Y, si todo ello no era suficiente, la contemplación de la separación de los padres, el abandono —o la expulsión implícita o explícita— del hogar conyugal de su padre; el extraño reencuentro en Córdoba, con el hermano triunfador y la querida del padre, son hechos más que suficientes para que viviera siempre apesadumbrado por su destino. Además, económica y laboralmente, todo le iba mal y estaba cargado de hijos: ¿algún respiro en la vida; alguna esperanza en el destino? Evidentemente, no: todo sombrío, triste, gris.

Nació en Alcalá hacia 1509 y anduvo tras los pasos del padre por Córdoba, Toledo, Cuenca, Guadalajara y los otros sitios ya reseñados.

Reinstalado en Alcalá tras la verbena de la hermana, empezó a ejercer aquella ínfima profesión de cirujano en una ciudad en la que proliferaban los médicos formados en la Universidad con conocimientos (al margen de la resignación cristiana ante cualquier mal y el desconocimiento de la prevención o de la realidad fisiológica) asentados en algo más que el burdo empirismo de un autodidacta. El pobre Rodrigo, además, era sordo. En 1542 se casó con una rica heredera (Leonor de Cortinas) de Arganda, localidad vecina. La estrategia del abogado Juan era excelente: era la época de la ostentación familiar; era el momento de aprovechar tal situación para colocar a este hijo poco brillante, pero con algunos posibles económicos. Aquel matrimonio nunca fue bendecido por los padres de la novia, pero aportó su dote. Tal vez no fue bendecido porque Rodrigo no era un buen partido. Es posible. ¿Y no es posible que en la comarca los Cervantes tuvieran fama de conversos? Porque, desde luego, indicios para creer que lo eran, los había: para empezar, tanto ir y venir de la familia, y tantas raíces médicas.

La vida en Alcalá fue pasando con más penas que glorias: cargados de hijos,[17] tuvieron que ir vendiendo sus bienes y, por si esas cosas no fueran pocas, la incapacidad de sanar a un hijo del marqués de Cogolludo acabó en pleito y huida hacia la cortesana Valladolid, que era la mayor ciudad de Castilla (o la segunda, tras Sevilla).

En Valladolid, quemados los últimos barcos en Alcalá, no logró prosperar y dio con sus huesos en la cárcel, como años antes le ocurrió a su padre; como le ocurrirá años después a su hijo, coincidencia que señalamos todos los que hemos escrito algo sobre Cervantes. En 1551 se había entrampado con Gregorio Romano y con Pedro García para poderse poner en marcha en la ciudad del Pisuerga. Se necesitaba dinero para poblar casa y asentar una vida y unos hijos. La casa la había alquilado María, la «rica», que se había instalado en Valladolid con ellos. Mas comoquiera que no pagaron el préstamo,[18] en la fecha fijada, Rodrigo tenía que abonar el doble del principal como compensación. Naturalmente, si no pudo con lo uno, menos aún con ese doblo: fue a la cárcel y los muros de la casa quedaron vacíos.

Avisada la madre, Leonor [de Torreblanca], en Alcalá, solicitó ser suyos todos los bienes que tenían sus hijos María y Rodrigo y que, por ende, no había lugar para el embargo. Además, uno de los privilegios de los hidalgos era el de no poder ser encarcelados por deudas: ¡era el momento de crecerse ante la adversidad! Aprovechando que estaban en el marasmo de la Corte en Valladolid, ¿por qué no forzar la situación y demostrar que eran nobles?

Rodrigo es encarcelado, pero logra la libertad gracias a la declaración en su favor de varios alcalaínos que aseguran su condición hidalga. Mas comoquiera que no paga la deuda, vuelve a ser puesto en prisión; a la vez, nace su última hija, Magdalena. Liberado, y no sin dificultades, abandona la Corte y se marcha otra vez a Alcalá. Allí no pasará más que algunos meses de 1553, porque en octubre de ese año está en Córdoba: ¿otro Cervantes, otra vez, buscando refugio en Córdoba?; como hará el hijo, que deambulará por Andalucía como juez de comisión durante trece años, alrededor de 1590. Rodrigo habría ido a Córdoba al refugio familiar, porque la riqueza abundaba extraordinariamente en todas partes de Castilla y podría haber ido a cualquier otro sitio a probar suerte económica.

No hay indicios fidedignos de que Leonor de Cortinas, la esposa, marche con el marido. Tampoco los hijos. Más bien parece ser que se quedan en la ciudad universitaria entre 1553 y 1566. ¡Cuántas coincidencias en la vida del padre y del hijo! Tampoco Catalina de Salazar acompañó a Miguel.

El establecimiento en Córdoba no debió de ser gratificante: el padre, Juan, está allá con la amante; a Rodrigo le acompaña su madre Leonor; Rodrigo ha de pedir prestado para comprar telas; parece que, en efecto, el padre Juan se desentiende de los recién llegados: los lazos de la solidaridad horizontal son los que les permitirán sobrevivir a quienes la solidaridad vertical ha dejado desamparados.

Rodrigo consigue en Córdoba título de familiar de la Inquisición. Los familiares de la Inquisición, que para serlo tenían que probar limpieza de sangre, eran, en cierto modo, los ojos y los oídos del Santo Oficio. En otras palabras, eran los chivatos, los delatores. ¡Nada como un descendiente de conversos «infiltrado» en su comunidad! La hipótesis merece ser contrastada. También expuesta y planteada.

El caso es que muertos el padre, Juan (1556), y la madre, Leonor (1557), el lastimero cirujano se va a vivir con el hermano a Cabra. La muerte, próxima en el tiempo y en el espacio, permitiría pensar a un biógrafo romántico que se hubieran reconciliado al final de sus días. Mala suerte: «De la lectura de sus testamentos respectivos se deduce [...] que los dos esposos no se reconciliaron».[19]

Ahora bien, de Rodrigo de Cervantes no hay rastro desde 1557 a 1564. Parece ser que en 1564 se está ganando unos dineros como arrendador de las casas que su enriquecido hermano Andrés tiene en Sevilla. Sin embargo, en 1565 abandona la ciudad andaluza y vuelve a Alcalá, porque su hija Luisa profesa y porque muere su suegra; después vuelve a Córdoba, pero nuevas deudas le hacen huir hacia el anonimato: a la sede de la Corte.[20] Estamos en 1566 y Madrid, a la sazón, ha iniciado el gran despegue demográfico; su inmensa transformación urbana.

Los datos de Rodrigo de Cervantes sobre los años posteriores son, siguen siendo, extraños, pero reveladores: tuvo muchos préstamos y muchos los firmó con banqueros de origen italiano. No me cabe duda de que ese Miguel de Cervantes desconocido, que fue hombre dedicado al trapicheo con el dinero, aprendió en estos días de su juventud los mecanismos del microcrédito. De ello debió vivir en su madurez.

Rodrigo, instalado en Madrid, trampeando como puede, alquilando habitaciones de su casa, haciéndose pasar por muerto con tal de que su esposa, viuda, pueda llorar más y mejor para solicitar ayuda para el rescate de sus hijos presos en Berbería, pasaron los años de su estrecha y poco envidiable vida. Al fin, a los 75 años de edad, ¡qué calvario!, falleció el 13 de junio de 1585.[21] La esposa, mientras el hijo requisaba cereales por Andalucía, murió, también en Madrid, el 19 de octubre de 1593.

Vivía en un barrio de los nuevos de la Corte, de los de la expansión demográfica: en Leganitos. Adscrita a la parroquia de San Martín, falleció *ab intestato*. Por ello, y porque en la partida de enterramiento no consta que recibiera los sacramentos, como era acostumbrado anotar, Astrana supone que falleció súbitamente. El caso es que sus hijas la honraron con una digna sepultura.[22]

Los hermanos

Andrés nació en Alcalá y falleció al poco. Le siguió Andrea, de la que hay buenas noticias: cuando vivían en Sevilla, Nicolás de Ovando (de los Ovando de Cáceres y Sevilla, tan importantes para la Historia de América, o para la propia Historia de la Universidad de Alcalá) le prometió el matrimonio. La promesa debió de ir seguida de abundancia de felicidad, porque quedó embarazada (nació Constanza) y Nicolás se retrajo del compromiso... a cambio de una importante cantidad de dinero. Corría el año de 1565. Recuerda, lector, la circunstancia: 1565, incumplimiento de promesa matrimonial, indemnización, embarazo extraconyugal y un apellido, Ovando.

Hacia 1568 se le cruza en la vida un banquero genovés, Juan Francisco Locatelo, que entrega una seria suma de dinero al padre, a saber por qué razón. Mas no sólo dinero (300 escudos de oro, en oro), sino un impresionante ajuar que, desde luego, en nada envidiaba a aquel que le había dado a su tía el clérigo pecador de Guadalajara. Coincidencias de la vida. Piensa mal y acertarás.

Antes de 1576 dos Portocarrero, felices por un buen rato, infelices como si fueran el final de una moraleja, cayeron en los brazos de las hermanas Cervantes, que se las armaban finas. Cuéntase que en 1576 don Alonso Portocarrero, inmensamente rico heredero, ha enviudado. Mas lejos de unirse en santo y beatífico matrimonio con la que durante tiempo lleva siendo su amante, opta por casarse con una mujer digna de él: una noble, como debe ser. Andrea y la hermanita Magdalena, a todo esto liada con el otro hermano Portocarrero, ponen el grito en el cielo. Poco dura el tal, porque ellos, solícitos, saben cómo taponar las bocas de las meretrices despechadas y consolar sus desgarrados corazones.

Otro hombre rico que pasó por la cama de Andrea, dejando feliz recuerdo a la familia, fue Santi Ambrosio, florentino. Hay quien apunta que su agradecimiento era tal para con esta mujer que le pagó las exequias de la madre en 1593.

Tras culminar una agitada vida en Valladolid, Andrea, después que Magdalena, abraza la religión —no haciéndose profesa— (1608), dando así un giro radical en su existencia. Mas lo que podemos preguntarnos es cuántos grados tuvo ese giro: en la honestidad, sin duda; en la ética de vivir a costa de esfuerzos ajenos, algo menos: porque ser beata mendicante, que es lo que fue, era mantener económicamente las mismas formas de vivir que hasta entonces, esto es, a costa de los demás. Los hábitos son de la Venerable Orden Tercera, franciscanos. Entra en la VOT aduciendo ser la viuda de un tal Álvaro Mendaño, del que hay dudas de su existencia. No así de ese apellido, sobradamente conocido en Madrid porque Alonso de Mendaño, en particular, y los Mendaño en general eran abastecedores de la ciudad al por mayor («obligados» se decía en la época) de pescado, carne, cuando no de tocino o de otros alimentos, como acaba de demostrar Teresa Prieto.[23]

En el otoño de 1609 (9-X-1609) muere en su casa de la calle León, *ab intestato*. Tenía sesenta y cinco años y consta en la partida de defunción ser viuda de Santi Ambrosio. ¡Qué familia!

Luisa vio la luz en Alcalá en agosto de 1546. A la edad de diecinueve años, presa de las oleadas místicas que recorren Castilla por el ímprobo esfuerzo reformador de santa Teresa (que es la culminación de una línea que, sin romperse, arranca cuando menos de los tiempos de Isabel y Cisneros), profesa en el convento carmelita descalzo de Alcalá. Corre el año de 1565 (11-II-1565) y toma el nombre de sor Luisa de Belén. Meterse a monja implicaba, si se hacía en la juventud, un alivio porque, a pesar de tener que pagar una dote (en ocasiones, como en el Carmen Descalzo de Alcalá, no era necesario), se conseguía que hubiera un dependiente menos de la estructura familiar: en efecto, no deja de ser significativo el hecho de que ella profese justo al año de haberse marchado su padre a Sevilla, completamente arruinado. Unas hijas calientan camas para sacar dinero, y otra no genera gastos, haciéndose monja. Lo de la vocación, que puede ser interesante, es menos importante ante la situación de penuria económica, verdadero impulsor de los noviciados.

Como señala Lope Huerta, cuando Teresa de Jesús acude a visitar la nueva fundación, hay en el convento dieciocho monjas. La mayor tiene 44 años (la fundadora) y la más joven, una niña, 14. Como vemos, esto de meter a monja a las hijas era una correcta estrategia de saneamiento de las rentas familiares y, socialmente, de freno del crecimiento demográfico.

Además, hasta finales del siglo XVI, entrar en el Carmelo era otro buen alivio para muchas familias: no había exigencia de limpieza de sangre, como en otras órdenes. ¿Por qué elige esta dura regla monástica y no otra más propia de hidalgos? ¿Porque no había que presentar probanzas de limpieza?

Pocos datos ciertos hay de la vida de esta monja, salvo que en 1593 es elegida superiora por vez primera; reelegida en 1596, acaba siendo priora en 1617 y 1620. No queda más rastro documental, que se sepa. Desde luego que la buena de sor Luisa de Belén llevó una vida absolutamente contraria a la habitual de los Cervantes (excepción hecha de una tía abuela y una tía carnal que habían profesado en las dominicas del Jesús Crucificado de Córdoba).

En Alcalá y en 1550 nace Rodrigo, poco antes de la mudanza familiar a Valladolid. Su rastro se pierde hasta 1571, en que sabemos que se encuentra en Nápoles, con Miguel, y que se alista en la flota de la Santa Liga, participando en la batalla de Lepanto, y sigue peleando en escaramuzas por el Mediterráneo, hasta que los dos hermanos deciden volver a la Península. Como es bien sabido, la galera *Sol* es apresada por los berberiscos y se les encarcela en Argel (1575), aunque es liberado con otro centenar de cautivos el día de San Bartolomé de 1577, tras pagarse trescientos escudos de rescate del secuestro. Al parecer, tres frailes mercedarios dedicados a estos menesteres han llegado a Argel con dinero bastante para ese pago: hombres caritativos, sin duda, que con su actitud mantenían vivas inconscientemente las correrías de los piratas. Sin embargo, lo que han podido reunir el médico Rodrigo y su esposa en Alcalá son veintidós mil quinientos maravedíes (sesenta ducados) que proceden de préstamos, ventas de bienes, y supongo que de algún que otro favor personal. Sin embargo, por Rodrigo se piden diez mil doscientos y por Miguel ¡ciento ochenta y siete mil setecientos cincuenta! El manco convence a los frailes para que se lleven a su hermano más joven y él se queda prisionero en Argel.

Unos meses después intenta rescatar a su hermano fletando una fragata que lo hiciera y la intentona se desbarata. Igualmente parece que quiere entrevistarse con el todopoderoso secretario regio Mateo Vázquez de Leca para implorar por Miguel, y no lo logra. Acaso decepcionado, o convencido de que no hay nada que hacer, vuelve a enrolarse en los tercios, en el del maestre de campo don Lope de Figueroa, del que forma parte la compañía de don Francisco de Bobadilla, repleta de veteranos. El destino esta vez será otra memorable campaña, la de la Isla Tercera, la conquista de Azores en medio de las turbulencias de la legítima anexión de Portugal por Felipe II. Al mando de la escuadra va don Álvaro de Bazán, el del Viso, el marqués de Santa Cruz; el gran héroe de Lepanto. Estamos en 1583. Miguel acaba de haber sido liberado y, probablemente, los dos hermanos se reúnen en Lisboa tras acabar la acción bélica[24] en la que Rodrigo es ascendido a alférez.

Ya avezado en combate y hecho militar profesional, pasa a Flandes y a Francia, siempre a las órdenes de aquel otro genio militar y político que fue Alejandro Farnesio. Transcurrieron casi veinte años al servicio de su rey, hasta que un 2 de julio de 1600 un arcabuzazo le segó la vida en la triste batalla de las Dunas, ante los muros de Nieuport. Así, tras más de medio siglo de vida y sin pena ni gloria, concluyeron su vida y su fama. Como la de tantos soldados de los tercios.

La última hermana de Miguel de Cervantes fue Magdalena, que nació en Valladolid en 1552. Supo, como Andrea, sacar dinero de los dones naturales que tenía como mujer. Después del feliz suceso de los Portocarrero, que tuvo lugar cuando ella tenía unos diecisiete años, se calmó con Fernando de Lodeña, aquel que fue fiador de Cervantes en 1595 cuando el desfalco de Freire, y luego con Juan Pérez de Alceaga, escribano de la reina Ana de Austria. Vivió, parece ser, amancebada y cambió sus nombres anteponiendo el hidalgo «doña»: doña Magdalena Pimentel de Sotomayor (¡inventados!). Más quisiera. En 1581 tal relación ha concluido a cambio, otra vez, de una importante indemnización: trescientos ducados. Es curioso cómo sabe aprovecharse de las normas del honor de aquella sociedad y… él paga.

Un poco antes habían sido estafadas las dos hermanas en el intento de rescate de Miguel: dieron cien ducados al mercader Hernando de Torres para que pusiera fin al secuestro; y ni lo hizo, ni devolvió el dinero.

El caso es que la buena de Magdalena se convierte a una vida honesta, no sabemos bien ni por qué ni cuándo. Profesó en la Venerable Orden Tercera. Hacia 1604, durante el grave proceso incoado contra los Cervantes por el asesinato de Ezpeleta, es tenida por «beata». El hecho cierto es que testa el 11 de octubre de 1610 y el 28 de enero de 1611 entrega su alma a Dios, sumida en absoluta pobreza.

> En 28 de henero de 1611 años murió doña Magdalena de Jesús, hermana de Cervantes. Recibió los santos sacramentos de mano del licenciado Francisco López. No testó. Era natural de aquí y era pobre, y tanto que la hicieron enterrar los hermanos Tercerones de San Francisco, en 13 reales.[25]

El genio Miguel se hace cargo de sus honras fúnebres. Así lo implora la hermana al principio del testamento: «Mando que mi cuerpo sea sepultado en la iglesia o monesterio que pareciere a mi hermano Miguel de Cervantes» (a los tres días corrigió el testamento por vía de codicilo indicando que la enterraran en el monasterio de San Francisco, ya que ella era de la Venerable Orden Tercera)[26]. También en el testamento expone las deudas a su favor y cómo fue engañada por don Fernando de Ludeña; también parece que ha debido de vivir con el trauma permanente de la pérdida del hermano Rodrigo, al que recuerda en otra cláusula, cuando habla de los bienes del soldado, «mi hermano, que le mataron en Flandes en la jornada de dos de Julio del año de seiscientos y uno». También le quedaron grabados en la mente los traumas del cautiverio: esta cláusula que transcribo es impresionante por lo que habla de sufrimientos, obsesiones, solidaridad, «mando a la redención de cautivos, a cada una [de las Órdenes que se dedican a rescatar] ocho maravedíes, con que los aparto de mis bienes [la cantidad es escasísima, pero...] *aunque declaro no dexo bienes para mi enterrar*». La pena en su alma por su infinita pobreza cierra su testamento: «No dejo herederos de mi hazienda [...] por no tener bienes nengunos ni quedar de mí cosa que valga nada». Tal y como hizo notar Astrana, no aparece en este testamento la hija natural de Miguel, Isabel, que vivía holgadamente y que, por lo demás, no acudió al socorro de la tía ni del padre en este trágico momento, olvidándose de Magdalena, que la había criado en su casa.[27]

En cualquier caso, Miguel había perdido así a su hermana Magdalena, su familiar más querido.

¡Qué duda cabe de que la fuerza y la energía de estas dos mujeres, o de la madre, dejan clara huella en Cervantes! Sin duda que las relaciones, las ideas, del genial escritor con respecto a las mujeres, a la esposa y al matrimonio, merecen una reflexión aparte. La valerosa petición de doña Isabel de Avellaneda ante el próximo sitio de Orán («de espartanas valor, de argivas brío», vv. 568-617), en *El gallardo español*, no puede salir de la pluma de un irredento misógino, sino de quien espera mucho de la mujer. Lo mismo se puede aplicar al inmenso respeto que expresa por el sacrificio colectivo en *La Numancia*.

Cervantes ante la convivencia conyugal

El matrimonio es, en Cervantes, una institución social aludida con reiteración, sobre la que opina contradictoriamente y a la que dedica escenas, situaciones y párrafos no sólo de reconfortante belleza, sino también inductoras a la reflexión. Según sus palabras, entre otras cosas, «el amor es todo alegría, regocijo y contento, y más cuando el amante está en posesión de la cosa amada» (*Quijote*, II, XXII).

Es imprescindible leer la aventura de la cueva de Montesinos (*Quijote*, II, XXII). Desde mi punto de vista, es en este tema en el que se refleja plenamente la personalidad de nuestro héroe: creyente en la bondad esencial del matrimonio, la experiencia le ha mostrado que el ser humano falla ante la inmensidad social que representa y, por tanto, Cervantes se siente acaso pequeño, acaso frustrado ante la incapacidad de alcanzar la felicidad en su interior por las limitaciones del hombre.

Habla, claro está, del «yugo» que es el matrimonio, como lo hacen casi todos en su época, mas aceptándolo como mal menor. Por ello, lo mejor es saberlo llevar, sobre todo teniendo en cuenta que, si su peso se hiciera insoportable, habida cuenta de que no nos podemos desuncir de él, ¿entonces qué hacer?, se preguntan. En verdad que pienso como Cervantes: mal menor, mas único reducto en el que poder ser.

Las escenas en las que aparece y reaparecen aquellas ideas cervantinas son múltiples: que el matrimonio fue instituido por Dios para que los hombres no anduvieran asalvajados y que, sujetos en él, alcanzaran cierto orden queda patente en *La gitanilla* (IV): «Y, viendo asimesmo que la belleza humana había de llevar tras sí nuestros afectos e inclinaciones, ya que no le pareció quitarnos este deseo, a lo menos quiso templarle y corregirle, ordenando el sancto yugo del matrimonio, debajo del cual al varón y a la hembra los más de los gustos y contentos amorosos naturales les son lícitos y debidos»; la instauración del matrimonio usando el *Génesis* la narra con precisa e inmensa solemnidad don Quijote (I, XXXIII) advirtiendo que, como en él hombre y mujer son una misma carne, si ella se mancha, mancha igualmente al varón. En fin, el matrimonio ha de servir de ayuda para no morir en la soledad, aunque la situación sea ridícula: como «quisiera tener a quien dejar sus bienes después de sus días, y con este deseo tomaba el pulso a su fortaleza, y parecíale que aún podía llevar la carga del matrimonio...» (*El celoso extremeño*).

Mas bien sabe nuestro autor que el yugo es unción para siempre: «Y así, llegados al templo y hechas en él por los sacerdotes las acostumbradas ceremonias, Daranio y Silveria quedaron en perpetuo y estrecho *ñudo* ligados» (*La Galatea*, III). Es don Quijote el que corrobora la indisolubilidad del matrimonio: «La de la propia mujer no es mercaduría que una vez comprada se vuelve, o se trueca o cambia, porque es accidente inseparable, que dura lo que dura la vida: es un lazo que si una vez le echáis al cuello, se vuelve en el nudo gordiano, que si no le corta la guadaña de la muerte, no hay desatarle» (*Quijote*, II, XIX).

Esas recomendaciones nos demuestran el sentido trascendente que para Cervantes tiene el matrimonio: no es, pues, un juego de niños. Al contrario, para recibirlo se ha de ser maduro: «Jamás ella respondió otra cosa sino que por entonces no quería casarse, y que, por ser tan muchacha, no se sentía hábil para poder llevar la carga del matrimonio» (*Quijote,* I, XII). No es la única vez que don Quijote es solemne en sus afirmaciones: «Que el amor y la afición con facilidad ciegan los ojos del entendimiento, tan necesarios para escoger estado, y el del matrimonio está muy a peligro de errarse, y es menester gran tiento y particular favor del cielo para acertarle» (*Quijote,* II, XIX).

Otra de las obsesiones cervantinas es la libre elección de los esposos. Pero maticemos: dentro de una exquisita sensatez. ¡Cómo no traer a colación ahora la escena de Sierra Morena en la que el enajenado (por amor, sin duda) de el Roto, ser noble y adinerado, se lamenta en el prado ante don Quijote, Sancho y el cabrero de su desdicha!: recordemos que vivió enamorado en su adolescencia de Luscinda (y los padecimientos y vaivenes del amor de juventud reflejan perfectamente cómo amó Cervantes cuando era barbilampiño) y que la pidió en matrimonio al padre de ella (no a los padres), petición rechazada parcialmente: «A lo que él me respondió que me agradecía la voluntad que mostraba de honralle, y de querer honrarme con prendas suyas, pero que, siendo mi padre vivo, a él tocaba de justo derecho hacer aquella demanda» (*Quijote*, I, XXIV). Así que el Roto se fue a su casa a implorar ayuda a su progenitor, pero tan pronto como entró, éste le mostró una carta: en ella el duque ofrecía un puesto en su cámara al Roto. Su linaje no se podía negar a ello, así que hubo de irse a la corte ducal. Al cabo del tiempo, volvió a su pueblo con el hijo del duque, el cual se enamoró de Luscinda con sólo ver lo que el protagonista y ella se escribían. ¿En qué deparó la vida de los dos jóvenes —o de los tres—? Yo, amigo lector, no lo voy a desvelar: si no lo recuerdas, acude al Quijote, relee la escena que concluye con una exaltación del *Amadís*, una pelea y el monólogo interrumpido. Más tarde volverás a encontrarte con ese Cervantes que antepone el cumplimiento de la promesa matrimonial a cualquier otra realidad social. Y es que la azarosa vida de sus tías y hermanas algo le habría enseñado y, tal vez, algo le debió de repugnar: porque lejos de querer un apaño económico en estos capítulos de su novela, lo que quiere es que haya matrimonio.

En fin, igualmente, de estas citas quiero resaltar, amén de la obligación del cumplimiento de la palabra dada, la creencia de Cervantes en el matrimonio entre iguales, pero con la bendición paterna, lo cual vuelve a tratarlo así: «Cosa digna de imitar de todos los padres que a sus hijos quieren poner en estado: no digo yo que los dejen escoger en cosas ruines y malas, sino que se las propongan buenas, y de las buenas, que escojan a su gusto» (*Quijote*, I, LI). Recurre de nuevo a la igualdad cuando Sancho aspira a mudar situación social (¡cómo no; cuántas veces!) aunque sea por vía de descendencia, y su esposa, Teresa, llana, pero rebosante de dignidad, le indica, en un pasaje lleno de óptima filosofía vulgar, que lo mejor es, en efecto, el matrimonio entre iguales; que si los padres aspiran a más, son ellos los primeros que tendrían que haber ascendido socialmente y, de nuevo en medio de toda esta tormenta de admiración por la mujer en la que está sumido Cervantes, mientras le da el habla a su personaje (admiración, probablemente, por la mujer idealizada que nunca conoció por más que la buscara), propone al varón que se dedique al trabajo y la esposa a la habilidad de la perpetuación del linaje.

—Casadla con su igual, que es lo más acertado; que si de los zuecos la sacáis a chapines, y de saya parda de catorceno a verdugado y saboyanas de seda, y de una *Marica* y un *tú* a una *doña tal* y *señoría*, no se ha de hallar la mochacha, y a cada paso ha de caer en mil faltas, descubriendo la hilaza de su tela basta y grosera.

—Calla, boba —dijo Sancho—, que todo será usarlo dos o tres años; que después le vendrá el señorío y la gravedad como de molde; y cuando no, ¿qué importa? Séase ella *señoría*, y venga lo que viniere.

—Medíos, Sancho, con vuestro estado —respondió Teresa—; no os queráis alzar a mayores, y advertid al refrán que dice: «Al hijo de tu vecino, límpiale las narices y métele en tu casa». ¡Por cierto, que sería gentil cosa casar a nuestra María con un condazo, o con caballerote que, cuando se le antojase, la pusiese como nueva, llamándola de villana, hija del destripaterrones y de la pelarruecas! ¡No en mis días, marido! ¡Para eso, por cierto, he criado yo a mi hija! Traed vos dineros, Sancho, y el casarla dejadlo a mi cargo; que ahí está Lope Tocho, el hijo de Juan Tocho, mozo rollizo y sano, y que le conocemos, y sé que no mira de mal ojo a la mochacha; y con éste, que es nuestro igual, estará bien casada, y le tendremos siempre a nuestros ojos, y seremos todos unos, padres y hijos, nietos y yernos, y andará la paz y la bendición de Dios entre todos nosotros; y no casármela vos ahora en esas cortes y en esos palacios grandes, adonde ni a ella la entiendan, ni ella se entienda (*Quijote*, II, V).

En *La fuerza de la sangre* pone en boca de Rodolfo las virtudes de la esposa: cuando la madre le propone a una por cónyuge, que no debía de ser muy agraciada, «si los pintores, que ordinariamente suelen ser pródigos de la hermosura con los rostros que retratan, lo han sido también con éste, sin duda creo que el original debe de ser la misma fealdad», tras hacer profesión de obediencia a los designios paternos en los temas de matrimonio, rechaza a la propuesta porque no le atrae físicamente. Sabe que el matrimonio no se desata, por lo que «bien será que sus lazos sean iguales y de unos mismos hilos fabricados».

Persona y linaje tienen sus virtudes, pero también sus defectos o problemas, «la virtud, la nobleza, la discreción y los bienes de la fortuna bien pueden alegrar el entendimiento de aquel a quien le cupieron en suerte con su esposa; pero que la fealdad della alegre los ojos del esposo, paréceme imposible». Así que siendo como se es mozo, si por los ojos no entra la esposa, no aguantará el matrimonio: «Hermosura busco, la belleza quiero, no con otra dote que con la de la honestidad y buenas costumbres; que si esto trae mi esposa, yo serviré a Dios con gusto y daré buena vejez a mis padres» (*La fuerza de la sangre*). Por cierto, que Dorotea, en *El Quijote,* es una de las encarnaciones de la belleza cervantina, pues la describe de bellísimos pies, rubia, delicada, de largos cabellos; es finísma y suave esta descripción sensual de una mujer al borde del arroyo: a sus cabellos «les sirvió de peine unas manos, que si los pies en el agua habían parecido pedazos de cristal, las manos en los cabellos semejaban pedazos de apretada nieve; todo lo cual, en más admiración y en más deseo de saber quién era ponía a los tres que la miraban» (*Quijote*, I, XXVIII).

Su buen conocimiento del amor y su experiencia en esas lides queda patente en cómo interpreta lo que es al confesar una gran verdad: «Las fuerzas poderosas del amor suelen turbar los ingenios más entendidos» (*Persiles*, III, V). Y en ese sentido, de enajenación mental transitoria, Cervantes da en acertado clavo: «Las culpas que comete el enamorado [no son responsabilidad suya] sino el amor que manda su voluntad» (*Persiles*, II, XIII); o incluso, «aquello que dicen amor es una vehemente pasión del ánimo» (*Persiles,* III, XIX) contra la que no hay nada que hacer: «Sólo se vence la pasión amorosa con huilla y nadie se ha de poner a brazos con tan poderoso enemigo» (*Quijote,* I, XXIV).

Conocedor como pocos de la naturaleza humana, no se le escapa detalle: «Los enamorados [...] fácilmente traban amistad con los que conocen que padecen su misma enfermedad» (*Persiles,* I, IX).

Así las cosas, no es de extrañar que en esta sucesión de despropósitos, producidos por el amor, resulte que «el amor antojadizo no busca calidades, sino hermosura» (*Persiles,* III, VIII) o que «andan el amor y el temor tan apareados, que adoquiera que volváis la cara los veréis juntos» (*Persiles,* II, VII).

Alguna vez hay atisbos de serenidad, de razón en el enamorado: «Amor y deseo son dos cosas diferentes, que no todo lo que se ama se desea, ni todo lo que se desea se ama» (*La gitanilla*).

Y en las palabras de Cervantes, no puede faltar la percepción contraria de las cosas: «No es soberbio el amor, sino humilde, agradable y manso; y tanto, que suele perder de su derecho, por no dar a quien bien quiere pesadumbre» (*Persiles*, II, VIII).

¿Y el capítulo de los celos? Este otro sentimiento humano lo trata Cervantes de manera magistral en *La Galatea* (con «el celoso Orfinio» a la cabeza) y en el *Persiles*, fundamentalmente, aunque no sólo. Para empezar, ¿qué psiquiatra de hoy no suscribiría por suyas estas palabras?: «El ser celoso es señal de poca confianza del valor de sí mismo» (*La Galatea*); o también, «no habiendo para la enfermedad de los celos otra medicina que las disculpas, y no queriendo el enfermo celoso admitirlas, síguese que esta enfermedad es sin remedio» (*La Galatea*); en el mismo lugar, «pestilencia de los celos»; otra recomendación, «los celos, ni los pidas ni los des» (*Persiles,* III, XII).

Nos recuerda que aunque no sean mayores que un «mosquito, el miedo [los] representa en el pensamiento de un amante mayor que el monte Olimpo» (*Persiles*, IV, VIII). Que existen entre los enamorados, «del aire que pasa, del sol que toca, y aun de la tierra que pisa» (*Persiles,* II, VI). Y es que, en fin, «los celos rompen toda seguridad y recato» (*Persiles*, I, III). Pero como es bien sabido, los celos son el origen de amargas situaciones: «Las iras de los amantes suelen parar en maldiciones» (*Quijote*, II, LXVII) y sólo con ellos todo se viene abajo: «—No nos debemos nada —respondió Sancho—, que también ella dice mal de mí cuando se le antoja, especialmente cuando está celosa, que entonces súfrala el mesmo Satanás» (*Quijote*, II, XXII).

Cervantes, Trento, y el matrimonio

Cuando al final de su vida se editan las *Novelas ejemplares*, recoge en *La fuerza de la sangre* una afirmación importante, de éstas que tanto usa, de cronista de su momento: en cierto modo, recuerda que antaño se casaban sólo con la palabra (siempre hay gentes rudas que se conforman sólo con la palabra, y esto a algunos les parece hermosamente romántico) mientras que, en el momento, había que hacer papeles: «Él lo hizo ansí, que por haber sucedido este caso en tiempo cuando con sola la voluntad de los contrayentes, sin las diligencias y prevenciones justas y santas que ahora se usan, quedaba hecho el matrimonio…». ¿Qué son esas «diligencias y prevenciones» que «ahora se usan»; en qué consiste la novedad?

Es el 11 de noviembre de 1563. Se cierra la XXIV sesión del Concilio de Trento. En ella, los teólogos han aclarado todas las dudas sobre el sentido sacramental del matrimonio. Han dictado doctrina y han proclamado doce cánones cuyo no cumplimiento se considera herejía. El ritual es reiterativo: «Si alguno dijere que el Matrimonio no es verdadera y propiamente uno de los Siete Sacramentos de la Ley Evangélica […] sea excomulgado». *Anatema sit*. Suena más admonitorio en la lengua de los santos padres. ¡Cuidado, Miguel, con las bromas en el entremés de *El juez de los divorcios*! Después de sancionada la Doctrina y los Cánones, el Concilio aprueba en diez capítulos el «Decreto de reforma sobre el matrimonio».

En efecto: en Trento se reformó el matrimonio. En el primero de los capítulos, en verdad extenso, «aunque no se puede dudar que los matrimonios clandestinos, efectuados con libre consentimiento de los contrayentes, fueron matrimonios legales y verdaderos, mientras la Iglesia católica no los hizo írritos», han sido tantos los perjuicios derivados de ello, «considerando los graves pecados que se originan de los matrimonios clandestinos», que se llega a la siguiente innovación: antes de que se contraiga el matrimonio, «proclame el cura propio de los contrayentes públicamente por tres veces, en tres días de fiesta seguidos, en la iglesia, mientras celebra la misa mayor, quiénes son los que han de contraer Matrimonio: y hechas estas amonestaciones se pase a celebrarlo a la faz de la Iglesia, si no se opusiere ningún impedimento legítimo». Del mismo modo, como-quiera que pudiera haber quien se opusiera maliciosamente al matrimo-nio, se acepta que en vez de tantas y tan dilatadas amonestaciones, se abre-vien, «o al menos celébrese el Matrimonio a presencia del párroco y de dos o tres testigos». La omisión de esta publicidad del matrimonio es gra-vemente sancionada, contra los contrayentes y contra el párroco que no cumpliera los mandatos del Concilio.

En el mismo capítulo se especifica otra novedad: «Exhorta el mismo santo Concilio a los desposados, que no habiten en una misma casa antes de recibir en la iglesia bendición sacerdotal». Es decir, que existía la acep-tada costumbre de la cohabitación entre el período que transcurriera des-de el desposorio a la velación.

Por otro lado, la bendición sacerdotal quedaba reservada al párroco propio, de tal modo que si otro se inmiscuyera en parroquia ajena, «que-de suspenso *ipso iure*».

Igualmente, se instauraron los libros de matrimonios, que debían ser custodiados en las parroquias y que tan útiles nos son en demografía his-tórica y en genealogía; y, en fin, se exhortaba a los contrayentes a que se confesasen y comulgasen antes del matrimonio.

Concluye el capítulo con una lógica reflexión y recomendación: «Y para que lleguen a noticia de todos estos tan saludables preceptos, man-da [el Concilio] a todos los Ordinarios, que procuren cuanto antes pue-dan, publicar este decreto al pueblo y que se explique en cada una de las iglesias parroquiales de su diócesis y que esto se ejecute en el primer año las más de las veces que puedan», etc.[28]

Éstas fueron, en fin, aquellas novedades aludidas por Cervantes. La vida matrimonial y moral antes de 1563 estaba muy alejada de lo que nosotros hemos conocido: el matrimonio, como tantas cosas de la reli-gión, ha cambiado a lo largo de los tiempos.

En conclusión, o a modo de recapitulación, el varón podía ser célibe, estar comprometido en matrimonio, estar casado o vivir la viudedad. La diferencia entre la promesa y el matrimonio en sí era que lo primero implicaba un acto social de compromiso. Bastaba la presencia de testigos para que alcanzara rango de obligación; mas aún no había llegado el sacramento. Podía darse el caso de que el acto social se quisiera sancionar eclesiásticamente, para lo que se acudía al desposorio. A partir de ese día, en el mundo católico se les permitía cohabitar a los prometidos, a expensas de que llegara el día de la boda, del acto sacramental. Ésta era la costumbre. Así que no fue un furor carnal, un fuego abrasador de las entrañas de una loca y un aprovechado lo que llevó a compartir lecho apresuradamente a Juana de Castilla y a Felipe el Hermoso, sino, sencillamente, a desposarse antes de la velación. Porque, en efecto, el Concilio de Trento, aquél tan olvidado y trascendental en la configuración del catolicismo actual, ordenó el matrimonio, de tal manera que fundió en una ceremonia el desposorio y la velación al exhortar a los desposados a que no cohabitaran sin haber recibido la bendición sacramental. Se evitaba malentendidos, escándalos y multiplicidad de ceremonias que perdían sentido. Si en las partidas matrimoniales de nuestros archivos parroquiales podemos ver actas de «desposorio» distintas —y distantes en meses— de las de «velación», es a partir de la década de los sesenta del XVI cuando hallaremos que los párrocos registraban que, en tal día «desposé y velé» a un hombre y a una mujer, que eso es el matrimonio. No se dejaban fechas intermedias para cohabitar.

Embaucadores y recuerdos de familia

La promesa de matrimonio tenía una importancia tal que obligaba al varón a cumplirla o, en su defecto, a indemnizar, tras proceso judicial, a la burlada. Bien es verdad que la mofa, se entendía, había caído en la honra de la mujer, sin duda, mas también en su linaje. De ahí la importancia de la recompensa por incumplimiento de un contrato. Pero por mucho dinero que se diera para lavar la mancha, ésta perduraría de por vida. Los símbolos y rituales sociales se encargaban de ello. De la comprometida, de ser moza bien criada, no una niña, bien se podía presuponer que la doncellez la hubiera dejado en el camino. Así que ¿quién la querría para sí?

Además, ¿podría, en verdad, ir *in facie ecclesiae* vestida de blanco? Con tal estigmatización, no hay que alarmarse ante un hecho normal: las indemnizaciones podían esperarse tan ingentes como dañina era la pérdida de la honra (o el reconocimiento social, a diferencia del honor, que nos lo da Dios y todos lo tenemos). Estos fenómenos de burla, desvirgamiento y olvido eran muy frecuentes; tanto cuanto reiterativas las admoniciones eclesiásticas a que no se hicieran tantos pecados contra el sexto. Cervantes, no ya una vez, sino varias, nos recrea la escena. Es el portavoz de que el orden social es correcto: pero para ello todos hemos de cumplir los papeles de nuestros estatus, y el que no lo haga ha de ser penado socialmente. Mas veamos qué opina Cervantes de todo esto:

Cardenio (un personaje de *El Quijote*) está contando las fechorías de don Fernando, y cómo ha determinado huir por la bellaquería: «Había gozado a la labradora con título de esposo, y esperaba ocasión de descubrirse a su salvo, temeroso de lo que el duque su padre haría cuando supiese su disparate» (*Quijote,* I, XXIV).

Por su parte, Dorotea, al pie del arroyo, recuerda cómo fue burlada por don Fernando, mas también que ella admitió el juego por ascender socialmente (el uso de la duda, de la ingenuidad y de la perversión de la doncella es magistral en ese episodio cervantino) y que, al final, él se llevó su flor: «Echóse mil futuras maldiciones, si no cumpliese lo que me prometía; volvió a humedecer sus ojos y a acrecentar sus suspiros; apretóme más entre sus brazos, de los cuales jamás me había dejado; y con esto, y con volverse a salir del aposento mi doncella, yo dejé de serlo y él acabó de ser traidor y fementido» (*Quijote*, I, XXVIII). Si te he visto, no me acuerdo: por mantener una relación carnal, se prometía matrimonio.

¿Cómo no van a ser recuerdos autobiográficos los que tiene Juan de Gamboa al narrar sus desdichas? En 1595, por poner otro dato más en esta larga lista de burlantes y farsantes, la sobrina de Cervantes —Constanza de Figueroa— entra en tratos con don Pedro de Lanuza, de los Lanuza de Aragón, que han acudido a Madrid a clamar compasión tras los sucesos de 1591, en los que a su hermano, Justicia de Aragón, le han cortado la cabeza y a la familia les han confiscado todos los bienes. Él, aunque tenga apellido, tiene grave mancilla y ruina sobre sus espaldas. Así que no es de extrañar que entre una mujer agraciada y ese pobre —por ahora— desdichado se pueda entablar alguna conversación alentadora. Ella, desde luego, tenía conocimientos de cómo se podía hacer eso: su tía abuela María con el ducastro; su madre, Andrea, con su padre, Nicolás de Ovando; su tía Magdalena con don Alonso Pacheco, era buenos ejemplos y referentes. Pero tan pronto como Lanuza logró la restitución de la honra y la hacienda, se olvidó de Constanza. Ella se avino a ser indemnizada, ¡qué gran negocio, y qué desdichada mujer al mismo tiempo!, con 1.400 ducados. En el resto de su vida, nunca más el Lanuza se volverá a acordar de Constanza —mucho la quiso, por el contrario, Cervantes—, la cual había sido su apoyo en los difíciles momentos de Madrid; como ocurrió a su madre, de la que nunca se acordó Nicolás de Ovando.[29]

El duque engañó a mi hermana, debajo de palabra de recebirla por mujer. Esto yo no lo creo, por ser desigual el matrimonio en cuanto a los bienes de fortuna [...] Lo que creo es que él se atuvo a lo que se atienen los poderosos que quieren atropellar una doncella temerosa y recatada, poniéndole a la vista el dulce nombre de esposo [...] yo me veo sin hermana y sin honra (*La señora Cornelia*).

También se denuncian los abusos de un rico (no son sólo cosas de nobles) en *El Quijote* (II, XLVIII):

En resolución: de esta mi muchacha se enamoró un hijo de un labrador riquísimo que está en una aldea del duque mi señor, no muy lejos de aquí. En efecto, no sé cómo ni cómo no, ellos se juntaron, y, debajo de la palabra de ser su esposo, burló a mi hija, y no se la quiere cumplir.

Cervantes nos deja leer en los labios del cautivo que narra su vida la seriedad que suponían las palabras de casado: «Debes de ser, sin duda, casado en tu tierra —dijo Zoraida—, y por eso deseas ir a verte con tu mujer». «No soy —respondí yo— casado, mas tengo dada la palabra de casarme en llegando allá.» (*Quijote*, I, XLI)

La escena vuelve a ser tratada en una de las Novelas, la de *Las dos doncellas*. Es, otra vez, autobiografía, para darle más dramatismo a la situación estigmatizadora:

> Llegase a todo esto las promesas, los juramentos, las lágrimas, los suspiros y todo aquello que, a mi parecer, puede hacer un firme amador para dar a entender la entereza de su voluntad y la firmeza de su pecho. Y en mí, desdichada (que jamás en semejantes ocasiones y trances me había visto), cada palabra era un tiro de artillería que derribaba parte de la fortaleza de mi honra; cada lágrima era un fuego en que se abrasaba mi honestidad; cada suspiro, un furioso viento que el incendio aumentaba, de tal suerte que acabó de consumir la virtud que hasta entonces aún no había sido tocada; y, finalmente, con la promesa de ser mi esposo, a pesar de sus padres, que para otra le guardaban, di con todo mi recogimiento en tierra; y, sin saber cómo, me entregué en su poder a hurto de mis padres, sin tener otro testigo de mi desatino que un paje de Marco Antonio, que éste es el nombre del inquietador de mi sosiego.
>
> Y, apenas hubo tomado de mí la posesión que quiso, cuando de allí a dos días desapareció del pueblo, sin que sus padres ni otra persona alguna supiesen decir ni imaginar dónde había ido.
>
> Cual yo quedé, dígalo quien tuviere poder para decirlo, que yo no sé ni supe más de sentillo. Castigué mis cabellos, como si ellos tuvieran la culpa de mi yerro; martiricé mi rostro, por parecerme que él había dado toda la ocasión a mi desventura; maldije mi suerte, acusé mi presta determinación, derramé muchas e infinitas lágrimas, vime casi ahogada entre ellas y entre los suspiros que de mi lastimado pecho salían; quejéme en silencio al cielo, discurrí con la imaginación, por ver si descubría algún camino o senda a mi remedio, y la que hallé fue vestirme en hábito de hombre y ausentarme de la casa

de mis padres, y irme a buscar a este segundo engañador Eneas, a este cruel y fementido Vireno, a este defraudador de mis buenos pensamientos y legítimas y bien fundadas esperanzas (*Las dos doncellas*).

Menos mal que a algunas les quedaba algo de cordura: «Finalmente, él me prometió de ser mi esposo, y yo le di la palabra de ser suya, sin que en obras pasásemos adelante» (*Quijote*, II, LX).

Divorcios, abandonos y ¿más recuerdos de familia?

Uno de los temas más originales tratados por Cervantes es el del divorcio, entendido como correspondía, esto es, la autorización judicial para la cesación de la vida conyugal, no como su disolución. Es necesario que el lector de hoy sepa que la nulidad matrimonial es la aceptación por la Iglesia de que, por diversos motivos, nunca existió matrimonio entre dos personas, o sea, que nunca hubo sacramento; el divorcio, que antaño era la posibilidad de que sin perjuicio penal dos personas dejaran de convivir, hoy es la ruptura del contrato civil del matrimonio. La confusión entre divorcio y nulidad es bastante frecuente, aunque tales situaciones no tengan nada que ver entre sí. Sin embargo, nuestro autor sabe expresar lo que acabo de decir de manera, cómo no, ejemplar: «En la religión católica, el casamiento es sacramento que sólo se desata con la muerte, o con otras cosas que son más duras que la misma muerte, las cuales pueden excusar la cohabitación de los dos casados, pero no deshacer el nudo con que ligados fueron» (*Persiles,* III, VII).

Cervantes escribió un riquísimo entremés, *El juez de los divorcios,* que creo que ha pasado desapercibido para el gran público e incomprendido por algunos cervantistas.

Por medio de la lectura de esta obra, que algunos romos de vista han calificado de obra menor y de entretenimiento, Cervantes denuncia de manera demoledora el orden social. Pero, al mismo tiempo, anhela que las situaciones se recompongan antes que perderse. La escena, la recuerdo para animar a su lectura a quien no lo haya hecho, transcurre en la audiencia de un juez que esa mañana escucha a varios cónyuges cuyas vidas son más tristes que envidiables. Cada pareja entra exponiendo las causas por las que quieren amparo judicial y que cese la convivencia. El juez, a veces dicta sentencias, a veces muestra hastío, a veces se va por la tangente.

En mi modesta opinión, estamos ante un entremés excelente: pocas veces se habrá atacado con tanta certeza y tan compendiadamente la incompetencia humana dentro del sistema social creado por estos seres que lo saben todo y que fallan permanentemente.

Los primeros en entrar en la sala son Mariana y el Vejete. Ella aspira a que, en cuanto la oiga el juez exponer su triste caso, la dejará libre de soportar al anciano. Por dos veces hace alusión a cuestiones fiscales dentro de este ambiente de divorcio; queda claro, por lo tanto, que el matrimonio es habido como una carga de la que no hay manera de desembarazarse: en efecto, aspira a «quedar libre de pedido y alcabala, como el gavilán», esto es, a quedar exenta y, más adelante, propone uno de los arbitrios más sanos y sensatos sobre el matrimonio, que ojalá se hubiera impuesto ya en alguna cultura. Lo trataré inmediatamente.

Pero, por las mismas, el Vejete le reprocha que no «almonedee» tanto su situación y Mariana abre el pico ante el juez:

MARIANA: Señor, ¡divorcio, divorcio, y más divorcio, y otras mil veces divorcio!

Las causas aducidas son propias de un egoísmo infinito: no puede seguir viviendo de enfermera de esa persona que necesita cuidados y atenciones a todas horas, porque ella se casó lozana y ahora ha quedado ajada por la vida que lleva.

MARIANA: Porque no puedo sufrir sus impertinencias, ni estar contino [léase *de continuo*] atenta a curar todas su enfermedades, que son sin número; y no me criaron a mí mis padres para ser hospitalera ni enfermera. Muy buen dote llevé al poder desta espuerta de huesos, que me tiene consumidos los días de la vida; cuando entré en su poder, me relumbraba la cara como un espejo, y agora la tengo con una vara de frisa encima. Vuesa merced, señor juez, me descase, si no quiere que me ahorque; mire, mire los surcos que tengo por este rostro, de las lágrimas que derramo cada día por verme casada con esta anatomía.

El parlamento en cuestión es aún ampliado por Mariana en una de las frases más sonadas y menos celebradas por los especialistas cervantistas, a que aludíamos antes. El Manco, haciéndose eco de cómo el rey necesita dineros para pagar sus guerras, recurre a arbitrios, esto es, a fórmulas fiscales que le permitan explotar mejor las regalías y tener que recurrir menos a las Cortes, a las que, para pedirles dinero, había que soportar y escuchar sus quejas, lamentaciones y exigencias. Por medio de los arbitrios el rey gravaba acá y acullá en lo que le pertenecía y como quería. Los «arbitristas», tan denostados por el vulgo, como necesarios para el rey, eran individuos que presentaban arbitrios: no se trata de un oficio, ni mucho menos, sino de una actitud. Normalmente, el rey concedía el 4 por ciento de los beneficios obtenidos por la aplicación de un arbitrio a quien lo hubiera propuesto.

Pues bien, Mariana propone. Y propone un genial arbitrio en el que ella adopta, otra vez, el papel de pesetera, que como vemos está bastante ligado a la percepción que Cervantes tiene de la mujer:

MARIANA: En los reinos y en las repúblicas bien ordenadas, había de ser limitado el tiempo de los matrimonios, y de tres en tres años se habían de deshacer, o confirmarse de nuevo, como cosas de arrendamiento; y no que hayan de durar toda la vida, con perpetuo dolor de entrambas partes.

JUEZ: Si este arbitrio se pudiera o debiera poner en práctica, y por dineros, ya se hubiera hecho; pero especificad más, señora, las ocasiones que os mueven a pedir divorcio.

Mas al margen de lo interesante que resulta esta propuesta social, lo que me parece más agrio de Cervantes aquí y ahora es la consideración del matrimonio como un *contrato temporal*, y, por lo tanto, la negación de su carácter sacramental. ¿No sabía la gravedad de lo que proponía? ¡Me extraña tanto! Y, por otro lado, esa finura de la propuesta muestra a las claras la decepción que para Cervantes suponía la atemporalidad del matrimonio: ¡tanto habría visto, vivido y oído!

La escena continúa, haciendo ella una apropiada explicación de la halitosis de él y la réplica del marido, que también se siente morir. Mariana se defiende y le encara que la mitad de los gananciales son suyos, pues proceden de la dote. Entonces, la sensatez del juez asoma por boca de sentencia:

JUEZ: Callad, callad, en hora tal, mujer de bien, y andad con Dios, que yo no hallo causa para descasaros; y, pues comísteis las maduras, gustad de las duras; que no está obligado ningún marido a detener la velocidad y corrida del tiempo, que no pase por su puerta y por sus días; y descontad los malos [momentos] que ahora os da, con los buenos que os dio cuando pudo; y no repliquéis más palabra.

A lo cual el marido vuelve a contestar y proponer:

VEJETE: Si fuese posible, recibiría gran merced que vuesa merced me la hiciese de despenarme, alzándome esta carcelería; porque, dejándome así, habiendo ya llegado a este rompimiento, será de nuevo entregarme al verdugo que me martirice; y si no, hagamos una cosa: enciérrese ella en un monasterio y yo en otro; partamos la hacienda, y desta suerte podremos vivir en paz y en servicio de Dios lo que nos queda de la vida...

Ella se niega, pues aún le apetece seguir viviendo. Finalmente, el juez sanciona, de manera muy sosegada:

JUEZ: Pues yo no puedo hacer este divorcio, *quia nullam invenio causam.*

La siguiente audiencia tiene lugar entre Soldado y Doña Guiomar. Esta parte del entremés es muy dinámica y refleja a las claras el pensamiento social de Cervantes sobre la materia. Para empezar, se ha de esperar del marido que dé de comer a la familia y en su defecto, se desata el conflicto:

DOÑA GUIOMAR: Porque él no sabe cuál es su mano derecha, ni busca medios ni trazas para granjear un real con que ayude a sustentar su casa.

Otra de las funciones del varón es la de atender la casa. Si en ello fallara, habría lógico enfrentamiento con la esposa:

DOÑA GUIOMAR: Vuélvese a ir, vuelve a media noche, cena si lo halla, y si no, santíguase, bosteza y acuéstase; y en toda la noche no sosiega, dando vueltas.

Así que con tanto desatino se llega al espinoso camino de la vida insoportable producida por la depauperización del hogar. El marido no tiene agarre ya en casa; no busca cobijo, ni refugio y la frustración de la pobreza en la hidalga promueve la separación:

SOLDADO: Así que, me será forzoso suplicar a vuesa merced, señor juez, pues ya por pobres son tan enfadosos los hidalgos, y mi mujer lo pide, que nos divida y aparte.

Igualmente, la dignidad hidalga y de mujer tiene unos límites a la hora de socorrer en el matrimonio:

DOÑA GUIOMAR: Y hay más en esto, señor juez: que, como yo veo que mi marido es tan para poco, y que padece necesidad, muérome por remedialle; pero no puedo, porque, en resolución, soy mujer de bien, y no tengo de hacer vileza.

A lo largo de esta audiencia, o del entremés en su conjunto, no faltan los piropos. Escuchemos la descripción de la esposa:

SOLDADO: Por esto solo merecía ser querida esta mujer, pero, debajo deste pundonor, tiene encubierta la más mala condición de la tierra: pide celos sin causa, grita sin porqué, presume sin hacienda, y, como me ve pobre, no me estima en el baile del rey Perico; y es lo peor, señor juez, que quiere que, a trueco de la fidelidad que me guarda, le sufra y disimule millares de millares de impertinencias y desabrimientos que tiene.

Y, al final, aunque el juez no dicte sentencias de separación, las cosas dichas han quedado dichas. Comoquiera que en las relaciones personales el cumplir con la función social es tenido en muchas ocasiones por un mérito en vez de por algo normal, Cervantes denuncia tan desquiciante actitud:

SOLDADO: Oíd, señora doña Guiomar; aquí, delante destos señores, os quiero decir esto: ¿por qué me hacéis cargo de que sois buena, estando vos obligada a serlo, por ser de tan buenos padres nacida, por ser cristiana y por lo que debéis a vos misma? ¡Bueno es que quieran las mujeres que las respeten sus maridos porque son castas y honestas; como si en sólo esto consistiese, de todo en todo, su perfección; y no echan de ver los desaguaderos por donde desaguan la fineza de otras mil virtudes que les faltan! ¿Qué se me da a mí que seáis casta con vos misma, puesto que se me da mucho, si os descuidáis de que lo sea vuestra criada, y si andáis siempre rostrituerta, enojada, celosa, pensativa, manirrota, dormilona, perezosa, pendenciera, gruñidora, con otras insolencias deste jaez, que bastan a consumir las vidas de docientos maridos? Pero, con todo esto, digo, señor juez, que ninguna cosa destas tiene mi señora doña Guiomar; y confieso que yo soy el leño, el inhábil, el dejado y el perezoso; y que, por ley de buen gobierno, aunque no sea por otra cosa, está vuesa merced obligado a descasarnos; que desde aquí digo que no tengo ninguna cosa que alegar contra lo que mi mujer ha dicho, y que doy el pleito por concluso, y holgaré de ser condenado.

Otra de las audiencias está muy bien para la vida actual. Cervantes ha visto cómo la anomía, la carencia de valores, puede llevar a la disolución del orden social, por lo que puede ser socarronamente despachada. Esta vez es otra hidalga y un pechero quienes piden divorcio.

MINJACA: Señor juez, vuesa merced me oiga, y advierta que, si mi marido pide por cuatro causas divorcio, yo le pido por cuatrocientas. La primera, porque, cada vez que le veo, hago cuenta que veo al mismo Lucifer; la segunda, porque fui engañada cuando con él me casé, porque él dijo que era médico de pulso, y remaneció cirujano, y hombre que hace ligaduras y cura otras enfermedades, que va decir desto a médico la mitad del justo precio; la tercera, porque tiene celos del sol que me toca; la cuarta, que, como no le puedo ver, querría estar apartada dél dos millones de leguas.

ESCRIBANO: ¿Quién diablos acertará a concertar estos relojes, estando las ruedas tan desconcertadas?

MINJACA: La quinta…

JUEZ: Señora, señora, si pensáis decir aquí todas las cuatrocientas causas, yo no estoy para escuchallas, ni hay lugar para ello. Vuestro negocio se recibe a prueba; y andad con Dios, que hay otros negocios que despachar.

CIRUJANO: ¿Qué más pruebas, sino que yo no quiero morir con ella, ni ella gusta de vivir conmigo?

JUEZ: *Si eso bastase para descasarse los casados, infinitísimos sacudirían de sus hombros el yugo del matrimonio.*

Para concluir, reproduzco unas líneas fascinantes en las que Cervantes llora la ausencia del cumplimiento de los papeles sociales que nos han sido atribuidos por nuestra función. Del juez se espera algo más que dictar sentencia, y a los abogados carroñeros los desprecia:

MÚSICO: Señor juez, aquellos dos casados tan desavenidos que vuesa merced concertó, redujo y apaciguó el otro día, están esperando a vuesa merced con una gran fiesta en su casa; y por nosotros le envía[n] a suplicar sea servido de hallarse en ella y honrallos.

JUEZ: Eso haré yo de muy buena gana; y pluguiese a Dios que todos los presentes se apaciguasen como ellos.

PROCURADOR: Desa manera, moriríamos de hambre los escribanos y procuradores desta audiencia; que no, no, sino todo el mundo ponga demandas de divorcios; que, al cabo, al cabo, los más se quedan como se estaban y nosotros habemos gozado del fruto de sus pendencias y necedades.

Como colofón, aquello que para mí es sustancial en todo Cervantes: la esperanza ante la frustración; es decir, el hombre ha de esforzarse y luchar hasta el infinito por no automarginarse, por mantenerse dentro de la estructura social. Más vale un mal concierto que un buen divorcio, dice en uno de los bises:

> *Entre casados de honor,*
> *cuando hay pleito descubierto,*
> *más vale el peor concierto*
> *que no el divorcio mejor.*
> *Donde no ciega el engaño*
> *simple, en que algunos están,*
> *las riñas de por San Juan*
> *son paz para todo el año...*

Por cierto: de las escenas anteriores, adviértase que el propio abuelo de Cervantes dejó a la familia y se fue a Sevilla; que su padre era cirujano, empobrecido, desprestigiado socialmente; y que andaban a lo loco por demostrar hidalguía, y que cuando Ganapán dice a las claras que, como reza el refranero español, la cabra siempre vuelve al monte: ¿estaban sus hermanas inspirándole parcialmente al escribir *El juez de los divorcios*? Ni que decir tiene que Cervantes supo componer y descomponer su vida familiar o la de sus antepasados para redactar sus obras. Volvemos sobre ello inmediatamente.

Mas no sólo trata el tema del matrimonio y del amor en *El juez de los divorcios*, sino en otras cuantas obras. Recorrámoslas y avistemos, cómo no, contradicciones, audaces aseveraciones y un sinfín de golpes a diestro y siniestro contra su orden social.

En 1613 se edita *La gitanilla,* una de las *Novelas ejemplares.* Pues bien, en ella encontramos un aviso sin par: «Nunca los enamorados han de decir que son pobres, porque a los principios la pobreza es muy enemiga del amor».

Claro que la afirmación perdería su sabor si la extrajéramos de la escena: la gitanilla, con quince años y todo el desparpajo del mundo, ha entrado en una sala llena de caballeros mientras da varias recomendaciones a sus acompañantes timoratas y se leen un par de romances:

> Mira, Cristina —respondió Preciosa [la Gitanilla]—: de lo que te has de guardar es de un hombre solo y a solas, y no de tantos juntos; porque antes el ser muchos quita el miedo y el recelo de ser ofendidas. Advierte, Cristinica, y está cierta de una cosa: que la mujer que se determina a ser honrada, entre un ejército de soldados lo puede ser.

¿Y la muerte del amor, a qué se debe? Quiero decir, ¿en qué consistió la extraña vida marital de Cervantes? Tal vez él nos ha dado la respuesta con su ingenio, esto es, entre líneas. ¿Podemos reconstruir su matrimonio con estas frases suyas?:

En *El Persiles* (II, XIX), el caballero está relatando su autobiografía y apuntilla:

> El disfavor y los desdenes suelen matar al amor en sus principios, faltándole el arrimo de la esperanza, con quien suele crecer.

Y aunque el desdén sea, al principio del amor, beneficioso, luego puede tornarse en muy perjudicial:

> Después que el amor ha tomado larga y entera posesión del alma, los desdenes y desengaños le sirven de espuelas, para que con más ligereza corra a poner en efeto sus pensamientos (*Persiles*).

¿Hubo desdén de su esposa hacia él? ¿O tal vez aborrecimiento? Porque en dos ocasiones y en obras diferentes alude a la repugnancia: «Querer y ser aborrecido: a este mal no se iguala el de la ausencia, ni el de los celos» (*Persiles*); la segunda alusión: «Es terrible dolor querer y no ser querido, pero mayor sería amar y ser aborrecido» (*La galatea*). ¿De dónde, en fin, la inspiración para reflejar tan bien tan desgarradores sentimientos?

Y si, querido y paciente lector, aún no has quedado convencido de que para Cervantes poco había más importante que el amor, o que lo padeció con sufrimiento, lee *La Galatea*, de la que extraigo un larguísimo, pero necesario parlamento:

> El engañoso amor nos muestra una senda por do entremos, al parecer ancha y espaciosa, la cual después poco a poco se va cerrando, de manera que para volver ni pasar adelante ningún camino se ofrece.
>
> Y así, engañados y atraídos los míseros amantes con una dulce y falsa risa, con un solo volver de ojos, con dos malformadas palabras que en sus pechos una falsa y flaca esperanza engendran, arrójanse luego a caminar tras ella, aguijados del deseo; y después, a poco trecho y a pocos días, hallando la senda de su remedio cerrada y el camino de su gusto impedido, acuden luego a regar su rostro con lágrimas, a turbar el aire con sospiros, a fatigar los oídos con lamentables quejas; y lo peor es que, si acaso con las lágrimas, con los sospiros y con las quejas no puede venir al fin de lo que desea, luego muda estilo y procura alcanzar por malos medios lo que por buenos no puede.
>
> De aquí nascen los odios, las iras, las muertes, así de amigos como de enemigos; por esta causa se han visto, y se veen a cada paso, que

las tiernas y delicadas mujeres se ponen a hacer cosas tan estrañas y temerarias que aun sólo el imaginarlas pone espanto; por ésta se veen los sanctos y conyugales lechos de roja sangre bañados, ora de la triste mal advertida esposa, ora del incauto y descuidado marido. Por venir al fin deste deseo, es traidor el hermano al hermano, el padre al hijo y el amigo al amigo. Este rompe enemistades, atropella respectos, traspasa leyes, olvida obligaciones y solicita parientas. Mas, porque claramente se vea cuánta es la miseria de los enamorados, ya se sabe que ningún apetito tiene tanta fuerza en nosotros, ni con tanto ímpetu al objecto propuesto nos lleva, como aquél que de las espuelas de amor es solicitado; y de aquí viene que ninguna alegría o contento pasa tanto del debido término, como aquélla del amante cuando viene a conseguir alguna cosa de las que desea.

Padres, hijos

A cualquier lector cervantino le asaltan dos verdades: la primera, que el tema de las relaciones paternofiliales no está monográficamente explícito en su obra; igualmente, que las relaciones paternofiliales aparecen salpicadas por doquier. En este sentido, Cervantes es un pensador de extraordinaria sensibilidad y realismo. Padres e hijos cumplen funciones diferentes en la sociedad y en el grupo menor de pertenencia, en la familia. Ser padre, lo hemos visto ya, es un acto de responsabilidad, no sólo biológico; por tanto, ser padre implica una serie de obligaciones sociales: así, la transmisión de los paquetes de normas y valores que todo individuo ha de conocer en sociedad, así llevar una vida ejemplar que sirva de modelo para los descendientes, así la entrega de la honra de la familia que se transmite por la vía del linaje, esto es, de los apellidos.

Por otro lado, ser hijo implica, igualmente, la asunción de una serie de papeles que se asimilarán con naturalidad porque se han ido mamando, viendo, imitando, interiorizando. Mas el papel más grande del hijo es el de ayudar al padre en su vejez, ayuda directa y sacrificada que devuelve la deuda de la propia existencia al progenitor. Además, el hijo, y más aún si es mujer, se convierte en guardián de la honra familiar y un desliz puede generar el mancillamiento de la memoria familiar: en la comedia *La entretenida* pone en labios del padre:

> [PADRE]:
> *Primero que él la vea,*
> *primero que él la toque,*
> *primero que la goce,*
> *ha de perder la vida, o yo la mía.*
> *¡Que venga un embustero,*
> *con sus manos lavadas,*
> *y no limpias por esto,*
> *y el alma os robe y saque de las carnes...!*
> *Mitades son del alma*
> *los hijos; mas las hijas*
> *son mitad más entera*
> *por cuyo honor el padre ha de ser lince.*

Entre zozobras de linajudos hay otra frase en *El Quijote* llena de sensatez: «En fin en fin, mejor parece la hija mal casada que bien abarraganada» (*Quijote*, II, V).

Relaciones de respeto, autoridad y responsabilidad en donde el padre es el que ha de saber encauzar a los hijos. Es el esquema que se repite por doquier. Éste y, también, la estrategia de la solidaridad vertical: si se tienen hijos a los que se ha educado, de ellos se espera, a la vejez del progenitor, ¡qué menos!, que cuiden de los padres. Así las cosas, el binomio podría esquematizarse: el padre espera ayuda del hijo; el hijo ha debido tener un padre del que sentirse orgulloso, «sabiendo que tiene padres a quien ha sido justo haber obedecido», aun al precio que sea, incluso contraviniendo los deseos de los hijos, «pues podría ser que la mudanza de Silveria no estuviese en la voluntad, sino en la fuerza de la obediencia de sus padres», dice en *La gitanilla*.

¡Qué hermosos y sentidos son algunos pasajes cervantinos! Traigo a colación un par de ellos. Recordemos, en *La española inglesa*, las palabras del católico cautivo que va a ser libertado por Ricaredo y mandado a España, su tierra. Él no quiere, y así le implora que le deje ir a Inglaterra, adonde cree que estará su hija, secuestrada en Cádiz tras el asalto de Drake. El planto paterno eriza los pelos:

> Sabrás, señor, que en la pérdida de Cádiz [...] perdí una hija que los ingleses debieron de llevar a Inglaterra, y con ella perdí el descanso de mi vejez y la luz de mis ojos.

Con la misma pena se expresa Pedro en *Pedro de Urdemalas* (vv. 600-606), cuando se confiesa «hijo de la piedra, / que padre no conocí: / desdicha de las mayores / que a un hombre pueden venir».

Cervantes es un añorante de las cuerdas relaciones de hijos y padres. Abomina, pues, de la nueva generación, que disfruta demasiado pronto y descaradamente de los resultados del ímprobo esfuerzo laboral paterno. Digo: hablamos del siglo XVI.

> Este mercader, pues, tenía dos hijos, el uno de doce y el otro de hasta catorce años, los cuales estudiaban gramática en el estudio de la Compañía de Jesús; iban con autoridad, con ayo y con pajes, que les llevaban los libros y aquel que llaman *vademécum*. El verlos ir con tanto aparato, en sillas si hacía sol, en coche si llovía, me hizo considerar y reparar en la mucha llaneza con que su padre iba a la Lonja a negociar sus negocios, porque no llevaba otro criado que un negro, y algunas veces se desmandaba a ir en un machuelo aun no bien aderezado (*El coloquio de los perros*).

La relación paternofilial es en él la cumbre de la existencia del hombre. Tener hijos enajena la mente tanto como el amor. ¿Por qué no recordar el Cervantes autoproclamado «padrastro de don Quijote» en el «Prólogo»?; ¿por qué no leer su confesión?:

Acontece tener un padre hijo feo y sin gracia alguna, y el amor que le tiene le pone una venda en los ojos para que no vea sus faltas, antes las juzga por discreciones y lindezas y las cuenta a sus amigos por agudezas y donaires.

Tener hijos provoca tal cascada de sensaciones, de gestos, de temores y de certezas, pero sobre todo de esperanzas como no lo puede conocer el hombre de otra manera. A continuación reproduzco un texto apoteósico. Para mi gusto, una de los escritos nacidos de la creación humana más sensibles y cargados de generosidad que jamás se hayan escrito. Es impresionante: ¿no se le saltarían las lágrimas a Miguel al escribirlo, o al pensar cómo darle forma escrita a las imágnes que tenía en la mente?; ¿no le emocionarían esas figuras y las situaciones que, en su recuerdo, le inspiraron estas frases?:

Los hijos, señor, son pedazos de las entrañas de sus padres, y así, se han de querer, o buenos o malos que sean, como se quieren las almas que nos dan vida; a los padres toca el encaminarlos desde pequeños por los pasos de la virtud, de la buena crianza y de las buenas y cristianas costumbres, para que cuando grandes sean báculo de la vejez de sus padres y gloria de su posteridad (*Quijote*, II, XVI).

Mas no pensemos que a las hijas no les reserva un papel importante en el entramado social por vía de la familia. Si no, escuchemos otro texto que se sale él solo, y que es un parlamento de Lucinda en *El Quijote*:

Yo era una de las más regaladas hijas que padres jamás regalaron. Era el espejo en que se miraban, el báculo de su vejez, y el sujeto a quien encaminaban, midiéndolos con el cielo, todos sus deseos; de los cuales, por ser ellos tan buenos, los míos no salían un punto. Y del mismo modo que yo era señora de sus ánimos, ansí lo era de su hacienda: por mí se recebían y despedían los criados; la razón y cuenta de lo que se sembraba y cogía pasaba por mi mano; los molinos de aceite, los lagares de vino, el número del ganado mayor y menor, el de las colmenas. Finalmente, de todo aquello que un tan rico labrador como mi padre puede tener y tiene, tenía yo la cuenta, y era la mayordoma y señora, con tanta solicitud mía y con tanto gusto suyo que buenamente no acertaré a encarecerlo. Los ratos que del día me quedaban, después de haber dado lo que convenía a los mayorales, a capataces y a otros jornaleros, los entretenía en ejercicios que son a las doncellas tan lícitos como necesarios, como son los que ofrece la aguja y la almohadilla, y la rueca muchas veces; y si alguna, por recrear el ánimo, estos ejercicios dejaba, me acogía al entretenimiento de leer algún libro devoto, o a tocar una arpa, porque la experiencia me mostraba que la música compone los ánimos descompuestos y alivia los trabajos que nacen del espíritu (*Quijote*, I, XXVIII).

En Lucinda, mejor aún, sólo en ese pasaje, Cervantes, el clarividente, deja a la posteridad sus opiniones sobre la antigua polémica abierta por Erasmo, seguida por Vives de manera más apoquinada, sobre el papel social de las mujeres. No puedo analizar el texto más allá de lo que el propio Cervantes expone, o de lo que en su día nos enseñó Mariló Vigil y tantas más últimamente.[30] Una hija «de las más regaladas» tiene un trasfondo psicológico, una capacidad de relación social y una capacidad práctica de la administración del hogar, cuando menos sobresaliente y superior a casi todos los varones. Pero, al mismo tiempo, cuando el día caía, esta profémina se dedicaba a las actividades propias de su sexo: «Ejercicios que son a las doncellas tan lícitos como necesarios» y éstos eran la destreza con la aguja. Sólo después, si la muñeca estuviera cansada y hubiera que sosegar el ánimo, llegaba el momento de la lectura, pero sólo de la lectura devota y no otra, o en su lugar, a tañer el arpa porque —y parece que la música aventaja en virtudes a la lectura— «la música compone los ánimos descompuestos», es decir, ayuda a superar las depresiones.

¡Cuántas veces, Miguel, se te saltaron las lágrimas, se te tambaleó el alma al escribir sobre esas cosas! Sobre su propio matrimonio, hablo más adelante.

CAPÍTULO II

«¡Qué mal parece en los gobernadores el no saber leer ni escribir!»

El misterio de las primeras letras

De las muchas cosas que resultan fascinantes en la capacidad creadora de Cervantes es que no tuvo una educación «reglada», académica. No sabemos dónde cultivó sus primeras letras ni las siguientes, aquéllas de la adolescencia. Las alabanzas, creo que mal interpretadas, a los jesuitas en *El coloquio de los perros* le hacen alumno de esa institución en Córdoba y en Sevilla; la famosa frase de López de Hoyos sobre su «caro y amado discípulo» en las exequias a Isabel de Valois ha dado más fama a López de Hoyos y, sobre todo, al Estudio de la Villa de Madrid, de cuanta hubieran soñado ambos, el erasmista y el centro gramatical.

La formación de Cervantes fue, como la de tantos y tantos más, muy desestructurada. Nada de sus estudios se puede constatar documentalmente a día de hoy. En su adolescencia pudo recibir clases directas, «particulares» de López de Hoyos, pero no creo que estudiara en el Estudio de la Villa de Madrid (una destartalada escuela municipal). Tampoco se perdió nada por ello. Antes de los luctuosos sucesos de 1568 y 1569 (luto en la Casa Real, huida de Cervantes) la enemiga contra los erasmistas arrastró a López de Hoyos a una suerte de bloqueo en el Estudio y a Cervantes, a no levantar cabeza ya. Lo que viene a continuación no es más que una sucesión de endebles conjeturas. Se sabe a ciencia cierta que Rodrigo (el padre) se trasladó a Córdoba en 1553. Trasladado él y su madre, no sabemos si fue Cervantes a Córdoba. Y como no lo sabemos, suponer que estudió allí con los jesuitas es mucho suponer. Pero llena de perplejidad que se haya afirmado —basándose en conjeturas— que estudió en una escuela privada de un familiar lejano, del que se dice su nombre, Alonso de Vieras. Aún más. Puestos a suponer, han supuesto hasta quiénes fueron los amigos de Cervantes-niño, que los mantuvo en la edad adulta.[1] Poco después, sentadas las bases del conocimiento gramatical en la escuela que fuera (una escuela bien podía ser un cuarto en el que aprendía, revueltas las edades y aptitudes, todo tipo de niños), habría pasado por las aulas de los jesuitas entre 1556-1558 (Córdoba) y 1563-1565 (Sevilla)…, aunque no conste nada de ello por escrito, ni siquiera si estuvo en dichas ciudades en su infancia. El texto culpable de todas estas imaginaciones lo reproduzco a continuación; los fabricadores de la vida estudiantil de Cervantes en Córdoba y Sevilla fueron Rodríguez Marín y Astrana; éste por llevarle la corriente a aquél.

Lleguéme al mayor de mis amos, y, a mi parecer, con mucha crianza se le puse en las manos, y quedéme sentado en cuclillas a la puerta del aula, mirando de hito en hito al maestro que en la cátedra leía. No sé qué tiene la virtud, que, con alcanzárseme a mí tan poco o nada della, luego recibí gusto de ver el amor, el término, la solicitud y la industria con que aquellos benditos padres y maestros enseñaban a aquellos niños, enderezando las tiernas varas de su juventud, porque no torciesen ni tomasen mal siniestro en el camino de la virtud, que juntamente con las letras les mostraban. Consideraba cómo los reñían con suavidad, los castigaban con misericordia, los animaban con ejemplos, los incitaban con premios y los sobrellevaban con cordura; y, finalmente, cómo les pintaban la fealdad y horror de los vicios y les dibujaban la hermosura de las virtudes, para que, aborrecidos ellos y amadas ellas, consiguiesen el fin para que fueron criados.

CIPIÓN. ——Muy bien dices, Berganza; porque yo he oído decir desa bendita gente que para repúblicas del mundo no los hay tan prudentes en todo él, y para guiadores y adalides del camino del cielo, pocos les llegan. Son espejos donde se mira la honestidad, la católica dotrina, la singular prudencia, y, finalmente, la humildad profunda, basa sobre quien se levanta todo el edificio de la bienaventuranza (*El coloquio de los perros,* 669).

A mí, personalmente, no me cabe duda de la profundidad irónica de Cervantes, antijesuita, en esa escena. Y más aún si vemos cómo se las hicieron pasar a López de Hoyos.

En cualquier caso, recordemos que el padre ha vuelto a Alcalá, a la profesión como monja de su hija Luisa, y que regresa después por poco tiempo a Córdoba y a Sevilla. Ahora sí, a pesar de la oscuridad, hay más indicios para creer que en estas fechas Miguel fue con su padre. Es más que probable (es otra posibilidad) que sea la época en que le causa fascinación el teatro de Lope de Rueda. El paso por Sevilla habría sido inmensamente productivo y conformador de su portentosa mente: en 1564 está documentada la presencia de Lope de Rueda en Sevilla y Cervantes declarará sin tapujos cómo asistía a sus representaciones (aunque no declara si en Sevilla, o en Alcalá o en Madrid. Léase el prólogo de las *Ocho comedias y ocho entremeses*),[2] y además, vivirían en el mismo barrio de San Miguel; cuando a finales de marzo de 1565, murió, en Córdoba, Cervantes y su hermano Rodrigo ——a quienes sorprendió de paso por la ciudad andaluza la muerte del autor teatral—— asistieron a tan sonado sepelio.

Pero los líos de la hermana con los Ovando, la muerte de la suegra del padre y, en fin, la búsqueda de una mejor vida, espolearon al progenitor de Cervantes a moverse de nuevo, a tantear, por vía de emigración, una existencia más regalada. Hacia 1566 llegó a Madrid, sede de la Corte, procedente de Córdoba-Alcalá. Madrid era el receptáculo de todos los inmigrantes dispuestos a convivir entre sí. Cervantes tenía ya diecinueve años.

El nacimiento de una vocación

A partir de estas fechas, por la casa de Rodrigo de Cervantes pasan banqueros italianos (ya he dicho, e insistiré más adelante, cómo con ellos pudo forjarse su habilidad para los negocios) y un individuo curioso: Alonso Getino de Guzmán. Había trabajado con Lope de Rueda en Sevilla y por estas fechas se trasladó a Madrid. Rodrigo hospeda a Alonso Getino, no sabemos bien si en casa propia, en alquiler en otra casa... A Getino se le encarga la preparación de una parte de las fiestas de conmemoración del nacimiento de la hija del rey, Catalina Micaela (10-X-1567); fiestas, por lo demás, muy accidentadas porque se adelantó el alumbramiento y hubo que acelerar los preparativos y dejar por celebrar algunos de los festejos previstos. Getino es alguacil del Ayuntamiento de Madrid y también encargado de trabajos menores en las grandes ocasiones.

Las celebraciones por lo de Catalina Micaela habían empezado a prepararlas en el Ayuntamiento de Madrid a principios de octubre de 1567.[3] Las prisas por las celebraciones fueron aprovechadas para maniobras políticas.[4] El 8 de octubre estaba todo casi listo e incluso se convocaron certámenes,[5] aunque había dificultades para encontrar toros que lidiar.[6] Todo pasó y en noviembre empezaba a echarse cuenta de los gastos: lo primero, la cera;[7] luego los pagos a Getino y a Diego de la Ostra;[8] más adelante, más enfrentamientos municipales por las dichosas fiestas;[9] el sentimiento de haber sido estafados por el ingeniero alemán que había hecho en Toledo el artilugio para subir las aguas del Tajo a la ciudad;[10] en fin, la revisión de más cuentas...[11]

La verdad es que los atolondrados versos de Cervantes no reflejan en absoluto la tensión municipal.

Soneto de Mig[uel] de Cervantes
a la reina Doña Isabel 2ª
Serenísima reina, en quien se halla
lo que Dios pudo dar a un ser humano;
amparo universal del ser cristiano,

de quien la santa fama nunca calla;

arma feliz, de cuya fina malla

se viste el gran Felipe soberano,

ínclito rey del ancho suelo hispano

a quien Fortuna y Mundo se avasalla:

¿cuál ingenio podría aventurarse

a pregonar el bien que estás mostrando,

si ya en divino viese convertirse?

Que, en ser mortal, habrá de acobardarse,

y así, le va mejor sentir callando

aquello que es difícil de decirse.

Esos versos, que son los primeros que conservamos de Cervantes, están escritos al calor de los primeros amigos literatos: Pedro Laínez, hombre de Corte, pues era camarero del príncipe don Carlos; López Maldonado; Luis Gálvez de Montalvo, del que hablaremos de nuevo…

Al año siguiente, la Corte se viste de luto. Mueren el príncipe don Carlos y muere la reina de parto. Entonces, el ya catedrático del Estudio (desde el 29 de enero de 1568 por la tarde) recibe el encargo municipal de honrar al príncipe[12] y a la reina.[13] Acompañan al libro unos versos de Cervantes, aquellos versos famosos tan reproducidos.

Eran días movidos en Madrid, ciudad que prometía mucho, porque ya llevaba el rey seis años de seguido en ella. Ofrecía tanto que los jesuitas lograban ganarse las voluntades de una parte de los regidores de la Villa, para entregarles la educación del Estudio. Otros, por el contrario, conseguían que triunfara la designación de López de Hoyos.

Un año después, sin que sepamos bien la fecha, pero en otoño, tiene lugar la huida de Cervantes, y nos deja a todos descompuestos: a López de Hoyos, a Getino, a sus amigos en la Corte…

El reconocimiento de Alonso Getino se mantiene en Madrid. Se le llama indistintamente Cetino o Getino y recibe el encargo de preparar una parte de las fiestas de la entrada de Ana de Austria, de las que se empezó a hablar en marzo de 1570; en agosto se intenta conseguir ——con la excusa de la entrada de la reina— una remodelación urbana del muy paleto Madrid (se suscriben censos por valor de 20.000 ducados); se decide tirar la casa por la ventana;[14] todo fue algo caótico, pero se salvó la cara de la ciudad.[15]

Aunque en estas fiestas ya no estuviera Cervantes, sin duda que el continuo contacto con Getino le debió de servir para preparar su mente teatral. López de Hoyos, por un lado, Lope de Rueda por otro y Getino fueron sus grandes inspiradores... aunque a éste ni lo nombre.[16]

Qué era en realidad el Estudio de la Villa y quién López de Hoyos

Pocas veces unas líneas han servido para crear, en la imaginación del lector, tal mundo. Me refiero a media docena de palabras en las que Juan López de Hoyos reconoce en Cervantes a su «caro y amado discípulo». Igualmente, comoquiera que en los escasos textos, pero interesantes, de Juan López de Hoyos aparece nombrado como catedrático de Gramática del Estudio de la Villa de Madrid, todo esto ha servido para, reiteradas y exageradas esas dos frases hasta la saciedad, pensar que en Madrid podría haber habido un segundo Alcalá de Henares, una escuela en la que un monstruo del humanismo, Juan López, enseñaba a las mentes preclaras hispánicas, según los programas de estudios de la *ratio studiorum* jesuítica... aunque de las que pasaron por ahí, sólo se tuviera noticia de Cervantes y poco más.

Desde mediados del siglo XIV hubo maestros de gramática en Madrid a costa del municipio. Unos tal vez fueran probos y generosos docentes; los más, me los imagino, no se debieron de cultivar entre la categoría de los seres ejemplares. Solían durar un año en el oficio porque ésa era la norma, y a algunos se les tachó su conducta, como a Fernando de Loranca en 1489 (empezó a enseñar a mediados de abril de ese año, justo antes de empezar las tareas agrícolas más difíciles), o a ese otro cuyo nombre se lo han comido los ratones en el papel y que fue el maestro entre 1492 y 1493, y que tuvo tratos con la Justicia. Tampoco recibió el aplauso de la municipalidad el salmantino Juan de Rojas (en 1495); comoquiera que desde 1495 se empezó a exigir —para tomar posesión del puesto— juramento de no ausentarse, podemos colegir hábilmente que por aquellos años de entrada del Humanismo en España, estos gramáticos paraban poco por el cuartucho en el que estuviera el aula.

En cualquier caso, la prohibición de 1481 de que no hubiera más estudios que el municipal no funcionó, o no lo hizo lo bien que querrían los regidores, porque iba en contra de órdenes regulares. Así que a la altura de 1512 se volvía a repetir la prohibición. Es de suponer que con el mismo éxito que hasta entonces.

En estas fechas (2-IX-1513) ocurrió por vez primera que se hizo público en varias partes del reino que Madrid necesitaba maestro; con certeza en Alcalá. Nadie concurrió a la vacante. La causa puede ser que, echadas cuentas, a un colegial le podría resultar más rentable enseñar en Alcalá —con clases particulares— que no en Madrid.

En cualquier caso, en 1521, 1522, 1530, 1546, 1561, 1563, 1568... se recordaba la prohibición de dar clase a los niños de Madrid en otro sitio que no fuera el Estudio.[17] Se tenía la convicción de que éste debía monopolizar la enseñanza. Si se deja de prohibir desde 1568, no es porque se haya logrado el objetivo, sino por todo lo contrario: ¡los jesuitas han abierto escuela y no hay quien los pare!

Durante la época de Carlos V, en poco varió la paupérrima situación del Estudio de la Villa de Madrid: hubo un maestro, a veces con ayudante, nombrados anualmente en san Lucas (el 18 de septiembre) y con tendencia a pasar más de ese tiempo en el puesto, lo cual es de suponer que lo agradecerían los pupilos.

La vacante se cubría por concurso público anunciado siempre en Madrid, en espacios sociales, y en Alcalá, menos veces en Salamanca y excepcionalmente en Valladolid. La plaza se cubría por «oposición», esto es, los candidatos, a los que se exigía sólo el título de bachilleres, «se oponían a la cátedra de la gramática de la dicha Villa de Madrid». Así que el que se «oponía a la cátedra» era un «opositor». Cerrado el plazo de inscripción de candidaturas, se les citaba para «leer» ante algún regidor o, mejor aún, alguien que supiera leer probadamente, no fuera a pasar lo de los alcaldes de Daganzo. En alguna ocasión, no sé si es norma, se autorizó a los estudiantes, mayores de quince años y en número de quince, a asistir a la «lección» y votar al candidato idóneo según ellos. La lección consistía en saberse bien y de memoria, por lo menos, algo de Virgilio y de Lorenzo Valla y alguna obra de retórica, probablemente de Cicerón, o lo que se hubiera dicho en la convocatoria. Entre los opositores se preguntaban y al final, se recogían los votos o votaban los cinco miembros del tribunal. Claro que el problema estaba en que, en pleno Renacimiento español, cuando el Humanismo está a punto de dar sus más floridos frutos en la España de Felipe II, los regidores de Madrid se encuentran con que no saben una palabra de latín (¡a vueltas con Daganzo!). Para paliar el mal, no recurren al socorro de la cultura laica, o al prestigio de la Universidad, sino a los frailes de los monasterios madrileños. ¡Qué lástima: la concepción de que el que sabe gramática, retórica, las artes menores, en fin, es el sacerdote o el fraile y no el filólogo, independientemente de que esté consagrado a Dios o no![18]

Mas no creamos que por aquello de que cualquier tiempo pasado fue mejor no se las tenían en alto en aquellas oposiciones. Las corruptelas, tensiones e impugnaciones estaban al orden del día. Tan es así que en cierta ocasión se recordó a los estudiantes convocados que se les llamaba sólo para votar, «se diga a los estudiantes para que a solo aquello se ajunten»: ¡con qué presiones, insultos, abucheos o descalificaciones habrían sometido a los tribunales! Años hubo en que la plaza quedó vacante; algunas veces, que se entregó, sin oposición y por un lustro, a otro candidato.

Sin embargo, Madrid era, por ser de mediano pasar, una ciudad tranquila. Además, era de realengo y no del Arzobispo de Toledo. Era bien afamada por su salubridad y tenía un buen asiento. Acaso por eso en 1518, 1522 y 1526 se pensó en trasladar la Universidad Complutense a la Villa: mas la mayoría de la corporación votó en contra del traslado de la Universidad desde Alcalá. Madrid ha sido siempre un poco «paletilla».

En las décadas siguientes, no obstante el disparate anterior, hubo algunas mejoras en el Estudio: al maestro se le subió el sueldo, que ya en 1544 era de trece mil maravedíes anuales más cinco mil, diez mil y hasta quince mil más de complemento para la vivienda.

En 1544 parece que se hizo una «visita», una inspección, para ver cómo funcionaba, «sy lee [entiéndase *hace las lecciones*] bien el bachiller e sy rige los estudiantes como debe», bien es cierto que no con la celeridad que quería el consistorio, pues tardó más de tres meses en realizarse.

Tras varios intentos, después de 1537 Madrid tenía una Casa del Estudio municipal. Su estado no debía de ser muy agraciado (como ocurría con toda la construcción ordinaria de la época), de tal manera que hubo que estar remediando males un año sí y otro también. Desde 1544 a 1560 fue catedrático en el Estudio Alejo de Venegas; tras su muerte, en 1560, los jesuitas propusieron por vez primera hacerse ellos con la educación en el Estudio, iniciándose su asalto a tan apetecible escuela, sobre todo desde 1561, en que la Corte estaba en Madrid.

En los meses siguientes no hubo maestro y en 1562 se propuso a la abadía de Párraces que uno de sus frailes, Valle, viniera a Madrid a enseñar. La historia es increíble; el caso es que los regidores de Madrid, desdiciéndose de la oferta, acabaron de aceptar a un tal Ramiro, que fue maestro entre 1562 y 1566; se despidió y los jesuitas volvieron a ofrecerse como maestros para Madrid. Una parte del Ayuntamiento frenó el asalto; finalmente, este Estudio de Gramática contrató a Juan López de Hoyos desde 29 de enero de 1568 hasta su muerte en 1583. Con estas líneas y otras más sosegadas que aparecerán pronto, creo que se pueden poner en su lugar tanto la calidad el Estudio de Madrid, como la tan traída y llevada educación de Cervantes con López de Hoyos.

En otoño de 1569 Cervantes huye: por tanto, y como mucho, acudiría a sus veintidós años de vida unos veinte meses a las lecciones de López de Hoyos. Sí parece tiempo para entablar admiración o apoyo recíprocos si hubiera habido una relación mutua afectiva e intelectual. Pero la verdad podría ser otra: si Cervantes está en Madrid desde 1561 y de continuo desde 1566 (desde que tiene catorce años y diecinueve años respectivamente), ¿podría haber sido pupilo de López de Hoyos fuera del Estudio?; si en el Estudio, ¿qué impide a López de Hoyos darle lecciones particulares a Miguel, ya joven?

El caso es que así llegamos al mítico año de 1568 para estos menesteres: el de la muerte del príncipe don Carlos (24-VII-1568) y el de Isabel de Valois (13-X-1568) y, sobre todo, el de ésta, por el tema de la alusión.

López de Hoyos estuvo al frente del Estudio hasta que murió en junio de 1583: nada ya de renovaciones anuales del oficio. Durante su etapa, es verdad que las aulas conocieron un apogeo que recordaría los tiempos de Venegas y todo eso aun a pesar de que desde 1572 los jesuitas —al fin— habían montado su Colegio con escuela de Gramática y Retórica, con cuatro profesores y prefecto.

El caso es que López de Hoyos se ganó el favor municipal: se le subió el sueldo varias veces, una de ellas se reconoce explícitamente que «al maestro Juan López, que al presente es preceptor del Estudio de esta Villa, se le acrecienten, además del salario que al presente se le da, otros 10.000 maravedíes más, atento el daño que ha recibido en acrecentarse el estudio de los teatinos y otras causas que en este Ayuntamiento se han referido»;[19] pero también se invirtió dinero en el inmueble, con más ímpetu en 1572 que en... ¡1578!: se amplió el espacio dedicado a aulas,[20] se recuperaron piezas del inmueble que habían sido «ocupadas» impunemente por un oficial municipal;[21] se quiso adecentar los alrededores del Estudio empedrándose la calle, aunque con la lentitud habitual de aquélla época.[22] Igualmente, a edificio renovado, costumbres nuevas: desde julio de 1578 se comisiona visitadores «para que haya buena orden en el dicho estudio y estudiantes de él».[23] Por cierto, en mayo de 1581 se ordenó una visita porque la estrella de López de Hoyos empezaba a declinar, tal vez: iban comisionados a inspeccionar el «Estudio de esta villa y preceptor de él e inquieran pública y secretamente como cumple el dicho preceptor a su obligación y de lo que debe proveer para reformación del dicho Estudio y buen orden y crianza de los estudiantes».[24] En 1581 había que plantearse la «reformación». Más adelante veremos en qué consistía eso de la «reformación».

Por otro lado, López de Hoyos se convirtió en una especie de cronista oficial de la Villa. En efecto, algunos de sus escritos fueron promovidos y financiados por el Ayuntamiento, como *El recibimiento*, obra que fue patrocinada con 300 ducados de las arcas de Madrid.[25]

El caso es que, muerto López de Hoyos, el Estudio no volvió a levantar cabeza y acabó siendo absorbido por los jesuitas. Pero esto es, como decía antes, cuestión de otra historia.

Recuerdos de infancia:
los maestros en Cervantes

Por su parte y curiosamente, las alusiones de Cervantes a los maestros son más bien escasas: en *El Quijote*, recomienda a Sancho acudir a un maestro que le ponga en buena letra ciertos documentos, «tú tendrás cuidado de hacerla trasladar en papel, de buena letra, en el primer lugar que hallares, donde haya maestro de escuela de muchachos, o si no, cualquiera sacristán te la trasladará» (*Quijote*, I-XXV), y en *El licenciado Vidriera* habla de la felicidad del profesor de niños, «de los *maestros de escuela* decía que eran dichosos, pues trataban siempre con ángeles; y que fueran dichosísimos si los angelitos no fueran mocosos» (*Licenciado Vidriera*, 588[b]). También en el *Licenciado* aparece Tomás Rodaja, el hijo del labrador, hospedado por unos caballeros que sienten al verle compasión ante la seguridad de la bondad de los estudios:

> Pues, ¿de qué suerte los piensas honrar [a tus padres y a tu patria]? —preguntó el otro caballero. Con mis estudios —respondió el muchacho—, siendo famoso por ellos; porque yo he oído decir que de los hombres se hacen los obispos.

Pero volvamos a Madrid, que visto lo visto, permíteme la ironía, al leer la escena del *Rinconete y Cortadillo* —aquél el estudiante, éste el soldado— pienso que, de nuevo, Cervantes no imagina, sino que redacta lo que es la realidad. Asistamos a una oposición entre rufianes:

Toda esta lición tomaron bien de memoria, y otro día bien de mañana se plantaron en la plaza de San Salvador; y, apenas hubieron llegado, cuando los rodearon otros mozos del oficio, que, por lo flamante de los costales y espuertas, vieron ser nuevos en la plaza; hiciéronles mil preguntas, y a todas respondían con discreción y mesura (*Rinconete y Cortadillo*, 559).

Cervantes vivió de cerca varios ambientes estudiantiles, y de ello deja buenas pruebas en sus obras. Una de las mejores descripciones de la vida estudiantil es de *El Quijote*, en donde menosprecia la dureza de la vida estudiantil, por mala que sea, comparada con la militar:

—Digo, pues, que los trabajos del estudiante son éstos: principalmente pobreza (no porque todos sean pobres, sino por poner este caso en todo el estremo que pueda ser); y, en haber dicho que padece pobreza, me parece que no había que decir más de su mala ventura, porque quien es pobre no tiene cosa buena. Esta pobreza la padece por sus partes, ya en hambre, ya en frío, ya en desnudez, ya en todo junto; pero, con todo eso, no es tanta que no coma, aunque sea un poco más tarde de lo que se usa, aunque sea de las sobras de los ricos; que es la mayor miseria del estudiante éste que entre ellos llaman *andar a la sopa;* y no les falta algún ajeno brasero o chimenea, que, si no callenta, a lo menos entibie su frío, y, en fin, la noche duermen debajo de cubierta. No quiero llegar a otras menudencias, conviene a saber, de la falta de camisas y no sobra de zapatos, la raridad y poco pelo del vestido, ni aquel ahitarse con tanto gusto, cuando la buena suerte les depara algún banquete. Por este camino que he pintado, áspero y dificultoso, tropezando aquí, cayendo allí, levantándose acullá, tornando a caer acá, llegan al grado que desean; el cual alcanzado, a muchos hemos visto que, habiendo pasado por estas Sirtes y por estas Scilas y Caribdis, como llevados en vuelo de la favorable fortuna, digo que los hemos visto mandar y gobernar el mundo desde una silla, trocada su hambre en hartura, su frío en refrigerio, su desnudez en galas, y su dormir en una estera en reposar en holandas y damascos: premio justamente merecido de su virtud. Pero, contrapuestos y comparados sus trabajos con los del mílite guerrero, se quedan muy atrás en todo, como ahora diré (*Quijote,* I, XXXVII).

El menosprecio al estudiante vuelve a aparecer en *El coloquio de los perros*, al ponderar la laboriosa vida del padre y la regalada de los hijos que, ahora, estudian en el Colegio de la Compañía, como vimos antes. Cervantes se limita a constatar la realidad madrileña que he expuesto en las páginas anteriores y que él pudo conocer bien, y no su juventud andaluza, que tal vez ni fue tal.

Creo que al final mi investigación ha servido para dar luz al pasaje de *El coloquio de los perros* y para proponer que tal vez pudiera haber sido alumno Cervantes de López de Hoyos antes de que éste fuera catedrático en el Estudio (siguiendo a Bernáldez), en alguna escuela privada del clérigo.

En cualquier caso, malo era acurrucarse cerca de este erasmista antijesuita que quiso arrimarse a Espinosa (protector de Mateo Vázquez), y no lo logró; malo haber tenido riñas con los Ovando, mentores de Mateo Vázquez de Leca; malo, en fin, no estar entre los que protagonizaban el proceso de remoralización de la monarquía en estos años de 1575 en adelante.[26]

Ésta, y no otra —nada de lo de converso—, es la clave de la permanente desdicha «oficial» o pública de Cervantes, de los rechazos de sus peticiones: haberse caído del grupo de poder de Mateo Vázquez de Leca.

Como en cierta ocasión le escribió a Felipe II: «Como Vuestra Majestad sabe, va mucho en alentar y favorecer los ministros que son fieles, como Vuestra Majestad lo hace, porque faltando esto, cáese el corazón quebrándose las alas dél y al soldado las armas a los pies».[27]

El grupo de Mateo Vázquez fue cayendo paulatinamente, pero duró hasta los principios de Felipe III: recordemos que García de Loaysa —cardenal arzobispo de Toledo; promotor de las prohibiciones del teatro— murió en Alcalá, perdido el favor regio, el 22 de febrero de 1599 y que sus bienes fueron secuestrados el día 25; que Rodrigo Vázquez de Arce fue destituido de presidente del Consejo de Castilla y murió desterrado en sus posesiones de El Carpio el 24 de agosto de 1599, y así sucesivamente. En el otro lado de la balanza, fue absuelta de todos los cargos y afrentas Juana Coello, la esposa de Antonio Pérez; subió como la espuma el marqués de Velada, amigo de Pérez...

Como exclamó Tomás Rodaja, *El Licenciado Vidriera*: «—¡Oh Corte, que alargas las esperanzas de los atrevidos pretendientes, y acortas las de los virtuosos encogidos, sustentas abundantemente a los truhanes desvergonzados y matas de hambre a los discretos vergonzosos!».

La transmisión de lo aprendido

Uno de los aspectos más interesantes que asaltan a quien se acerque a Cervantes y a su obra es su capacidad para representar en sus textos libros dentro de los libros, como los pintores del Barroco (hasta el velazqueño Manet, si mal no recuerdo) hacían cuadros dentro de los cuadros. Esto es bien sabido de los filólogos, que nos hablan de los cuentos insertos en las obras, de la intertextualidad, etc.[28] A mí, lego en esos menesteres, me encanta ver a Cervantes mecenas del morisco aljamiado para que le tradujera el manuscrito recién comprado:

Le di priesa que leyese el principio y, haciéndolo ansí, volviendo de improviso el arábigo en castellano, dijo que decía: *Historia de don Quijote de la Mancha, escrita por Cide Hamete Benengeli, historiador arábigo.* Mucha discreción fue menester para disimular el contento que recebí cuando llegó a mis oídos el título del libro; y, salteándosele al sedero, compré al muchacho todos los papeles y cartapacios por medio real; que, si él tuviera discreción y supiera lo que yo los deseaba, bien se pudiera prometer y llevar más de seis reales de la compra. Apartéme luego con el morisco por el claustro de la iglesia mayor, y roguéle me volviese aquellos cartapacios, todos los que trataban de don Quijote, en lengua castellana, sin quitarles ni añadirles nada, ofreciéndole la paga que él quisiese. Contentóse con dos arrobas de pasas y dos fanegas de trigo, y prometió de traducirlos bien y fielmente y con mucha brevedad. Pero yo, por facilitar más el negocio y por no dejar de la mano tan buen hallazgo, le truje a mi casa, donde en poco más de mes y medio la tradujo toda, del mesmo modo que aquí se refiere (*Quijote*, I, IX).

Amén de ser interesante que hiciera a un moro el creador de su obra, en aquella España que estaba a punto de expulsar a los que quedaban por su reiterada hostilidad o indiferencia para integrarse en la mayoría, lo grandioso de esta escena es que Cervantes aparecería tres veces, habiendo sólo dos personajes: Cervantes es el autor del texto (y por tanto, ésta es su primera aparición); es el narrador del encuentro (segunda aparición) y es que, asumida la etimología propuesta por Bencheneb y Marcilly, él es Cide Hamet Benengeli.[29] La escena tendría un único principio y fin: Cervantes autor. Por cierto, Cervantes humorístico: igual que he imaginado a Cervantes emocionado, llorando, al escribir algunos pasajes, le imagino risueño al descubrir cómo llamar al historiador arábigo, autor de una *Historia de don Quijote de la Mancha*, y ser consciente del disfraz que acababa de diseñar, que, por cierto, ha tardado varios siglos en ser descubierto.

Pero si el cuentecillo es, en sí mismo, inquietante por complejo, mucho más nos resultará si creemos la deducción de J. C. Rodríguez. Al comprar el propio autor su propia obra se nos ofrece como único y absoluto propietario de todo el texto, de tal manera que se hace señor y dueño de continente y contenido.[30]

Por lo demás, ¡qué gran situación: convertirse en mecenas por sólo dos fanegas de trigo y dos arrobas de pasas, suficientes para contentar a un traductor! Tal proceder decía bastante poco de los humanistas del momento, que se contentarían por cualquier cosa.

Mas volvamos a Cervantes bibliólogo. A los cervantistas les ha interesado su enorme erudición a pesar de su falta de formación reglada. Es cierto esto de su autodidactismo, así como que la lectura era una obsesión para él, como nos declara («yo soy aficionado a leer, aunque sean los papeles rotos de las calles»). Por ello, nos resulta tan interesante adentrarnos en el escudriñar cuáles fueron esas lecturas suyas: para empezar, Quijano perdió el juicio por leer; por su parte, gracias a su creación literaria sabremos qué nos propone para reconfortante lectura, o, por ejemplo, gracias al «donoso escrutinio», qué libros son los que más respeto le merecen… o cuáles pueden ser tirados al fuego sin dolor. Si a ello añadimos el manido —y, por otro lado— expresionista parlamento de Humillos en *La elección de los alcaldes de Daganzo*, veremos que la bibliología de Cervantes es un tema apasionante.

Por todo Cervantes se derrama esa fabulosa capacidad de crear, pero también la de hacer crear a quien él ha creado. Su fantasía e imaginación son infinitas. Tanta que, en ocasiones, podemos creernos que somos nosotros los autores de la escena, porque logra que entre «sus» personajes y sus «lectores» haya desaparecido el autor, o sea, él.

Además, es un genio que nos ha dado pistas de las formas de leer o producir libros en su época. Usos que, dicho sea de paso, algunos hoy han «descubierto» tras sesudas investigaciones por otros derroteros o archivos, haciendo imposible, casi de novicios, un camino muy sencillo. En efecto, toda tradición cultural, por muy lineal que sea, padece olvidos. Así, hay cosas que no podemos entender porque no sabíamos que existieran, aunque nos las estén describiendo. En ese sentido, Cervantes se ha de volver en un punto de referencia, en un modelo casi divino para la nueva historia cultural. Él ha puesto de manifiesto una gran verdad, que redescubrimos ahora. La imprenta no acabó con la circulación de los manuscritos (de haber sido así, hoy no habría «Sala Cervantes» en la Biblioteca Nacional) ni leer era entonces un acto de recogimiento individual como es ahora. Recordemos un par de alusiones de Cervantes a los manuscritos y la importancia cualitativa que les da en su creación literaria. Además del cartapacio de Cide Hamete, «un antiguo médico que tenía en su poder una caja de plomo, que, según él dijo, se había hallado en los cimientos derribados de una antigua ermita que se renovaba; en la cual caja se habían hallado unos pergaminos escritos con letras góticas, pero en versos castellanos,

que contenían muchas de sus hazañas» (*Quijote*, I, LII); también «el ventero se llegó al cura y le dio unos papeles, diciéndole que los había hallado
en un aforro de la maleta donde se halló la *Novela del curioso impertinente*,
y que, pues su dueño no había vuelto más por allí, que se los llevase todos;
que, pues él no sabía leer, no los quería. El cura se lo agradeció, y, abrién-
dolos luego, vio que al principio de lo escrito decía: *Novela de Rinconete y
Cortadillo*, por donde entendió ser alguna novela y coligió que, pues la del
Curioso impertinente había sido buena, que también lo sería aquélla, pues
podría ser fuesen todas de un mesmo autor; y así, la guardó, con presu-
puesto de leerla cuando tuviese comodidad» (*Quijote*, I, XLVII).

Ése ha sido uno de los últimos valores rescatados de Cervantes: que
escribió *El Quijote* intencionadamente para venderlo bien, entre cualquier
tipo de público.[31]

Edward Baker[32], en su atrevida —y a veces inquietante— monogra-
fía, ha acertado al proponernos que comparemos tres diccionarios, uno
de principios del XVII (el *Tesoro de la lengua castellana o española* de Covarrubias), otro de mediados del XVIII (el *Diccionario de Autoridades*) y otro
de finales del XX (el *Diccionario de la RAE*). La comparación propuesta es
interesante: *leer* es, para Covarrubias, «pronunciar con palabras lo que por
letras está escrito»; en el de *Autoridades*, «pronunciar lo que está escrito,
o repasarlo con los ojos» y en el último, «pasar la vista por lo escrito o
impreso». ¡Culturalmente, ha triunfado la lectura callada!

Sin embargo, en la obra de Cervantes no hay triunfo; antes bien, al contrario, Cervantes quiere que participemos todos en todo. Tiene, pues, un
concepto cultural muy abierto de la existencia. Por las manos de sus personajes pasan los manuscritos y los libros; sus personajes se alborotan con
lecturas públicas y se emocionan en el recogimiento de la lectura silente;
Cervantes, en plena época de novedad y cambio, nos está demostrando que
la lectura es una práctica social y que ante una «lectura», en voz alta o voz
baja, desfilan todo tipo de personajes de diferente condición económica,
social, cultural. Frente a la exultante tradición del norte de que sólo ellos
saben leer porque tienen acceso directo y libre a la Biblia, en Cervantes
aprendemos que, de la lectura, participaban todos y que en el mundo cató-

lico había los mismos niveles de alfabetización —incluso por sexos— que en otras partes. Ya hemos visto cómo a los jesuitas les encantaba la idea de formar a más y más jóvenes, de expandir (que no es lo mismo que abrir, ciertamente) la cultura. Pero «interpretadores» del mensaje podían ser alfabetos o analfabetos. La Biblia en lengua vernácula decía lo que el traductor querría que dijera... y no creo que en ello haya más libertad.

Está demostrado que los libros de caballerías eran caros, por su formato, por su presentación: eran, pues, para un público minoritario... en lo referente a su posesión, o a la lectura reinterpretativa. Alonso Quijano, el hidalgo manchego, tenía un buen nivel de renta para tener libros. Pero la posesión es diferente del acceso. Y el acceso al contenido se puede hacer en público. Entiendo ya todo lo que encierra el acto social de aquel campesino de Cervantes:

—No sé yo cómo puede ser eso; que en verdad que, a lo que yo entiendo, no hay mejor letrado en el mundo, y que tengo ahí dos o tres dellos [libros de caballerías], con otros papeles, que verdaderamente me han dado la vida, no sólo a mí, sino a otros muchos. Porque, cuando es tiempo de la siega, se recogen aquí, las fiestas, muchos segadores, y siempre hay algunos que saben leer, el cual coge uno destos libros en las manos, y rodeámonos dél más de treinta, y estámosle escuchando con tanto gusto que nos quita mil canas; a lo menos, de mí sé decir que cuando oyo decir aquellos furibundos y terribles golpes que los caballeros pegan, que me toma gana de hacer otro tanto, y que querría estar oyéndolos noches y días (*Quijote,* I, XXXI).

Al mismo tiempo que la exaltación de la meditación respetada tras la lectura de un texto:

Sacólos el huésped, y, dándoselos a leer, vio hasta obra de ocho pliegos escritos de mano, y al principio tenían un título grande que decía: *Novela del curioso impertinente.* Leyó el cura para sí tres o cuatro renglones y dijo:

—Cierto que no me parece mal el título desta novela, y que me viene voluntad de leella toda (*Quijote,* I, XXXII).

E igualmente quiero recordar que en esa escena el cura está examinando unos manuscritos («—Esperad, que quiero ver qué papeles son esos que de tan buena letra están escritos») y espera que «si la novela me contenta, me la habéis de dejar trasladar» (o sea, copiar) y, en fin, Cardenio pide al cura «que la leyese de modo que todos la oyesen». Sólo en una escena han compartido inquietud y vida las lecturas silente y pública, el respeto por lo manuscrito y la necesidad de su copia...

No obstante, Cervantes no nos deja sin alabar las virtudes del saber leer. En ocasiones lo hace positivamente,[33] en ocasiones despectivamente.[34]

Del mismo modo que el libro-receptáculo de ideas es un tema importante en Cervantes, lo es el del autor. A mi modo de interpretar, el «humanista» que le lleva a la cueva de Montesinos (*Quijote,* II, XXXII) es, en efecto, un humanista de finales del XVI o principios del XVII, y para la comprensión del cuento debemos pensar que estamos ante una ridiculización de los humanistas y sus, ya por entonces, caducas intenciones y métodos. Por proponer una obra y un autor que encajan perfectamente en esta crítica, alguna vez he pensado que la mofa se podría haber dirigido contra Dioscórides, o por mejor decir, Andrés Laguna y su *Dioscórides.* Sepa el lector, o recuérdelo el que lo sepa, que en esa magistral obra botánica el médico de Segovia es, al tiempo, traductor y comentarista de la *auctoritas.* A ella se refiere con respeto: cada «ficha» está compuesta por la traducción de lo que dijo Dioscórides, además de un comentario nacido de la propia experiencia de Andrés Laguna, así como por un dibujo de cada planta. Pues bien, el contenido metodológico —no la obra en sí—, ese monumento en lengua vernácula del humanismo español, que bien conoce don Quijote,[35] está siendo parodiado cuando el cicerone les habla de que él ha escrito tales obras, mejorando a los clásicos:

Otro libro tengo también [manuscrito], a quien he de llamar *Metamorfóseos, o Ovidio español*, de invención nueva y rara; porque en él, imitando a Ovidio a lo burlesco, pinto quién fue la Giralda de Sevilla y el Ángel de la Madalena, quién el Caño de Vecinguerra, de Córdoba, quiénes los Toros de Guisando, la Sierra Morena, las fuentes de Leganitos y Lavapiés, en Madrid, no olvidándome de la del Piojo, de la del Caño Dorado y de la Priora; y esto, con sus alegorías, metáforas y translaciones, de modo que alegran, suspenden y enseñan a un mismo punto.

Otro libro tengo, que le llamo *Suplemento a Virgilio Polidoro*, que trata de la invención de las cosas, que es de grande erudición y estudio, a causa que las cosas que se dejó de decir Polidoro de gran sustancia, las averiguo yo, y las declaro por gentil estilo.

Olvidósele a Virgilio de declararnos quién fue el primero que tuvo catarro en el mundo, y el primero que tomó las unciones para curarse del morbo gálico, y yo lo declaro al pie de la letra, y lo autorizo con más de veinte y cinco autores: porque vea vuesa merced si he trabajado bien y si ha de ser útil el tal libro a todo el mundo...

Y ahora, los libros. Para empezar, nos llamará la atención la cantidad de obras que tiene de caballerías, que ya hemos apuntado que no eran baratas; además, esas lecturas estaban en aposento propio, es decir, que la conservación del propio libro se hacía aún más costosa. Todo tan disparatado como la demente mente del propietario. En un lugar de La Mancha, ¿un cuarto de una casa dedicado a libros? Y, además, de caballerías: el pobre hidalgo cuya vida «es de un aburrimiento mortal»[36] ha aprendido qué tendría que haber sido su vida leyendo y no cabalgando. Otro disparate existencial. Por medio de la lectura, el protagonista va a reescribir su vida, por lo menos en lo que se refiere a su futuro, ya que la otra ha tocado fondo.

En mi opinión, ésa es una constante en Cervantes, la consideración de que la creación literaria genera eternidad. Por ello, ¿cuántas veces nos anuncia que va a publicar obras inconclusas?, ¿y cuántas veces nos habla de lo que ha escrito con anterioridad? La vida sería así una inacabable aventura.

Libros de Cervantes y de don Quijote

Es importante conocer algo sobre los libros de Cervantes. Él nos dejó pistas de los libros que le fascinaron o que menospreció. Son las pistas sobre sus lecturas, inquietudes y ambiente cultural en que se desenvolvió... o que rehuyó. Igualmente, escribió poemas, compuso loas, preparó prólogos para otros. Todo ese mar de informaciones ha sido manejado por investigadores que, más o menos recientemente, nos han enseñado mucho sobre «Cervantes lector».[37]

Las muchas citas que hace en sus obras, las alabanzas al leer, la bibliofilia que destila dejan claro que leyó y mucho. Su bibliofilia es evidente y aunque alguna mente estrecha y corta pueda pensar que, por arremeter contra las novelas de caballerías, arremete contra lo bueno de la lectura, semejante opinión tan difundida entre el común del vulgo mortal, no tiene nada que ver con la selecta forma de pensar de Cervantes. Fue un apasionado bibliófilo. Sus descripciones de letras o manuscritos, de imprentas en Barcelona, o procesos de fabricación de libros así lo muestran. Por no volver a repetir, una vez más, las muchas obras que cita.

La pacata historiografía romántica, y en parte la regeneracionista, con sus continuidades posbélicas, sintieron un placer morboso en el flagelo nacional: el lamento de la España que no se construía (aunque sea cierto); el lamento en que se abandona a nuestros héroes; la exaltación de que Cervantes tenía que ser pobre, porque si no, no entraba la pieza en el rompecabezas. Eso es lo que lleva a Cotarelo a afirmar en 1943 que Cervantes «carecía de libros o tenía pocos», por lo que «cita de recuerdo».[38] Algunas cosas, es verdad, las cita de recuerdo; por ello confunde sentencias y autores, aunque eso de mal citar es, a veces, un explícito recurso humorístico. En su trabajo, Cervantes era descuidado: lo era en el citar, lo era en el corregir pruebas, lo era en el revisar las ediciones de sus textos. Pero no por no tener una gran biblioteca propia, quiere esto decir que hubiera leído poco: el préstamo de libros era muy común en el Siglo de Oro. No voy a citar más bibliografía que una aseveración puesta en boca del cura dirigida al barbero durante el donoso escrutinio: «Llevadle a casa y leedle». Creo (sé que en contra de otros) que usó con asiduidad el préstamo de textos.

A pesar de lo caro de los libros, sabemos que circulaban copias o fragmentos y que, como hoy, es de suponer que a cambio de unos versos preliminares, el poeta recibiera un ejemplar del texto impreso. Así, conoció Cervantes a muchos autores y sus obras.

Por otro lado, el mito de la pobreza de Cervantes ha de dejar de ser usado. Que llevó una vida desdichada, no cabe duda. Pero eso no implica pobreza permanente. Porque en las economías preindustriales, el pobre puede ser estructural, pero lo habitual es que exista pobreza coyuntural, temporal. Por eso conocían bien los caprichos de la Fortuna y los describían de maravilla. Eisenberg fue quien, precisamente, vino a demostrar que Cervantes pudo comprar libros y que si lo hizo, fue porque tenía dinero, procedente de la venta de sus derechos de autor, de sus salarios como servidor real, del patronato que recibía de Sandoval o Lemos;[39] y no nos olvidemos, como ha ocurrido a otros, de las rentas que le generaron las tierras de la esposa. Eso es verdad: pero no se sabe nada, aunque hay indicios para hincar vías de investigación por ese camino, que sobrevivió también manejando dineros ajenos, o como he dicho en otro lugar, trapicheando con dinero.

Igualmente, creo que lo que compró lo hizo compulsivamente, «quemando» sus ingresos repentinamente, no metódicamente: su nivel de vida debió de ser habitualmente bajo y, esporádicamente (en el momento de cobrar algún extra), más llevadero.

No podemos saber qué o cuántos libros poseyó. Además, ¿qué es poseer libros? ¿No resulta fácil pensar que un individuo con tanto movimiento existencial tendría ahora unos libros, luego otros y más tarde otros? No me interesa tanto saber si Cervantes tuvo una biblioteca (como si ese «tener» fuera una constante en su vida, como una virtud, cuando resulta que se trata de un bien material), sino qué libros conoció. Otra cosa sería que se hallara un inventario de Cervantes en tal fecha, en tal casa, de tal ciudad, que nos permitiría afirmar con rotundidad: «Los libros de Cervantes en...».

No sabemos cuántos libros poseyó al escribir tal fragmento de su obra. A buen seguro, eso sí, que nunca tuvo miles de ejemplares. En el mejor de los casos un par largo de centenares. Tampoco tenía títulos académicos o universitarios: así, su formación y la transmisión de su conocimiento se me antoja aún más épica. Fue, pues, hombre muy sagaz, de memoria portentosa y de una capacidad de observación y comprensión de las situaciones más extrañas producto de una inmensa experiencia que, lejos de hacerle cerrado en sí mismo, le mantuvo siempre ojo avizor.

Fue un gran lector, no cabe duda. «Cervantes conocía a fondo y enteramente a Plutarco»[40] y a tantos clásicos más, así como tenía una especial sensibilidad para con el humanismo (y el antihumanismo de final de siglo) y para la epistemología del conocimiento historiográfico.

Comparto con Menéndez Pelayo la idea de que tan empapado estaba de los clásicos que «fue humanista más que si hubiese sabido de coro toda la antigüedad griega y latina».[41]

Eso es evidente y nos lo demostró don Marcelino, que no tiene dudas al afirmar que manejó la versión española de Gonzalo Pérez de *La Odisea*, que le debió de influir en *Viaje del Parnaso* o en el *Persiles* (aunque acá hay que ver reminiscencias de Heliodoro y Aquiles Tacio —éste en la imitación española de Alonso Núñez de Reinoso y su *Historia de Clareo y Florisea*—); el platonismo del amor le llega por León Hebreo y sus *Diálogos* —presentes en *El Quijote* y en *La Galatea*—; de Diego Gracián manejó sus traducciones de Jenofonte y Plutarco; el cínico Demonacte está en *El Licenciado Vidriera* y en *El coloquio de los perros*; Luciano, en sus múltiples y variadas producciones, se desparrama por todo Cervantes, bien él directamente, bien por medio de los exegetas españoles, así Juan de Valdés y su *Diálogo de Mercurio y Carón* («a quien Cervantes no podía citar porque pesaba sobre su nombre el estigma de herejía», dice Menéndez Pelayo), así Cristóbal de Villalón, con su *Crotalón*. En fin, dice que «la verdadera filiación de Cervantes [está] en la influencia latente, pero siempre viva, de aquel grupo erasmista, libre, mordaz y agudo, que fue tan poderoso en España...»,[42] En palabras de un monstruo del hispanismo, Bataillon, llevado por un genial entusiasmo, «Cervantes captó en el ambiente español de su época, más que en las lecciones de López de Hoyos, el erasmismo diluido que pueda haber en su pensamiento y en su época».[43] Que, desde luego, algunos individuos pensaban que había relación directa entre Erasmo y Cervantes es algo clarísimo: véase si no la censura del retrato de Erasmo en la *Cosmographia* de Münster (Basilea, 1550), en donde se lee, en medio de las histéricas tachaduras, un «Erasmo, Sancho Panza y su amigo Don Quijote».[44]

Vuelvo a Menéndez Pelayo. No puedo compartir con él la idea de que no conoció *El Conde Lucanor* (ediciones renacentistas de Argote de Molina —cordobés— en 1575) porque me da la impresión de que en él se basa para escribir el entremés de *El retablo de las maravillas,* ¡por lo menos!; de narradores de cuentos, dice Menéndez Pelayo que «ningún prosista antiguo ni moderno ha influido tanto en el estilo de Cervantes como Bocaccio»; también el bucolismo pastoril de la *Arcadia* de Sannazaro está presente en Cervantes.

Allá están registrados Fernando de Rojas y *La Celestina*; Lope de Rueda de manera especial; toda la producción de las novelas de caballerías y sus ambientes. En fin, el artículo de Menéndez Pelayo ha intentado ser superado varias veces ya.[45]

Pero retrocedamos en nuestros pasos y saltemos a Cervantes de nuevo. De entre sus saberes, no hay que volver sobre la exegesis que hace de las novelas de caballerías. Por otro lado, sus bases filológicas eran tenues; del árabe o del turco, andaba regular, pero los manejaba; algo supo de valenciano, catalán o portugués, por lo menos los había oído con harta frecuencia; lo mismo le pasó con el vascuence. De otras lenguas de minorías, así la de germanía, como el gitano, anduvo igual de dubitativo. No así el italiano, que parece ser lo pudo conocer mejor, ya que hasta hizo algún verso: por alguna vía había de entrarle el humanismo. También dominaba el latín:[46] por eso comete tantos errores conscientes y hace tantos juegos de palabras y chistes en esa lengua de la alta cultura, de la religión, la Teología y el Derecho. Por eso resulta más demoledor aún el poco respeto que le tiene.

¿Y del francés? Sevilla, otoño de 1590. El 7 de junio de 1590 ha muerto el sacerdote Jerónimo de Herrera, a la sazón administrador del

Hospital de las Bubas de Sevilla, famoso establecimiento, famoso el administrador por tratarse de un individuo singular en sus apetencias culturales. Sus bienes pasan al Ayuntamiento, patrono del hospital, y se decide hacer una pública almoneda que dura lo dicho, unos cuatro meses. De entre los compradores, sabemos que está Cervantes: compra un día «quatro libritos dorados, de letra francesa, en diez y ocho reales» y también, días después, «la *Historia de Santo Domingo* en treinta reales». Por la calidad de dichas impresiones —difíciles de identificar con esos datos— es evidente que Cervantes se deleita con la calidad de los libros. Si sabía o no francés, es un mundo de conjeturas, porque no parece especialmente sensible a esa lengua. Astrana propone que los libritos en francés fueran las *Histoires tragiques* de Belleforest (París, 1570, 1581), una colección de unos ochenta cuentecillos más escabrosos unos que otros. Se tradujeron al español *Historias prodigiosas y maravillosas* (Medina, 1585) e *Historias trágicas ejemplares* (Salamanca, 1589). Es posible. O tal vez no. El caso es que sabemos a ciencia cierta que Cervantes compró esas obras en Sevilla.[47]

Tuvo que conocer los textos de Juan de Icíar sobre caligrafía y los que se manejaban en las escuelas de chiquillos.[48] En fin, dominó la Biblia.

Es el momento oportuno de comentar un eruditísimo y —supongo que— dificilísimo artículo en su redacción. Se trata de «La biblioteca de Cervantes» de Daniel Eisenberg.[49] Tras analizar todos sus escritos, considera que «tuvo» 204 obras distintas[50] y que leyó muchísimas más, que nos serán siempre imposibles de identificar. Aunque las conclusiones se basan en muchas suposiciones y conjeturas, las hipótesis podrían ser acertadas, aunque en verdad sólo los inventarios de bienes pueden dar respuesta a esta incógnita que a todos nos inquieta. Cervantes compró libros y manuscritos, no hay duda; manejó copias de libros o textos menores aun mucho antes de ser impresos; le regalaron ejemplares —como he dicho antes— de las obras en que participó; tal vez recibió, a la muerte de su padre en 1585, su biblioteca. A ello añado: desde siempre estuvo vinculado a los libros o a los manuscritos, por su padre, por López de Hoyos, por sí mismo. Fue un gran bibliófilo, insisto.

Entre el «Canto del Calíope» (en *La Galatea*) y *Viaje del Parnaso* (una continuación del anterior) menciona a casi 250 autores. A ello hay que sumar un sinfín de citas sueltas por su obra y, por supuesto, el «donoso escrutinio», que fue «la primera crítica e historia de la literatura española y el primer examen y evaluación de la ficción en prosa del mundo occidental».[51]

Con respecto a las características de su erudición, apuntemos con Eisenberg que en las referencias bibliográficas cervantinas, apenas hay textos que no estén en español, en todo caso en portugués e italiano: él nos dice qué idiomas habló de otra manera, no por referencias a libros. Además, la mayor parte de los textos mencionados fueron impresos después de 1580. De esta norma se salen todos los libros de caballerías, que fueron medio siglo anteriores. Por otra parte, con respecto a su sentido crítico, Cervantes, ser inquieto en todo, como vemos en su vida, «ha sabido escoger, de lo que le era disponible, lo más innovador, lo mejor pensado y lo de mayor valor artístico».[52]

Si a esas evidencias añadimos cuanto se describe en *El coloquio de los perros*, o ese repaso a la situación cultural que son el «Canto del Calíope» en *La Galatea*, o *Viaje del Parnaso*, o la quema de libros de don Quijote, y otras alusiones más o menos explícitas diseminadas por toda la creación literaria de Cervantes, llegamos al punto de partida: Cervantes fue un gran bibliófilo y, además, un individuo muy instruido. Es obvio. Tanto como que el Mediterráneo separa España de Argel.

Por otro lado, y siguiendo nuestro viaje cervantino, bien podemos fijar unas ideas sobre los libros de don Quijote. No sé bien si se ha reparado en que la lectura ha hecho del hidalgo manchego un marginado social en el sentido de que ha olvidado los menesteres propios de su cualidad. Es verdad: si se es noble, se es por ser *bellator* y, por ende, para defender a los demás. La narración de Cervantes en ese sentido es circular: un personaje que no cumple con los *papeles sociales* de su estatus los recupera exógenamente al faltar a los mismos: el hidalgo que se ha olvidado de cazar (ejercitación bélica en tiempos de paz)[53] y de administrar sus rentas (el otro fundamento del buen noble, capaz de transmitir a sus descendientes linaje y mayorazgo intactos o ampliados, pero nunca menguados) vuelve a las tareas del caballero precisamente por leer libros de caballerías (no tengo dudas en la afirmación: estaban completamente vilipendiados por todos los moralistas). Así pasaba el tiempo de ocio, ¡leyendo caballerías!, en vez de pasar el mucho tiempo de ocio en menesteres propios de la nobleza local, como podría haber sido gobernando su municipio; de la misma manera que podría haber vuelto al ejercicio de la caballería leyendo *verdaderas relaciones* de hechos de armas, por ejemplo, o libros de *exempla*; pero no, vuelve a las armas por la vía más ridícula.

Además, no sólo por leer cosas desatinadas había olvidado sus menesteres sociales —si se está en un estamento privilegiado habrá que cumplir con las funciones aparejadas a él— sino que había cometido una torpeza inexcusable: había quemado su patrimonio en la adquisición de los libros de caballerías, que, lo recuerdo, eran muy caros.[54]

En ellos encontraba, como hoy nos pasa a algunos al leer posmodernidades, cosas incomprensibles, que nos parecen oscuras porque no pueden ser profundas: «La razón de la sinrazón que a mi razón se hace, de tal manera mi razón enflaquece, que con razón me quejo de la vuestra fermosura» (*Quijote*, I, I). Eso, a nuestro hidalgo, le encadilaba, como cuando leía cosas similares a «los altos cielos que de vuestra divinidad divinamente con las estrellas os fortifican y os hacen merecedora del merecimiento que merece la vuestra grandeza» *(idem)*.

Ni don Alonso, ni tú ni yo, querido lector, podremos jamás entender esas cosas, «ni las entendiera el mesmo Aristóteles, si resucitara para sólo ello» *(idem)*.

Y el enajenado lector de las caballerías se enfrascó tanto en las lecturas que quiso sumergirse en las páginas de los libros inconclusos (como él hizo, avisando de futuras terminaciones, así los libros de caballerías advertían de continuaciones), «y muchas veces le vino deseo de tomar la pluma y dalle fin al pie de la letra, como allí se promete; y sin duda alguna lo hiciera, y aun saliera con ello, si otros mayores y continuos pensamientos no se lo estorbaran» (*Quijote*, I, I), como le pasó al mismísimo Cervantes, que hubo de dejar la pluma y las comedias en Madrid para dedicarse a otras cosas en Esquivias. Recuerda, lector —libro dentro del libro; el escritor que compró su libro——, que en el escrutinio de la biblioteca opina el cura sobre *La Galatea*: «Libro [que] tiene algo de buena invención; propone algo, y no concluye nada: es menester esperar la segunda parte que promete; quizá con la emienda alcanzará del todo la misericordia que ahora se le niega; y, entre tanto que esto se ve, tenedle recluso en vuestra posada, señor compadre».

Ahora bien: no fue sólo el hidalgo el que discurría por esas tonturas, sino otro individuo del otro estamento privilegiado, el cura, y, ¡claro!, un pechero, el barbero: de tal manera que hidalgo, clérigo y pechero, la sociedad estamental toda bien representada, discurrían y discutían sobre virtudes y defectos de aquellos libros chalados.

Pero el que se llevaba la palma de semejante chaladura fue el noble. Y así «vino a perder el juicio» pensando que las únicas historias verdaderas eran las de los libros de caballerías. ¡Ay, tu pobre maestro Juan López de Hoyos, y Pedro de Mejía y Florián Docampo y Juan Ginés de Sepúlveda y Páez de Castro y Ambrosio de Morales y Juan López de Velasco y Bernabé del Busto y Calvete de Estrella y Esteban de Garibay y… todos ellos o cronistas reales o enfrascados en hacer sus «verdaderas Historias»! Es curioso que la mente de Cervantes, obsesionada por la veracidad histórica de la narración de los hechos (Cervantes es un interesante historiósofo), haga como argumento de su novela una fantasía.

En el cap. XXIV de la primera parte, en Sierra Morena, ante el caballero de la Sierra y conmovido por una conversación «de grupo», don Quijote confiesa que tiene más de trescientos libros, que pone a disposición del contertulio, aunque con una reserva, que no sabe si le quedará alguno «merced a la malicia de malos y envidiosos encantadores». Cuando se hace el repaso de los libros, al entrar en el aposento, hallan «más de cien cuerpos de libros grandes, muy bien encuadernados, y otros pequeños». Ni al propio Cervantes le interesaba precisar el número de libros de su personaje, ni el precio, ni la tasación.[55]

Baker tiene una hipótesis de trabajo que no entiendo. Dice él: «La biblioteca costó una fortuna que don Quijote manifiestamente no poseía; procede, por tanto, analizar cómo el hidalgo compró tantos y tan caros libros».[56]

No hace falta analizar mucho, porque sobre eso ya escribió otro autor, Cervantes: «Llegó a tanto su curiosidad y desatino en esto, que vendió muchas hanegas de tierra de sembradura para comprar libros de caballerías en que leer, y así, llevó a su casa todos cuantos pudo haber dellos». Este texto procede de la primera parte del capítulo I de *El ingenioso hidalgo*...

Lo que sí es significativo es la idea que nos traslada Cervantes: se quieren quemar los libros (es la «simplicidad» del ama de llaves), pero el donoso escrutinio no puede cumplir con su fin: aunque se vayan quemando algunos ejemplares, la propia síntesis de cada uno de ellos, la misma cita de los libros hacen que sean tan inmortales cuanto permita el papel impreso circulante que contiene esa —diría yo— «tertulia literaria» al uso de las Academias de la época.

Paradójicamente, no conocemos ningún inventario de textos impresos o manuscritos de Cervantes. Curiosamente, sí que conocemos un inventario parcial de los libros de su personaje de ficción. También sabemos que hizo unas 400 citas de autor (Cotarelo) y que manejó más de 204 libros (Eisenberg). Como anillo al dedo vienen términos tales como el de «Biblioteca virtual de Cervantes». Realidad y ficción. Virtualidad y tangibilidad.

Y, en fin, andando andando, esto se acaba, aunque hay camino que recorrer, con o sin estudiante al lado. No obstante, me resisto a cerrar estas páginas sin una nota sentimental, extraña. Cuentan en Amberes, en ese espectáculo de la cultura del Renacimiento y del Barroco europeos que es el museo-archivo Plantin-Moretus, que el architipógrafo de Felipe II, Cristóbal Plantino, escribió un poema (decora un facsímil la entrada de mi casa) que dice así, en una traducción al español «curiosa»:

LA FELICIDAD DE ESTE MUNDO

Tener una casa cómoda, limpia y bonita,
Un jardín alfombrado de fragantes espaldares,
Fruta, buen vino, una vida sencilla, pocos hijos,
Ser único dueño, sin larde, de una mujer fiel.
No tener deudas ni amoríos, ni pleitos, ni riñas,
Ni repartos de bienes con los parientes,

Contentarse con poco, no esperar nada de los Grandes,
Acomodar los deseos a un modelo adecuado.
Vivir honradamente y sin grandes ambiciones,
Entregarse sin escrúpulos a la devoción,
Dominar las pasiones, hacerlas obedientes.
Conservar el espíritu libre y el juicio firme,
Rezar el Rosario, cultivando su huerto,
Es esperar en casa, con gran sosiego, la muerte.

Por su parte, Cervantes puso en boca de uno de sus personajes ciertas aspiraciones existenciales:

—Yo, señor Caballero de la Triste Figura, soy un hidalgo natural de un lugar donde iremos a comer hoy, si Dios fuere servido. Soy más que medianamente rico y es mi nombre don Diego de Miranda; paso la vida con mi mujer, y con mis hijos, y con mis amigos; mis ejercicios son el de la caza y pesca, pero no mantengo ni halcón ni galgos, sino algún perdigón manso, o algún hurón atrevido. Tengo hasta seis docenas de libros, cuáles de romance y cuáles de latín, de historia algunos y de devoción otros; los de caballerías aún no han entrado por los umbrales de mis puertas. Hojeo más los que son profanos que los devotos, como sean de honesto entretenimiento, que deleiten con el lenguaje y admiren y suspendan con la invención, puesto que déstos hay muy pocos en España. Alguna vez como con mis vecinos y amigos, y muchas veces los convido; son mis convites limpios y aseados, y no nada escasos; ni gusto de murmurar, ni consiento que delante de mí se murmure; no escudriño las vidas ajenas, ni soy lince de los hechos de los otros; oigo misa cada día; reparto de mis bienes con los pobres, sin hacer alarde de las buenas obras, por no dar entrada en mi corazón a la hipocresía y vanagloria, enemigos que blandamente se apoderan del corazón más recatado; procuro poner en paz los que sé que están desavenidos; soy devoto de nuestra Señora, y confío siempre en la misericordia infinita de Dios nuestro Señor (*Quijote*, II, XVI).

Intentar negar la fuerza de una religiosidad intimista en Cervantes es negar una evidencia absoluta.[57]

Su existencia le ha hecho creer en «el potencial noble del ser humano» siempre y cuando éste se ajuste «a la providencia divina, a la razón, la naturaleza bien concertada, la experiencia y los usos sociales, excluidos aquellos que contravienen las normas anteriores».[58] Y así se lo recomendó a Sancho en los memorables consejos: «De los consejos que dio don Quijote a Sancho Panza antes que fuese a gobernar la ínsula, con otras cosas bien consideradas» *(Quijote*, II, XLII). Por lo demás, una cosa son las aspiraciones vitales que cada uno tenemos en función de la socialización y otra muy distinta (¡y tan distinta!) la realidad que somos cada uno —o nos creemos que somos— en función de la existencia.

CAPÍTULO III

«Yo me hallé en aquella felicísima jornada»

En las páginas que siguen explico el porqué de la huida de Cervantes a Italia y qué le ocurrió allí… y después. Voy a tratarlo como a un individuo más, sin considerarlo un santo. En todo caso, un fracasado, que en la primera acción bélica en la que participa, henchido el orgullo, cae herido. No obstante, la vida de cautivo es impresionante, pero la dejo para el capítulo siguiente.

Se habla y mucho, ¡cómo no!, de su presencia en Italia y de Lepanto, pero ¿por qué Italia y por qué tanto Turco?

En síntesis, son dos las razones fundamentales que todo lector interesado ha de conocer para contestar a esas preguntas. En primer lugar, la pertenencia de Nápoles, Sicilia y Cerdeña a la Corona de Aragón, primero, y al tronco de la monarquía después y, por otro lado, la asunción por parte de Felipe II de la endiablada herencia dejada por Carlos V de enfrentamiento con el turco, con la Gran Puerta. Pero no podía ser de otra manera, habida cuenta los dictámenes culturales del otro imperio.

Italia, mi ventura

Con respecto a la unión italo-española, hay que sugerir el recuerdo de una serie de acontecimientos políticos que nos permitirán comprender y poner las cosas en su sitio:

Las dos coronas que constituían los componentes españoles de la monarquía hispánica (Navarra y Granada constituían parte de la de Castilla) tenían vocaciones políticas diferentes. Castilla, que estaba congestionada por su política interna, además de por un Portugal atlántico y un Aragón mediterráneo, empezó a abrirse al mundo con la conquista de Granada y su continuación en las campañas magrebíes. Quiso la casualidad que, al mismo tiempo, fuera la responsable del Descubrimiento y que por la alianza entre Isabel y Fernando, las ambiciosas miras de éste vincularan a los hijos de aquel matrimonio con unas maneras al uso del septentrión o del norte de Europa que, hasta entonces, nos habían sido casi desconocidas.

Por su parte, Aragón, desde el reinado de Jaime II (1291-1327) había dirigido sus miras claramente al mar Mediterráneo, sobre todo hacia la convulsa e inestable Italia. Así, efectivamente, él fue el rey que llevó su dinastía a Sicilia, mientras que en 1311 los almogávares catalanes fundaron los ducados de Atenas y Neopatria, acaudillados por Roger de Flor, que había acudido en auxilio del bizantino Andrónico II.

Por otro lado, aunque desde el siglo XIV los Anjou habían impuesto el predominio de su casa en Italia, perdieron Nápoles y Sicilia en 1442 a manos de Alfonso V de Aragón, el Magnánimo, quien se había aliado a una de las familias más poderosas de Italia, los Visconti, señores de Milán, contra franceses y genoveses. Alfonso V entregó a su muerte Nápoles a su hijo bastardo Ferrante I, de cuyo extenso reinado (1458-1494) nos son bien conocidos los innumerables levantamientos que hubo contra su poder, así como el refinado cultivo de las letras que patrocinó el rey. A su muerte, su hijo Alfonso no quiso ser coronado y el reino pasó al nieto, Ferrante II, que, al poco de subir al poder, fue destronado por una sublevación apoyada y amparada por Francia. Huyó a Sicilia, volvió tras la derrota de Carlos VIII de Francia y perdió de nuevo el trono a manos de su tío Fadrique I, que, a su vez, fue depuesto en 1503 y sucedido por Fernando el Católico.

Igualmente, Sicilia, desde 1337 (Pedro IV de Aragón, que también incorporó Baleares a su Corona), pasó definitivamente a Aragón. No fue difícil, por lo tanto, que, desde 1442, la acción entre Sicilia y Nápoles fuera bien atada.

Veamos cómo fueron los hechos, aunque sin entrar en más detalles, que nos distraerían. El recién coronado rey de Francia, Carlos VIII, ambicionaba la reincorporación de Nápoles. Así que en una rápida campaña en 1493, ocupó el reino italiano, cuyo titular era de una línea bastarda del rey de Aragón, como acabo de decir. Fernando el Católico aceptó su derrocamiento a la vez que negociaba con Venecia y el papa una Liga con el fin de expulsar a los franceses, ocupantes de un espacio feudatario del papa: ¡la excusa no era mala! El desembarco en 1495 de Gonzalo Fernández de Córdoba en Calabria y su hostigamiento hasta la expulsión de los franceses abre ese capítulo conocido como «Las Guerras de Italia». Repuesta la línea aragonesa, nuevamente el rey de Francia (esta vez Luis XII) intentó la ocupación de Nápoles. Volvió a pactar la neutralidad de Fernando de Aragón (lo había hecho su predecesor a cambio de la restitución a Cataluña del Rosellón y la Cerdaña) y tras conquistar Milán, se dirigió a Nápoles. Ni que decir tiene que a Fernando no le podía satisfacer ese dominio francés sobre Italia y, tan pronto como se pudo, dio por nulos los pactos firmados y mandó, de nuevo, a Fernández de Córdoba. En dos memorables batallas, este Gran Capitán deshizo los ejércitos franceses y mostró cómo había que luchar de ahí y hacia el futuro, no con pesadas mesnadas, sino con cuerpos de ejército más ligeros. Empezaba a gestarse una nueva infantería, la de los Tercios, que dio a la rama española de la Casa de Austria el predominio militar en Europa hasta 1643-1648 (batalla de Rocroi, Paz de Westfalia, respectivamente). El hecho cierto es que tras las victorias de Ceriñola y Garellano (1503) y la retirada francesa, Nápoles, Sicilia y Cerdeña quedaron definitivamente anexionados por línea directa a los reyes de la Corona de Aragón hasta los tratados de Utrecht de 1713-1714. No obstante lo cual, las peculiaridades de nuestra historia promovieron que allí hubiera súbditos de toda naturaleza. Por su parte, en la Corte del Rey Católico había un Consejo de Italia, como lo había Real de Castilla, o de Aragón, o de Flandes. En Nápoles, en Sicilia y en Cerdeña, había virreyes de origen español (¡quién se puede olvidar del virrey Toledo!) e italiano y desde entonces ese territorio se convirtió en uno de los más potentes baluartes de la política de la Casa de Austria.

Al Norte, por su parte, en 1516, Francisco I volvió a ocupar Milán y las guerras por el dominio de ese espacio fueron una constante entre Carlos V y el rey de Francia (recuérdese su captura, en 1525, en Pavía) y sus sucesores (hasta 1540). Finalmente, en 1559 y tras San Quintín, se firmó la paz de Cateau-Cambresis, que puso fin a este ciclo de guerras entre Francia y España, o, por mejor decir, entre las casas de Austria y Valois.

Si en lo político y en lo militar Italia jugó un papel predominante en las inquietudes hispanas, otro tanto se puede decir en el terreno cultural. El Renacimiento italiano invadió las bibliotecas cultas españolas desde muy pronto y su influencia se dejó notar en nuestras creaciones desde el siglo XV en adelante (aún en nuestra Ilustración). La negación de estas realidades, de los encontrados sentimientos de aceptación y de rechazo de la hegemonía española en Italia, no deja de ser un ejercicio diletante y falseador de la realidad, propio de demagogos o malintencionados que, además, han debido de viajar poco…, ¡no como Cervantes! ¿Sigues conmigo, querido lector?

La huida y el refugio: 1569

Septiembre de 1569. Antonio de Sigura, maestro de obras, es herido. Debe de tratarse de una reyerta más de las muchas que hay en cualquier ciudad preindustrial y, sobre todo, si es sede de la Corte y fluyen el dinero, el trabajo y las frustraciones. Así serán las cosas hasta que el Estado patrimonialice el uso de la violencia y socialmente sea reprobable el que los particulares recurran a ella. Mientras tanto, éstos dirimen sus diferencias primitivamente y llegan a las armas con excesiva facilidad. En el lento camino civilizador, la tensión entre las autoridades y los «delincuentes» es permanente. Pero ¡cuidado!, algunos de esos «delincuentes» son gentes de bien; otros, menos protegidos, han de huir y, acaso, algún ser benéfico los recoja protectoramente sin que el «delito» sea tenido por estigmatizador. Por fin, de unos terceros no se ocupa ni se preocupa nadie y volverán a las andadas deambulando por los caminos de la proscripción social, sin poder —ni ser capaces de— volver a «su» tronco cultural.

La Justicia se ha puesto en marcha contra un Miguel de Cervantes.[1] A finales de año, un Miguel de Cervantes, genial autor en el futuro, está en Roma. Como siempre y hasta ahora, pocos son los datos ciertos de este paréntesis existencial, aunque desde luego bien claro lo deja nuestro protagonista al escribir en 1584 la dedicatoria de *La Galatea* para Ascanio Colonna (a la sazón visitando Alcalá de Henares), cuando dice que le causaban respeto las cosas que oía «de V. S. Ilustrísima al cardenal de Acquaviva, siendo yo su camarero en Roma» (*La Galatea*).

En Roma estuvo tan sólo unos meses. Allá, como a tantos castellanos, se le confirmaría la idea de alistarse en alguno de los tercios que, entrenados ora en Sicilia, ora en Nápoles, se disponían para entrar en combate en Flandes o, sobre todo, en el Mediterráneo. La vida militar de Miguel de Cervantes estaba a punto de empezar. Exactamente igual que la de tantos y tantos vasallos del Rey Católico.

Nada más se sabe ya de él. Sin embargo, aquella Ciudad Santa dejó imborrable marca en sus escritos. Alguna vez me pregunto si la narración de la salida de Periandro[2] de Roma no tendrá un claro sentido autobiográfico, cambiando Madrid por la Ciudad Eterna:

> Periandro, en tanto que era buscado, procuraba alejarse de quien le buscaba; salió de Roma a pie, y solo, si ya no se tiene por compañía la soledad amarga, los suspiros tristes y los continuos sollozos: que éstos y las varias imaginaciones no le dejaban un punto (*Persiles*, IV, XI).

En otra ocasión, dedica unos bellísimos párrafos a la *Urbs*, «reina de las ciudades y señora del mundo», y nos cuenta en qué consistió la vida diaria de Tomás, el capitán en *El Licenciado Vidriera*, que «visitó sus templos, adoró sus reliquias y admiró su grandeza», cayendo en la cuenta de que, del mismo modo que por las garras del león se sabe de su fiereza, la grandeza de Roma la adivinó —y entra ahora uno de los textos más impresionantes sobre la historia de la arqueología— «por sus despedazados mármoles, medias y enteras estatuas, por sus rotos arcos y derribadas termas, por sus magníficos pórticos y anfiteatros grandes; por su famoso y santo río, que siempre llena sus márgenes de agua y las beatifica con las infinitas reliquias de cuerpos de mártires que en ellas tuvieron sepultura; por sus puentes, que parece que se están mirando unas a otras, que con sólo el nombre cobran autoridad sobre todas las de las otras ciudades del mundo: la vía Apia, la Flaminia, la Julia, con otras deste jaez». Y aquel capitán anduvo absorto por otras grandezas, tales como el poder de la Curia, la majestad del papa, la veneración de las reliquias, que «todo lo miró, y notó y puso en su punto».

Esa admiración por Roma la reitera, ahora en *El Quijote*, luego en alusiones menores en *La ilustre fregona*; pero también en algunas de las *Novelas ejemplares* (como en *Las dos doncellas*); o en *Ocho comedias* (concretamente, en *La casa de los celos*, en *El rufián dichoso*, en *La gran sultana*, en *La entretenida* o en *Pedro de Urdemalas*). En fin, lúdicamente, en *Viaje del Parnaso*: «Dijera más, sino que un gran rüido / de pífaros, clarines y tambores / me azoró el alma y alegró el oído; / volví la vista al son, vi los mayores / aparatos de fiesta que vio Roma / en sus felices tiempos y mejores» (*Viaje del Parnaso*, VIII, vv. 292-297, 1.216). ¡La gran fiesta, la de los días sagrados y la de los profanos, cuyo estudio tanta maravilla nos causa hoy en día![3]

Y un buen día hubo de salir de esta admirada ciudad. En la confusión entre imaginación y recuerdo de autor, volvemos a *El Licenciado Vidriera*, cuando el capitán decide irse a otra ciudad italiana. La salida de Roma ¿vuelve a ser un recuerdo autobiográfico? ¡Sin duda!:

> Determinó irse a Nápoles; y, por ser tiempo de mutación, malo y dañoso para todos los que en él entran o salen de Roma, como hayan caminado por tierra, se fue por mar a Nápoles, donde a la admiración que traía de haber visto a Roma añadió la que le causó ver a Nápoles, ciudad, a su parecer y al de todos cuantos la han visto, la mejor de Europa y aun de todo el mundo (*Licenciado Vidriera*, 586).

Hasta aquí, impresiones y fiestas. Pero hay más. Sorprende verdaderamente el ritmo —insisto en ello, cinematográfico— de las descripciones de Cervantes, porque nos sitúa en tierra, nos traslada a los muelles, nos embarca, recreando paisajes con su magistral costumbre. Italia es, sin duda, el supremo mundo de las esperanzas (*Quijote*, I, XXXIX; *La gitanilla*, 533); un mundo superior, en el que si allí se triunfa, se triunfa en todo el orbe (*El amante liberal*, 556); es el referente generacional porque allí van los padres y han de ir los hijos (*La fuerza de la sangre*, 596); es, en fin, el objetivo de los españoles: «Dijo que venía de Sevilla, y que su designio era pasar a Italia a probar ventura en el ejercicio de las armas, como otros muchos españoles acostumbraban» (*Las dos doncellas,* 637), porque Italia, acaso Flandes, eran la mayor expresión de las glorias militares otrora tan cantadas: «Determiné de acomodarme con él [con el atambor], si él quisiese, y seguir aquella jornada, aunque me llevase a Italia o a Flandes» (*El coloquio de los perros*, 675).

Mas las descripciones que hace de Roma, o de Italia, no son sólo engrandecedoras, sino realistas también. Así, por ejemplo, varias son las alusiones que hace a los embarques y desembarques de las galeras que van o vienen a Italia (*Las dos doncellas,* 636), lo pesadas que resultan las naves cristianas y las de Nápoles frente a las argelinas porque aquéllas van sobrecargadas de mercancía (*Trato de Argel*, 825 y ss.); y en la lejanía del tiempo, los recuerdos de lo que fue aquel hombre viajero se repiten acá y acullá cuando añora las ciudades de Italia. Los ejemplos más recordados están —lo hemos visto ya— en *La Galatea* y, sobre todo, en *El licenciado Vidriera*: la opulencia de Milán, la prohispana Lucca; la Venecia —sólo tópica pues no debió de conocerla— parecida a Tenochtitlán…

Además, como no podía ser de otro modo, nos traslada su veneración por la cultura renacentista italiana: cuando se están quemando los libros de Quijano, dice el cura que «todos esos tres libros son los mejores que, en verso heroico, en lengua castellana están escritos, y pueden competir con los más famosos de Italia: guárdense como las más ricas prendas de poesía que tiene España» (*Quijote,* I, VI). Fervor que se traduce en una expresión cervantina: «Con mi consejero anciano / a la bella Italia vine» (*El gallardo español*, vv. 2.258-2.261).

111

Así que Cervantes alude en reiteradas ocasiones a lo que él conoce de Italia, no sólo en las descripciones de lo visto ya, sino en los usos cotidianos:

> Alabó la vida de la soldadesca; pintóle muy al vivo la belleza de la ciudad de Nápoles, las holguras de Palermo, la abundancia de Milán, los festines de Lombardía, las espléndidas comidas de las hosterías; dibujóle dulce y puntualmente el *aconcha, patrón; pasa acá, manigoldo; venga la macarela, li polastri e li macarroni* (*Licenciado Vidriera*, 585);

o también,

> sonábale bien aquel *Eco li buoni polastri, picioni, presuto e salcicie,* con otros nombres deste jaez, de quien los soldados se acuerdan cuando de aquellas partes vienen a éstas y pasan por la estrecheza e incomodidades de las ventas y mesones de España (*La fuerza de la sangre,* 596).

Es el momento de recordar el examen a que somete don Quijote a aquel «hombre de muy buen talle y parecer y de alguna gravedad» que es traductor de italiano, al que se encuentra en la imprenta en Barcelona. Declara el caballero andante —esto es, dice Cervantes—:

> Yo sé algún tanto del toscano, y me precio de cantar algunas estancias del Ariosto (*Quijote,* II, LXII).

Y dicho eso, empezó a pedirle traducción e interpretación de términos toscanos.

A raíz de su vida de soldado, conocerá Italia de arriba abajo. En efecto, ya lo hemos visto, muchas son las referencias que hace a las costumbres italianas y hermosísimas las descripciones de algunas ciudades; otras veces nos inunda la emoción de sus recuerdos. Al editar *La Galatea,* un personaje, Timbrio, soporta la depresión tocando el laúd en el castillo de

popa de la galera (como hacía Arias Montano en la Peña de Aracena) y ve
en la costa una ciudad, Génova:

Estuvo allí la nave otros cuatro días, reparándose de algunas cosas
que le faltaban, al cabo de los cuales tornó a seguir su viaje con más
sosegado mar y próspero viento, llevando a vista la hermosa ribera de
Génova, llena de adornados jardines, blancas casas y relumbrantes
capiteles, que, heridos de los rayos del sol, reverberan con tan encen-
didos rayos que apenas dejan mirarse. Todas estas cosas que desde la
nave se miraban pudieran causar contento, como le causaban a todos
los que en la nave iban, sino a mí, que me era ocasión de más pesadumbre.

Un cuarto de siglo más tarde (*Viaje del Parnaso*, 1614), le afloran
recuerdos de otra, Nápoles, que nos los transmite así:

> *Despabilé la vista, y parecióme*
> *verme en medio de una ciudad famosa.*
> *Admiración y grima el caso diome;*
> *torné a mirar, porque el temor o engaño*
> *no de mi buen discurso el paso tome.*
> *Y díjeme a mí mismo: «No me engaño;*
> *esta ciudad es Nápoles la ilustre,*
> *que yo pisé sus rúas más de un año;*
> *de Italia gloria, y aun del mundo lustre,*
> *pues de cuantas ciudades él encierra,*
> *ninguna puede haber que así le ilustre:*
> *apacible en la paz, dura en la guerra,*
> *madre de la abundancia y la nobleza,*
> *de elíseos campos y agradable sierra.*
> *Si váguidos no tengo de cabeza,*
> *paréceme que está mudada, en parte,*
> *de sitio, aunque en aumento de belleza.*

113

¿Qué teatro es aquél, donde reparte
con él cuanto contiene de hermosura
la gala, la grandeza, industria y arte?
Sin duda, el sueño en mis palpebras dura,
porque éste es edificio imaginado,
que excede a toda humana compostura.

En medio de tales recuerdos, nos hace una de las confesiones más hermosas que un ser humano pueda leer en otro:

Llegóse en esto a mí disimulado
un mi amigo, llamado Promontorio,
mancebo en días, pero gran soldado [...]
Mi amigo tiernamente me abrazaba,
y, con tenerme entre sus brazos, dijo
que del estar yo allí mucho dudaba;
llamóme padre, y yo llaméle hijo;
quedó con esto la verdad en punto,
que aquí puede llamarse punto fijo.
Díjome Promontorio: «Yo barrunto,
padre, que algún gran caso a vuestras canas
las trae tan lejos, ya semidifunto.
«En mis horas más frescas y tempranas
esta tierra habité, hijo», le dije,
«con fuerzas más briosas y lozanas.
Pero la Voluntad, que a todos rige,
digo el querer del cielo, me ha traído
a parte que me alegra más que aflige.

Y es así como, dos años antes de la muerte y fingiendo un viaje imaginario, Cervantes declara su paternidad en Nápoles. De qué fue de aquel hijo, si murió en combate o nunca salió de ser un hijo de la tierra, nada más se sabe.

A su vez, la literatura italiana jugó importantes influencias en nuestro Cervantes. Si de Dante habla poco o nada —como todos—, cita al mismísimo Petrarca —como era normal—, bebe en Dolce o Cinzio, emula grandemente, en un intenso juego de complicidades, al genial Ludovico Ariosto. Bien es verdad que estas cuestiones las han tratado grandes cervantistas italianos, como Franco Meregalli o Aldo Ruffinato,[4] y no me entretengo más en ello. ¡Ah, eso sí, querido lector, la influencia de Italia en Cervantes creo que fue espectacular, como no podía ser de otra manera en la segunda mitad del XVI! No quiero que se olvide y, antes de seguir adelante, te dejo que medites (espero que te pase lo mismo que a mí) y que tu imaginación se vaya do quiera que sea, comparando el tercer cuento de la tercera jornada de *El Decamerón*:

En nuestra ciudad, más llena de engaños que de amor o de lealtad, no hace aún muchos años, hubo una gentil señora […] cuyo nombre no voy a desvelar ni ningún otro que pertenezca a este cuento […] puesto que viven aún quienes se indignarían por ello…[5]

con los inicios de *El Quijote*:

En un lugar de la Mancha, de cuyo nombre no quiero acordarme, no ha mucho tiempo que vivía un hidalgo…

Un soldado español de la época

La vida de Cervantes en Italia transcurrió entre el sobrevivir en medio de las impresionantes ruinas romanas, los placeres del «vivir libre de Italia», el hacerse un soldado. Querría dedicar unas páginas a esto último, pues le marcó la vida y diseña una importante parte de su obra.

Castilla era la cuna, Italia la ventura y Flandes la sepultura. Tal era la ambición de vivir de muchos castellanos y españoles de la época. Cervantes cumplió las dos primeras fases de esa existencia tan común por entonces y, aunque no fuera a Flandes, sí que hizo un cumplido servicio al rey y a la religión en el ejército.

En efecto, desde 1571 a 1575 transcurren los años de la milicia de Cervantes en que recorre el Mediterráneo, en victoriosas campañas. Es, de sobra lo sabemos ya todos, cuando pierde la movilidad de la mano izquierda; es cuando, cansado de zascandilear por las costas de Berbería, quiere volver a la cuna y...

Ser soldado entonces no era prestar un servicio a la patria ni mucho menos. Ese concepto se establece, esencialmente, después de la Revolución Francesa, después de que las naciones reivindiquen para sus ciudadanos la «soberanía nacional».

En el XVI el soldado luchaba por ser ésta una manera de vivir; si era el caso, por la defensa de una religión que era la esencia de su vida; en su caso, por la defensa de una tradición sin definir del todo y, por supuesto, también lo hacía por la lealtad a un rey, el cual, en su halo de majestad encarnaba las virtudes de la comunidad de pertenencia, que no ha de ser una patria laica: en efecto, cuando se hable de «nación» se hará con sentido de lugar de naturaleza y no de Nación-Estado-Patria al estilo decimonónico, que es el concepto que nos ha llegado a nuestros días.

Recordemos aquellas bellísimas palabras de don Quijote, en las que se expresa con cordura y explica maravillosamente el pensamiento del autor: «[Los soldados] llevados en vuelo de las alas del deseo de volver por su fe, por su nación y por su rey, se arrojan intrépidamente por la mitad de mil contrapuestas muertes que los esperan» (*Quijote*, I, XXXIII).

Y, amable lector, sabes que a veces siento a un Cervantes emocionado escribiendo sus textos, recordando lo que ha sido su vida. A continuación te incluyo, para tu solaz, uno de ésos. Está escrito no con mano diestra, sino con corazón sensible; no con tinta, sino con las lágrimas de los recuerdos de una juventud pasada que ya no vuelve. Es un texto corrosivo en el que se comparan las dos funciones sociales, la del abogado (hoy podríamos pensar en el político que dirige a la sociedad) y la del militar (hoy leal al rey, al gobierno soberano y a la Constitución).

Dice así:

Pues comenzamos en el estudiante por la pobreza y sus partes, veamos si es más rico el soldado. Y veremos que no hay ninguno más pobre en la misma pobreza, porque está atenido a la miseria de su paga, que viene o tarde o nunca, o a lo que garbeare por sus manos, con notable peligro de su vida y de su conciencia. Y a veces suele ser su desnudez tanta, que un coleto acuchillado le sirve de gala y de camisa, y en la mitad del invierno se suele reparar de las inclemencias del cielo, estando en la campaña rasa, con sólo el aliento de su boca, que, como sale de lugar vacío, tengo por averiguado que debe de salir frío, contra toda naturaleza. Pues esperad que espere que llegue la noche, para restaurarse de todas estas incomodidades, en la cama que le aguarda, la cual, si no es por su culpa, jamás pecará de estrecha; que bien puede medir en la tierra los pies que quisiere, y revolverse en ella a su sabor, sin temor que se le encojan las sábanas. Lléguese, pues, a todo esto, el día y la hora de recebir el grado de su ejercicio; lléguese un día de batalla, que allí le pondrán la borla en la cabeza, hecha de hilas, para curarle algún balazo, que quizá le habrá pasado las sienes, o le dejará estropeado de brazo o pierna. Y, cuando esto no suceda, sino que el cielo piadoso le guarde y conserve sano y vivo, podrá ser que se quede en la mesma pobreza que antes estaba, y que sea menester que suceda uno y otro rencuentro, una y otra batalla, y que de todas salga vencedor, para medrar en algo; pero estos milagros vense raras veces. Pero, decidme, señores, si habéis mirado en ello: ¿cuán menos son los premiados por la guerra que los que han perecido en ella? Sin duda, habéis de responder que no tienen comparación, ni se pueden reducir a cuenta los muertos, y que se podrán contar los premiados vivos con tres letras de guarismo. Todo esto es al revés en los letrados; porque, de faldas, que no quiero decir de mangas, todos tienen en qué entretenerse. Así que, aunque es mayor el trabajo del soldado, es mucho menor el premio. Pero a esto se puede responder que es más fácil premiar a dos mil letrados que a treinta mil soldados, porque a aquéllos se premian con darles oficios, que por fuerza se han de dar a los de su profesión, y a éstos no se pueden premiar sino con la mesma hacienda del señor a quien sirven; y esta imposibilidad fortifica más la razón que tengo. Pero dejemos esto aparte, que es laberinto de muy dificultosa salida, sino volvamos a la preeminencia de las armas contra las letras, materia que hasta ahora está por averiguar, según son las razones que cada una de su parte alega. Y, entre las que he dicho, dicen las letras que sin ellas no se podrían sustentar las armas, porque la guerra también tiene sus leyes y está sujeta a ellas, y que las leyes caen debajo de lo que son letras y letrados. A esto responden las armas que las leyes no se podrán sustentar sin ellas, porque con las armas se defienden las repúblicas, se conservan los reinos, se guardan las ciudades, se aseguran los caminos, se despejan los mares de cosarios; y, finalmente, si por ellas no fuese, las repúblicas, los reinos, las monarquías, las ciudades, los caminos de mar y tierra estarían sujetos al rigor y a la confusión que trae consigo la guerra el tiempo que dura y tiene licencia de usar de sus previlegios y de sus fuerzas. Y es razón averiguada que aquello que más cuesta se estima y debe de estimar en más. Alcanzar alguno a ser eminente en letras le cuesta tiempo, vigilias, hambre, desnudez, váguidos de cabeza, indigestiones de estómago, y otras cosas a éstas adherentes, que, en parte, ya las tengo referidas; mas llegar uno por sus términos a ser buen soldado le cuesta todo lo que a el estudiante, en tanto mayor grado que no tiene comparación, porque a cada paso está a pique de perder la vida. Y ¿qué temor de necesidad y pobreza puede llegar ni fatigar al estudiante, que llegue al que tiene un soldado, que, hallándose cercado en alguna fuerza, y estando de posta, o guarda, en algún revellín o caballero, siente que los enemigos están minando hacia la parte donde él está, y no puede apartarse de allí por ningún caso, ni huir el peligro que de tan cerca le amenaza? Sólo lo que puede hacer es dar noticia a su capitán de lo que pasa, para que lo remedie con alguna contramina, y él estarse quedo, temiendo y esperando cuándo improvisamente ha de subir a las nubes sin alas y bajar al profundo sin su voluntad. Y si éste parece pequeño peligro, veamos si le iguala o hace ventaja el de embestirse dos galeras por las proas en mitad del mar espacioso, las cuales enclavijadas y trabadas, no le queda al soldado más espacio del que concede dos pies de tabla del espolón; y, con todo esto, viendo que tiene delante de sí tantos ministros de la muerte que le amenazan cuantos cañones de artillería se asestan de la parte contraria, que no distan de su cuerpo una lanza, y viendo que al primer descuido de los pies iría a visitar los profundos senos de Neptuno; y, con todo esto, con intrépido corazón, llevado de la honra que le incita, se pone a ser blanco de tanta arcabucería, y procura pasar por tan estrecho paso al bajel contrario. Y lo que más es de admirar: que apenas uno ha caído donde no se podrá levantar hasta la fin del mundo, cuando otro ocupa su mesmo lugar; y si éste también cae en el mar, que como a enemigo le aguarda, otro y otro le sucede, sin dar tiempo al tiempo de sus muertes: valentía y atrevimiento el mayor que se puede hallar en todos los trances de la guerra.

Bien hayan aquellos benditos siglos que carecieron de la espantable furia de aquestos endemoniados instrumentos de la artillería, a cuyo inventor tengo para mí que en el infierno se le está dando el premio de su diabólica invención, con la cual dio causa que un infame y cobarde brazo quite la vida a un valeroso caballero, y que, sin saber cómo o por dónde, en la mitad del coraje y brío que enciende y anima a los valientes pechos, llega una desmandada bala, disparada de quien quizá huyó y se espantó del resplandor que hizo el fuego al disparar de la maldita máquina, y corta y acaba en un instante los pensamientos y vida de quien la merecía gozar luengos siglos (*Quijote*, I, XXXVIII).

¡Impresionante!, ¿verdad? Necesita de lectura reflexiva, reposada. Es un clásico: por eso podemos seguir aprendiendo de él.

En tiempos de Cervantes la existencia de un ejército profesional era una realidad de la vida colectiva y cotidiana española. Dos eran los cuerpos de ejército existentes entonces: uno destinado a actuar en el interior de la Península y el otro destinado al exterior. El ejército interior, al que

119

clasificamos así por cuestiones de comprensión y no de denominación de época, era heterogéneo y cada uno de sus componentes cumplía una función. Había unas «Guardias de Castilla», o «de Granada» o «Continos». Aquéllas estaban distribuidas por sus territorios respectivos y corrían, si era necesario, de un lado a otro. Su composición bien podía ser de hidalgos de tercera y otros mercenarios; pero, a buen seguro, si se sufría un ataque o una situación más peligrosa, había que recurrir a levas de emergencia. En muchas partes había unas «milicias» de hombres desde los quince a los sesenta años, de dudoso adiestramiento y cuya temporalidad explica su poca eficacia. Por su parte, los «continos» eran hidalgos destinados continuamente por un período al año, al servicio del rey. Esta guardia palatina estaba cerca de Su Majestad, o en sus reales sitios. Eran un centenar. En cualquier caso, lo que sí pesaba sobre algunos, y otros eran conscientes de ello, es que los nobles lo eran por ser *bellatores* —o caballeros, por poder tener permanentemente aprestado un caballo y armamento— y que, en función de ello, eran los primeros que debían armarse para la defensa del territorio señorial o real. No hacerlo era poner en solfa las funciones latentes del estamento, con el riesgo de desprestigio social que tal implica. Pues bien, eludir el prestar el servicio de las armas, u obligar a su cumplimiento, fueron dos frecuentes extremos de un cabo que se tensaba y destensaba cada dos por tres a lo largo de los siglos XVI y XVII, sobre todo cuando el servicio a las armas no garantizase fama, honor, riqueza, prestigio o reconocimiento: ¿qué hidalgo no se jugaría su vida por acompañar al césar Carlos camino de Túnez?; ¿cuál, sin embargo, iba a arriesgarse en una insignificante escaramuza contra unas galeras turquesas en una playa almeriense? En fin, estar en el ejército daba a todos la posibilidad de lavar alguna mácula y, si de ésta no había, agrandar la honra familiar.

Fuera de la Península había otros ejércitos, los más renombrados, brillantes y famosos. Eran cuerpos de infantería, caballería y artillería. Luchaban por los ideales citados antes y, por tratarse de una monarquía múltiple, sus componentes podían ser de cualquiera de los territorios de esa monarquía… o católicos de todas partes. No se puede hablar, por tanto, de «ejército español», lo siento. Eran, en todo caso, «los ejércitos del rey» o «de la monarquía hispánica».

El ejército por antonomasia era el de infantería; la caballería entró en franca remodelación durante el siglo XVI: así, en efecto, la caballería pesada medieval cayó en desuso en los ejércitos más dinámicos, porque era arrasada de los campos de batalla por las armas de fuego ligeras de los infantes en formación. Su lugar lo fue ocupando lentamente una caballería más rápida, con menos atuendo y galas, aunque a la que también le costaba mucho enfrentarse exitosamente contra un buen tercio en formación. No obstante, en todas las grandes batallas —en las que estuvieran en persona emperadores o reyes— hubo renombrados enfrentamientos entre caballeros de ambos bandos, caballeros lujosamente ataviados porque eran aristócratas. Por su parte, la artillería fue sirviendo de cuerpo de apoyo, pero los problemas logísticos o de movilidad la hacían aún poco honorable y, por ende, poco importante en aquel mundo cervantino. Recordemos que la primera Academia de artillería en España data de 1591.

En 1534 se configuran definitivamente los famosísimos Tercios. Se trataba de unidades permanentes (no son como las mesnadas medievales u otras unidades, temporales y disueltas tras la campaña o el período de guerra) y adiestradas fuera de España. Cada tercio estaba compuesto por doce compañías de unos 250 soldados cada una; es decir, en un tercio había, aproximadamente, 3.000 hombres adiestrados para la guerra profesionalmente. Tercios fueron traídos a la Península sólo dos veces: cuando la segunda sublevación musulmana de las Alpujarras de 1568-1571 y cuando la incorporación de Portugal a la Corona de Felipe II.

El número de castellanos y/o españoles en los tercios fue, normalmente, de un diez por ciento del total de sus miembros, entre cinco mil a diez mil según las épocas. Y, sin embargo, eran los más leales al cumplimiento de sus objetivos: servir al rey, defender la religión y mantener el patrimonio dinástico.

Los tercios se reconocían por un nombre que en unas ocasiones tenía un origen y en otras, otro. Así, los había que se identificaban por el nombre de su jefe, o por el lugar de instrucción o, si era el caso, cambiaban su denominación tras una victoriosa y significada batalla; otros eran bautizados de un modo u otro por algo que los identificaba o que, con su vista, rememoraba alguna cualidad de los miembros o del conjunto. En fin, en términos sociológicos, los tercios tenían unos símbolos (nombre, colores, algún ropaje) que hacían que sus componentes se reconocieran miembros del grupo y los foráneos también.

Como decía antes, los tercios estaban compuestos por compañías. Al frente de cada compañía había un capitán, que era el que había ido reclutando gentes por donde hubiera sido autorizado para ello. Es cierto: el capitán recibía un permiso del rey (una *conducta*) que podía exhibir ante todas las autoridades y por ella se le permitía hacer la recluta en determinadas áreas geográficas. Además, el propio capitán podía designar a su alférez, aquel que lleva la bandera, y a su sargento. Así que llegados el capitán, el alférez con la bandera desplegada, el sargento, el atambor y el pífano a una localidad, se leía en «altas e inteligibles voces» las palabras de la conducta, y empezaba la recluta. A aquel mozo que le interesara, «sentaba plaza», esto es, firmaba un contrato por el cual el capitán, con cargo a las arcas reales, se comprometía a abonarle tanto dinero por tanto tiempo. ¡Cuántas veces «sentaron plaza» gentes que no cumplieron con sus obligaciones, aceptando el fraude administradores de los pagos, suboficiales y oficiales, que todos se llevaban un pico! ¡Cuántas veces hubo quienes no cumplieron el contrato, esto es, simple y llanamente, desertaron! Y ese incumplimiento era un delito, agravado además con que al asentar plaza el soldado recibía un «socorro», esto es, una cantidad por adelantado para ayudarle en los gastos de desplazamiento del lugar de recluta al acuartelamiento, así como anticipo de las primeras pagas. La tentación era clara: el mundo delictivo y picaresco alrededor de la vida soldadesca continuó, como ya dejó claro nuestra literatura del Siglo de Oro.

Reclutados los hombres estimados suficientes en el pueblo, se hacía el alarde y se iba al lugar siguiente… y así sucesivamente. Si en los preparativos de una campaña no hubiera habido tantos reclutas libres como era de esperar, entonces se echaba mano de un mal menor, que era la recluta de mendigos.

Como vemos, este sistema mixto de constitución del ejército (pues se involucran el rey y los particulares) requería de poca especialidad: se buscaba gente que quisiera, a cambio de poder llegar a matar, ganarse la vida de manera más holgada que por otras vías.

El adiestramiento militar se realizaba esencialmente en Italia. Allí se mantenía a los soldados en forma con ejercicios físicos y se les educaba para que reconocieran las órdenes acústicas que se les darían en combate. Igualmente, se les enseñaba el manejo de las armas que les fueran propias.

En el tercio, en el acuartelamiento, cada soldado escudriñaría en la vida de sus compañeros más próximos: siempre un mundo de recuerdos, a cual, tal vez, más despiadado. Desarraigo o, en definitiva, problemas de socialización disfrazados de mal de amores, o incumplimientos de los papeles que a cada cual nos toca vivir, eran las claves para comprender por qué estaban en compañía en Italia...

En el tercio había, además de los mandos, unos soldados «veteranos» y otros «bisoños» (término impuesto por los italianos a los inexpertos soldados españoles); aquéllos, a su vez, podían haber sido «condecorados» (se les daban ventajas) y en su mayor parte habían hecho de la vida bravucona su ideal. De la bravucona, no de la idílica caballeresca. Cuentan que en la literatura italiana los soldados bravucones —los herederos del *miles gloriosus*— de la *commedia dell' arte* eran siempre españoles, como el famoso Scaramouche, que empezó llamándose Escaramuza, Scaramuscia.

Además de todos ellos, podía darse el caso de que, a su costa y riesgo, personas particulares, esto es, nobles por sí o con su propia hueste se unieran a un ejército real, del mismo modo que los «aventureros», pecheros que, conocedores de las armas y de la vida castrense, no buscaran más beneficio que el del botín.

Las banderas llevaban el escudo heráldico del mando del tercio sobre fondo blanco con la cruz de Borgoña. A veces, un pendón real y, muchas veces, alguna imagen de Cristo, de la Virgen, de algún santo venerado.

Nunca, pues, la «bandera de España», ya que no existía. En definitiva, en medio del fragor de la batalla, estas banderas al viento eran puntos de referencia para los soldados, no los símbolos de una comunidad nacional en el sentido burgués posrevolucionario.

Armas y vestimenta corrían del sueldo del soldado. Las armas las suministraba el tercio y su coste se iba descontando de la soldada. La vestimenta, que no uniforme, era un caos: si se era pobre, se vestían con la ropa hecha jirones... hasta la primera batalla en que se pudiera despojar de las ropas útiles al cercano cadáver.

Las armas que llevaban los piqueros eran, naturalmente, las picas; los mosqueteros, los mosquetes, que se apoyaban sobre una horquilla y los arcabuceros, el arcabuz. Además, espada, de variable longitud y daga. Según las necesidades, se combatía entremezclando el ataque de armas de fuego y las blancas. Cuando un tercio iba de campaña, abrían paso los gastadores —que muchas veces eran rufianes penados a tales actividades—, luego el cuerpo de ejército encabezado por la caballería y, finalmente, la impedimenta. Si había que montar el campamento, se levantaba y en él cohabitaban soldados, vendedores y mujeres. Uno de los aspectos más curiosos a los ojos de hoy es contemplar que, en efecto, junto a la impedimenta iban las soldadas, las prostitutas: muchos generales preferían a sus hombres tranquilizados que con la adrenalina subida y, por ende, descontrolados, sobre todo si se hacía uso de la regalía de aposento, de la obligación de alojar en casas particulares a las tropas de paso por un pueblo, gran calamidad en tiempos —o en territorios— de paz, mucho más si de guerra:

> Hogaño no hay aceitunas, ni se halla una gota de vinagre en todo este pueblo. Por aquí pasó una compañía de soldados; lleváronse de camino tres mozas deste pueblo; no te quiero decir quién son: quizá volverán, y no faltará quien las tome por mujeres, con sus tachas buenas o malas (*Quijote*, II, LII).

Igualmente, se daba el caso de que en una guarnición no hubiera lugar para los soldados: entonces vivían de alquiler por la ciudad, a veces juntos en camarada (que valdría como «acompañamiento, amistad») y compartiendo gastos de la vivienda, a veces amancebados o con sus esposas y, si se lo podían permitir, con criados de la localidad de asiento.

Cuando se leen crónicas o documentos bélicos de la época, llama la atención la cantidad de motines que había, o la cantidad de motines que se sofocaron antes de empezar. Los motines no eran producto de cobardías disimuladas o de disensiones ideológicas: eran la exteriorización del malestar que produce en un profesional el que no se le pague. En efecto: es de sobra sabido que la monarquía hispánica tenía más deudas que ingresos porque los gastos militares, palatinos y demás eran, con mucho, superiores a los ingresos ordinarios, a los arbitrios y a las remesas de Indias. Así las cosas, si durante una temporada a los soldados no les llegaba el sueldo (también soldada) y si la monarquía no había logrado crédito con los banqueros internacionales para que hubiera un operación de giro de dinero y de cambio de moneda para pagar a este ejército o a áquel, podía ocurrir que algunos soldados caldearan el ambiente y pusieran en huelga a sus camaradas. Los cabecillas del motín elegían a un rector visible, su electo, asesorado de su consejo. Deponían a los mandos del tercio y durante una temporada se vivía a costa del saqueo de la comarca. Cuando, por los medios que fuera, se calmaban los ánimos, todos quedaban estigmatizados: los jefes militares por no haber sabido parar a tiempo la revuelta, los amotinados por haber hecho lo hecho y los «guzmanes» porque en la próxima ya se sabría a quién iban a apoyar. Podía ocurrir que rodaran cabezas por latrocinio; podía ocurrir que se destituyera a prestigiosos mandos, podían ocurrir mil cosas más. Así que a un historiador los dos grandes saqueos del siglo XVI, Roma y Amberes, no nos extrañan mucho. Adviértase que el de Amberes tuvo lugar en medio de las negociaciones con la banca internacional genovesa, a la que se amenazaba con una suspensión de pagos por parte de Felipe II..., ¡y curiosamente no llegó el dinero para pagar a los tercios de Flandes! Tan pronto como se firmaron los acuerdos entre el rey y los prestamistas, el ejército de Flandes se calmó... Por cierto, Cervantes no trata el tema de los motines, ni de los descalabros de Amberes, porque su visión de la vida militar es toda ella idílica, como le ocurrió a tantos centenares de soldados licenciados que, vueltos al estado civil, añoraban hasta la melancolía la vida militar; recuérdanos Cervantes el ambiente en las gradas del convento de San Felipe en Madrid (derribado por la piqueta modernizadora, hoy es un McDonald's entre la confluencia de la calle Mayor y la Puerta del Sol) en *Viaje del Parnaso*, donde el poetón se despide de Madrid y enumera sus lugares significados, entre otros: «Adiós, de San Felipe el gran paseo, donde si baja o sube el turco galgo, como en gaceta de Venecia leo», ambiente similar al que se vivía en la Puerta de Guadalajara, algo más arriba, hacia palacio, y que él dibuja con trazo magistral en varias obras, así del mismo *Viaje*: «Adiós, sitio agradable y mentiroso, / do fueron dos gigantes abrasados con el rayo de Júpiter fogoso»; así en *El Quijote* (II, XLVIII): «Acudieron dos lacayos suyos a levantarla, y lo mismo hizo el alcalde y los alguaciles; alborotóse la Puerta de Guadalajara, digo, la gente baldía que en ella estaba»; finalmente, en *El juez de los divorcios*: «Las mañanas se le pasan en oír misa y en estarse en la puerta de Guadalajara murmurando, sabiendo nuevas, diciendo y escuchando mentiras».

Ésta era una parte de la vida militar de entonces. Eso es lo que vivió Cervantes en aquellos años setenta del siglo XVI y que forjarían sus famosas descripciones aludidas, y alguna más: «La condición que tenía de ser liberal y gastador le procedió de haber sido soldado los años de su juventud, que es escuela la soldadesca donde el mezquino se hace franco, y el franco, pródigo; y si algunos soldados se hallan miserables, son como monstruos, que se ven raras veces» (*Quijote*, I, XXXIX), y también en *El licenciado Vidriera* (585):

> Puso las alabanzas en el cielo de la vida libre del soldado y de la libertad de Italia; pero no le dijo nada del frío de las centinelas, del peligro de los asaltos, del espanto de las batallas, de la hambre de los cercos, de la ruina de la minas, con otras cosas deste jaez, que algunos las toman y tienen por añadiduras del peso de la soldadesca, y son la carga principal della.

O finalmente:

> El capitán era mozo, pero muy buen caballero y gran cristiano; el
> alférez no hacía muchos meses que había dejado la Corte y el tinelo;
> el sargento era matrero y sagaz y grande arriero de compañías, des-
> de donde se levantan hasta el embarcadero. Iba la compañía llena de
> rufianes churrulleros, los cuales hacían algunas insolencias por los
> lugares do pasábamos, que redundaban en maldecir a quien no lo
> merecía. Infelicidad es del buen príncipe ser culpado de sus súbditos
> por la culpa de sus súbditos, a causa que los unos son verdugos de los
> otros, sin culpa del señor; pues, aunque quiera y lo procure no pue-
> de remediar estos daños, porque todas o las más cosas de la guerra
> traen consigo aspereza, riguridad y desconveniencia (*El coloquio de los
> perros*, 675).

La Gran Puerta

Con respecto al enfrentamiento de los dos extremos del Mediterráneo,
creo que puede ser bueno tener presente también una serie de circunstancias. Así, por ejemplo, que la caída en 1453 de Constantinopla fue un
duro golpe para la cristiandad, pero cuyas repercusiones directas e inmediatas sobre la política castellano-aragonesa, por aquel entonces, no eran
llamativas: vivía Enrique IV, y Castilla estaba inmersa en una crisis social
que parecía no tener fin; mientras, Aragón afianzaba lazos extraterrito-
riales.

Sin embargo, todo cambió en pocos años; en menos de una generación: cuando se toma Granada en 1492, el mundo musulmán siente una
pérdida a manos de su peor enemigo, el cristiano. Y, por si eso no fuera
poco, los acontecimientos hacia 1520 (por poner una fecha de referencia)
que tienen a ese imberbe de Carlos como protagonista, desencadenarán
un sinfín de hechos, que se pueden traducir a una expresión: el Mediterráneo se lo disputan dos emperadores, el católico y el musulmán. Sin

duda alguna, el turco quiere abalanzarse sobre su oponente, al que, por edad, experiencia, fragmentación territorial, considera más débil. Hechos muy significados de esa situación serían la gran batalla de Mohacs de 1525, con la islamización de gran parte de Hungría, los dos sitios de Viena, los movimientos de fronteras o de vasallajes en la línea divisoria del Este de Europa y tantas escaramuzas que enfrentaron entre sí a ejércitos tan valerosos y potentes como nunca antes se habían visto en el Continente. Y quiere la razón de las cosas que como Carlos V fue antes rey de Castilla y le llegaban los metales preciosos americanos, Castilla se vio involucrada en la defensa de aquel lejano frente oriental que, por lo demás, no le decía nada, salvo ser tierra en la que poder haber grandes hazañas bélicas: Fernando, hermano de Carlos, fue rey de Hungría y luego emperador y él hubo de vérselas con el gran sultán, en los terrenos diplomáticos y en los bélicos, a solas, o a la sombra de su hermano. Fue así, indirectamente, como en las tierras que se hablaba la lengua de Cervantes, se empezaron a familiarizar con los problemas de Anatolia, cuestión esta que, por ejemplo, a Isabel la Católica, no le preocupaba porque, probablemente, no los conocía, o la visión que tenía de ellos era algo providencialista.

El caso es que desde tiempos de Carlos V, la presencia hispana en Italia es fuerte y desde allí se coordinan o lanzan los ataques, triunfantes unos, desastrosos otros, contra bases otomanas o apoyadas indirectamente por ellos: Túnez, Argel, Djerba... Lo que en verdad eran ataques para menoscabar el poder del enemigo imperial, Castilla lo veía como una continuación de aquellas campañas que, desde principios del XVI y sin ruptura temporal, se habían hecho por el norte de África en defensa propia contra el enemigo de la religión, que era tanto como el enemigo de la propia cultura y vida, lo cual no estaba muy descaminado de ser así de cierto. 1492, 1505 (Orán y Mazalquivir y las demás campañas de Cisneros)...

En 1538 había habido una primera coalición internacional occidental: la constitución de una Liga Santa (España, Roma, Venecia) cuyos aires se esfumaron al ser derrotado Andrea Doria en el sitio de La Preveza frente a Barbarroja. El daño fue duro, porque el Gran Turco quedó como amo y señor del Mediterráneo oriental y del limítrofe con el norte de

África. La cristiandad veía la molestia islámica, de nuevo, frente a sí y más aún desde 1550, en que se conquistan varias plazas (Trípoli entre otras), contra lo que Felipe II no puede hacer nada: sitio de Malta de 1565, conquista de Trípoli en 1565, tomas de La Goleta y Túnez en 1569...

Desde 1566, Selim II es el nuevo sultán de Constantinopla. En los albores de su sultanato le seduce la idea de la conquista de Chipre. En 1568 ha firmado una paz con Maximiliano II, el emperador, el tío de Felipe II; y parece ser que calma en el golfo Pérsico algunas inquietudes, sobre todo en Yemen, que lo incorpora a la Gran Puerta.

Por tanto, puede ser el momento de lanzar el ataque contra Chipre: 360 galeras atacan la isla. Mientras tanto, Felipe II en España se tiene que enfrentar a la segunda sublevación de los moriscos de la Alpujarra granadina, a los primeros escarceos rebeldes (o heroicos, según el cristal desde donde se mire) de Flandes; a la esperpéntica detención de su hijo Carlos, príncipe de Asturias, ridículo pelele de sí mismo y, dicen, de alguna facción cortesana;[6] a la muerte de la reina y del príncipe, con lo que la Corona quedaba sin heredero varón: ¡tan dramáticos son esos años en la Corte de Madrid!

En el otoño de 1568 el papa Pío V insta a los cristianos al socorro de Chipre y logra que, a pesar de todas las reticencias, cerca de 200 galeras pongan rumbo al Oriente para la defensa de Nicosia y su isla. El saldo es poco agraciado, porque no consiguen nada.

A pesar del fracaso, el papa ha podido unir a las tres potencias. Así que continúa con sus negociaciones para llegar a más. Francia, por motivos de su sangrienta política interior, su escasa potencia marítima y sus veleidades con el Gran Turco, así como lo poco que les agrada a los Valois estar cerca de Felipe II, no cuenta en esta empresa. Por fin, el 20 de mayo de 1571, y sin mucha fe por parte de Venecia, se firma la Liga Santa entre las tres potencias (y Génova, siempre enemiga de Venecia, pero al cobijo de España). A Felipe II le corresponde pagar la mitad de los gastos, a Venecia un tercio y a Roma un sexto, bien es verdad que el papa concede muchos de sus derechos financieros en Castilla a Felipe II para que así pueda pagar las guerras contra el islam. El pacto duraría doce años, y entre los objetivos directos estarían la reconquista para Castilla de Trípoli, Túnez y Argel. Igualmente, el mando de la flota sería cosa de los Austrias, en concreto de don Juan.

¡Lepanto!: 7 de octubre de 1571

En mucho se nos parece el Mediterráneo de entonces a un mundo que pudiera existir más globalizado, en el que dos imperios se sitúan enfrente y sin querer respetar el uno al otro, se lanzan a su disimulada destrucción o sojuzgamiento, apoyándose en un caso, en la superioridad técnica y en el otro, en la fortaleza del rigor de sus creencias. Además, se practicaban tácticas de guerra que día a día son más familiares: los corsarios berberiscos, sin adscripción a una monarquía o república (a un Estado, diríamos hoy), tienen ciertas bases territoriales, inexpugnables para «el otro» (¿qué tal Argel?), desde donde diseñan ataques esporádicos contra la inmensa vulnerabilidad del imperio. Éste reacciona, a su vez, mandando de vez en cuando espectaculares ejércitos, que en ocasiones triunfan; pero a veces fracasan y dan alas al enemigo. Éste, a su vez, se financia por medio de los secuestros y los sustanciosos rescates que exige por sus rehenes. Los buenos cristianos, apiadados, reúnen dineros y dan sus cuerpos a cambio de la liberación de esos prisioneros de no se sabe qué Justicia. Pero esos buenos cristianos, lejos de convencer de las verdades de la buena fe a los captores con los que han de convivir hasta —tal vez— la muerte, lo que han hecho ha sido alimentar a esa bestia que da zarpazos por doquier. Y, de nuevo, el imperio y sus aliados se unen, o intentan hacerlo, y en las negociaciones fracasan. Ni la religión, ni el carisma de un dirigente —el emperador— son suficientes para unirlos y eliminar susceptibilidades contra el enemigo común, que se convierte así en menos malo que los propios «hermanos» de religión.

Por fin, habían logrado la Santa Alianza, que levó anclas y puso rumbo contra el estado enemigo en la convicción de que, derrotado, se acabaría la ayuda al corso... y tuvo lugar la gran Batalla, la madre de todas las batallas, que no rindió tantos frutos como se esperaron, pero tampoco fue una victoria pírrica.[7]

El caso es que hacia 1570, Cervantes, ya en Nápoles, se había alistado a las órdenes de Álvaro de Sande y, más aún, en julio de 1571, tanto Miguel como su hermano Rodrigo formaban parte de la compañía de Diego de Urbina, en el tercio de Miguel de Moncada. La compañía de Urbina es embarcada a finales de septiembre y en *La Marquesa* participa en la Batalla. Cuarenta muertos y ciento veinte heridos es el saldo del enfrentamiento para su galera. Dos arcabuzazos habían ido a parar al pecho de Cervantes y un tercero a la mano izquierda, que, desde entonces, perdió el movimiento.

Según alguna crónica, los cristianos perdieron seis galeras, lo cual habla a las claras de su incuestionable superioridad técnica y táctica; capturaron casi ciento treinta turcas; ¡en el combate murieron treinta mil de ellos y tres mil fueron hechos prisioneros! A su vez, lograron rescatar a ¡quince mil galeotes cristianos![8] Aunque perdieron la vida ocho mil cristianos y más de ¡veinte mil! fueron heridos.

Imagina, lector, lo que habría supuesto la pérdida de esas flotas para el mundo cristiano: las penínsulas Itálica e Ibérica habrían quedado a merced de una segunda invasión musulmana, tal y como ocurrió en menor escala con los efectos de la piratería berberisca. En efecto, en medio de la batalla las treinta galeras de Argel (las de Uchalí) huyeron y con ello, se mantuvo asegurado el corso durante los años siguientes...

Ciertos documentos y declaraciones judiciales sobre informaciones genealógicas de Cervantes nos sirven para saber de él durante la jornada de Lepanto.[9]

El alcalde de Casa y Corte[10] Jiménez Ortiz anda tomando declaraciones. En *La Marquesa* está el alférez Mateo de Santisteban, perteneciente a la compañía de Alonso de Carlos. Santisteban es de Tudela, en Navarra. Por la cabeza de Santisteban corren felicísimos recuerdos de heroicidades y tal vez se le alteren los nervios y la compostura. Hace memoria y en lontananza distingue las velas triangulares turcas; en los oídos resuenan apagados los ritmos de los tambores y las chirimías. Todo presagia la batalla. Si Aram Khachaturian hubiera sabido cosas de Lepanto y hubiera tenido otras sensibilidades ideológicas, su explosivo ballet Espartaco lo habría dedicado a nuestra batalla.

A veces se ha dicho que un soldado enfermo sale de la cama y sube raudo a cubierta a combatir: ¡imaginaciones, aunque no mentiras totales! Lo que ocurrió es que en cubierta todos escudriñaban el horizonte. Uno de ellos, uno más, de los doscientos y pico de la compañía del capitán Diego de Urbina, adscrito a las órdenes de Juan Andrea Doria, que por ciertos ajustes estratégicos ha tenido que embarcar en la galera de Sancto Pietro, se encuentra mal y con calentura. Es evidente que va a haber combate. El capitán le dice, en medio de la tensión y los últimos preparativos, que se baje a cubierto, porque no está para luchar. Él le dice que no, que no quiere quedarse en cama, ¡qué cobardía en día tan señalado!, y parecen palabras textuales las que recuerda Santisteban, «¡qué dirían de él, que no hacía lo que debía, y que más quería morir peleando por Dios y por su Rey, que no meterse so cubierta!». El capitán lo da por imposible y le permite quedarse en el esquife, junto a la barca de ayuda, en popa, en donde «peleó como valiente soldado [...], como su capitán lo mandó y le dio orden con otros soldados».

Gabriel de Castañeda también es alférez, de Salaya, en Cantabria. Recuerda cómo el capitán Diego de Urbina y otros soldados, al divisar la armada turca, viendo el estado en el que está Miguel, le instan a que baje a cubrirse porque no está para combatir. El enfermo se enoja:

> ¡Señores, en todas las ocasiones que hasta hoy en día se han ofrecido de guerra a Su Majestad y se me ha mandado, he servido muy bien, como buen soldado; y así, ahora no haré menos aunque esté enfermo y con calentura; más vale pelear en servicio de Dios y de Su Majestad y morir por ellos, que no bajarme so cubierta!

En la discusión pide al capitán que «le pusiese en la parte y lugar que fuese más peligrosa y que allí estaría y moriría peleando» (¡verdaderamente tenía fiebre!) y, dicho y hecho, Urbina le entrega el mando sobre doce soldados y los manda al esquife, «adonde bio este testigo que peleó muy balientemente como buen soldado» hasta el final del combate, «de donde salió herido en el pecho de un arcabuzazo y de una mano, que salió estropeado».[11]

Aún no son las once de la mañana, porque poco antes del mediodía sería cuando el mar empezó a resplandecer por el fuego y a teñirse de sangre. Don Juan ha ido recorriendo con una barcaza la borda de algunas galeras arengando a sus tropas; luego, se ha vestido para el combate, con el ritual de quien se enfrenta a la muerte, como un torero. Se izan banderas con Cristos y crucifijos, se implora a la Virgen del Rosario, se arrodillan todos y los frailes proclaman jubileos y reparten bendiciones. Los musulmanes hacen lo propio; a todos, su dios les ha prometido el cielo si mueren en combate. ¡Menos mal que a día de hoy somos algo más descreídos! Las dos escuadras se acercan. Todas las galeras cristianas, por feliz idea de Doria, llevan el espolón de proa aserrado, para permitir el fuego de la artillería más libremente. ¡Artillería! Hasta ese día en el Mediterráneo se ensartaban unos barcos en otros, desde tiempos de los griegos; desde ese día las tácticas de guerra empezarían a cambiar. Desde las bordas, se oye no ya el griterío del otro, sino el estrépito. Ya se distinguen las facciones de las caras de aquel al que hay que matar. El miedo ha alterado completamente el regir del cerebro.[12]

Todos han perdido la cabeza, porque si no la pierdes, la pierdes. Son héroes, que a cuantos más maten, mejor. Al fin, tras ser abordada la *Sultana*, un cristiano malagueño, héroe de los héroes… pero del que no sabemos su nombre, remata de un arcabuzazo al malherido Alí-Pachá, salvaje destacable entre tantos. Inmediatamente, en medio de la confusión del combate, se abren las cadenas de los galeotes para liberarlos, se arría el sanjac musulmán y se iza el estandarte de la Liga. Con los honores debidos, le cortan la cabeza al almirante turco, la clavan en una pica y la exponen a la vista de cuantos puedan verla. La batalla está tocando a su fin. Han transcurrido tres horas.

Algunos testimonios del propio Cervantes nos hablan de la consideración en que él tuvo la Batalla y de la gloria que sentía de haber quedado manco allí. En efecto, así en los «Preliminares» del *Persiles*, y, en segundo lugar, en *Viaje del Parnaso*.

Por otro lado, la vida del cautivo (*El Quijote*, I, XXXIX) tiene mucho de autobiográfica de nuevo (no toda, es cierto) y el texto, aunque extenso, es una veraz crónica de la batalla:

Hará veinte y dos años que salí de casa de mi padre, y en todos ellos, puesto que he escrito algunas cartas, no he sabido dél ni de mis hermanos nueva alguna. Y lo que en este discurso de tiempo he pasado lo diré brevemente. Embarquéme en Alicante, llegué con próspero viaje a Génova, fui desde allí a Milán, donde me acomodé de armas y de algunas galas de soldado, de donde quise ir a asentar mi plaza al Piamonte; y, estando ya de camino para Alejandría de la Palla, tuve nuevas que el gran duque de Alba pasaba a Flandes. Mudé propósito, fuime con él, servíle en las jornadas que hizo, halléme en la muerte de los condes de Eguemón y de Hornos, alcancé a ser alférez de un famoso capitán de Guadalajara, llamado Diego de Urbina; y, a cabo de algún tiempo que llegué a Flandes, se tuvo nuevas de la liga que la Santidad del Papa Pío Quinto, de felice recordación, había hecho con Venecia y con España, contra el enemigo común, que es el Turco; el cual, en aquel mesmo tiempo, había ganado con su armada la famosa isla de Chipre, que estaba debajo del dominio de[l] veneciano: pérdida lamentable y desdichada. Súpose cierto que venía por general desta liga el serenísimo don Juan de Austria, hermano natural de nuestro buen rey don Felipe. Divulgóse el grandísimo aparato de guerra que se hacía. Todo lo cual me incitó y conmovió el ánimo y el deseo de verme en la jornada que se esperaba y, aunque tenía barruntos, y casi promesas ciertas de que en la primera ocasión que se ofreciese sería promovido a capitán, lo quise dejar todo y venirme, como me vine, a Italia. Y quiso mi buena suerte que el señor don Juan de Austria acababa de llegar a Génova, que pasaba a Nápoles a juntarse con la armada de Venecia, como después lo hizo en Mesina.

Digo, en fin, que yo me hallé en aquella felicísima jornada, ya hecho capitán de infantería, a cuyo honroso cargo me subió mi buena suerte, más que mis merecimientos. Y aquel día, que fue para la cristiandad tan dichoso, porque en él se desengañó el mundo y todas las naciones del error en que estaban, creyendo que los turcos eran invencibles por la mar: en aquel día, digo, donde quedó el orgullo y soberbia otomana quebrantada, entre tantos venturosos como allí hubo (porque más ventura tuvieron los cristianos que allí murieron que los que vivos y vencedores quedaron), yo solo fui el desdichado, pues, en cambio de que pudiera esperar, si fuera en los romanos siglos, alguna naval corona, me vi aquella noche que siguió a tan famoso día con cadenas a los pies y esposas a las manos.

Y fue desta suerte: que, habiendo el Uchalí, rey de Argel, atrevido y venturoso cosario, embestido y rendido la capitana de Malta, que solos tres caballeros quedaron vivos en ella, y éstos malheridos, acudió la capitana de Juan Andrea a socorrella, en la cual yo iba con mi compañía; y, haciendo lo que debía en ocasión semejante, salté en la galera contraria, la cual, desviándose de la que la había embestido, estorbó que mis soldados me siguiesen, y así, me hallé solo entre mis enemigos, a quien no pude resistir, por ser tantos; en fin, me rindieron lleno de heridas. Y, como ya habréis, señores, oído decir que el Uchalí se salvó con toda su escuadra, vine yo a quedar cautivo en su poder, y solo fui el triste entre tantos alegres y el cautivo entre tantos libres; porque fueron quince mil cristianos los que aquel día alcanzaron la deseada libertad, que todos venían al remo en la turquesca armada.

La herida de la mano y el orgullo por tenerla está plasmada en *El Quijote* («Preliminares» de la segunda parte). Es cierto, corre por sus venas la indignación contra aquel Avellaneda que le ha ofendido. Todo lo escrito contra él le da igual, «que con su pan se lo coma», le increpa, excepto una cosa:

Lo que no he podido dejar de sentir es que me note de viejo y de manco, como si hubiera sido en mi mano haber detenido el tiempo, que no pasase por mí, o si mi manquedad hubiera nacido en alguna taberna, sino en *la más alta ocasión que vieron los siglos pasados, los presentes, ni esperan ver los venideros*. Si mis heridas no resplandecen en los ojos de quien las mira, son estimadas, a lo menos, en la estimación de los que saben dónde se cobraron; que el soldado más bien parece muerto en la batalla que libre en la fuga; y es esto en mí de manera, que si ahora me propusieran y facilitaran un imposible, quisiera antes haberme hallado en *aquella acción prodigiosa* que sano ahora de mis heridas sin haberme hallado en ella.

Repuesto de sus heridas en el Hospital de Campaña instalado en Mesina (al parecer, sale del hospital el 24 de abril), Cervantes volvió a enrolarse en abril de 1572 en la compañía de Diego de Urbina, primero, y es la de Manuel Ponce de León después, que pertenecía al tercio de don Lope de Figueroa. Comoquiera que la escuadra argelina salió indemne de Lepanto y continuó la piratería mediterránea, fueron muchos los cristianos que les hicieron la guerra. Así pues, este soldado Miguel de Cervantes anduvo tres años corriendo las costas del norte de África o por el Mediterráneo oriental —y no siempre victoriosamente—, por Navarino (1572), Túnez, Corfú, La Goleta (1574)… hasta que en 1575, con cartas de presentación firmadas por el virrey, duque de Sessa y don Juan de Austria, decidió volver a España.

Librada la batalla de Lepanto, los meses siguientes transcurrieron inmersos, por un lado, en la decepción diplomática y, por otro, en los denodados esfuerzos por no perder los espacios ganados.

En efecto, Venecia abandonó la Santa Liga por varios motivos. El primero, porque el mercader no es ser de fiar, ya que se une a aquel con quien obtenga mejor beneficio. En segundo lugar, porque ya antes de la batalla no había brazos suficientes para las galeras, cuanto menos tras las bajas del combate; en definitiva, Venecia no tenía ni ganas ni fuerza para rematar la victoria con la expedición que anhelaba don Juan de Austria: domeñar Constantinopla.

Debido a esas disensiones, anulado el poder del imperio otomano en

el oriente mediterráneo —y distraídos sus ejércitos por sus enfrentamientos con Persia—, sus piratas siguieron hostigando donde podían (casi
donde querían). Lepanto y la atención al oeste lograron que se aflojara
algo la tensión en el Mar Nuestro, aunque sin desaparecer hasta el siglo
XVIII, acaso el XIX, no sé si corregir y decir que en el XX. ¡Afortunadamente, todo está calmo ya en el XXI y hay visos de que esa historia pasó a
ser curiosidad de historiadores y arqueólogos! Cervantes no fue un super-
hombre, en este sentido, sino un grano de arena en la inmensidad de esta
coyuntura: se alista en los tercios para sobrevivir —aunque no sabemos
por qué deja el servicio del joven cardenal Acquaviva—; va a Lepanto,
como varios miles más; participa en escaramuzas en el norte de África
durante años, como correspondía hacerse, y cae prisionero, secuestrado
y liberado como tantos más. Su vida no fue heroica; fue espectacular-
mente normal. Como la de tantos héroes más que nos precedieron en
nuestro tronco cultural y de los que no sabemos nada, salvo que somos
parte de su herencia, en su anonimato.

La noticia de la victoria corrió por el Mediterráneo a tanta prisa cuanta se pudieron dar las galeras en llegar a sus puertos: las primeras, claro, a
Venecia. Por las ciudades católicas se colgarían carteles en las tiendas, como
en Venecia: «*Chiuso per la morte dei Turchi*»; en todas las iglesias, colegiatas y
catedrales repicaron las campanas con sones de triunfo y alegría; por todos
los lugares de culto se rezaron *Te deum* y no faltaron las procesiones de gracias; desde entonces, por todo el orbe católico hubo fundaciones y bautizos de niñas bajo la advocación de Nuestra Señora de la Victoria, adqui-
riendo ésta otro significado que el que tuvo hasta entonces, no ya sobre
protestantes, sino sobre turcos. Por otro lado, el pontífice Pío V atribuyó
la victoria a la intercesión de la Virgen del Rosario y Roma recibió al almirante Colonna como en los viejos triunfos imperiales.

En muchas ciudades se celebrarían fiestas y alegrías como en la Corte de Madrid. El día 31 de octubre de 1571 había habido una sesión ordinaria del Ayuntamiento. Sin embargo, es de imaginar que a media tarde
llegara un correo reventando caballos para comunicar la buena nueva y,
avisados los cortesanos, se enteraron los villanos, los habitantes de la villa.

El hecho cierto es que, a las 9 de la noche, se convocó una reunión extraordinaria, en la cual el teniente de corregidor

> Dijo que el reverendísimo cardenal [como Presidente del Consejo Real de Castilla] le mandó que se previniesen dos órdenes para la procesión general que se ha de hacer mañana a las siete, en la cual dice que ha de salir Su Majestad. Por tanto, que los dichos señores acuerden que luego se limpien las calles desde el arco de Santa María hasta el monasterio de San Felipe, la calle derecha, y desde la puerta de Guadalajara hasta Santa Cruz; y nombren quien prevenga las órdenes y se tome la cera, toda que se hallare, así de velas como de hachas, para que se lleve a la dicha procesión, para que si se suele, como en semejantes procesiones, llevar cera se lleve, y si no se [de]vuelva a sus dueños, pues si se aguardase a tomar por la mañana, por ser como es día de Todos los Santos, no se hallará. Que los dichos señores acuerden lo que les parece. Los dichos señores regidores dijeron que se haga y cumpla de la manera que el señor teniente lo ha propuesto, y los carros que están obligados a lo de la limpieza entiendan en ella con sus sobrestantes, de la forma que están obligados. Y se tome la cera que fuere menester para que esté prevenido [...] y páguese asimismo muchas hachas que se han tomado, que sean puestas esta noche en el ayuntamiento de esta Villa. Y en lo que toca a lo de la limpieza, a tanto que este teniente se encarga de hacerlo limpiar, se pague de los dichos [bienes municipales de] propios.

Tal vez no se hizo la procesión con el rey al alba, pero sí que se iluminó toda la ciudad por la noche y hubo música en el Ayuntamiento.[13] Y al día siguiente:

> En este ayuntamiento se acordó que por la buena nueva que, ayer miércoles último de octubre, vino de la victoria que la armada cristiana hubo contra la turquesca, esta noche, además de lo que anoche se hizo, se hagan alegrías en esta manera: que se pongan luminarias y

se hagan hogueras por toda esta Villa, y asimismo se tomen bueyes de los del matadero y con cascabeles se traigan por la Villa; y para que los hagan traer, se comete al señor contador Galarza y el señor Pedro Rodríguez le dé las hachas para ello de las que tiene en su poder de cera y pez, y también haga poner luminarias en la puerta de Guadalajara, como se han puesto otras veces, y lo mismo en la sala del ayuntamiento de las mismas hachas que su poder tiene; y se compren diez libras de velas de cera y el cordel que fuera menester, y se pague de sobras de rentas por cédula del señor teniente y del dicho señor Pedro Rodríguez; y para mañana a las ocho se llame a todos los caballeros y regidores de esta Villa, de que está hecha nómina, porque se trate la fiesta que será bien que se haga acerca de lo susodicho.[14]

Mientras, en el Mediterráneo, don Juan remitió las cartas con la noticia al rey y el 31 de octubre amarró en Mesina. El espectáculo debió de ser digno de verse: la *Real* (una reproducción a escala 1:1 se puede ver hoy en Barcelona, en el museo Naval) remolcaba a la *Sultana*, cuyos estandartes estaban echados al mar e iban siendo remolcados en señal de derrota. El recibimiento a don Juan fue el propio a cualquier gran héroe. Y los símbolos y ritos, los necesarios en tales ocasiones; así, por ejemplo, si Mesina le diera 30.000 ducados de oro, él los repartió personalmente entre los heridos, los pobres, los necesitados de la ciudad, para gran contento de todos. En este juego dialéctico, la ciudad erigió una estatua de bronce por suscripción popular.

En los meses siguientes toda Italia, ahora Génova, luego Venecia, más tarde Roma, se rindieron a su figura y a su capacidad de persuasión. También recibió tal cantidad de regalos, desde Viena a Edimburgo, y de toda Italia, como su condición merecía. El papa le habló, «hombre enviado por Dios y llamado Juan» y le regaló un escudo de plata dorada con la inscripción «*Christus vincit, Christus regnat, Christus imperat*».

Mientras, en El Escorial, Felipe II recibía las cartas que le remitía su hermano, que se las entregaba su valeroso capitán Lope de Figueroa, aún sin curar de las heridas de la batalla, y el rey no paraba de preguntarle

139

cómo se encontraba el héroe, y los mismos sentimientos le expresó en la misiva de parabienes: «A vos, a quien yo tanto quiero…». Don Juan de Austria parecía más un general romano victorioso que un hijastro de un emperador.

En Constantinopla, nadie dormía: en la primavera de 1572 habían rehecho su flota, con 220 nuevas galeras; el orgullo otomano volvía a desbordarse… y los miedos cristianos renacían.

El papa había convocado para el 11 de diciembre de 1571 a la Liga en Roma y el 10 de febrero de 1572 habían firmado un nuevo pacto: el fin principal, reconquistar Chipre. Así que en Mesina se unirían de nuevo las flotas española y papal y en Corfú se les agregaría la veneciana. Pondrían rumbo a Otranto, en donde se acuartelarían 11.000 soldados de reserva. Ellos contemplarían admirados esta nueva gran armada de más de 200 galeras y más de medio centenar de naos de apoyo, así como 40.000 soldados, marinos o galeotes.

Mas la muerte del papa y la absoluta insistencia de los venecianos de organizar todo aquello sólo para Chipre y no para satisfacer intereses españoles (Túnez, Argel, por ejemplo), así como los movimientos de tropas francesas contra el Flandes español, propiciaron las órdenes de Felipe II a don Juan: que no se moviera de Sicilia aunque los coaligados se hubieran puesto rumbo al mediterráneo oriental. En el entretanto, la elección de nuevo papa (Gregorio XIII) y las seguridades diplomáticas obligaron a Felipe II a cambiar de opinión (¡qué desastre de hombre de Estado!) y aceptó las indicaciones de don Juan, quien, finalmente, y con no pocas galeras nuevas construidas en astilleros de toda la monarquía hispánica, zarpó camino de Corfú… dos o tres meses después de lo previsto.

Y en Corfú no estaban los aliados. Incluso una avanzadilla de las galeras españolas se había ido de allí: la irresolución de Felipe II había causado el que papales y venecianos se pusieran rumbo al oriente, porque los ataques de Uchalí contra posesiones aliadas no se podían sufrir más.

Sin entrar en más detalles: el 7 de agosto cerca de Xirigo se avistaron de nuevo dos potentísimas escuadras. La turca con sus más de 250 embarcaciones, de las que 220 eran galeras renovadas en su tonelaje y en su armamento de fuego; la cristiana con sus 170 naves, de las que 140 eran galeras, y sus 30.000 remeros, más 10.000 marinos y 25.000 soldados. A pesar de las cantidades, falta la calidad: don Juan de Austria aún no ha llegado a incorporarse a la flota cristiana. En los días siguientes, las dos flotas se enfrentan en combate, pero son sólo escaramuzas. Por fin, don Juan llega a Corfú y mostrado su descontento con unos aliados que han actuado sin su consentimiento, en Corfú se hace una revista militar: para este 1572, la armada cristiana es tan potente como la de 1571, más que la de Uchalí.

Por fin, don Juan, el 7 de septiembre, da la orden de marcha y aquellas cerca de 300 embarcaciones, de las que más de 200 son galeras, con sus 40.000 soldados, se hacen a la mar rumbo a Cefalonia y Navarino, en donde está el turco. Mas quiere el destino que confundan en poco más de diez millas la meta, lo cual da tiempo a Uchalí a poner los pies en polvorosa. Al final, don Juan opta por retirarse y el 18 de octubre estaba de nuevo en Corfú y el 24 en Mesina: el turco había ganado algo que, en épocas de reorganización, vale más que el oro. Uchalí había ganado tiempo y, en segundo lugar, había preservado su armada.

En la flota cristiana hay un soldado valeroso, gran historiador —aunque esto no se le haya reconocido—, más capaz de usar la mano derecha que la izquierda, y con más imaginación y cabeza que buena suerte. Nos deja el testimonio de estos acontecimientos haciéndose pasar por cautivo del turco:

Lleváronme a Costantinopla, donde el Gran Turco Selim hizo general de la mar a mi amo [Uchalí], porque había hecho su deber en la batalla [de Lepanto], habiendo llevado por muestra de su valor el estandarte de la religión de Malta. Halléme el segundo año, que fue el de setenta y dos, en Navarino, bogando en la capitana de los tres fanales. Vi y noté la ocasión que allí se perdió de no coger en el puerto toda el armada turquesca, porque todos los leventes y jenízaros que en ella venían tuvieron por cierto que les habían de embestir dentro del mesmo puerto, y tenían a punto su ropa y pasamaques, que son sus zapatos, para huirse luego por tierra, sin esperar ser combatidos: tanto era el miedo que habían cobrado a nuestra armada. Pero el cielo lo ordenó de otra manera, no por culpa ni descuido del general que a los nuestros regía, sino por los pecados de la cristiandad, y porque quiere y permite Dios que tengamos siempre verdugos que nos castiguen.

En efeto, el Uchalí se recogió a Modón, que es una isla que está junto a Navarino, y, echando la gente en tierra, fortificó la boca del puerto, y estúvose quedo hasta que el señor don Juan se volvió. En este viaje se tomó la galera que se llamaba *La Presa*, de quien era capitán un hijo de aquel famoso cosario Barbarroja. Tomóla la capitana de Nápoles, llamada *La Loba*, regida por aquel rayo de la guerra, por el padre de los soldados, por aquel venturoso y jamás vencido capitán don Álvaro de Bazán, marqués de Santa Cruz. Y no quiero dejar de decir lo que sucedió en la presa de *La Presa*... (*Quijote,* I, XL).

Si don Juan, en el otoño de 1572, hubiera vuelto a arrasar una armada turca, el curso de la historia del Mediterráneo habría sido, sin duda, diferente. Mas la retirada de la campaña, junto a las intrigas francesas, las indisciplinas aliadas y la falta de confianza recíproca hacen que esté escrito el fin de la Liga Santa, la cual queda disuelta en el otoño de 1572: ¿han vencido los turcos en Lepanto? No del todo: lo cierto es que Selim II sólo tiene fuerza —a pesar de que algunos diletantes historiadores quieran minimizar las repercusiones de la victoria de Lepanto— para refugiarse en su Mediterráneo oriental. Lo que queda para el occidental es sólo piratería. La armada del Rey Católico toma la iniciativa en el Mediterráneo; puede dedicarse a los graves problemas que acaban de empezar en Flandes (1566-1567).

En los meses siguientes, las estrategias de los coaligados fluctúan: los venecianos, quiero decir los mercaderes, firman una paz con el sultán (7 de marzo de 1573) a cambio de la cual reducen su armada a 60 galeras y libertan a todos los galeotes turcos. Comoquiera que los mercaderes no habían encontrado satisfacción suficiente en la alianza con sus iguales, buscan el pacto con quien sea, en vez de reorganizar sus mercados, tan fructíferos, por ejemplo en el norte de Europa o en América. Son las cosas del dinero.

La noticia de la ignominiosa paz la recibe don Juan en Nápoles, en donde está, durante dos años, por orden de Felipe II. El virrey es Granvela, del que Cervantes no deja ningún testimonio en su obra. El descanso del guerrero fue recompensado: el 11 de septiembre de 1573 la más bella joven napolitana (Diana de Falangota) dio a luz un hijo natural de don Juan. Él no lo vio nacer, porque estaba en la campaña de Túnez, a la que acudió un manco genial, que nos lo cuenta, ya lo sabemos, haciéndose pasar por cautivo:

> Volvimos a Constantinopla, y el año siguiente, que fue el de setenta y tres, se supo en ella cómo el señor don Juan había ganado a Túnez, y quitado aquel reino a los turcos y puesto en posesión dél a Muley Hamet, cortando las esperanzas que de volver a reinar en él tenía Muley Hamida, el moro más cruel y más valiente que tuvo el mundo. Sintió mucho esta pérdida el Gran Turco, y, usando de la sagacidad que todos los de su casa tienen, hizo paz con venecianos, que mucho más que él la deseaban (*Quijote,* I, XL).

De la victoriosa campaña, volvió a recomponerse el héroe en Nápoles. Mas esta vez no con Diana, sino con Zenobia Saratosia. Hubo hijo, que murió pronto. Y si a Diana la casaron con un gentilhombre arruinado, a la pobre Zenobia la metieron en un convento, ¡en el de Santa María Egipciaca! El siguiente combate lo libró don Juan [de Austria] entre las sábanas de doña Ana de Toledo. Su marido era el gobernador militar de Nápoles. La batalla del placer exigía audaz estrategia. Y la estratega sobresaliente —le ganaba en edad, madurez— fue la doña, que toreó alególatra hasta su sumisión, con gran escándalo de la Corte napolitana…

Don Juan fue mandado a Génova en una importante y sutil misión y, desde allí, volvió a Nápoles. Mientras, se habían perdido Túnez y La Goleta. Recordemos que Cervantes conoce Génova y que su cautivo narra la captura de La Goleta. No cabe ninguna duda, las cartas que llevaba en la *Sol* no eran protocolarias, sino veraces: don Juan debió de conocerle y Cervantes llamarle la atención, como hizo con su amo en Argel. En cualquier caso, la crónica de Cervantes de la pérdida de La Goleta es espectacular; asimismo lo son sus opiniones sobre la inutilidad de mantener un fuerte en recuerdo de haberlo conquistado Carlos V; también cómo justifica a los soldados y llora su suerte, sin reprocharles nada de su actuación, al contrario, reconociéndoles sus esfuerzos:

El año siguiente de setenta y cuatro acometió [Uchalí] a la Goleta y al fuerte que junto a Túnez había dejado medio levantado el señor don Juan [...] Perdióse, en fin, la Goleta [24 de agosto de 1574]; perdióse el fuerte, sobre las cuales plazas hubo de soldados turcos, pagados, setenta y cinco mil, y de moros, y alárabes de toda la África, más de cuatrocientos mil, acompañado este tan gran número de gente con tantas municiones y pertrechos de guerra, y con tantos gastadores, que con las manos y a puñados de tierra pudieran cubrir la Goleta y el fuerte. Perdióse primero la Goleta, tenida hasta entonces por inexpugnable; y no se perdió por culpa de sus defensores, los cuales hicieron en su defensa todo aquello que debían y podían, sino porque la experiencia mostró la facilidad con que se podían levantar trincheras en aquella desierta arena, porque a dos palmos se hallaba agua, y los turcos no la hallaron a dos varas; y así, con muchos sacos de arena levantaron las trincheras tan altas que sobrepujaban las murallas de la fuerza; y, tirándoles a caballero, ninguno podía parar, ni asistir a la defensa. Fue común opinión que no se habían de encerrar los nuestros en la Goleta, sino esperar en campaña al desembarcadero; y los que esto dicen hablan de lejos y con poca experiencia de casos semejantes, porque si en la Goleta y en el fuerte apenas había siete mil soldados, ¿cómo podía tan poco número, aunque más esforzados fuesen, salir a la campaña y quedar en las fuerzas, contra tanto como era el de los enemigos?; y ¿cómo es posible dejar de perderse fuerza que no es socorrida, y más cuando la cercan enemigos muchos y porfiados, y en su mesma tierra? Pero a muchos les pareció, y así me pareció a mí, que fue particular gracia y merced que el cielo hizo a España en permitir que se asolase aquella oficina y capa de maldades, y aquella gomia o esponja y polilla de la infinidad de dineros que allí sin provecho se gastaban, sin servir de otra cosa que de conservar la memoria de haberla ganado la felicísima del invictísimo Carlos Quinto; como si fuera menester para hacerla eterna, como lo es y será, que aquellas piedras la sustentaran.

Perdióse también el fuerte; pero fuéronle ganando los turcos palmo a palmo, porque los soldados que lo defendían pelearon tan valerosa y fuertemente, que pasaron de veinte y cinco mil enemigos los que mataron en veinte y dos asaltos generales que les dieron. Ninguno cautivaron sano de trecientos que quedaron vivos, señal cierta y clara de su esfuerzo y valor, y de lo bien que se habían defendido y guardado sus plazas. Rindióse a partido un pequeño fuerte o torre que estaba en mitad del estaño, a cargo de don Juan Zanoguera, caballero valenciano y famoso soldado. Cautivaron a don Pedro Puertocarrero, general de la Goleta, el cual hizo cuanto fue posible por defender su fuerza; y sintió tanto el haberla perdido que de pesar murió en el camino de Constantinopla, donde le llevaban cautivo. Cautivaron ansimesmo al general del fuerte, que se llamaba Gabrio Cervellón, caballero milanés, grande ingeniero y valentísimo soldado. Murieron en estas dos fuerzas muchas personas de cuenta, de las cuales fue una Pagán de Oria, caballero del hábito de San Juan, de condición generoso, como lo mostró la summa liberalidad que usó con su hermano, el famoso Juan de Andrea de Oria; y lo que más hizo lastimosa su muerte fue haber muerto a manos de unos alárabes de quien se fió, viendo ya perdido el fuerte, que se ofrecieron de llevarle en hábito de moro a Tabarca, que es un portezuelo o casa que en aquellas riberas tienen los ginoveses que se ejercitan en la pesquería del coral; los cuales alárabes le cortaron la cabeza y se la trujeron al general de la armada turquesca, el cual cumplió con ellos nuestro refrán castellano: «Que aunque la traición aplace, el traidor se aborrece»; y así, se

145

dice que mandó el general ahorcar a los que le trujeron el presente, porque no se le habían traído vivo.

Entre los cristianos que en el fuerte se perdieron, fue uno llamado don Pedro de Aguilar, natural no sé de qué lugar del Andalucía, el cual había sido alférez en el fuerte, soldado de mucha cuenta y de raro entendimiento: especialmente tenía particular gracia en lo que llaman poesía. Dígolo porque su suerte le trujo a mi galera y a mi banco, y a ser esclavo de mi mesmo patrón; y, antes que nos partiésemos de aquel puerto, hizo este caballero dos sonetos, a manera de epitafios, el uno a la Goleta y el otro al fuerte. Y en verdad que los tengo de decir, porque los sé de memoria y creo que antes causarán gusto que pesadumbre (*Quijote,* I, XL).

Es verdad que la pérdida de Túnez y de La Goleta fue una desdicha («y pasamos tan cerca de Berbería que los recién derribados muros de la Goleta se descubrían y las antiguas ruinas de Cartago se manifestaban», en *La Galatea,* V, 98-99), pero no una tragedia, porque en ese 1574 las cosas estaban muy enrarecidas contra Felipe II —señor natural y legítimo— en Flandes. Pensaba el rey mandar allí a su hermano; éste, por el contrario, quería un reino, ser reconocido infante y tantas cosas más. Sin obedecer al rey, se presentó en Palamós en diciembre de 1574 y anduvo por la Corte de Madrid y por El Escorial hasta junio de 1575, en que volvió a Nápoles y allí, incómodo tras el escándalo con doña Ana de Toledo, prefirió subir a Lombardía. Era ya la primavera de 1576. En efecto, el 3 de mayo de ese año recibe una carta de Felipe II: el gobernador de los Países Bajos, don Luis de Requesens, ha muerto el 5 de marzo y don Juan debe sustituirle… No entro en más detalles, dejemos al héroe de Lepanto con sus tribulaciones, que nos supieron manifestar bien Stirling Maxwell y últimamente Bennassar.[15] El 1 de octubre de 1578 muere en Namur a los treinta y un años de vida. Y Cervantes, de nuevo, le llora:

> *¡Bien decís, perros; bien decís, traidores!*
> *Que si don Juan el valeroso de Austria*

gozara del vital amado aliento,
a sólo él, a sola su ventura
la destruición de vuestra infame tierra
guardara el justo y pïadoso Cielo.
Mas no le mereció gozar el mundo;
antes, en pena de tan graves culpas
como en él se comenten, quiso el hado
cortar el hilo de su dulce vida
y ar[r]ebatar el alma el alto Cielo.
(Trato de Argel, vv. 1.509-1.519)

Cervantes y don Juan habían nacido en el mismo año y, durante unos meses, sus vidas se vieron —no sé si unidas— pero sí marcadas por la cercanía. Fueron aquellos años de 1571 a 1575 de una intensidad infinita para los dos héroes de Lepanto y aquellos años, sin duda y a cada cual a su manera, los dejaron marcados. A ellos, y a los hijos que hubieron en Nápoles.

CAPÍTULO IV

«Esta, señores, que veis aquí pintada, es la ciudad de Argel»

En cualquier caso, tal vez la ausencia de don Juan en el verano del 75 hizo recapacitar a Cervantes sobre qué hacía en Italia. Así que, en el otoño de ese año, a la vuelta del mito a la capital del virreinato, Cervantes le pediría cartas de presentación para la Corte de Madrid y él se las dio.

La *Sol* y el 26 de septiembre de 1575

Había que imprimir un nuevo rumbo a la vida. ¡Y vaya que si lo imprimió! En el ocaso del verano de 1575 se embarcó en una flotilla de cuatro galeras, y concretamente, subió en la *Sol*. El 6 o 7 de septiembre pusieron rumbo a las costas levantinas. Iba acompañado por su hermano Rodrigo.

Mas quisieron los infortunios del destino que aquella flotilla se topara primero con una tormenta (frente a Port-de-Bouc) y luego, la galera en cuestión, que bogaba sola, fuera asaltada el día 26 de septiembre, frente a las costas de Cadaqués o Palamós, por tres turquesas.[1] Al parecer, el arráez (capitán corsario y musulmán de galera) Dalí Mamí fue el que logró rendir nuestra galera. Dalí Mamí era apodado *El Cojo* y era renegado de origen griego.

A la cabeza de aquellas tres galeras argelinas iba Arnaúte Mamí. Astrana Marín cree que el tercer arráez podría ser Morato Ráez Maltrapillo, o

Caur Alí. Áquel era renegado murciano. De todos ellos da datos Cervantes en sus obras, como siempre.

En las biografías cervantinas suele haber confusión sobre quién fue su amo en Argel, ya preso. A día de hoy, por los registros y declaraciones testificales que quedan de entrega del dinero del rescate y otras, se puede afirmar con rotundidad que el amo fue Dalí Mamí, alias *El Cojo*, y que si alguien en el siglo XVI dijo que fue Arnaute Mamí, se equivocó.

De Dalí Mamí no habla mucho Cervantes. Acaso una leve alusión en El *trato de Argel* (vv. 375-377) al citarlo como «cosario esquivo», y en *La gran sultana* el personaje de Mamí ha de ser un eunuco. De Arnaúte Mamí, el jefe de la flotilla, renegado albanés, sí que se saben más cosas.

Ficción, recreación, realidad o recuerdos, en *El Quijote* nos narra un apresamiento que bien pudiera ser el de la *Sol*, cambiadas las tornas:

> Las que salieron a la mar, a obra de dos millas descubrieron un bajel, que con la vista le marcaron por de hasta catorce o quince bancos, y así era la verdad; el cual bajel, cuando descubrió las galeras, se puso en caza, con intención y esperanza de escaparse por su ligereza; pero avínole mal, porque la galera capitana era de los más ligeros bajeles que en la mar navegaban, y así le fue entrando, que claramente los del bergantín conocieron que no podían escaparse; y así, el arráez quisiera que dejaran los remos y se entregaran, por no irritar a enojo al capitán que nuestras galeras regía (*Quijote*, II, LXIII).

También en *La española inglesa*:

> Llegando a un paraje que llaman las Tres Marías, que es en la costa de Francia, yendo nuestra primera faluga descubriendo, a deshora salieron de una cala dos galeotas turquescas; y, tomándonos la una la mar y la otra la tierra, cuando íbamos a embestir en ella, nos cortaron el camino y nos cautivaron. En entrando en la galeota, nos desnudaron hasta dejarnos en carnes. Despojaron las falugas de cuanto

llevaban, y dejáronlas embestir en tierra sin echallas a fondo, diciendo que aquéllas les servirían otra vez de traer otra galima, que con este nombre llaman ellos a los despojos que de los cristianos toman. Bien se me podrá creer si digo que sentí en el alma mi cautiverio...

Curiosamente, este período de cautividad es de los que más documentación ha generado. Escritos propios, de sus familiares y recreaciones literarias, nos permiten conocer bien en qué consistió su vida en aquellos cinco años largos de prisión. No obstante, recientes interpretaciones de su vida han apuntado la posibilidad de que se le perdonara la vida cada vez que se le capturaba tras intentar fugarse porque tenía ayuntamiento con el visir argelino.

Claro que no fueron años buenos aquellos. Ni para él ni para tantos que, como él, soportaron todas las vejaciones imaginables y alguna más. ¡Qué impresionantes son las palabras de Cervantes en el *Persiles*!:

> Esta, señores, que veis aquí pintada, es la ciudad de Argel, gomia y tarasca de todas las riberas del mar Mediterráneo, puerto universal de corsarios, amparo y refugio de ladrones que deste pequeñuelo puerto que aquí va pintado, salen con sus bajeles a inquietar el mundo, pues se atreven a pasar el *plus ultra* de las columnas de Hércules, y robar las apartadas islas, que por estar rodeadas del inmenso mar Océano, pensaban estar seguras, a lo menos de los bajeles turquescos. (*Persiles y Sigismunda*, III, X).

Como es lógico, la obra de Cervantes está cargada, bien en escritos exentos, bien en capítulos intercalados, de recreaciones y recuerdos de su vida de prisión. Argel es, en muchos casos, el centro de atención; el cautiverio lo es en otros.

Para lo que nos interesa, Argel «entra en la Historia» poco antes de 1520, cuando es depuesto su reyezuelo prohispano y cambiado por otro prootomano (1518), consolidándose la presencia del imperio oriental en esta parte del Mediterráneo, en donde se instalaron unos dos mil jenízaros (tributo en carne que pagaban los pueblos sometidos a los otomanos, entregando a sus hijos para formar parte de la guardia imperial) y alrededor de cuatro mil corsarios o soldados levantinos. El protagonista de estas hazañas fue Barbarroja, que en 1534 expulsó a los cristianos españoles de Túnez y en 1535 asoló las costas de Italia. Al tiempo, convirtió Argel en una rica y opulenta ciudad que vivía gracias a la violencia. Argel no era, pues, un lugar apacible para los cristianos: los que allí vivían eran, naturalmente, esclavos y prisioneros; a veces mercaderes.

Desde Argel su beylerbey ejercía autoridad en nombre del Gran Sultán sobre los pachás de Trípoli y de Túnez. En 1541 Carlos V, tras el éxito de la campaña de Túnez, decide conquistar Argel. El estrepitoso y llorado fracaso de aquella jornada crea la fama de la ciudad inexpugnable. Así que si contempláramos la historia desde el otro lado, veríamos que no faltaba razón a esa exaltación: desde Argel se conquista Trípoli en 1551 expulsando a los caballeros de la Orden de Malta; conquista los Gelves en 1560; un ejército cristiano con el conde de Alcaudete, gobernador de Orán, es derrotado en Mostaganem; apoyan la sublevación de los moriscos granadinos, hermanos de religión y sangre...

Tanto pirata y tanto infiel no eran aceptables para los reyes católicos. De ahí la obsesión por acabar con ellos.

El hecho es que Dalí Mamí pasó a ser el amo del esclavo manco, el amo de Cervantes. Luego lo fue Hasan Pashá; por su parte, Ramadán Pashá, renegado sardo, rey de Argel, señoreó a Rodrigo Cervantes, porque el bey de Argel tenía derecho a un séptimo de las capturas que hicieran sus cosarios.

Al llevar Cervantes aquellas famosas cartas de recomendación firmadas por don Juan de Austria y por el duque de Sessa, no es de extrañar que se excitara la codicia de Dalí Mamí. El precio del rescate lo fijó en quinientos escudos (un escudo era moneda de oro de ley de 22 quilates y 3'4 gramos,[2] que equivalían a cuatrocientos maravedíes), cantidad a todas luces suculenta o desorbitada, depende del lado en que se ponga uno. Como le tenía por caballero principal, le tenía más cargado de cadenas, con la esperanza de que su familia lo supiera y así se diera prisa en pagar el rescate. En la *Información de Argel*, algunos testigos declaran que como se le tenía por ser cristiano de alto grado (¡ay, las cartas de recomendación!), su amo «de ordinario lo trajo aherrojado y cargado de hierros y con guardas, siendo vejado y molestado» o cosas similares.

En esto consistía la convivencia, sobre todo, si unos son esclavos y los otros, señores.

Argel: la vida a costa de los rescates de los secuestrados

¡Cuántas veces la primera impresión que hemos recibido es la que queda fijada en nuestras mentes! Tanto más la primera impresión que le causa Argel a nuestro preferido guionista de cine, Cervantes: «Cuando llegué cautivo y vi esta tierra/ tan nombrada en el mundo, que en su seno tantos piratas cubre, acoge y cierra,/ no pude al llanto detener el freno,/ que, a pesar mío, sin saber lo que era,/ me vi el marchito rostro de agua lleno» (*Trato de Argel*, 396-401). En esta escena, por cierto, el soldado Saavedra sueña en poderle pedir a Felipe II que acuda a Argel a rescatar a los miles de cristianos cautivos que hay allí.

Claro que, para impresiones, el mercado de Argel, la separación familiar, la certeza de la apostasía en un futuro no muy lejano que tan crudamente se refleja también en la jornada II de *El trato de Argel*.

Se piensa que no menos de 25.000 cautivos vivían en aquella ciudad; muchos de particulares, otros de la comunidad. Mas no sólo de cautivos vivía Argel; también del comercio con otras tierras de África y con Inglaterra, Italia, con los moriscos valencianos..., porque comercio y manufacturas había por doquier, y entre renegados y musulmanes de origen, era una ciudad opulenta, «aunque entren las [mujeres] de Argel con sus perlas tantas» (*Amante liberal*, 546), y cosmopolita: «Argel es, según barrunto,/ arca de Noé abreviada:/ aquí están de todas suertes,/ oficios y habilidades,/ disfrazadas calidades» (*Baños de Argel*, 2.058-2.068). Una crónica de la época, famosísima y muy usada aún hoy, la de Haedo-Sosa

153

(compañero de cautiverio de Cervantes), define la ciudad como «las Indias y el Perú» del Mediterráneo.

Aunque se permitiera rara y excepcionalmente alguna vez muy señalada que hubiera culto cristiano («*misterio es éste no visto. / Veinte religiosos son/ los que hoy la Resurreción/ han celebrado de Cristo/ con música concertada*», en *Los baños de Argel*, 2.059-2.062), era también lugar propicio para perder la dignidad: «*Espero ver puestas por tierra/ estas flacas murallas, y este nido/ y cueva de ladrones abrasado,/ pena que justamente le es debida/ a sus continuos y nefandos vicios*» (*Trato de Argel*, 1.532-1.535); o también «fue tanto su valor que, sin subir por los torpes medios y caminos que los más privados del Gran Turco suben, vino a ser rey de Argel» (*Quijote*, I, XL); medios con los que se lograba el ascenso social aun no siendo turco, sólo con ser cristiano de Alá: «Yo cupe a un renegado veneciano que, siendo grumete de una nave, le cautivó el Uchalí, y le quiso tanto, que fue uno de los más regalados garzones suyos, y él vino a ser el más cruel renegado que jamás se ha visto. Llamábase Azán Agá, y llegó a ser muy rico, y a ser rey de Argel» (*Quijote*, I, XL); ¿qué quiere decir Cervantes cuando escribe «no hay cosa que se acabe/ aquí en Argel sin afrenta/ cuando a muchos se da cuenta»? (*Baños de Argel*, 415-420); ¿que es mejor acallar afrentas soportadas para conseguir un fin?…Y es que la codicia y la guerra, siempre juntas, son malas creaciones del hombre: pero peores son los destinos del cautivo que cae entre los moros, donde, entre otras cosas, «*el mancebo cristiano al torpe vicio/ es dedicado de esta gente perra,/ do consiste su gloria y su ejercicio*» (*Trato de Argel*, 1.370-1.372). Cuando Ana Félix descubre su verdadera identidad, poco antes de volver a ser reconocida por Ricote, su padre, nos habla de aquel mozo cristiano (Gaspar Gregorio) que en Valencia se había enamorado de ella, y de los peligros que corrió ante el rey de Argel, a quien habían avisado de la belleza de un morisco recién llegado de España y «lo decían por don Gaspar Gregorio, cuya belleza se deja atrás las mayores que encarecer se pueden. Turbéme [dice Ana Félix], considerando el peligro que don Gregorio corría, porque entre aquellos bárbaros turcos en más se tiene y estima un muchacho o mancebo hermoso que una mujer, por bellísima que sea. Mandó luego el rey que se le trujesen allí delante para verle, y preguntóme si era verdad lo que de aquel mozo le decían. Entonces yo, casi como prevenida del cielo, le dije que sí era; pero que le hacía saber que no era varón, sino mujer como yo…» (*Quijote*, II-LIII). ¡Y así pudo darle una oportunidad a su dignidad![3]

Marcado, pues, en su vida también por el cautiverio, Cervantes escribe de nuevo impresionantes testimonios del alma rota por esa suerte de secuestro: es el cautiverio «triste y miserable estado» o «purgatorio en la vida», así como «infierno puesto en el mundo», en fin, «daño que entre los mayores se ha de tener por mayor». La estrategia de cobrar rescate, «trato mísero intratable […] retrato de penitencia» (*Trato de Argel*, 357-359). Igualmente, la descripción de la angustiosa espera del secuestrado, cuya vida «guardan de prisiones rodeada, / por ver si prometemos por libralla / nuestra pobre riqueza mal lograda. / Y así, puede el que es pobre y que se halla / puesto entre esta canalla al daño cierto / su libertad a Dios encomendalla, / o contarse, viviendo, ya por muerto, / como el que en rota nave y mar airado / se halla solo, sin saber dó hay puerto» (*Trato de Argel*, 1.349-1.357).

También son exactos los testimonios sociológicos que nos ofrece, siempre con imágenes cinematográficas, siempre con mentalidad de historiador, de cronista:

> Con esto entretenía la vida, encerrado en una prisión o casa que los turcos llaman *baño*, donde encierran los cautivos cristianos, así los que son del rey como de algunos particulares; y los que llaman *del almacén*, que es como decir *cautivos del concejo*, que sirven a la ciudad en las obras públicas que hace y en otros oficios, y estos tales cautivos tienen muy dificultosa su libertad, que, como son del común y no tienen amo particular, no hay con quien tratar su rescate, aunque le tengan. En estos baños, como tengo dicho, suelen llevar a sus cautivos algunos particulares del pueblo, principalmente cuando son de rescate, porque allí los tienen holgados y seguros hasta que venga su rescate. También los cautivos del rey que son de rescate no salen al trabajo con la demás chusma, si no es cuando se tarda su rescate; que entonces, por hacerles que escriban por él con más ahínco, les hacen

trabajar y ir por leña con los demás, que es un no pequeño trabajo (*Quijote*, I, XL).

Cervantes, un genio, sabe explicar a su lector las cosas, para que no se pierda:

> Tagarinos llaman en Berbería a los moros de Aragón, y a los de Granada, *mudéjares*; y en el reino de Fez llaman a los mudéjares *elches*, los cuales son la gente de quien aquel rey más se sirve en la guerra (*Quijote*, I, XLI).

Y, naturalmente, son espectaculares sus recuerdos autobiográficos:

> Yo, pues, era uno de los de rescate; que, como se supo que era capitán, puesto que dije mi poca posibilidad y falta de hacienda, no aprovechó nada para que no me pusiesen en el número de los caballeros y gente de rescate. Pusiéronme una cadena, más por señal de rescate que por guardarme con ella; y así, pasaba la vida en aquel baño, con otros muchos caballeros y gente principal, señalados y tenidos por de rescate. Y, aunque la hambre y desnudez pudiera fatigarnos a veces, y aun casi siempre, ninguna cosa nos fatigaba tanto como oír y ver, a cada paso, las jamás vistas ni oídas crueldades que mi amo usaba con los cristianos. Cada día ahorcaba el suyo, empalaba a éste, desorejaba aquél; y esto, por tan poca ocasión, y tan sin ella, que los turcos conocían que lo hacía no más de por hacerlo, y por ser natural condición suya ser homicida de todo el género humano (*Quijote*, I, XL);

recuerdo autobiográfico lleno de respeto por la propia vida, cuando han pasado los años, cuando las vivencias son, menos mal, nada más que recuerdos:

> Sólo libró bien con él un soldado español, llamado tal de Saavedra, el cual, con haber hecho cosas que quedarán en la memoria de

aquellas gentes por muchos años, y todas por alcanzar libertad, jamás le dio palo, ni se lo mandó dar, ni le dijo mala palabra; y, por la menor cosa de muchas que hizo, temíamos todos que había de ser empalado, y así lo temió él más de una vez; y si no fuera porque el tiempo no da lugar, yo dijera ahora algo de lo que este soldado hizo, que fuera parte para entreteneros y admiraros harto mejor que con el cuento de mi historia (*Quijote*, I, XL).

Desde mediados del XVI a mediados del XVIII sabemos con certeza —porque existen registros en los archivos de las órdenes religiosas— que se rescató a unos 15.500 cautivos, ¡una media de seis al mes!; ¿cuántos muertos antes, o desaparecidos o apóstatas?; hubo algunos excepcionalmente manumitidos y otros, los «cortados», que adquirían el compromiso de pagar su rescate al llegar a su lugar de origen, dejando prendas en Argel o letras de pago giradas contra alguna plaza bancaria. Pero estos dos modelos eran los menos. Lo habitual era, además del rescate ordinario, la fuga. Orán, Ceuta y otros fuertes cristianos en medio de las tierras musulmanas eran los polos de atracción de los desesperados. Mas llegar allá era tan difícil como lograr fugarse con éxito empleando una estrategia a medio plazo: convertirse al islam, enrolarse en una galera corsaria, poner tierra de por medio tan pronto como se llegara a la playa española que fuera a ser asolada. Alguna vez se usó —Cervantes lo describe bien— otra ardid: pagar la traída (o acordar la llegada) de una nao desde España a las costas argelinas y, aprovechando la oscuridad, intentar también así la fuga. Hubo otros que, pudiendo volver a España, una cierta especie de «síndrome de Estocolmo», el miedo a no saberse reinsertar en su grupo de pertenencia, prefirieron quedarse en tierra musulmana, en la que eran conocidos como «cristianos francos».

El ataque podía ser fulminante y audaz:

> Los bajeles de cosarios de Tetuán [...] anochecen en Berbería y amanecen en las costas de España, y hacen de ordinario presa, y se vuelven a dormir a sus casas (*Quijote*, I, XLI).

Se estima que en Argel había entre quince mil y veinticinco mil cautivos al año; en Túnez, quince mil y en Trípoli, unos cinco mil. Los más afortunados, ya lo ha dicho Cervantes, eran los de rescate, frente a los del común. Aquéllos, a fin de cuentas, debían sobrevivir para poder ser cobrado su rescate. Aun así, las penurias y vejaciones debían de ser la norma de vida.

Igualmente, en el baño se diseñarían las estrategias para la supervivencia: tres, fundamentalmente. La primera, claro, el rescate; la segunda, la huida; la tercera, la apostasía. Cervantes ya nos habla de los «renegados» y, recientemente, Bennassar ha dedicado un importante libro a esos «cristianos de Alá». Es muy curioso cómo Cervantes no los vitupera, porque su enorme alma sabría de los padecimientos espirituales de ellos. Al renegado le trata como amigo, o con indiferencia, sin cebarse en su conversión. En ese sentido, dos pasajes son, a mi modo de ver, muy interesantes, pues en ellos explica nuestro cronista qué les tocaba hacer a los que volvían a España y eran apóstatas: «El renegado, hecha su información de cuanto le convenía, se fue a la ciudad de Granada, a reducirse por medio de la Santa Inquisición al gremio santísimo de la Iglesia» (*Quijote*, I-XLI). En el segundo, muestra enorme admiración hacia quienes deseaban, fervientemente y con arrepentimiento, volver a la verdadera fe: «Juntamente con esto, no ignoras el deseo encendido que tengo de no morir en este estado que parece que profeso, pues, cuando más no pueda, tengo de confesar y publicar a voces la fe de Jesucristo, de quien me apartó mi poca edad y menos entendimiento, puesto que sé que tal confesión me ha de costar la vida; que, a trueco de no perder la del alma, daré por bien empleado perder la del cuerpo» (*Amante liberal*, 541).

En otras ocasiones, como acabo de decir, le invade la pena. En *El Quijote* hay un testimonio precioso: el protagonista (¿alguna parte o momento de la personalidad de Cervantes?) no acaba de saber qué hace en este mundo y espera a que Dios se le revele. Al tiempo, su mujer, prefiere ser renegada que huir a Francia: ¡triste destino!

Sancho, yo sé cierto que la Ricota mi hija y Francisca Ricota, mi mujer, son católicas cristianas, y, aunque yo no lo soy tanto, todavía tengo más de cristiano que de moro, y ruego siempre a Dios me abra los ojos del entendimiento y me dé a conocer cómo le tengo de servir. Y lo que me tiene admirado es no saber por qué se fue mi mujer y mi hija antes a *Berbería* que a Francia, adonde podía vivir como cristiana (*Quijote*, II, LIV).

En boca de un pregonero moro pone la descripción de la verdad de los cristianos cautivos que nada más llegar a Argel, «estos rapaces cristianos, / al principio muchos lloros, / y luego se hacen moros / mejor que los más ancianos» (*Trato de Argel*, 1.027-1.034), y en otro pasaje nos comenta una verdad que, casi, casi, parece una historia de amor de maurófilos del Romancero: «Imaginamos que debía de ser cristiana renegada, a quien de ordinario suelen tomar por legítimas mujeres sus mesmos amos, y aun lo tienen a ventura, porque las estiman en más que las de su nación [mora]» (*Quijote*, I, XL).

Los más proclives a la renegación eran las mujeres y los niños. Por eso, desde que durante el reinado de Felipe II se institucionaliza sólo en mercedarios y trinitarios la labor del rescate (con anterioridad podía hacerlo cualquier particular), los esfuerzos por salvar a esos débiles con tal de que no cayeran en la «perversión de la fe» fueron muy importantes.

Toda esta vida agónica que aún marca el paisaje costero español, salpicado de torres de vigilancia y castillejos («en una cala, que allí cerca estaba, habían desembarcado, sin ser sentidos de las centinelas de las torres de la marina, ni descubiertos de los corredores o atajadores de la costa» dice en *El amante liberal*, 543), así como topónimos que nos hablan de asentamientos de los pobladores de un lugar en la «costa» o en el «pueblo» («las noches se recogen a unas torres de la marina, y tienen sus atajadores y centinelas, en confianza de cuyos ojos cierran ellos los suyos, puesto que tal vez ha sucedido que centinelas y atajadores, pícaros, mayorales, barcos y redes, con toda la turbamulta que allí se ocupa, han anochecido en España y amanecido en Tetuán» (en *Ilustre Fregona,* 614), llegó a su fin en la segunda mitad del XVII, unidos, aunque no fuera con pactos escritos, neerlandeses, ingleses y berberiscos contra el enemigo común, Francia, y más ocupado el turco con su andanzas orientales que con las

occidentales, hubieron de imponerse ciertas reglas civilizadoras en el tráfico mercantil del Mediterráneo y, algo más tarde, en el uso de la violencia o la fuerza, que, afortunadamente, en los países más desarrollados y
moralmente más complejos, menos primitivos, queda reservada al Estado y no a los particulares individualmente o en bandas.

De todo lo que acontecía en sus días fue Cervantes no ya fiel testigo,
sino protagonista.

Perdido el don más grande que tiene el ser humano, esto es, la libertad, la vida se le tornó en tormento, en purgatorio en la tierra, como ya
hemos visto que define el cautiverio.

La libertad es, para Cervantes, «dulce y amada», así como «gozosa»
(*Trato de Argel*, 1.259-1.260 y etc.; *La Española inglesa*, 577), mientras que
el nombre de la servidumbre es «odioso» (*Trato de Argel*, 1.322-1.324).
Por otra parte, todos somos iguales y no hay discriminación por el nacimiento, idea —indudablemente— atrevida en el siglo XVI, en donde había
esclavos en Argel, o entre las aristocracias o los grupos más ricos de Europa, si bien es cierto que la idea de la igualdad ante el nacimiento sólo tenía
para algunos una excepción, cuando se es prisionero de guerra. Pero escuchemos a Cervantes en una de sus obras más interesantes por lo que
encierra de nacionalista y el grave conflicto que plantea al no aceptar al
invasor (los romanos), tema que, trasladado al XVI pondría en duda la colo-
nización de América. En *La Numancia* exclama uno de los personajes:
«Decidles que os engendraron/ libres, y libres nacisteis,/ y que vuestras
madres tristes/ también libres os criaron» (*Numancia*, 1.346-1.349).

Y, en fin, el suspiro del cautivo en *El Quijote*, que no para de repetir la fórmula «libertad perdida»: «Gracias sean dadas a Dios —dijo el
cautivo— por tantas mercedes como le hizo; porque no hay en la tierra, conforme mi parecer, contento que se iguale a alcanzar la libertad
perdida» (*Quijote*, I, XXXIX); la cual, alcanzada, hace que todo se olvide: «Ya a vista de tierra de España, con la cual vista, todas nuestras pesadumbres y pobrezas se nos olvidaron de todo punto, como si no hubieran pasado por nosotros: tanto es el gusto de alcanzar la libertad
perdida» (*Quijote*, I, XLI).

Una de las *laudationes* más hermosas que nunca se han escrito sobre fenómeno tan importante y que se sabe pervertir desde las estructuras del poder con excesiva facilidad:

La libertad, Sancho, es uno de los más preciosos dones que a los hombres dieron los cielos; con ella no pueden igualarse los tesoros que encierra la tierra ni el mar encubre; por la libertad, así como por la honra, se puede y debe aventurar la vida, y, por el contrario, el cautiverio es el mayor mal que puede venir a los hombres (*Quijote*, II, LVIII).

Llega a Argel, como él mismo nos ha dicho, con lágrimas en los ojos al ver la ciudad desde la borda de la galera en la que está cautivo, a finales de septiembre de 1575. Se le tiene por poderoso caballero; se pide una suma desorbitada por su rescate; está cargado de cadenas. Pero también es un inútil para la realización de grandes esfuerzos; no puede ser galeote. Presumamos que, muchas veces, se le deja andar por Argel para resolver asuntos, para mantener al día cuestiones domésticas de su amo. Y si de muchacho leyera cualquier papel escrito caído por los suelos, ¿no iba a llevar anotadas en su espíritu todas las vivencias argelinas? Además, ¿a cuántos no cautivaría su arrojada personalidad?

Primer intento de fuga, 1576

El caso es que Cervantes, que coincidió en Argel con muchos cristianos a los que había conocido ya antes en sus andanzas militares, empezó a planear su fuga a principios de 1576.

El destino elegido, en vez de embarcarse en los riesgos de atravesar el Mediterráneo, fue alcanzar Orán. La huida la planearon para don Francisco de Meneses, capitán en La Goleta y allí hecho prisionero; un don Beltrán; el alférez Ríos; el sargento Navarrete; el caballero Osorio; el hidalgo Castañeda y otros más de los que no nos ha quedado rastro. Los fugitivos contaron con la ayuda de un moro... que, según se cuenta en la

161

Información de Argel, les abandonó tras haber andado algunas jornadas. Cervantes y los demás tuvieron que regresar con las orejas gachas a la ciudad maldita, en donde, relata en esa investigación el propio Cervantes, fue «muy maltratado de su patrón y de allí en adelante tenido con más cadenas y más guardia y encerramiento».

De aquellos fugados, los más afortunados fueron Gabriel de Castañeda y Antonio Marco. En marzo se pagaron sus rescates y de vuelta a España, aquél entregó cartas a los padres de Cervantes y éste, probablemente, les hablaría de su hijo en una visita a Madrid antes de establecerse como escribano público en Valencia.

Por estas fechas se autoriza a los mercedarios a poner en marcha una campaña de redenciones, lo cual implica permiso para pedir limosna. Iban calle hita, pidiendo y otorgando, a cambio, indulgencias. Formaba todo este entramado parte de la mentalidad cristiana de socorro de los desamparados. Las cantidades que se recibían formaban parte de los recursos de la Cruzada, es decir, una cesión de sus ingresos, que la Iglesia donaba al rey con tal de que esas cantidades fueran a la guerra contra el infiel y el hereje. Se hacía a cambio de mantener la exención fiscal personal del clero.

El caso es que para entrar en la lista de los «rescatables» habría que exhibir razones y se entraba en cierta competencia entre los candidatos: la habilidad de los de acá redundaba en beneficio de los cautivos. No olvidemos que la limosna, concebida como una solidaridad «vertical», implica un alto grado de clientelismo. Si no formas parte del grupo (de los redimibles, de los buenos cristianos, de los necesitados) tu rescate será aplazado. Había, pues, que formar parte del grupo: pero ¿cómo?

A los Cervantes, a Rodrigo padre y a Leonor de Cortinas se les ocurrió una estratagema perfecta en su primitiva mente: ella era viuda. ¡Tan poco pintaba en vida el padre —se ve la carencia de la figura paterna por toda la obra cervantina— que aceptó ser un muerto social! El matriarcado cervantino se puso en marcha. La viuda preparó un informe y lo presentó a las autoridades que habían de seleccionar (el Consejo de Cruzada).[4] Aprobaron la petición de la pobre viuda desamparada con dos hijos que han prestado servicios en la guerra por Dios y el rey y que estaban en cautividad en el terrible Argel y ella, muy necesitada, estaba a punto de morir de hambre, etc., etc. En esos términos se debió de escribir la petición de socorro, que no se conserva, pero sería similar a tantas más. Por cierto, con alguna mentira o alguna información mal recibida desde Argel: cuando el rey da orden de que se libre la cantidad de socorro, dice que Leonor ha hecho relación en la que narra que sus dos hijos «han serui-do en Italia y en Flandes» y se resalta que «se hallaron en la Batalla Nabal, donde al uno de ellos le cortaron una mano y al otro mancaron».

El Consejo aprobó la ayuda de ¡treinta escudos para cada uno de los hijos!, con ciertas condiciones: a saber, que en el plazo de un año se hubie-ran usado para el rescate y que, en su defecto, se devolvieran. Además, que hubiera un avalista. Así que Leonor de Cortinas y Alonso Getino de Guz-mán aparecieron el 28 de noviembre de 1576 ante el escribano público de Madrid, Juan de Prado, y, ante otros testigos, firmaron una carta de obli-gación, comprometiéndose a cumplir lo exigido por el Consejo de Cru-zada para recibir la ayuda, y ésta se concedió oficialmente el 5 de diciem-bre de 1576 y se hizo efectiva el 16 de ese mes. Inmediatamente, Leonor la entregó a fray Jorge de Olivar, que iba a ser el pagador del rescate.

Claro que, con treinta escudos por cabeza, poco se podía hacer. Las hermanas arruinadas, cómo no, y el padre, empobrecido de espíritu y de bolsillo. Las cosas se ponían feas… salvo que se pudiera cobrar una anti-quísima deuda que con él había contraído un granadino, Pedro Sánchez de Córdoba. Debíales 800 ducados (300.000 maravedíes), que, aunque era una suculenta cantidad (sobre todo, si se comparan con los 24.000 maravedíes a que equivalían los sesenta reales), era aún ridícula para el rescate, porque sólo por Miguel se pedían 200.000 maravedíes (al cam-bio: un real eran 400 maravedíes) Rodrigo solicitó el pago de la deuda y, claro, no lo consiguió. Lo hizo infructuosamente por dos veces.

Entonces empezaron los días sombríos: Leonor, la del coraje que here-dó Miguel, decidió vender todos los bienes de la familia, como así lo hizo. Lo que lograra tampoco sirvió para acopiar la cantidad necesaria y enton-ces, transcurrido el año de marras, como no había usado los sesenta escu-dos famosos en el rescate, se apercibió de embargo contra el avalista. Leonor pidió encarecidamente un aplazamiento, que se concedió. Los Cervantes arruinados, un padre incompetente e incapaz de jugársela; los dos hijos cautivos en Argel… ¡pobre familia!

Al otro lado del Mediterráneo chirría la pérdida de la libertad.

Cervantes ha buscado gentes de letras con las que poder hablar de creación, de literatura, de poesía. Se ha destacado la amistad con Bartolomé Rufino de Chiambery. Este hombre, doctor en Derecho Civil y Canónico, servía de fiscal en un tercio de Doria. Cayó preso y fue conducido a Constantinopla y de allí a Argel. Escribió un texto sobre la pérdida de La Goleta y del fuerte de Túnez, manuscrito que se ha perdido (en el incendio de la biblioteca de Turín de 1904) y del que tenemos noticia porque lo describieron afamados cervantistas en el siglo XIX, ya que el texto del cautivo iba precedido por ciertos sonetos de Cervantes. Uno estaba hecho en loor del autor. En esos versos, Miguel le auguraba «del siempre verde lauro coronado / seréis, si yo no soy mal adiuino, / si ya vuestra fortuna y cruel destino / os saca de tan triste y baxo estado. / Pues, libre de cadenas vuestra mano, reposando el ingenio, al alta cumbre / os podéis levantar seguramente, / oscureciendo al gran Liuio romano…».

El otro poema estaba dedicado a alabar la obra; destaco unos versos sólo, esos en los que Cervantes declara qué ha de ser un historiador: «Verdad, orden, estilo claro y llano, qual a perfecto historiador conviene, / en esta breve summa está cifrado. / ¡Felice yngenio! ¡Venturosa mano / que, entre pesados yerro apretado, tal arte y tal virtud en sí contiene!…».

Se ha puesto de manifiesto que en su cautiverio escribió mucha más poesía. Tal vez en su cautiverio se desarrolló definitivamente su extremada sensibilidad.[5] En parte, si no entera, la famosa Epístola a Mateo Vázquez está en *El trato de Argel* (vv. 393 y ss.) en boca de Sayavedra; también versos de religión y, naturalmente, ¡cuántas obras se gestaron en su cautiverio!

En fin, el 20 de abril de 1577 llegaron a Argel los mercedarios, dispuestos a iniciar las negociaciones de rescate. El amo de Cervantes les indica que cuesta 500 escudos y no se apea de la cantidad. Lo que ha mandado la familia, no es suficiente. Por tanto, Cervantes pacta con su hermano Rodrigo: será rescatado sólo él, con todo lo remitido por la familia.

La libertad del hermano
y el segundo intento de fuga, 1577

Pero a cambio de ser rescatado primero, preparará el rescate de su hermano: desde Valencia, Mallorca o Ibiza, mandará una fragata en la que embarcarán algunos cautivos y así lograrán la libertad. Para que se viera que no era un lunático, un par de presos, caballeros de la Orden de San Juan, entregan a Rodrigo cartas de presentación para que sea apoyado en la acción por los virreyes correspondientes. Era un plan de fuga en toda regla del que se verían beneficiados catorces cautivos, gentes principales, que se esconderían en una cueva fuera de la ciudad, en la que estuvieron guarecidos algunos de ellos hasta seis meses, encargándose Cervantes de los bastimentos diarios.

El caso es que durante los meses centrales de 1577, los mercedarios anduvieron negociando rescates, tarea que se vio a punto de irse a pique en un par de ocasiones. Al fin, en agosto, partió para España una galera con 106 rescatados, en su mayor parte aragoneses (inclúyase a Juan de Lanuza, hijo del justicia de aquel reino).[6] Como no hubiera dinero para todo, ni para todos, uno de los mercedarios, fray Jorge del Olivar, trocó su libertad por la de varios de aquellos desdichados, gesto heroico que Cervantes homenajea por dos veces: «Fray Jorge de Olivar, que es de la Orden / de la Merced, que aquí también ha estado, / de no menos bondad y humano pecho; / tanto, que ya después que hubo espendido / bien veinte mil ducados que traía, / [e]n otros siete mil quedó empeñado. / ¡Oh caridad estraña! ¡Oh sancto pecho!» (*Trato de Argel*, vv. 2.471-2.477). El segundo texto es: «CRIST.: La limosna ha llegado/ a Bujía, cristianos. / OSORIO ¡Buenas nuevas son éstas! / ¿Quién viene? CRIST. : La Merced. OSORIO: ¡Dios nos las haga! / ¿Y quién la trae a cargo? / CRIST.: Dícenme que un prudente/ varón, y que se llama / fray Jorge de Olivar. SACR.: ¡Venga en buen hora! OSORIO: Un fray Rodrigo de Arce / ha estado aquí otras veces, / y es desa mesma Orden, / de condición real, de ánimo noble» (*Baños de Argel*, vv. 2.840-2.851).

Traía Rodrigo a España en la faldriquera una carta para el poderoso secretario real Mateo Vázquez de Leca.[7] Es un escrito autobiográfico en que narra, coetáneamente a los hechos, su existir. Difiere, por tanto, de otros textos similares escritos con la memoria y salpicados por toda su obra.

Como decía antes, de aquella tacada se liberó a 106 cristianos, que salieron de Argel el 24 de agosto y llegaron a Javea el 29. Al fin entraron en Valencia el 1 de septiembre: como era uso y costumbre, se preparó una procesión y todos dieron gracias a Dios en la catedral. Luego, ya recibida la limosna cristiana, unos se fueron a Alcalá, a Madrid, a Zaragoza, a Sevilla, a Barcelona, a Vizcaya, a Valencia, a Ibiza... a todas partes de España.

Y, mientras, Cervantes se quedaba en Argel esperando a que el liberado Rodrigo le preparara la fase final de la fuga.

El caso es que éste, ayudado por las autoridades de Valencia y sin duda por rescatadores profesionales del Levante, logró contratar en Mallorca una fragata que cruzaría el Mediterráneo y salvaría a Cervantes y la docena larga de fugados que estaban escondidos en la cueva argelina: habían pactado los hermanos fecha, hora y lugar del contacto nocturno para buscar la libertad.[8]

Aquellas semanas son de un gesto heroico tras otro. Y fue en este cautiverio en el que, a buen seguro, se consolidó la extraordinaria personalidad de Cervantes, incapaz ya desde entonces de doblegarse ante los infortunios del destino.

El amo de Cervantes, Dalí Mamí, se hizo a la mar a finales de agosto y, de esta manera, se levantó la presión sobre el cautivo. Cervantes organizó la fuga con su mente fría: él recogía dinero de limosnas de otros mercaderes cristianos de Argel, o por haber empeñado sus bienes. Con esos dineros compraba víveres y cubría las necesidades de los catorce escondidos en la cueva de una casa. La casa era del renegado griego, el alcaide Hasán, que la tenía a tres millas de Argel. En el jardín de ese palacio, un jardinero, Juan, de origen navarro y buen cristiano en el decir de algún contemporáneo, había hecho la cueva tiempo atrás para los menesteres que fuera. Otro re-renegado (de niño cristiano, adolescente moro, nuevamente cristiano y, para su desdicha, cautivo por segunda vez y vuelto a apostatar) de Melilla, y apodado El Dorador, era el que aprovisionaba a todos.[9] Eran los dos únicos que sabían de la gruta, de la «república sub-terránea», como la define Astrana.[10]

Como declaró uno de los cómplices morales de Cervantes en aquel durísimo Argel, «es muy grande verdad que se puso a manifiesto peligro de una muy cruel muerte, cual estos turcos suelen dar a los que hallan en semejantes tratos y negocios».[11]

La fecha acordada se acercaba. Quiso la fortuna que el 19 de septiembre ¡nueve! corsarios abandonaran el puerto en expedición de asalto al Mediterráneo norte. Así que sin Dalí Mamí y sin corsarios, Cervantes se fugó de su «casa» el día 20 y se metió en la gruta-refugio a esperar la madrugada del 28 al 29 de septiembre... ¡y aquella fecha pasó sin que nada ocurriera, para desesperación de los fugados!

¿Qué pasó mientras en la playa? Sencillamente, que la fragata llegó a la costa argelina y cuando los marineros iban a saltar a tierra, fueron descubiertos por unos moros que pasaban por allí y que dieron la voz de ¡al-arma!. Inmediatamente, se fueron hacia altamar, aprovechando la oscuridad de la noche. Volvieron a hacer un segundo intento de desembarco ¡y fueron apresados por los turcos! Mientras todo esto ocurría, la voz debió de extenderse rápidamente y El Dorador debió de escuchar lo que estaba ocurriendo en la playa. Así que, ni corto ni perezoso, fue al rey Hasán a pedirle permiso para hacerse moro: a cambio, le haría un buen servicio para salvar la cabeza: delatar a los que estaban en la cueva. Acusó a Miguel de Cervantes de ser el cerebro de la operación. Y así fue: mandó Hasán a sus hombres a prender a los fugados y al sonido de las armas y las gentes, Cervantes, viéndose perdido y con él sus compañeros, les exhortó a que todos coincidieran que él sólo era el responsable del plan. Mientras estaban siendo maniatados, lo pregonó a sus captores y de nuevo ante el rey: sólo él era el autor de tal negocio.

De esta manera, algunos concluyeron siete meses de vida escondida; otros, cinco; otros, menos tiempo.

El jardinero fue colgado en alto de un pie y murió ahogado por su propia sangre; a Cervantes se le mandó, como a los demás, al baño del alcaide, que los tuvo por esclavos propios. La apropiación fue protestada por los dueños auténticos y cada cual hubo de volver con su amo.

Cervantes recordó aquellos cinco meses de vida en *El Quijote* (I, XL) y, por supuesto, en *Los baños de Argel* y en *El trato de Argel*.

El tercer intento, 1578

El caso es que el tiempo lo pasó como pudo, y desde luego dedicado a la poesía y a maquinar la tercera fuga. Así fue: a los cinco meses del incidente anterior, mandó al gobernador de Orán una petición de ayuda, con el fin de que apoyase a cuatro cristianos de Argel que se iban a escapar. El error gravísimo consistió en hacerlo por escrito: el moro fue capturado, descubierto el plan, empalado, y Cervantes llevado ante Hasán bajá, que le mandó dar dos mil palos. Afortunadamente, la sentencia no se ejecutó.

Si se suspendió la ejecución fue porque algunos imploraron ante el bey a favor de Cervantes. Se tiende a ver la actuación de Morato Ráez Maltrapillo como providencial. Él era un renegado de Murcia, cuya buena obra la inmortalizó Cervantes en *El Quijote*:

En fin, yo me determiné de fiarme de un renegado, natural de Murcia, que se había dado por grande amigo mío, y puesto prendas entre los dos, que le obligaban a guardar el secreto que le encargase; porque suelen algunos renegados, cuando tienen intención de volverse a tierra de cristianos, traer consigo algunas firmas de cautivos principales, en que dan fe, en la forma que pueden, como el tal renegado es hombre de bien, y que siempre ha hecho bien a cristianos, y que lleva deseo de huirse en la primera ocasión que se le ofrezca. Algunos hay que procuran estas fees con buena intención, otros se sirven dellas acaso y de industria: que, viniendo a robar a tierra de cristianos, si a dicha se pierden o los cautivan, sacan sus firmas y dicen que por aquellos papeles se verá el propósito con que venían, el cual era de quedarse en tierra de cristianos, y que por eso venían en corso con los demás turcos. Con esto se escapan de aquel primer ímpetu, y se reconcilian con la Iglesia, sin que se les haga daño; y, cuando veen la suya, se vuelven a Berbería a ser lo que antes eran. Otros hay que usan destos papeles, y los procuran, con buen intento, y se quedan en tierra de cristianos (*Quijote*, I, XL).

Astrana Marín[12] duda de la buena fe de Maltrapillo: cree en él más bien como un adulador que con ayudas acá y allá se asegura alguna garantía por si acaso en el futuro volviera a su tierra o los ejércitos cristianos tomaran Argel. La realidad ha sido dibujada con contornos más precisos por Canavaggio. Agí Morato era un renegado de Ragusa que desempeñaba en Argel funciones diplomáticas en nombre de Selim II para tantear las voluntades cristianas (primero en 1573 y luego en 1577) que condujeran a una tregua entre Felipe II y el Gran Turco. Cervantes habría sido uno de los que hablaran con Agí Morato de tantas cosas interesantes e importantes: era necesario tenerlo como interlocutor.[13]

La indiferencia de Mateo Vázquez de Leca

Al mismo tiempo que esto ocurría en Argel, en la Corte de Madrid pasaban sucesos gravísimos: el 31 de marzo, era asesinado Juan de Escobedo, secretario personal en Flandes de don Juan de Austria. El servidor había llegado ante Felipe II con escritos, súplicas y quejas de su hermano. Aquel asesinato puso en marcha uno de los procesos criminales y políticos más intensos de nuestra Historia: y es que detrás de los asesinos de Escobedo estaba Antonio Pérez… e incluso el propio rey.[14]

Años turbulentos en la Corte. Tiempos de ascenso y caída de unos y otros. Aunque el eclipse de Antonio Pérez fue muy lento, brutal al final, quien iba empujándole era Mateo Vázquez de Leca.

«Privados, grandes hechiceros» (Aforismo 150) escribió Antonio Pérez, quien sabía de esto como nadie.

Mateo Vázquez es un cortesano que podemos definir por dos rasgos esenciales: sus oscuros orígenes y su desmedida ambición. Nació de Isabella de Luciano, de Córcega, que estaba casada con Santo de Ambrosini. No obstante, no se sabe bien cuándo ni dónde nació. Algunos indicios tienden a asegurar que fue en Argel en donde vio la luz: presa la madre —embarazada—, daría a luz en un baño berberisco. Los enemigos cortesanos pusieron en duda que hubiera sido cautivada embarazada ya... De haber nacido en Argel, habría sido en 1542.

En 1544 ella fue rescatada y liberada en Sevilla. Allí entró al servicio de Diego Vázquez de Alderete, canónigo de la catedral e individuo muy influyente en la vida política de la ciudad. Él pagó los estudios del niño e incluso le permitió usar el apellido: él fue, dijeron otros, el padre. Los orígenes le marcaron durante toda la vida, cosa natural, por lo demás. Pero en este ser fue algo obsesivo: el apellido Leca le proviene de un árbol genealógico que encargó en el que entroncaba a sus antepasados con los romanos y a sus ascendientes más directos, con Juan Pablo de Leca, conde de Ginarca.

El caso es que por la casa del canónigo sevillano pasaron grandes personajes de la política de Felipe II que medraron en Madrid en el transcurrir de los años. De ellos fue aprendiendo aquel muchacho. ¡Y vaya que si aprendió! Convertido a la edad de unos 20 años en secretario personal del presidente del Consejo de Castilla, el cardenal Espinosa (en 1565, el de las dedicatorias de López de Hoyos), fue un cerrado adepto de la facción más dura de la Corte en materia política (los «halcones» según Marañón) o religiosa (los «castellanistas» en el decir de Martínez Millán), frente a la facción más pactista, encabezada por Antonio Pérez (los «palomas» de Marañón, o los «papistas» de Millán). En fin, muerto el cardenal, logró que el rey le nombrara su propio secretario, en 1573 y lo que podrían ser rivalidades palatinas se convirtió en una tragedia.

En 1578 el grupo perecista empezaba a resquebrajarse por las muertes de algunos de sus miembros, las imprudencias de otros, la fuerza de los lequistas. El asalto al poder de éstos tenía una ocasión que ni pintada con el asunto del asesinato del «Verdinegro», mote de Escobedo. Es curioso cómo dos hombres de orígenes tan oscuros, incluso ambos tal vez hijos espurios de clérigos, intentaron borrar su estigma por medio de la ambición política y, en el caso de Mateo Vázquez, abanderando la intransigencia.

Al margen de otras consideraciones, es muy interesante que Cervantes escribiera a Mateo Vázquez y no a Antonio Pérez. ¿Por qué, si aún era éste el más poderoso? Evidentemente, por dos motivos fácilmente imaginables y por uno, a mi modo de ver, hasta hoy desconocido: los dos primeros son los orígenes sevillanos y la «estancia» en Argel del «archisecretario». Pero además de ello, creo que no se ha pensado suficientemente en otro dato.

Traigamos a nuestras mentes a Juan López de Hoyos cuando escribe la *Historia y relación verdadera de la enfermedad, felicísimo tránsito y sumptuosas exequias fúnebres de [...] Isabel de Valois* en 1569. En esa obra escribe Cervantes, no lo olvidemos, y esa obra está dedicada ni más ni menos que:

> Al illustríssimo y reverendíssimo señor don Diego de Espinosa, Cardenal de la Santa Iglesia de Roma, título san Esteban de Monte Coelio, Obispo y Señor de Sigüenza, Presidente del Consejo Real, Inquisidor Apostólico General en los Reynos y Señoríos de España, contra la herética pravedad y apostasía.

En esa obra es en donde se incluyen los versos de Cervantes en los que insta al cardenal a que consuele al rey por la muerte de su esposa, Isabel, «alma bella, del cielo merecida, / mira cuál queda el miserable suelo / sin la luz de tu vista esclarecida».

Cuando López de Hoyos y Cervantes se acercaron a Espinosa con esta obra, Vázquez de Leca llevaba cuatro años al servicio del cardenal. Por tanto, cuando en 1578 nuestro literato le envía la famosa carta en verso, sin duda esperaba encontrar en él un protector porque recordaría la dedicatoria a su mentor, o porque, tal vez, Vázquez de Leca y Cervantes, que tenían la misma edad poco más o menos, a buen seguro que se debieron de conocer en aquel luctuoso Madrid de 1569. Y Cervantes, que parió *El Quijote*, debía de creer en la mentalidad caballeresca y debió de imaginar que Leca le ayudaría y debió de pensar en tantas esperanzas y cosas grandes, *parva propria, magna aliena...* que la decepción debió de ser infinita.

En la carta a Leca los primeros versos son una excusa de quien tendría que haber dado noticia de su vida antes, como si esperara ser recriminado ¿por no haber vuelto a entrar en contacto desde 1569?: «Si el bajo son de la zampoña mía, / señor, a vuestro oído no ha llegado / en tiempo que sonar mejor debía, / no ha sido por la falta de cuidado / sino por sobra del que me ha traído / por estraños caminos desvïado».

Además, los versos siguientes son de un cierto desparpajo, de alguien con quien se tiene noticia y afable trato: «Aquél que os mira en el subido asiento / do el humano favor puede encumbrarse, [...] y él [Cervantes] se ve entre las ondas anegarse / del mar de la privanza, do procura, / o por fas o por nefas, levantarse, / ¿quién duda que no dice: "La ventura / ha dado en levantar este mancebo / hasta ponerle en la más alta altura: / ayer le vimos inesperto y nuevo / en las cosas que agora mide y trata / tan bien que tengo envidia y las apruebo"?».

A renglón seguido, otros inteligentísimos: una sucesión de alabanzas, una declaración del pensamiento político y cortesano de Cervantes, en que se refleja a la perfección, sin decirlo, las enormes tensiones palatinas. Y el secretario real aparece cargado de todas las virtudes... y ni una alusión a la cuna, al linaje. Veamos un botón de muestra: «Por la senda y camino más perfecto / van vuestros pies, que es la que el medio / tiene y la que alaba el seso más discreto; / quien por ella camina, vemos viene / a aquel dulce, süave paradero / que la felicidad en sí contiene. / Yo, que el camino más bajo y grosero / he caminado en fría noche escura, / he dado en manos del atolladero, / y en la esquiva prisión, amarga y dura, / adonde agora quedo, estoy llorando / mi corta, infelicísima ventura, / con quejas tierra y cielo importunando, / con suspiros el aire escuresciendo, / con lágrimas el mar acrecentando».

A continuación, le pide ayuda: «Vida es ésta, señor, do estoy muriendo, / entre bárbara gente descreída / la mal lograda juventud perdiendo».

Y, como si de un memorial se tratara, uno de tantísimos que aún se conservan en el Archivo de Simancas, le expone los servicios prestados, rememorando la batalla de Lepanto: «Diez años ha que tiendo y mudo el paso / en servicio del gran Filipo nuestro, / ya con descanso, ya cansado y laso; / y, en el dichoso día que siniestro / tanto fue el hado a la enemiga armada / cuanto a la nuestra favorable y diestro, / de temor y de esfuerzo acompañada, / presente estuvo mi persona al hecho, / más d'esperanza que de hierro armada».

Después de versificar los espantos de la muerte en batalla, recuerda, también con belleza inimitable, sus heridas: «A esta dulce sazón yo, triste, estaba / con la una mano de la espada asida, / y sangre de la otra derramaba; / el pecho mío de profunda herida / sentía llagado, y la siniestra mano / estaba por mil partes ya rompida. / Pero el contento fue tan soberano / qu[e] a mi alma llegó, viendo vencido / el crudo pueblo infiel por el cristiano, / que no echaba de ver si estaba herido, / aunque era tan mortal mi sentimiento, / que a veces me quitó todo el sentido».

Los versos siguientes, breves, aluden a otras campañas, hasta que llega a las estrofas fatídicas de la cautividad: «En la galera Sol, que escurescía / mi ventura su luz, a pesar mío, / fue la pérdida de otros y la mía. / Valor mostramos al principio y brío, / pero después, con la esperiencia amarga, / conoscimos ser todo desvarío. / Sentí de ajeno yugo la gran carga, / y en las manos sacrílegas malditas / dos años ha que mi dolor se alarga».

Versifica la cautividad de Argel, en una descripción llena de emoción: «Cuando llegué vencido y vi la tierra / tan nombrada en el mundo, qu[e] en su seno / tantos piratas cubre, acoge y cierra, / no pude al llanto detener el freno, / que a mi despecho, sin saber lo que era, / me vi el marchito rostro de agua lleno».

Las lágrimas que le humedecían el rostro tal vez se vieron recompensadas recordando proezas pasadas: «Ofrescióse a mis ojos la ribera / y el monte donde el grande Carlo tuvo / levantada en el aire su bandera, / y el mar que tanto esfuerzo no sostuvo», y alude a las tormentas que acabaron con la expedición de Argel: «Pues [ese mar], movido de envidia de su gloria, / airado entonces más que nunca estuvo. / Estas cosas, volviendo en mi memoria, / las lágrimas trujeron a los ojos, / movidas de desgracia tan notoria».

173

Expuestos los recuerdos, llega la solicitud: que le rescate, que le ayude a estar ante Felipe II, con quien, como tantos, intentará hablar, aunque le cueste. Y le dirá cómo es Argel y cómo los berberiscos y qué se puede hacer en aquellos lares, y le exhortará a que rescate a tantos cristianos mancillados para continuar las glorias iniciadas por su padre: «Haz, ¡oh buen rey!, que sea por ti acabado / lo que con tanta audacia y valor tanto / fue por tu amado padre comenzado».

Con esta propuesta final, cuya escena imagina Cervantes (la mente cinematográfica por excelencia), concluye la *Epístola*, cerrándose con una tristísima despedida: «Mas a todo, silencio poner quiero, / que temo que mi pluma ya os ofende, / y al trabajo me llaman donde muero».

Tan bellísima misiva, que en la emoción de su lectura he querido compartir contigo, querido amigo, no fue tenida en consideración por el ambicioso Mateo Vázquez, para quien aquel que antaño fuera un conocido con el que a buen seguro compartió alguna efímera sonrisa en el Madrid de 1568-1569, hoy no era nada más que un cautivo manco al que el cortesano —capaz de llevar a prisión a sus rivales políticos— debió despreciar. En el mejor de los casos, darle responsabilidades incómodas e «indigestas».

Pero, por si acaso no hubiese suficiente tralla y confusión en los rastros documentales de Cervantes, hay quien opina que esa misiva es un apócrifo del siglo XIX, hecho de retales que se estructuran alrededor del parlamento del cautivo Saavedra.

Aun siendo cierto lo anterior, nada desdice que Cervantes hubo de conocer a Mateo Vázquez y que padeció su indiferencia.

Otras estrategias para el rescate: la probanza de hidalguía

La llegada de Rodrigo dio ánimos a la familia. La vida de los solicitantes era de extremada paciencia y si hoy no eran recibidos, mañana sí, aunque por otro. Así que como la *Epístola* no dio frutos, el padre de Miguel y de Rodrigo, ahora resucitado (recordemos que la madre, para pedir ayudase había hecho pasar por viuda), requirió ante la Justicia real una probanza de hidalguía.

La probanza de hidalguía tendría varios fines: aparte de los beneficios fiscales, un reconocimiento cualitativo del linaje. Además, comoquiera que la pobranza se hacía con testigos que declararían, a buen seguro, cantando las excelencias del Cervantes guerrero, esos datos podrían ser importantes en el futuro. Hubo cuatro testigos en la pobranza, pero no se consiguió el documento añorado. Los Cervantes eran pecheros y seguirían siéndolo.

Al tiempo que todo esto ocurría, la hermana Magdalena entregó parte de su dote para el rescate de Miguel; la familia acudió a los mercedarios y se les entregaron 1.077 reales en efectivo (36.618 maravedíes), además de una carta de pago por 200 ducados en oro (75.000 maravedíes), así como más adelante pagarían todo lo que faltara. El «rescatador» sería un mercader valenciano que iba a Argel, Hernando de Torres. Corre el mes de junio de 1578. Por los motivos que fuera, este compromiso se rompió y no se llevó a efecto.

Ágilmente, rápidamente, la familia solicita al Consejo de Guerra una ayuda para el rescate. Acuden con varios documentos, así la probanza de hidalguía, así un certificado de puño y letra del duque de Sessa (a 25 de julio de 1578) en el que reconoce los buenos servicios prestados por el cautivo. De tal suerte que el 30 de noviembre de ese año el Consejo de Guerra proponía al rey que se concediera una licencia de saca de mercancías legales desde Valencia a Argel por valor de 2.000 ducados, a favor de Leonor de Cortinas, la madre. Lo cierto es que ella había pedido la licencia por valor de 8.000 y que el documento va refrendado por el inmisericorde de Mateo Vázquez. En cualquier caso, el 6 de diciembre se cursaba licencia de paso al virrey de Valencia para las mercancías de Leonor de Cortinas. Si a finales de año de 1578 parecía que todo iba algo mejor, pronto las sonrisas se trocarían en descalabros: para empezar, había que tener 2.000 ducados para con ellos comprar las mercancías. Y no se tenía esa suma, aunque sí el permiso para exportar por esa cantidad.

En segundo lugar: el 5 de diciembre de 1576, el Consejo de Cruzada había dado 60 escudos (24.000 maravedíes) para ayudar al rescate de los dos hermanos con una condición, que si no eran rescatados en un año (esto es, que si la familia no era capaz de reunir la suma pedida por los secuestradores, y gastos de intermediarios y viajes) habrían de devolver la cantidad. En su defecto, se ejecutaría embargo contra los bienes de un fiador que tenía que haber para recibir el dinero susodicho. Y el fiador era Alonso Getino de Guzmán, el cual, de repente, se encontró con el toro de frente.

Pero para más descentrarse, resultaba que de los 60, había 30 bien gastados ya: en Rodrigo, que pululaba por Madrid (¡menos mal!) mientras que los otros 30 estaban en poder de los de la Merced, que iban a ir, aunque no acababan de ir, a Argel.

Mientras esto ocurría, pedía prórroga en el hallar mercancías o mercader para los otros 2.000 ducados, argumentando que era viuda (¡dos veces ya!)... y el Consejo de Cruzada ordenaba que se actuara contra Getino por la mitad de la fianza, por 30 ducados.

Al tiempo, la otra Orden especializada en la redención de cautivos, la de la Trinidad, se ponía en marcha para preparar una nueva tanda de rescates y Leonor de Cortinas pedía aplazamientos y se le concedían; y pedía duplicados de escritos que tenían los mercedarios, y se le expedían; y parecía que las cosas iban a ir a mejor de nuevo. Imagino día a día a la buena madre yendo por los conventos y los escritorios de Madrid de un lado a otro, inquieta, suplicando, amonestando, exhortando...

A finales de julio de 1579 fray Juan Gil y fray Antón de la Bella firman un recibí por el que la viuda Leonor les ha entregado 250 ducados para el rescate de Miguel de Cervantes, que por toda seña se le podría identificar por ser «manco de la mano izquierda, barbi rubio». También expiden recibí a favor de Andrea, por valor de 50 ducados; pedían prórroga de nuevo para ver si podían encontrar a alguien con quien negociar la saca de los 2.000 ducados en mercancías. Igualmente, intentan cobrar viejas deudas, a don Alonso Pacheco en Jerez de los Caballeros (500 ducados) o a Pedro Sánchez de Córdoba (800 ducados) y solicitan más prórrogas al Consejo de la Cruzada...

Finalmente, el 22 de mayo de 1580 fray Juan Gil y fray Antón de la Bella se hacen a la mar desde Valencia en las galeras *Santa María* y *Santa Olalla*.

El cuarto intento, 1579

¿Qué había sido, mientras tanto, de Cervantes? A lo largo de 1579, a la vez que la Trinidad preparaba una expedición de redención, Cervantes preparaba una fuga más. Los ratos los pasaba soñándola, entablando amistades con más gentes de letras secuestradas en Argel (desde mayo de 1579, Antonio Veneciano, el más grande poeta siciliano del siglo XVI) y componiendo *La Galatea*. Las penas, «los trabajos» como decían entonces, las pasarían enfrascados en discusiones de teoría literaria. Es curioso que entre prisión y cárcel se hayan diseñado las obras más importantes de nuestra literatura y la revolución cultural que supuso la novela.

Cuenta Cervantes en la *Información de Argel* que en septiembre de 1579 un renegado de Granada, Girón, arrepentido, quería volver a España. Cervantes le persuadió para que comprara una fragata con un mercader valenciano, Onofre Ejarque, como así hicieron. La intención era clara: tan pronto como estuviera presta la embarcación, se intentarían fugar. De nuevo, Miguel de Cervantes aparecía como instigador de voluntades ajenas y como cabeza de la trama: tal era su capacidad de persuasión.

Cervantes fue comunicando a diversas personas, hasta a sesenta, lo que se estaba tramando. Pero todo se desbarató: un dominico, Juan Blanco de Paz, se chivó del asunto al rey Hasán, «por lo cual el dicho Miguel de Cervantes quedó en muy gran peligro de la vida». El propio mercader Onofre se imaginó que si capturaban a Cervantes y se iba de la lengua, todos los implicados, pero él también, perderían la vida: propuso a nuestro autor que se fugara en una fragata que tenía aparejada y que le pagaría el rescate. A ello Cervantes le replicó que no se preocupara que no hablaría nada, «porque él tomaría sobre sí todo el peso de aquel negocio». Poco después el rey mandó capturar a Cervantes. Estaba escondido en casa de un cristiano; como viera que al anfitrión o a otro cristiano cualquiera les podría ir la vida si no salía a la luz, decidió entregarse por su propia voluntad. Ante el bestial Hasán dijo y reafirmó insistentemente que él era el único responsable de todo. Aunque le atemorizasen y le echaran soga al cuello y le ataran las manos atrás, se mantuvo firme y, en todo caso, citó como cómplices a cuatro individuos recientemente rescatados y que ya habían abandonado Argel y repetía que los demás que se iban a fugar no lo iban a saber hasta la víspera en que él se lo comunicaría. Hasán «se indignó mucho contra él», sobre todo porque las declaraciones del dominico traidor iban en otro sentido. Pero como no le arrancara palabra, lo mandó a la cárcel de los moros: allí lo tuvo «cinco meses con cadenas y grillos, donde pasó muchos trabajos». Cinco meses, no por nada, sino porque un buen día Hasán decidió partir para Constantinopla y llevarse allí a Cervantes. Si esto hubiera acaecido, hoy no estaría escribiendo estas páginas, porque había fama y, lamentablemente, realidad constatada de que de la Gran Puerta no regresaba casi ningún cristiano.

Al fin, el rescate: 19 de septiembre de 1580

Sin embargo, la providencial aparición en escena de fray Juan Gil le salvó de todos los males: «Le dio libertad el mismo día y punto quel dicho rey Hasán alzaba vela para volverse a Constantinopla».

Recojamos a nuestros rescatadores. Habían tardado una semana en llegar a Argel. Estamos, de nuevo, en 1580. En 29 de abril. El trabajo de un rescatador consistía en localizar a aquellos para quienes traían el dinero de la redención. Sin embargo, no era tarea sencilla: entre muertos o renegados, desaparecidos o remeros (se ha escrito que en aquella primavera, como estaban de corso los berberiscos, unos siete mil cristianos bogaban con ellos), era muy difícil localizarlos.

Fray Antón de la Bella volvió a Valencia el 7 de agosto con sus 108 redimidos. Hubo presentaciones, procesiones y *Te deum*.

Fray Juan Gil seguía allá con sus pesquisas. Su vida, en opinión de algunos coetáneos (Haedo, Cervantes), era ejemplar, positivamente desviada por las muchas heroicidades que hizo por su religión. Para compensar, estaba por las mismas calles el miserable Juan Blanco de Paz, el abominable y siniestro traidor, «ojizarco y con dos dientes menos de la parte de arriba».

Fray Juan Gil hacía su papel en Argel, pero no le faltaban dificultades.

Entre otras, el dinero suficiente para rescatar a alguno, cuyo precio no rebajaba Hasán bajá. Entre estos desafortunados estaba Cervantes. El 19 de septiembre de 1579, encadenado y con grillos, en un banco de galera, presto para hacerse a la mar camino de Constantinopla, adonde era llamado el cruel Hasán, destituido por una conspiración contra su persona. El nuevo rey era Jaffer bajá *El Capón*.

Fray Juan pensó, en último término, que antes que perder para siempre a Cervantes, hombre de bien reiteradamente atestiguado, carácter indómito y demás virtudes, merecería la pena juntar a su favor el dinero que hubiera sin dueño, esto es, de los rescatables con los que no se hubiera dado. Así, reunió la cantidad suficiente, acudió a Hasán y en una negociación aceleradísima, le ofreció los escudos que pedía. Mas el rey, corrigió: lo que pedía era en moneda de oro de Castilla. De nuevo entre pacas y fardos, yendo de un lado a otro de la ciudad, buscando cambistas y mercaderes, logró que le hicieran las doblas, escudos y la plata, oro. ¡Cervantes fue rescatado y liberado!

Aún habrían de transcurrir unos días en Argel hasta que se aprestara alguna nave que los trasportara a España. En esas fechas Cervantes pidió a fray Juan Gil, por la autoridad moral y administrativa que representaba, que hiciera una información «con testigos, así de su cautiverio, vida y costumbres, como de otras cosas tocantes a su persona, para presentarla, si fuere menester, en Consejo de Su Majestad y requerir le haga merced». ¡No iba a dejar pasar la oportunidad de poder ir ante el rey bien documentado de sus padecimientos y de su intachable moral! Ése es el origen de la, así llamada tradicionalmente, *Información de Argel* que se conserva en el Archivo de Indias, en Sevilla.

El 24 de octubre de 1580 embarcó Cervantes en Argel, camino de Denia, adonde llegaría en menos de una semana. Para subsistir suscribió un préstamo con un mercader valenciano, Juan Fortuni o Fortuny, que le dejó dinero para ropajes y demás. Años después, en la ajetreada Sevilla de 1592 volvieron a coincidir en cosas de dineros.[15]

Llegados los rescatados a buena tierra, se les trasladaría a Valencia, en donde el virrey daría autorización para la entrada y habría obsequias y solemnidades: procesiones, desfiles, músicas, recepciones, acciones de gracias, panfletos contando las vicisitudes existenciales de los rescatados...

La pesadilla tocaba a su fin. Se había dejado una parte de la juventud y de la vida entre batallas y cadenas. Pero en su prolija inteligencia, todo aquello no sería baladí:

Otro día vieron delante de sí la deseada y amada patria; renovóse la alegría en sus corazones, alborotáronse sus espíritus con el nuevo contento, que es uno de los mayores que en esta vida se puede tener, llegar después de luengo cautiverio salvo y sano a la patria» (*Amante liberal*, 555).

También,

Y el que más solícito se mostró en esto, y tanto que muchos echaron de ver en ello, fue un hombre vestido en hábito de los que vienen rescatados de cautivos, con una insignia de la Trinidad en el pecho, en señal que han sido rescatados por la limosna de sus redemptores (*Española Inglesa*, 582).

Concluidos los festejos, era la hora de la realidad: tenía que devolver el dinero prestado para su rescate; tenía que visitar a su familia. A finales de noviembre, principios de diciembre de 1580, empezaba el viaje a Madrid. Desde aquí, la segunda parte de su vida. Retornaba a la Corte doce años después.

CAPÍTULO V

«Ya a vista de tierra de España»

Vuelto a la Península en 1580, durante los años siguientes la desestructuración de su existencia no cejará de causarle infortunios. Vive, me da la sensación, desorientado: es enviado a Orán en misión de espionaje en 1581; entra, al parecer con éxito, en el mundo del teatro y lo abandona; tiene una hija con mujer casada; se casa él mismo en matrimonio interesado durante un fulminante viaje a Esquivias; edita *La Galatea*; deambula por la Corte, suplica, pide, no consigue... Llega así a las vísperas de la Jornada de Inglaterra. En Madrid se viven aires de reforma moral y de señalamiento de la libertad en las comedias y, acaso mera casualidad —pero creo que no—, él se marcha de nuevo a Esquivias.

Reorientándose en la Corte del Rey Católico

Después del cautiverio, Miguel se establece en Madrid. De los Cervantes de Córdoba apenas hay rastro, no porque se haya extinguido la rama, sino porque la descendencia ha ido perdiendo el apellido. Tal vez mejor para ellos. Donde prolifera la familia es en Cabra. Por su parte, Rodrigo se había enrolado en la compañía de Guevara, del tercio de don Francisco de Bobadilla. Prestaban servicio en la guerra de Flandes; desde allí se les ordenó volver a la Península para la incorporación de Portugal y más concretamente, para las campañas marítimas de don Álvaro de Bazán en 1582. La hermana Andrea estaba soltera y con su hija a lomos; Magdalena, en el apogeo de la seducción de Pimentel de Sotomayor.

La vida del reincorporado puede ser dura si no hay certeza en las causas de su paréntesis existencial. Así, a 18 de diciembre de 1580, Cervantes pide que se levante información con testigos de que ha estado cautivo en Argel y que fue rescatado. Declaran dos compañeros de cautividad entre ese día y el siguiente. Cervantes va haciendo acopio de documentos: desde Argel ha venido con el certificado de su rescate, ahora queda claro por cuánto tiempo ha estado cautivo... Y en febrero de 1581 Leonor de Cortinas presenta ante el Consejo de Cruzada el certificado, para que conste y así no tener que devolver el antiguo préstamo de treinta escudos.

Imagina Astrana que en los meses siguientes se citaría, se entrevistaría y departiría con López de Hoyos y un enjambre de poetas y escritores cortesanos. Es sólo una conjetura, pero de confirmarse, serían días decisivos en su formación.

Comoquiera que Felipe II se había puesto en camino hacia Portugal, reino que le pertenecía legítimamente, le siguió con todos sus papeles y documentos en pos de alguna merced, algún oficio. Su interlocutor debió de ser, de nuevo, Mateo Vázquez de Leca, aunque esto es otra conjetura. El camino seguido, ¿por qué no el mismo que el pastor?:

> Sucedió —dijo Sancho— que el pastor puso por obra su determinación, y, antecogiendo sus cabras, se encaminó por los campos de Extremadura, para pasarse a los reinos de Portugal (*Quijote*, I, XX).

También podría haber sido el de los peregrinos, porque tanto detalle, aun siendo imaginación, puede ser un recuerdo:

> Desta manera, acomodándose a sufrir el trabajo de hasta dos o tres leguas de camino cada día, llegaron a Badajoz, donde ya tenía el Corregidor castellano nuevas de Lisboa, cómo por allí habían de pasar

los nuevos peregrinos, los cuales, entrando en la ciudad, acertaron a alojarse en un mesón do se alojaba una compañía de famosos recitantes» (*Persiles*, III, II),

como las espectaculares descripciones que hace de Extremadura en general y de Guadalupe en particular (fragmentos del *Persiles,* III):

Tres días estuvieron en la ciudad [...] Partidos, pues, de Badajoz, se encaminaron a nuestra Señora de Guadalupe, y, habiendo andado tres días y en ellos cinco leguas, les tomó la noche en un monte poblado de infinitas encinas y de otros rústicos árboles [...] y nuestros peregrinos llegaron poco a poco a las santísimas tierras de Guadalupe.

Apenas hubieron puesto los pies los devotos peregrinos en una de las dos entradas que guían al valle que forman y cierran las altísimas sierras de Guadalupe, cuando, con cada paso que daban, nacían en sus corazones nuevas ocasiones de admirarse; pero allí llegó la admiración a su punto, cuando vieron el grande y suntuoso monasterio, cuyas murallas encierran la santísima imagen de la emperadora de los cielos; la santísima imagen, otra vez, que es libertad de los cautivos, lima de sus hierros y alivio de sus pasiones; la santísima imagen que es salud de las enfermedades, consuelo de los afligidos, madre de los huérfanos y reparo de las desgracias. Entraron en su templo, y donde pensaron hallar por sus paredes, pendientes por adorno, las púrpuras de Tiro, los damascos de Siria, los brocados de Milán, hallaron en lugar suyo muletas que dejaron los cojos, ojos de cera que dejaron los ciegos, brazos que colgaron los mancos, mortajas de que se desnudaron los muertos, todos después de haber caído en el suelo de las miserias, ya vivos, ya sanos, ya libres y ya contentos, merced a la larga misericordia de la Madre de las misericordias, que en aquel pequeño lugar hace campear a su benditísimo Hijo con el escuadrón de sus infinitas misericordias. De tal manera hizo aprehensión estos milagrosos adornos en los corazones de los devotos peregrinos, que volvieron los ojos a todas las partes del templo, y les parecía ver venir por el aire volando los cautivos envueltos en sus cadenas a colgarlas de las santas murallas, y a los enfermos arrastrar las muletas, y a los muertos mortajas, buscando lugar donde ponerlas, porque ya en el sacro templo no cabían: tan grande es la suma que las paredes ocupan.

El Portugal[1] que nos narra Cervantes es un Portugal estereotipado de los últimos años del siglo XVI: en primer lugar, el del la pimienta, el del Oriente y, en segundo lugar, un Portugal que todo él es como si sólo existiera Lisboa: «Así como las naves que cargadas / llegan de la oriental India a Lisboa, / que son por las mayores estimadas» (*Viaje del Parnaso,* IV, vv. 469-471.)

No obstante, la realidad empezaba a cambiar por aquel entonces: si es verdad que el primer imperio portugués era el de la importación de productos de China, en estas fechas, empezaba a concentrarse en la explotación del azúcar, de los «ingenios» del Brasil. Por otro lado, la dependencia directa de las microeconomías portuguesas de su propio imperio era inmensa. De la bonanza del tráfico comercial no dependía la salud de las arcas regias, sino la vida diaria de cientos, o miles de portugueses.

Por otro lado, los portugueses (un millón largo hacia 1530; unos dos millones cuando empieza su guerra de independencia en 1640) serían aquellos individuos atractivos por su capacidad lisonjera infinita.

Algunas de sus casas nobiliarias eran tenidas por las más importantes del mundo cristiano. O al menos así lo ponderaba Alonso Quijano cuando canta las excelencias del linaje de Dulcinea:

No es de los antiguos Curcios, Gayos y Cipiones romanos, ni de los modernos Colonas y Ursinos; ni de los Moncadas y Requesenes de Cataluña, ni menos de los Rebellas y Villanovas de Valencia; Palafoxes, Nuzas, Rocabertis, Corellas, Lunas, Alagones, Urreas, Foces y Gurreas de Aragón; Cerdas, Manriques, Mendozas y Guzmanes de Castilla; Alencastros, Pallas y Meneses de Portogal; pero es de los del Toboso de la Mancha, linaje, aunque moderno, tal, que puede dar generoso principio a las más ilustres familias de los venideros siglos (*Quijote,* I, XIII).

La imagen de Portugal en Castilla era, a la altura de 1580, la del espacio necesario de controlar para acabar con la sublevación de Flandes y las intrigas inglesas (porque para eso era un territorio atlántico), así como imprescindible para cerrar por su retaguardia el imperio otomano. La toma de Portugal se convertía en una pieza clave del inmenso imperio que quería construir Felipe II.

Igualmente, comoquiera que las formas de expansión ultramarina eran tan diferentes, este fenómeno también llamaba la atención: mientras que los castellanos en Indias conquistaban y transculturaban, los portugueses hicieron su imperio montando «factorías», esto es, posiciones estratégicas custodiadas por soldados, con oficiales para fiscalizar las cuentas del tráfico y misioneros, que, repartidas por todo el mundo, servían para proveer a los galeones que iban de un lugar a otro: con este sistema de factorías se pactaba con las autoridades locales para que pudieran convivir unos y otros. Es así como se traficó con especias y seres humanos, en creciente número desde finales del XVI para el trabajo en los ingenios. Por ello el imperio portugués fue haciéndose cada vez más atlántico y menos oriental, aunque mantenía esta seña de identidad. Sin embargo, el intercambio de negros por plata americana y la potencia naval hispana —capaz de defenderles contra todo tipo de corsarios— hicieron cada vez más apetecible para muchos portugueses la unión de las Coronas.

En Mazalquivir —en 1578— se esfumaron los sueños de taponar el avance berberisco por las costas mediterráneas, tan pernicioso para portugueses y castellanos, los intentos de asegurar el tráfico cerealero desde Marruecos a Portugal, así como las ansias de cruzada del joven rey portugués. Felipe II intentó disuadir a su sobrino para que no hiciera esta campaña.

Tras la muerte de don Sebastián, le sucedió en el trono su tío abuelo, el cardenal Enrique, que murió, claro está, sin descendencia, en enero de 1580. Tras su desaparición, se planteó un problema que afectó a toda la Europa cristiana, cual era el de la lícita sucesión al trono portugués. Todos los aspirantes tenían claros sus derechos: Felipe de España, por ser nieto directo de Manuel el Afortunado e hijo de portuguesa. En efecto, además, Isabel era la mayor de los hermanos que hubieran dado nietos a Manuel el Afortunado. Uno de los pretendientes, don Antonio, el prior de Crato, argumentaba que él era hijo varón de varón y que, por tanto, tenía más derechos que Felipe y, además, era portugués.

Todo este pleito, con otros candidatos, se entablaba aún en vida del anciano rey. Al final, los aspirantes quedaron reducidos a dos: Felipe II y Antonio de Crato. Para desgracia de todos, Enrique I no se decidió por ninguno de ellos. Así que un Consejo de cinco notables hubo de dirimir y dictó sentencia en la *Declaración de Castromarim*, por la que proclamaron a Felipe II rey de Portugal, por tres votos contra dos. Triunfaba la capacidad negociadora desplegada tiempo atrás por Felipe II: por ejemplo, el humanista Arias Montano había sabido ganarse a los mercaderes conversos portugueses.

Mas antes de aquella *Declaración*, Antonio se había proclamado rey de Portugal. De esta manera, lo que era un pleito sucesorio, se tornó en guerra: se enrolaron soldados en Castilla, se movilizaron tercios de Flandes... al frente del ejército de tierra, Alba; del marítimo, Santa Cruz. La campaña de Alba fue fulminante. En el mar sólo se resistían las Azores, con ayuda de franceses e ingleses.

Como ha puesto de manifiesto Bouza, la anexión en el 80 era, además de todo lo dicho, una importante campaña propagandística. Necesaria porque el problema de Flandes no se resolvía, ni se había acabado con los turcos; además, el rey había afectado sobremanera al orden estamental con exacciones y contribuciones económicas, sobre todo a la Iglesia. Por otro lado, para los portugueses, en crisis dinástica y reorganizándose su imperio colonial, la presencia de Felipe II se les antojaba más segura para mantener el imperio que cualquier otra opción más aventurada. Además, Castilla y Aragón habían dado sobradas muestras de su infinita capacidad de negociación y de mantenimiento de las peculiaridades territoriales: Portugal, aun dentro de la anarquía, podría seguir siendo Portugal. Y esto es lo que se decidió a defender Felipe II en las Cortes de Tomar de 1581 en las que fue jurado rey el 16 de abril.

Es indudable que Cervantes en Tomar o en Lisboa trató con alguien de la Corte y logró su propósito: una misión. El trabajo encomendado le satisfacía porque, entre otras cosas, era para el servicio del rey.

La fulminante «misión» de la primavera-verano de 1581

En aquella primavera de 1581 en Madrid-Lisboa andaban necesitados de informaciones sobre la situación en el norte de África, máxime porque llegaban inquietantes noticias de que estaban armando una numerosa flota y no se sabía bien con qué destino o intención, aunque en las costas del levante español lo sospechaban y lo temían. El conocimiento de la situación procedía de los escritos o de los emisarios que se mandaran desde África. También de las visitas que, en persona, hicieran servidores reales o instituciones de aquellos lares: en efecto, el 3 de diciembre de 1581 había sido recibido en palacio «el convento de Santo Domingo de Orán».[2]

Las nuevas que llegaban de Orán no eran, verdaderamente, tranquilizadoras. A finales de diciembre de 1580 había habido una importante cabalgada contra beduinos enemigos, «moros de guerra» como se les llamaba, y se les capturaron camellos, ganados y prisioneros. Eran escaramuzas tan habituales en tierra, como el coros marítimo y, en cierto modo, se puede hablar de la existencia de una guerra permanente entre unos y otros.

A principios de 1581 se sabía que algunos berberiscos se estaban aprestando contra el Marruecos amigo. El embajador de Felipe II ante el sultán de Marruecos lo ha comunicado a la Corte y habla de que han podido movilizar a unos 20.000 hombres en Argel. En junio el corsario Morat Arráez está en Tetuán con ocho galeotas, según indicaciones del duque de Medinasidonia, que asegura que le apoyan más naves y que los argelinos van a intentar cerrar la llegada de la flota de Indias.

Uchalí ha aprestado una flota de setenta navíos y tan alarmantes noticias no hacen sino confirmar que va a haber guerra en este lado del Mediterráneo. Así se pasó la primavera y el verano de ese año.[3]

El caso es que en 21 de mayo de 1581 Felipe II envió a ningún lugar en concreto a Cervantes y «a ciertas cosas de nuestro servicio», es decir, en misión de información, de espionaje. En efecto, para cubrir los gastos que se le originaran, se le concedieron cien ducados. Los cincuenta primeros se los tenía que pagar Lope Giner, tesorero de las Armadas Reales en Cartagena; los otros, el consejero de Hacienda y tesorero general, Juan Fernández de Espinosa. Estos últimos cincuenta ducados procederían de los beneficios de la venta de unas mulas (ya ajadas, es de suponer) que habían servido en la artillería regia.

En ninguna de las cédulas reales[4] se habla de a dónde va Cervantes. Cuando se le libra el finiquito, tampoco se dice de dónde ha venido. Sólo se repite monótona y burocráticamente que ha ido a «cosas del servicio» del rey.

Ésa era la fórmula ordinaria que se usaba cuando un sujeto era mandado en misión especial por el rey. Teniendo en cuenta esta práctica y la brevedad de la estancia de Cervantes en… donde fuera (a 26 de junio recibe la segunda paga, esto es, ya ha vuelto a Cartagena) resulta evidente que fue enviado, repito, como espía.

Cervantes fue a Orán. Me imagino la gracia que le debió de hacer atravesar la Península, embarcarse en Cartagena —o en Cádiz y a 23 de mayo, que las informaciones no son claras— y cruzar el Mediterráneo de nuevo y, lo que es peor, de nuevo con cartas de presentación. Porque la entrevista con el gobernador de Orán, don Martín de Córdoba (aquel que le habría ayudado en su tercera intentona de fuga, si le hubieran llegado las misivas de los cautivos), la tendría previa demostración de ir en misión discreta. Allí fue informado de las cosas de Orán por el propio don Martín; saldría hacia Mostagán para recoger más datos, volvería a Orán, se embarcaría y regresaría a Cartagena para poder cobrar los cincuenta ducados que le faltaban. Había pasado un mes; hasta junio.

Bien dispuestos están muchos de esos personajes en el entremés de *El gallardo español*.

Volvió en verano a Lisboa y allí expuso sus observaciones y entregó las «cartas del alcaide de Mostagán»; así concluyó esta misión, rápida, de menor importancia,[5] mientas tenían lugar la escaramuza de Valdés-Figueroa y la gran batalla ibérico-francesa por el dominio del archipiélago de las Azores y, más concretamente aún, por el control de la isla principal, la isla Tercera. En aquellos aconteceres bélicos que pusieron punto y final a todo suceso de rebelión contra Felipe II en Portugal, participó Rodrigo Cervantes, que, por necesidades estratégicas, hubo de quedarse acuartelado en la isla de san Miguel.

Desengaño de Corte y vuelta a Madrid (1582): al fin, *La Galatea*

Sin embargo, nuestro autor permaneció en tierra, desencantándose de su vida diaria. Tras la expedición africana, debió negociar —por vez primera— su paso a Indias. Así, en efecto, en Lisboa se debió entrevistar con Antonio de Eraso,[6] hijo natural del secretario de Carlos V y de Felipe II Antonio de Eraso, que tuvo fina sensibilidad humanística. Este Antonio Gómez de Eraso, cuya fecha de nacimiento no se conoce, era secretario regio ya en 1568 y desde 1571 secretario del Consejo de Indias. Era un individuo muy próximo a Mateo Vázquez y con él controlaba, por lo visto, la provisión de oficios. ¡Pobre Cervantes, que no se enteraba por dónde iban los tiros! Se jactaba Eraso de que en su poder estaban los papeles «de todas las consultas que se vieron en la Junta de Santo Domingo y lo que en ella pareció y la resolución que Vuestra Majestad adoptó»; en otra ocasión, «tengo todos los papeles tocantes a esta horden que se ha dado tocante a la princesa de Éboli», etc. Murió en febrero de 1586.

Pues bien, ante este poderoso individuo acudió Cervantes con los resultados que en seguida vemos. Con él habló, sin duda, de su producción literaria y en concreto de *La Galatea* y con él habló de oficios en Indias. No debieron de ir bien las cosas y Cervantes se volvió a Madrid siguiendo las indicaciones de Eraso, a hablar con el secretario Valmaseda —dispuesto siempre a ayudarle, dice delicadamente Cervantes: ¡cómo se lo quitaban de encima! El que el desorientado Miguel llegue a reconocer que era él el culpable de haber solicitado mal un cargo para poder seguir pretendiendo repugna a quienes han sido humillados tantas veces por la mediocridad (hubo de escribir a Eraso «que el oficio que [yo] pedía no se provee por Su Majestad», por lo que tenía que esperar noticias a ver qué otras vacantes había por aquellos lares, «que todas las que acá había están ya proveídas»). En cierta carta escrita al susodicho Eraso, datada en Madrid en 17 de febrero de 1582, habla de que *La Galatea* «en estando algo crecida, irá a besar a vuestra merced las manos». En fin, sin pena ni gloria, más bien con la mala suerte que acompañó a Cervantes en toda su vida («ni su solicitud [léase *ayuda*] ni mi diligencia pueden contrastar mi poca dicha» escribe en la carta),[7] siguió con sus asuntos en Madrid, en donde se había instalado bastante antes de la vuelta de Felipe II desde Lisboa. A Madrid vino directamente desde Portugal y no pasando por Salamanca, como se ha pretendido.[8]

En efecto, hoy día ya no nos cabe duda de que, a pesar de lo escrito por Fernández de Navarrete, Cervantes no estudió en Salamanca. Su aseveración la fundaba en que un importante historiador (Tomás González) en cierta ocasión le dijo que había visto entre los registros de la Universidad el nombre de Cervantes y su dirección en dos años consecutivos cursando estudios de Filosofía. Hogaño ningún historiador sensato y riguroso aceptaría por veraz el «recuerdo haber visto» como fuente de conocimiento histórico, porque la memoria es traicionera y, si no hay documento de por medio, no hay hecho histórico. Además, tendría Cervantes por aquel entonces la friolera de treinta y cinco años.

Cervantes terminó su estancia en Lisboa y volvió directamente a Madrid. Estamos a principios de 1582. Los meses siguientes los emplea, entre otras cosas, en dar definitiva forma a *La Galatea*. Las notas que trae guardadas desde la juventud, la portentosa memoria que le recuerda otras lecturas pastoriles, su propia inteligencia sublime y su imaginación inagotables dan forma a esta obra, que debió de terminar en la primavera de 1583 (según Astrana) y se imprimió en 1585.[9] Se ha dicho que con *La Galatea* empezaba el Cervantes literato, pero no lo creo así, porque antes

—él nos lo ha manifestado— ya había pisado los tablados y estrenado, al menos, con éxito *El trato de Argel*.

Las influencias en *La Galatea* son variadas, y no por menos conocidas, las voy a dejar de citar, para el lector curioso: así *La Arcadia* de Sannazaro, la *Diana* de Jorge de Montemayor (1559), la de Gaspar Gil Polo (1564), o *El pastor de Filida* (1582) de Luis Gálvez de Montalvo.[10]

La presentación de *La Galatea* ha dado gran luz a los escritos sobre Cervantes, habida cuenta de que sus rastros documentales son escasos. En la «Dedicatoria» a Ascanio Colonna, se confiesa «camarero en Roma» del cardenal Acquaviva, que tan adulador fue del padre del actual Colonna. Ese dato ha servido para datar la salida de España de Cervantes. No obstante, me resulta interesante que en 1585 quiera Cervantes cubrirse con la fuerza protectora de Colonna, que para eso se dedicaban las obras a los personajes, «debajo de cuya fuerza y sitio yo me pongo ahora, para hacer escudo a los murmuradores que ninguna cosa perdonan». ¿De qué quería cubrirse? Para saberlo, hay que conocer rasgos de su existencia.

El ajetreo de la vida que lleva en estos años le hace tantear a este gran personaje con la intención de abandonar España y volver a Italia: «Se trataría de un nuevo intento de alejarse de Castilla por motivos que nos son desconocidos. Es pura hipótesis»,[11] pero queda planteada y no extraña del todo.

Por otro lado, el «Prólogo». Es la primera vez que escribo en esta biografía sobre prólogos y creo importante llamar la atención sobre algunas cuestiones, convencido por Porqueras Mayo.[12] Los prólogos y, en general, los textos liminares son en sí mismos un género literario, «con sus leyes, sus recursos, su fisonomía propia». Los autores daban a sus prólogos cierta independencia textual dentro de la obra y, por ende, su análisis por separado del resto del escrito arroja luz sobre cada autor. El de *La Galatea* era un prólogo aún tradicional, en el que el autor empleó los dos momentos tradicionales, una «captación de la benevolencia del lector» y una «justificación de su obra». Se trata, pues, de un texto aún circunstancial, sin grandes novedades. Entre otras cosas, porque, recién vuelto de Argel, aún es posible que esté aturdido, buscando un hueco, y que para situarse considere que es pertinente pagar el canon de la homogeneidad, de la aceptación de las normas. El prólogo de *El Quijote* fue, por el contrario, demoledor. No obstante, Cervantes, en este prólogo de *La Galatea*, deja rastros de una personalidad que germinará veinte años después. En primer lugar, aunque usa el giro tradicional de «Curiosos lectores», dedicado a quienes le lean, hay atisbos de crítica a la situación de la poesía que «en general anda tan desfavorecida»; quiere, aun siendo a contracorriente, que se le reconozca por haber escrito églogas; desprecia a los seres grises y pacatos, a quienes no buscando la novedad «se encierran en términos tan limitados»; alaba su lengua vernácula. Sigue el prólogo empleando términos o pretensiones que, a algunos, nos resultan esperanzadores: osadía, innovación, invención, disculpas... Se trata de un texto a mitad de camino entre la tradición y el cambio, con claras reminiscencias, al parecer, de Pedro Mejía (*Silva de varia lección,* 1540), Gaspar Gil Polo (*Diana enamorada*, 1564) o Juan Huarte de San Juan (*Examen de ingenios*, 1575); pero, a pesar de arrastrar el peso de la tradición, está marcado por el individualismo y una fuerte presencia de un *yo* innovador. Veinte años han de transcurrir hasta que aparezca el prólogo de *El Quijote I*. Lo veremos en su lugar.

Por otro lado, en esos primeros folios, Cervantes transmite felicidad por la edición de su texto. Pero las alegrías no son cosa de él sólo. El gran Luis Gálvez de Montalvo, de azarosa vida, tanto como triste fue su muerte, escribió a Cervantes un soneto para editarlo en los «Preliminares» de *La Galatea:*[13]

> *Mientras del yugo sarracino anduvo*
> *tu cuello preso y tu cerviz domada,*
> *y allí tu alma, al de la fe amarrada,*
> *a más rigor, mayor firmeza tuvo,*
> *gozóse el cielo; mas la tierra estuvo*
> *casi viuda sin ti, y, desamparada*
> *de nuestras musas, la real morada*
> *tristeza, llanto, soledad mantuvo.*
> *Pero después que diste al patrio suelo*

tu alma sana y tu garganta suelta
dentre las fuerzas bárbaras confusas,
descubre claro tu valor el cielo,
gózase el mundo en tu felice vuelta
y cobra España las perdidas musas.

Es una de las mejores poesías de la lengua castellana. Bien es verdad que la técnica y los ritmos, las velocidades de los sentimientos van y vienen aún hoy tal y como querría Cervantes en este otro que reproduzco a continuación. Bellísimo soneto al amor, sin el que no hay vida —según de ello estoy convencido. Está Elicio en la ribera del Tajo y canta. Son los orígenes de *La Galatea*:

Mientras que al triste, lamentable acento
del mal acorde son del canto mío,
en eco amarga de cansado aliento,
responde el monte, el prado, el llano, el río,
demos al sordo y presuroso viento
las quejas que del pecho ardiente y frío
salen a mi pesar, pidiendo en vano
ayuda al río, al monte, al prado, al llano.
Crece el humor de mis cansados ojos
las aguas deste río, y deste prado
las variadas flores son abrojos
y espinas que en el alma s'han entrado.
No escucha el alto monte mis enojos,
y el llano de escucharlos se ha cansado;
y así, un pequeño alivio al dolor mío
no hallo en monte, en llano, en prado, en río.
Creí que el fuego que en el alma enciende
el niño alado, el lazo con que aprieta,
la red sotil con que a los dioses prende
y la furia y rigor de su saeta,

193

> *que así ofendiera como a mí me ofende*
> *al subjeto sin par que me subjeta;*
> *mas contra un alma que es de mármol hecha,*
> *la red no puede, el fuego, el lazo y flecha.*
> *Yo sí que al fuego me consumo y quemo,*
> *y al lazo pongo humilde la garganta,*
> *y a la red invisible poco temo,*
> *y el rigor de la flecha no me espanta.*
> *Por esto soy llegado a tal estremo,*
> *a tanto daño, a desventura tanta,*
> *que tengo por mi gloria y mi sosiego*
> *la saeta, la red, el lazo, el fuego.*

Cervantes en *La Galatea* se muestra como un autor reflexivo y audaz: es audaz —decía antes— porque decide escribir églogas aun siendo tiempos en que «la poesía está tan desfavorecida» (en el «Canto del Calíope» éste vuelve por las mismas al definir que su «loable ejercicio es ocuparse en la maravillosa y jamás como debe alabada sciencia de la poesía»); opta por editar su obra aunque para algunos no esté perfecta, porque prefiere publicar a callar. Esta dicotomía de Cervantes entre publicar cosas inmaduras o nunca publicar la he leído igualmente en Ramón y Cajal y sus *Reglas y consejos sobre investigación científica*.

Finalmente, advierte: los personajes de *La Galatea*, «los disfrazados pastores della, lo eran sólo en el hábito».

La segunda edición apareció en Lisboa, 1590. La tercera en castellano, como ocurría habitualmente, no se hizo en Castilla, sino en otro país, en Francia. Durante un viaje, el editor Oudin no había encontrado ejemplares ni en Madrid ni en otras partes de Castilla, mientras que sí, casualmente, en Évora, de la edición de Lisboa, que era bastante pobre en las formas. La enmendó y la metió en máquinas dedicándola a «las damas francesas».

El texto apareció en París, en 1611, y con él llegó a lo más alto la fama de Cervantes en Francia, como es bien sabido y se recoge en el párrafo de la «Aprobación» de la segunda parte del Quijote.

El misterio del apellido «Saavedra»

Se ha dicho que el primer documento firmado por Cervantes que ha llegado a nosotros y en que use como segundo apellido el «Saavedra» es la petición del oficio en Indias de 1590. No es verdad: ya en Argel lo había usado en 1578 y, aún más, en la dedicatoria de *La Galatea* (1585) aparece «Miguel de Cervantes Saavedra». No obstante, ¿de dónde sale ese patronímico? Porque su padre se llamaba Rodrigo de Cervantes y su madre Leonor de Cortinas.

Gonzalo de Cervantes Saavedra era un «insignificante poeta cordobés»,[14] un pariente lejano, que tuvo que huir de Córdoba en 1568, estuvo enrolado en las galeras de don Juan, tal vez combatió en Lepanto y lo conoció Miguel, pues de él habla en el «Canto del Calíope»:

> *Ciña el verde laurel, la verde yedra,*
> *y aun la robusta encina, aquella frente*
> *de GONZALO CERVANTES SAAVEDRA,*
> *pues la deben ceñir tan justamente.*
> *Por él la sciencia más de Apolo medra;*
> *en él Marte nos muestra el brío ardiente*
> *de su furor, con tal razón medido*
> *que por él es amado y es temido.*

No sabemos por qué se apropia de ese apellido. Lo cierto es que lo otorga a numerosos personajes suyos, y muy heroicos.[15]

Por los corrales de comedias

Lo que no era ficción era la penuria por la que atravesaba y la falta de un mecenas que costeara la edición del libro. Como tampoco lo era el bullir de autores y actores, comediantes y otros titiriteros, funámbulos, volatineros e histriónicos que llenaban los corrales de comedias de Madrid y aun incluso las «losas de Palacio», como se ve en los *Pasatiempos* de Jean L´Hermite o las estancias del interior del alcázar de Madrid.[16] Porque a Isabel de Valois le gustaba ver las representaciones de Lope de Rueda: «Páguese a Lope de Rueda ocho ducados [...] que su Alteza le hizo merced por las comedias que había representado en el dicho mes de octubre y en septiembre...».[17]

Así que cualquier mente privilegiada, de las que saben hacer la imaginación realidad, se vería en su ambiente en aquel Madrid bullicioso. De esta manera, es como Cervantes se sumergió en el mundo teatral. No le faltaban lecturas de juventud ni abstracción mental para saber escribir una imagen. Su admiración por el genio de Lope de Rueda era inmensa («estas cuatro figuras [teatrales] y otras muchas hacía el tal Lope con la mayor excelencia y propiedad que pudiera imaginarse», en *Ocho Comedias*, «Preliminares»).

Felipe II trasladó provisionalmente la Corte desde Toledo a Madrid en la primavera de 1561. Tal traslado se convirtió, con el paso del tiempo, en establecimiento permanente. Mas en cualquier caso, la ciudad creció de manera vertiginosa, pasando de tener unos nueve mil habitantes en 1560 a unos ochenta y tres mil en 1601 (exceptuada la población flotante, según los ciento cincuenta mil registros parroquiales que reconté en su día).[18]

En 1565 la cofradía de la Pasión, constituida después de 1561, se preocupaba, con autorización de Felipe II, por socorrer a los necesitados de Madrid: vestía a unos cuantos pobres, y daba de comer a otros en Jueves y Viernes Santo. Como ocurría tantas veces en el mundo católico, una cofradía bien gestionada y con buena fama aumentaba sus actuaciones asistenciales. Así, la de la Pasión pudo construir un hospital extramuros de Madrid, en la calle de Toledo, para cuidar a mujeres enfermas y pobres. La financiación procedió, desde 1568, de lo que se les diera por vía de limosna de las representaciones de comedias que se celebrasen en Madrid los días festivos, excepto el del Corpus. El privilegio lo concedió Felipe II. En realidad, se convirtieron en los gestores de las representaciones teatrales. La cofradía de la Pasión alquilaba espacios cerrados, pero sin techar, acaso solares, acaso plazoletas, acaso patios interiores, en cuyo interior se acondicionaba malamente un tablado. Luego, lo alquilaban a una compañía de cómicos. El nombre del patio o del *corral* procedía del titular del espacio urbano. El corral de la Pacheca era de una tal Isabel Pacheco; el de Burguillos, lo era de Nicolás de Burguillos. Naturalmente, cuanto mejor fuera la gestión, o mejores ingresos hubiera, los corrales tendieron a monopolizarse: el de la Pacheca pasó a ser casi en exclusiva el corral de comedias para beneficio de la Pasión; el de Burguillos, el de la cofradía de la Soledad; de tal manera que en Madrid, entre su centro y su salida oriental, se concentraron muchos de los patios de comedias.[19]

Aún el mundo del teatro estaba en mantillas, a pesar de haber aparecido ya Lope de Rueda. Imagino muchas obras de teatro representadas a la antigua usanza, como lo describía Cervantes (hasta que él llegó), «el adorno del teatro era una manta vieja, tirada con dos cordeles de una parte a otra, que hacía lo que llaman vestuario, detrás de la cual estaban los músicos, cantando sin guitarra algún romance antiguo» (*Ocho comedias*, «Preliminares»).[20]

Verdaderamente, Cervantes es parco en palabras al hablar de estos corrales madrileños. Sí que hay un buen cuadro cuando habla de que «todo poeta cómico que felizmente hubiere sacado a luz tres comedias, pueda entrar sin pagar en los teatros, si ya no fuere la limosna de la segunda puerta, y aun esta, si pudiere ser, la escuse» (*Viaje del Parnaso*, «Adjunta», 1220). No es más que uno de tantos arbitrios salpicados por su obra.

La limosna de las comedias debió de empezar a ser importante por el crecimiento demográfico y la mayor demanda de ocio. Así que a la altura de 1574 una nueva cofradía (fundada en 1567), la de la Soledad y Angustias de Nuestra Señora, solicita su participación en el pastel. Resulta que se había hecho con la asistencia de los expósitos de Madrid, recogidos en la inclusa, cuyo número corría en aumento paralelo al de la población en general.[21] En un audaz golpe de mano (y no entro en más detalles) rompió el monopolio de la otra cofradía, haciéndose con un tercio del total de la recaudación del producto de las comedias. Las leyes del mercado se mostraban inexorables en Madrid: más demanda y, por tanto, más oferta. En 1579 se abrió el tercer teatro permanente, el corral de Valdivielso, cuyo estreno, con la puesta en escena de una obra de Francisco Osorio, se saldó con un fracaso, quiebra y cierre. ¿Pedía el público una novedad en las formas, fondo y decorados teatrales? Sin duda, estamos en época de transición.

No obstante, en ese año se abrió el primer corral de comedias para explotación conjunta entre las dos cofradías. Era el teatro de la Cruz o de las Obras Pías. Para su acondicionamiento se usaron elementos y bienes muebles del corral de la Puente, que estaba desmontándose y lo que iba quedando de él se arrendaba a pequeñas o nacientes compañías.

En 1583 se acondicionó el segundo corral de las dos cofradías, el teatro del Príncipe. Desde estas fechas cayó en desuso —para los de la Soledad y los de la Pasión— la antigua práctica de arrendar solares, plazuelas o patios para la representación de comedias, porque para ello ya tenían dos salas permanentes.

En esta época de cambios, los empresarios teatrales tuvieron un papel muy destacado: está documentado que el italiano Ganaza, o Juan Granados, Jerónimo Velásquez, Mateo de Salcedo, Alonso Rodríguez, Tomás de la Fuente, Jerónimo de Gálvez o Rodrigo Osorio, entre otros, financiaron a sus expensas, con créditos blandos o con representaciones cuyas ganancias entregaban a las cofradías, para que se mejoraran los corrales, los tablados, las zonas de sombra, los asientos…

A finales del XVI, en el Madrid de Felipe II proliferaban los hospitales particulares, o de instituciones municipales o eclesiásticas, que apenas tenían recursos.[22] Por ello, desde la Corona y al calor de las ansias de «reformación»,[23] se planteó la necesidad de realizar una fusión de edificios, asistencias y fondos para una «reducción de los hospitales», no carente de oposición, hasta tal punto que la pretensión de crear un único hospital quedó en sólo un sueño; desde los primeros tanteos (allá por 1576) a las primeras realizaciones (hacia 1586), transcurrió bastante tiempo, en que no se adoptó ninguna determinación, y cuando se pusieron manos a la obra, los resultados fueron menos espectaculares de lo pretendido: perduraron, además del Hospital General, el del Buen Suceso, el de Antón Martín, el de los Desamparados, etc. [24]

Pues bien, una de las fuentes de financiación de los hospitales fue, desde la «reducción», la coparticipación con las cofradías de una parte de las limosnas de las comedias. Cuando se movieron las mentes más reaccionarias —recordemos al cardenal Espinosa en sus tiempos y ahora a Mateo Vázquez— e intentaron —por mor de evitar pecados y promiscuidades— acabar con el teatro, hicieron que la caridad cristiana cifrada en asistencia a los necesitados se tambaleara:

> Y a causa de haber faltado la limosna de las comedias y las otras limosnas que en su fundación se recogían y las que llegaban las cofadrías [sic] y personas que administraban estos pobres cuando estaban en hospitales antes de la reducción del Hospital General tienen tan extrema necesidad... [25]

Desde 1583 el Hospital General también se beneficiaba de la limosna de los teatros. Mas comoquiera que desde 1584 empezó a atacarse al teatro, se inició un descenso en las actividades asistenciales hospitalarias. Porque, con razón, podemos hablar de una íntima fusión entre hospitales y teatro en el Madrid de Felipe II. Advierta el lector que entre 1579 y 1601, hubo más de cuatrocientas representaciones cada día de la semana. [26] En definitiva, la cofradía de la Soledad, que se ocupaba de niños huérfanos y abandonados, dependió durante los años de 1580-1600 «en una tercera parte de las limosnas recaudadas en dinero o al contado con la obra pía de los teatros comerciales». [27] Así las cosas, está claro que cualquier batalla contra las comedias iba a ser ardua.

Antes he anotado una gran verdad: desde 1584 se empezó a «maltratar» al teatro. En efecto, según cierta recopilación de textos, entre 1586 y 1600 hubo más de una veintena de impresos en los que se hablaba de la licitud —moral— o no de las comedias. [28] En 1586 se prohibió que hubiera actrices y se echó marcha atrás con las casadas en 1587; en 1589 Felipe II ordenó a sus autoridades de Castilla que velaran por los contenidos morales de las comedias; en diciembre de 1597, a raíz de la muerte de la hija del rey, Catalina Micaela, se suspendieron las representaciones en Madrid; luego murió el rey y no volvió a haber representaciones hasta abril de 1599, cuando se casó el nuevo monarca con Margarita de Austria —y mientras, memoriales y más memoriales en contra y a favor del teatro—; más tarde, la Corte emigró a Valladolid... No fueron buenos años para el teatro libre en Madrid, ni en otras muchas ciudades, como en Sevilla, por donde andaría buscando algún sustento el Cervantes recién salido de la cárcel.

Eran tiempos en que la libertad se recortaba y para que hubiera diversión, el terreno lo iría ocupando la iniciativa regia: sin extendernos más, mientras que el 4 de febrero de 1600 se abrieron los teatros pero sólo para «representar comedias de historias» y con muchas limitaciones contra actrices,[29] en 1603 se constituyeron las primeras compañías reales, en 1608 tuvo lugar el primer *Reglamento de teatros*... En efecto, el mundo de la comedia había cambiado radicalmente desde los tiempos de Lope de Rueda. El camino nuevo estaba abierto para lo que se iba a ver en el Real Coliseo del palacio del Buen Retiro.

En medio de estas turbaciones, había nacido y se desarrollaba el Cervantes autor teatral de quien se conservan casi veinte obras y dos piezas sueltas (hasta 1616), *El trato de Argel* y *La Numancia*; además, ocho comedias, *El gallardo español, La casa de los celos, Los baños de Argel, El rufián dichoso, La gran sultana, El laberinto de amor, La entretenida* y *Pedro de Urdemalas*. Asimismo, suyos fueron otros ocho entremeses: *El juez de los divorcios, El rufián viudo, La elección de los alcaldes de Daganzo, La guarda cuidadosa, El vizcaíno fingido, El retablo de las maravillas, La cueva de Salamanca* y *El viejo celoso*.

Él creía que la vida era una gran representación teatral, porque a la hora de la muerte, nos desvestiríamos todos de nuestros disfraces y quedaríamos iguales, sin distinciones, como ocurre, decía Sancho, con el ajedrez, cuyas fichas, «acabándose el juego, todas se mezclan, juntan y barajan, y dan con ellas en una bolsa, que es como dar con la vida en la sepultura» (a mi modo de ver, es otro pasaje más extraordinario del *Quijote*, II, XII). ¿No es una escena teatral su despedida en el *Persiles*?

Cervantes vivió y convivió con todo el mundo de los escenarios. Así podemos intuirlo en *El coloquio de los perros*: «¡Oh Cipión, quién te pudiera contar lo que vi en ésta y en otras dos compañías de comediantes en que anduve! Mas, por no ser posible reducirlo a narración sucinta y breve, lo habré de dejar para otro día, si es que ha de haber otro día en que nos comuniquemos»; en el capítulo XLVIII de *El Quijote*, el debate del canónigo consigo mismo sobre el nuevo teatro o el tradicional es fascinante y guarda el sempiterno enfrentamiento económico sobre qué satisfacer si la demanda o la calidad (debemos releerlo hoy ante ese imparable fenómeno de la estupidez llevada al máximo en televisión y sin pudor); ¿en qué obrita de éstas no hay un pequeño tratado de teoría teatral?; ¿no es, en sí misma, el *Retablo de las Maravillas* una comedia dentro de una comedia?; ¿qué no describe con certeza sobre la Corte, Madrid y el empujón al teatro en *El licenciado Vidriera*, en *Persiles y Sigismunda*, en *Pedro de Urdemalas*, en *La gran sultana*, en tantas obras más?; si aún no has leído, paciente amigo, el «Prólogo al lector» de las *Ocho comedias...*, te invito a que lo hagas, o cómo no, el diálogo entre Pancracio y Miguel en la *Adjunta al Parnaso*, en una conversación sublime entre poesía y comedia, teoría y práctica de la representación, o los capítulos XLVIII de la primera parte de *El Quijote*, o el XVI de la segunda parte, o los versos 1.209-1.312 de *El rufián dichoso...*[30]

Él mismo era consciente de sus aptitudes y de sus innovaciones teatrales... que acaso no lo eran tanto. Pero su valor radicaría en haberse atrevido a romper una maquinaria teatral excesivamente rígida. Cervantes nos habla en ese «Prólogo» de las *Ocho comedias,* por ello lo reproduzco en el «Apéndice».

En la *Adjunta al Parnaso* dice:

PANCRACIO.— ¿Y vuesa merced, señor Cervantes —dijo él—, ha sido aficionado a la carátula? ¿Ha compuesto alguna comedia?

MIGUEL— Sí —dije yo—, muchas; y, a no ser mías, me parecieran dignas de alabanza, como lo fueron *Los tratos de Argel, La Numancia, La gran turquesca, La batalla naval, La Jerusalem, La Amaranta o la del mayo, El bosque amoroso, La única* y *La bizarra Arsinda*, y otras muchas de que no me acuerdo. Mas la que yo más estimo y de la que más me precio fue y es de una llamada *La confusa*, la cual, con paz sea dicho de cuantas comedias de capa y espada hasta hoy se han representado, bien puede tener lugar señalado por buena entre las mejores.

PANCRACIO.— ¿Y agora tiene vuesa merced algunas?

MIGUEL.— Seis tengo, con otros seis entremeses.

PANCRACIO.— Pues, ¿por qué no se representan?

MIGUEL.— Porque ni los autores [esto es, el empresario teatral, no el escritor] me buscan, ni yo los voy a buscar a ellos.

PANCRACIO.— No deben de saber que vuesa merced las tiene.

MIGUEL.— Sí saben; pero, como tienen sus poetas paniaguados y les va bien con ellos, no buscan pan de trastrigo. Pero yo pienso darlas a la estampa, para que se vea de espacio lo que pasa apriesa y se disimula, o no se entiende, cuando las representan. Y las comedias tienen sus sazones y tiempos, como los cantares.

Lo anterior está escrito entre 1614 y 1615: ésos son los recuerdos de sí mismo de Cervantes. En efecto, en *La Numancia* son personajes las virtudes morales, como en *El viejo enamorado*; en *El trato de Argel* participan la Necesidad y la Ocasión. No fue Cervantes el primero en hacer hablar a las «figuras morales», pero sí debió de ser, como cree Astrana,[31] el primero en hacerlas hablar exitosamente.

Y, ¿qué hay de esas «veinte comedias o treinta»? Se conservan *El trato de Argel* y *La Numancia*; al parecer, *La Batalla Naval* aún se conservaba en tiempos del Conde-Duque; aún en 1673 había noticias de que *La Bizarra Arsinda* era reconocida como «comedia famosa» (hoy está también perdida).

De todas, la más antigua es *El trato de Argel* (como dije ya, hacia 1583). Es nueva técnicamente y es novedosa porque por vez primera en España se llevó a las tablas el tema del cautiverio, como en *La Batalla Naval* un tema bélico de esas características. En aquella obra el personaje Sayavedra no es otro que el propio Cervantes, autorretratado en todo, en su personalidad, en sus sentimientos, en sus formas. Llega incluso a recitar un extracto de la impresionante carta a Mateo Vázquez. Cervantes, hombre valiente y original, logró así que el Felipe II que no le oyera le oyera —si le llegaba la noticia— por el éxito de su comedia. Años más tarde, Lope de Vega copió a Cervantes en *Los esclavos de Argel*. También en *La Santa Liga* (o *La Batalla Naval*) Lope imitó a nuestro autor. En donde fue inimitable, fue en *La Numancia*, obra sublime de la exaltación nacional contra los riesgos de la invasión extranjera.

El caso es que, a poco de llegar a Madrid allá por 1582-1583, Cervantes quiere hacernos creer que ha asaltado los escenarios con grandísimo éxito, ha sabido modernizar la estructura de las obras y los contenidos, ha dado al público lo que éste quería, pero sin rebajar la calidad moral de la obra o de los personajes...

La mujer casada, la hija oculta y las causas del desposorio en Esquivias (1584)

Febrero de 1584. Aproximadamente. El flamante autor teatral mantiene tratos carnales («conversaciones deshonestas», se decía en el siglo XVI) con una mujer casada, Ana de Villafranca. Ésta había nacido hacia 1563 y de pequeña entró al servicio de un importante alguacil de Corte de Madrid. Entre junio de 1579 o agosto de 1580 contrajo matrimonio con un tratante asturiano, Alonso Rodríguez, de poco caudal, bajo entendimiento, analfabeto y probablemente rudo. Estas «virtudes» en el uno y la lozanía en la otra eran terreno abonado para las coronaciones. Y apareció el triunfante poeta de 36 años...; nació Isabel el 19 de noviembre de este año tan singular en la vida de Cervantes. La niña fue bautizada y reconocida por el padre putativo[32] como propia. Cervantes quedó completamente al margen del fruto de sus devaneos..., de momento.

El poeta Pedro Laínez había muerto en Madrid el 26 de marzo de 1584.[33] Había sido ayuda de cámara del príncipe don Carlos y hombre de Corte, como hemos visto en su momento. Su viuda, Juana Gaitán, no recuerda bien, al pedir que se haga el inventario de bienes *post mortem,* la fecha del fallecimiento, entre otras cosas porque no ha asistido al marido en el óbito. Tampoco recuerda las sortijas. Vuelve a su lugar natal, Esquivias. Curiosamente, el 25 de junio, ante escribano público de Madrid, le viene a la memoria todo lo olvidado antes. Hace nueva declaración. Regresa a Esquivias. Pero pronto, demasiado pronto, había contraído matrimonio con Diego de Hondaro, un veinteañero: ¡el 12 de junio de ese año! No obstante lo cual, está decidida a publicar el *Cancionero* del difunto, no por amor o generosidad, sino porque en una de las mandas testamentarias del finado leemos «que mi libro, que tengo compuesto, que es un Cancionero, le haga trasladar la dicha doña Juana Gaitán, mi mujer, y emprimir, y de la mitad de lo que de él sacare, lo dé por amor de Dios, y la otra mitad sea para ella».[34] Compañero de aquel matrimonio cuando vivía el poeta, fue Miguel de Cervantes.[35] Ella le llama a Esquivias. Acude el buen amigo a hacerse cargo de los problemas inherentes a la edición e impresión de un texto; sabe que no son pocos y le están frescos porque en prensas anda *La Galatea*. A finales de septiembre aún está en el lugar manchego.

El 12 de noviembre de 1565 se bautizó en Esquivias, según las novedades del Concilio de Trento recientemente clausurado, a una niña, Catalina, hija del señor Hernando de Salazar Vozmediano (1527-1584) y de la señora Catalina Palacios. Es significativo que en la partida de bautismo,[36] los padres de la niña aparezcan como «señores»: o eran hidalgos rurales —aun de ejecutoria, pero hidalgos al fin— o gentes de alto pasar económico y de prestigio social. Los Salazar habían sido, como era costumbre entre los castellanos, militares, clérigos, frailes, monjas y otros, claro está, se casaron. Todo normal. Aún más en la generación política de Cervantes. Hernando (un gestor doméstico desastroso) y Catalina habían tenido dos hijos que murieron en la infancia, otros dos que se metieron a cura y fraile respectivamente y una hija, Catalina. Era una familia normal de aquella época: de cinco hijos, dos murieron de pequeños, dos se retiraron de la reproducción biológica y vistieron hábitos, con lo que se aseguraban el pan nuestro, y la hija quedó casadera: de cinco vástagos, sólo una transmitió linaje y herencia, casándose con un destartalado tullido aunque aspirante a buen poeta. De no haber aparecido por allí Cervantes, Catalina acaso se habría quedado vistiendo y desvistiendo santos en la Iglesia de la Asunción de Esquivias con su cura, el párroco Juan de Palacios, su ejemplar tío,[37] o se habría casado con cualquiera que asegurara las escasas rentas familiares. Por cierto, la madre tuvo los partos en diciembre de 1563 (muerto, niño), noviembre de 1565 (Catalina), febrero de 1573 (muerto, niño), septiembre de 1577 (Francisco) y octubre de 1581 (Fernando): eche cuentas el lector y obtenga sus propias conclusiones; vea si pudo o no haber abortos naturales entre medias, o cuáles eran las causas de períodos intergenésicos tan prolongados.

El 6 de febrero de 1584 murió el progenitor, Hernando. Así se vivía antes de los avances técnicos y médicos de los siglos que hemos vivido nosotros mismos.

¡Qué duda cabe de que a Cervantes le venía bien aquella familia! Si se casaba con Catalina, él se podría convertir en el tutor de todos ellos. Cuando aparece en escena en 1584, el padre ya ha muerto; Catalina no ha llegado a los veinte años; y los hermanitos vivos tienen siete y tres años respectivamente. La viuda entrega la familia a manos de este buen hombre, héroe de guerra, poeta aplaudido y autor en ciernes: ¿qué más se podía esperar? Por su parte, Cervantes se vería administrador de unas rentas de la tierra, escasas, pero tal vez capaces de dar de comer. En las capitulaciones dotales se le entregaron a Cervantes siete majuelos de viñas y una huertecilla, tasado todo en 112.000 mil maravedíes (o sea, 300 ducados) y ocupando una superficie de 447 deciáreas.[38] Además, un modesto ajuar en el que no resalta nada (valorable en unos 86 ducados), salvo la cuna que usó el niño Fernando y que quedaría vacía de por vida. Total, amén de los 100 ducados que aportó Cervantes, 182.297 maravedíes (486 ducados): aquel nuevo matrimonio tenía que empezar su andadura con 486 ducados, en cantidad y el título de hidalga, en calidad. Más tarde, en la segunda cesión económica reconocida por ley que hacen los padres a los hijos para que se puedan seguir reproduciendo las normas y valores sociales, esto es, en la herencia, los Cervantes-Salazar recibirían, a la muerte de la madre (1 de mayo de 1588),[39] además de la casa conyugal en que vivían (aunque Miguel está en ese momento en Écija-Sevilla), otros modestos trozos de tierra, tasados en 78.879 maravedíes (210 ducados). Aunque cuando se destapa el pastel de la herencia, entre el suegro y la suegra tienen unas deudas que ascienden a 202.810 maravedíes (541 ducados).

Cervantes, al casarse, tiene 37 años. ¡Y que Cervantes clamara a favor de la libre elección de cónyuge!:

> Quiere hacer uno un viaje largo, y si es prudente, antes de ponerse en camino busca alguna compañía segura y apacible con quien acompañarse; pues, ¿por qué no hará lo mesmo el que ha de caminar toda la vida, hasta el paradero de la muerte, y más si la compañía le ha de acompañar en la cama, en la mesa y en todas partes, como es la de la mujer con su marido? La de la propia mujer no es mercaduría que una vez comprada se vuelve, o se trueca o cambia, porque es accidente inseparable, que dura lo que dura la vida: es un lazo que si una vez le echáis al cuello, se vuelve en el nudo gordiano, que si no le corta la guadaña de la muerte, no hay desatarle (*Quijote*, II, XIX).

Pero además de haber unos intereses económicos, cuantitativos, los había linajudos, cualitativos. Emparentar con los Salazar era revalidarse socialmente. Y en aquellos tiempos, cuanto más se alejara uno de los descendientes de los conversos, aunque fuera muy buen cristiano, y más se arrimara a contrastados cristianos viejos, tanto mejor. A Cervantes le venía bien casarse con aquella joven doncella, de buen pasar y de sangre limpia. Tuvo suerte de hallarla. Las cosas en Esquivias no eran tranquilas, como no lo eran —¿alguna vez lo han sido?— en otros muchos lugares de Castilla.

En efecto, existían en Esquivias unos «Quijadas» emparentados con los «Salazares» de su esposa Catalina. Los Quijada eran hidalgos rurales de buen pasar económico. Pero para «otros» convecinos, a estos Quijadas había que apartarlos del poder municipal, tenían que aniquilarlos socialmente. A los Quijada les iban bien las cosas del dinero. A algunos regidores (autoridades municipales), como cabezas de facción social, les debía de molestar la presencia social de esos «competidores»: en cierta ocasión, uno testificó en el siglo XVII que «las rivalidades entre ellos [los Quijada] y Salazar, Vivar y Guevara [es] por las varas de alcaldes».

En Esquivias pasaban muchas cosas. Entre otras, tal vez, que alguien insultara a Cervantes por sus antepasados conversos. ¿Tuvo que retirarse discretamente de aquel pueblo «de grandes linajes» por eso? En aquellos tiempos se echaba mano de dos argumentos para estigmatizar a una familia y matarla socialmente: en primer lugar, tacharlos de judíos; en segundo lugar, insultarles —si eran hidalgos— intentando hacerles pagar tributos propios del estado llano.

El estigma judaico podía recaer contra cualquiera, hidalgo, clérigo o pechero. Lo usaban «los otros», es decir, los cristianos viejos, que podían ser ricos hombres o sabios ignorantes, como Sancho Panza, esa espléndida caricatura de la «cultura popular» tan alabada desde las cómodas poltronas urbanas: «Destas lágrimas y determinación tan honrada de Sancho Panza saca el autor desta historia que debía de ser bien nacido, y, por lo menos, cristiano viejo». La sorna de Cervantes es asaz atrevida: «Bien nacido, y, por lo menos, cristiano viejo».

La estigmatización judaica era una maledicencia que se podía enquistar en una localidad contra un linaje. Esta familia podría contar entre sus desventuras con que una o dos generaciones antes, o más, hubiera habido un miembro de la estirpe penado por la Inquisición por prácticas talmudistas. Recuerdo al lector que las penas inquisitoriales, fueran o no graves contra el reo, tenían un daño pernicioso aún superior: manchaban a la descendencia en tantas generaciones cuantas quisiera la sacrosanta «memoria popular», porque, entre otras cosas, además de ser argumento de chascarrillo en las tabernas o en las gradas de la iglesia del pueblo, se colgaban los sambenitos con leyendas o símbolos que hacían referencia al nombre del condenado y a su «pecado».[40] Así, dentro de la iglesia, a todos y durante ¿cuánto tiempo? se alimentaba el feroz recuerdo. Muchas veces me he preguntado que, ante este ambiente de control social, ¿quién descolgaría los sambenitos? Si un familiar, no le dejarían; si otra persona, inmediatamente le inquirirían: ¿por qué lo haces; es que has de proteger al penado y su memoria? El tiempo haría que la tela se tornara en jirones.

Por tanto, motear a alguien de «judío» (¡hábil mecanismo de control social éste de confundir religión con etnia!) era apartarlo de los cauces de la promoción social. Por eso, muchos desdichados, ante la leve sospecha de que sus abuelos o rebisabuelos hubieran sido judíos o rejudaizantes después de 1492, preferían estar moviéndose constantemente de población, o incluso preferían no aspirar a ascenso social (ingresar de caballeros en órdenes militares, por ejemplo) antes que hubiera que remover papeles de archivo; que la memoria de la persona quedara así sepultada entre ellos.[41] Y si a alguien le extraña esto que digo, no le voy a incitar a que relea a Sancho. Sólo le exhorto a que acuda al entremés de *La elección de los alcaldes de Daganzo* o, por supuesto, al de *El retablo de las maravillas*. Por cierto, ambos de Cervantes.

Por otro lado, podía darse el caso de que en un pueblo hubiera una familia a la que las cosas le fueran bien económicamente. No entro a juzgar por qué. Los agraviados y resentidos, esos a los que siempre les corroe la sonrisa de noble y merecida satisfacción ajena, crearían sus mecanismos de doblegamiento, de sojuzgamiento del otro. Lo explico: en los Ayuntamientos había algunos asientos de regidores reservados a hidalgos y otros a miembros del estado llano, o —en castellano— *pecheros*, esto es los que pagan *pechos* o también *pechas*, en último término *prestaciones personales* o *gabelas*. Ni hidalgos ni clérigos las pagaban. *Ergo* el que pagara, era pechero y el que no, hidalgo.

El silogismo lo utilizaban los pecheros para destronar a hidalgos y los hidalgos para cerrar su «club». Así, en efecto, podía darse el caso de que en un pueblo se elaborara un padrón de pecheros para el pago de una prestación, lo cual era tan frecuente como que en un año haya 365 días. Los incluidos en el padrón, irremisiblemente, no eran hidalgos. A cuantos más se incluyera, a menos tocaba por derrama el resto de los pecheros. Tal proceder contaba con el beneplácito de los hidalgos consolidados del pueblo, porque su exclusión del padrón de pecheros implicaba el reconocimiento explícito de su hidalguía y, por ende, su afianzamiento como grupo «diferente».

En Esquivias se la tenían jurada a los Quijada. Vamos a ir viendo algunos enfrentamientos. Seguiré una narración cronológica de sucesos.

En diciembre de 1524 Gabriel Quijada —hermano del «Alonso Quijada» de carne y hueso— y Alonso Capoche tuvieron alguna diferencia. Eran vecinos de Toledo, pero residían en la localidad de marras. Por lo que fuera, Quijada dijo a Capoche: «Calla ladroncillo», y éste se defendió: «¡A lo menos no soy yo judío!», a lo que contrarreplicó el Quijada echando mano de la espada.

Tiempo después, el Capoche, subido a la torre de la iglesia vociferaba: «¡Si queréis comprar judíos, putos, nietos de quemados, aquí los traigo maniatados!», en referencia a los Quijada.

Como veremos más adelante, en 1626, Alonso Quijada de Salazar y Pereña solicitó entrar en la Orden de Santiago y se airearon historias pasadas que arrancaban de tiempos de Carlos: sus enemigos, que participaron como informantes en las averiguaciones de limpieza de sangre, se inventaron falsas pruebas o se tergiversaron las verdaderas o se dijeron las cosas a medias. Se decía que el tercer abuelo del aspirante, Gonzalo Mejía, estuvo preso por la Inquisición en Toledo, aunque en realidad lo único que pasó es que se le multó por hacer unos chistes irreverentes sobre el Espíritu Santo ante un pichón que se iba a comer allá por 1525 (en la sentencia, sabedores los inquisidores del mal social que causaban, se aclaraba por lo venidero que, a pesar de la falta, era noble y cristiano viejo); la pregunta es evidente: ¿quién y por qué le delató por una mofa ante la Inquisición? ¡Eso no se hace sin malicia!

Otro que estuvo graciosillo fue un hidalgo, don Gaspar Frías de Miranda, que durante cierta fiesta de máscaras entró antorcha en mano en casa de los Quijada preguntando: «¿Hay algún judío por quemar?» y, al ver a Juan Quijada, le dijo: «Perdone vuesa merced, señor Juan Quijada, que no le había visto». Es de suponer que, ya visto, podría quemársele. El recochineo con los tratamientos de hidalguía es muy locuaz también. Vista esta escena, si Cervantes hubiera conocido esta anécdota —lo cual no me extrañaría—, ¿no estaría aquí —aun también en los cuentos de don Juan Manuel— el origen de *El retablo de las maravillas*?

La Chancillería de Valladolid emite una ejecutoria de hidalguía el 30 de noviembre de 1569 a favor de Juan Quijada de Salazar y Gabriel Quijada de Salazar. Resulta que en 1566 el Concejo de Esquivias les ha querido «echar pechos». La cuestión esencial no es económica, sino de calidad. En el Ayuntamiento, en el que presumiblemente predominen los Salazar u otra facción enquistada contra los Quijada, se les quiere vituperar aún más y rebajarlos en la calidad. Los Quijada se resisten e interponen un recurso, y lo ganan. Queda reconocida por siempre jamás su ancestral hidalguía... Pero han tenido que demostrarla. Son hidalgos, pero de «ejecutoria», no de raigambre asumida por los convecinos.

Hacia 1575 —recordarán en unas informaciones de 1631—, durante la elección de los justicias del lugar,[42] un Francisco de Salazar abofeteó al teniente de alcalde (la tensión democrática a veces se descarría hacia la violencia personal entonces; verbal hoy), a la sazón un Gabriel Quijada, y le lanzó un improperio: «¡No tengas miedo, judío, si te he afrentado!». Imagina, lector, la cara de los que estuvieran presentes. Gabriel Quijada actuó como autoridad y lo hizo preso. Un testigo narra la escena del traslado a la cárcel: «[Quijada] le iba tratando de bellaco desvergonzado. Y el dicho Salazar le respondió que le llevase como hombre de bien, que, como él le llevaba, habían llevado sus bisabuelos a Jesucristo». Imagina, lector, la cara de los que estuvieran presentes. Pero, sobre todo, fíjate en la perfección con que se recuerdan los diálogos y la escena medio siglo más tarde y todo de oídas: la construcción de un estigma —como la del héroe— es una recreación subjetiva fascinante.[43]

Días después, Gabriel Quijada le dio una cuchillada en la cara a Francisco de Salazar y éste, «tendido en el suelo, le llamaba de judío». Advierte, lector, la tensión en la que vivía Quijada, por eso su violencia, y cómo el otro, sabedor de su inestabilidad psíquica, producto del miedo, le apretaba más y más. «Desde entonces hasta agora han durado entre ambos linajes las enemistades, y son públicas.»

Hay más sucesos similares: era *vox populi* en Esquivias que a Gabriel Quijada, si le querían insultar, le aclamaban «¡el judío, el judío!».

Probablemente, en casa de Gabriel Quijada estos acontecimientos se comentaran con pesadumbre y él, o la madre, enseñara a los hijos la importancia de la disimulación, del autocontrol. En cierta ocasión, Gabriel Quijada hijo tuvo otro altercado. Esta vez, un Melchor de Chinchilla le reprochó en la puerta de un mesón algo sobre unos majuelos de viñas: «¡Juro a Dios de un judío que no habréis de ensuciaros en ellos!», y Gabriel hijo no le respondió porque en él habían fructificado las buenas enseñanzas de la disimulación y la discreción, fama ganada con sucesos como ése: «No le habló palabra, que era hombre muy cuerdo» (¿o amedrentado?).

El matrimonio de Diego de Salazar *El Mozo* con doña Antonia Mejía de Montalvo, prima de Gabriel Quijada, hijo, era ejemplar, y permíteme la ironía. Corría la especie de que en cierta ocasión le espetó un cariñoso: «Ahora me moriré, y te casarás con el judío de tu primo Gabriel Quijada». ¡Qué bien se hablaban en el seno conyugal, que a los familiares directos se les citaba en las discusiones con nombres y apellidos! Es, naturalmente, una nueva recreación de la memoria. En cualquier caso, al pechero Diego de Salazar poco le importaron los roces judíos (?) de su esposa cuando se casó con ella: ¿es que necesitaba a una doña en el lecho para dar hidalguía al linaje y, una vez conseguida la descendencia, podían sacarse a la luz las cuestiones estigmatizadoras?

La educación que se transmitía iba por los mismos derroteros. El hijo de Diego de Salazar y de doña Antonia Mejía de Montalvo recibió amenazas de otro hidalgo de Esquivias, un tal Rodrigo de Vivar, que le dijo que «le había de colgar dos tocinos a la puerta [de su casa] y untarle los clavos de manteca [de cerdo], porque eran unos judíos, y que el parentesco no le tocaba por el lado de los Salazares». De esta manera se ve que la ambición de ascenso social de Diego Salazar al casar con la prima de los Quijada no fue exitoso, porque en el pueblo, a la mínima, le antecederían lo judaico ante lo hidalgo. Y dicho sea de paso, anécdotas como ésa explican por qué está tan culturalmente arraigado en nuestra gastronomía el consumo de cerdo y especialmente de jamón: para demostrar nuestra cristianía vieja.

Otro Diego García de Salazar, acaso escarmentado en barbas ajenas, instruía a sus hijos aceptando que «con estos caballeros [los Quijada] hubiese amistad, pero que no emparentasen con ellos, sin dar más razón». Y es que a buen entendedor... No obstante, tiene su interés que se les reconociera como «caballeros» después de lo litigado entre 1566 y 1569.

Como acabo de decir más arriba, el 8 de octubre de 1626 don Alonso Quijada de Salazar y de Pereña solicitaba ante la Inquisición —como era preceptivo— informaciones de limpieza de sangre de sus antepasados para poder entrar como caballero en la Orden de Santiago: ¡para su desdicha, Francisco de Salazar y de Palacios, cuñado de Cervantes, era comisario del Santo Oficio y quien tenía que informar!, y ya hemos visto cómo se las gastaron. Pero nada comparado con lo que se avecinaba.

Como hasta 1525 estaba claro que los Quijada eran limpios de sangre y de sangre noble (no es lo mismo limpieza de sangre —esto es, no tener ascendencia judía, musulmana o conversa— que ser noble, como estamos viendo), los informantes del expediente de 1626 se inventaron la difamación: Ana Suárez Mejía, la hija de aquel del pichón de Toledo se había casado en 1524 con Gabriel Quijada, el del incidente con Capoche. Como por vía de Mejía no se podía estigmatizar, los falseadores inventaron un linaje manchado. Decían que el padre de Gabriel era el bachiller Juan Quijada, y que no provenía de los Quijada de Villagarcía, a los que se tenía por limpios contrastados, sino que descendía de conversos y aún más, de un asunto de camas y faldas de un cura: su padre fue el canónigo de Toledo, Alonso García Sorge, que era converso y había tenido trato carnal con una manceba, Elvira Quijada, a la que por seducir al cura le habían colgado el sambenito en la iglesia de Santiago del Arrabal de Toledo. En Esquivias, a Gabriel Quijada, el nieto del canónigo, le llamaban «Sorgillo». Claro que Juan Quijada —decían los difamadores— no era el único fruto de la pasión del canónigo, porque en su testamento de 1479 reconocía a otros dos hijos más. Así que según ciertas informaciones, los Quijada de Esquivias eran descendientes de un converso, canónigo y de una mujer ligera de cascos, ¿qué más se podía pedir?

Mas la verdad era otra. Canónigos «Alonso García» —y nunca Sorge, dice Astrana— sólo había uno en Toledo por aquellas fechas y murió en 1459. La única Elvira Quijada condenada por la Inquisición por judaizar, y no por otra cosa, lo había sido en 1489 y a cárcel perpetua, con confiscación de sus bienes, aunque fue reconciliada con la Santa Fe a tiempo y sólo recibió azotes. Se le reconoció hidalguía y pobreza. Estaba casada con Juan Díaz de Alcázar. Todo esto procedía de las declaraciones de un secretario del Santo Oficio, es decir, eran informaciones más veraces que las otras. Los Quijada procedían de Villagarcía, por lo menos. Podían estar tranquilos, de momento.

Porque descubierto el entuerto, los denigrantes rectificaron: ya no eran los abuelos los de oscuros orígenes, sino los hijos los que habían manchado el linaje. Los de Gabriel Quijada habían emparentado con Jaradas y Aguilar. A nosotros no nos dicen nada, pero sí lo dicen en los archivos inquisitoriales: un Jarada había sido quemado y confiscados sus bienes en 1486 por judaizante; otro Jarada, al año siguiente, con la misma sentencia por la misma causa; una Jarada había sido condenada en 1498 —por judaizar— a cárcel perpetua y confiscación de sus bienes; en 1500 se reconcilió sin sentencia a otra Jarada, es decir, fue absuelta... pero ya la mala fama mancillaba este apellido.

Por otro lado, los Aguilar de Toledo o de Casas Buenas eran descendientes —dicen los inquisidores— «de judíos confesos notorios», y ¡claro que existió un Sorge!: vivía en Toledo en la colación de Santo Tomé, cerca de la sinagoga del Tránsito (¡menuda judería!) y un Martín Sorge había sido condenado a muerte por judaizar. En su casa vivía un mercader de cuyos orígenes no pudieron averiguar nada. Vendió la casa a santa Teresa. Era bisabuelo del incauto Alonso Quijada de Salazar y Pereña: ¿quién te manda remover los papeles? La vanidad y el que fueras un ingenuo sin haber cumplido los treinta años. Mozo «quieto, pacífico y amigo de todos», así como hecho a «vivir cristianamente, dando ejemplo a los demás de devoción y piedad para con Dios y el prójimo». El pobre bobalicón de Alonso Quijada de Salazar era un buen muchacho. Ante lo que se avecinaba, se pidió la suspensión del proceso de entrada en la Orden de Santiago. Unos, los Salazar de Esquivias, habían sajado las aspiraciones de ascenso social de los Quijada ¡en el primer tercio del siglo XVII remontándose a sucesos de, por lo menos, los años setenta del XV!

Mas otra rama de los Quijada no perdió el aliento. Aprovechando que Catalina Dámasa se había casado con el alguacil mayor de la Inquisición —hermano, a su vez, de consejero de la Inquisición y confesor del Conde–Duque de Olivares— solicitó formar parte del grupo de los oficiales. Y lo lograron. Como ves, lector, la Inquisición miraba más o menos, en función de quién promoviera el expediente. Por eso perduran estas instituciones, porque sirven para que si hoy no hay suerte, mañana pueda haberla. Se me escapan las causas por las que un alguacil de la Inquisición emparentó con una mujer que aún no ha probado su limpieza. El caso es que, tras este expediente, quedaba abierto un portillo a los Quijada, después de haberse cerrado otro portón.

En efecto, uno de los promotores de que los Quijada entraran como oficiales de la Inquisición (¡qué comportamientos sociales!), Gabriel Quijada Francisco Ordóñez, solicitó entrar en la Orden de Santiago —de nuevo— en 1639. Sobre su padre, y sobre él en su día, recaía el honor del linaje de los Quijada de Esquivias de Toledo. En su casa estaban todos los papeles, las ejecutorias, y las escrituras. Pero, sobre todo, toda la riqueza acumulada por la posesión de tierras en su pueblo. De nuevo, se pone en marcha el proceso informativo y salen los mismos u otros informantes. Las ramas del tronco se van abriendo, porque ha habido otros matrimonios, otros entronques. Algunos se retractan, otros no. Se hacen más y más averiguaciones, ahora en la Chancillería de Valladolid, donde está la Sala de los Hijosdalgo; ahora en Becilla de Valderaduey, ahora en la Mota y Villagarcía. Al final, se les ha de aceptar en la Orden de Santiago. Aquel mozo incauto había pasado ¡veintiún años! entre litigios; el último, ocho. Y es que en aquella sociedad, pasear con la cruz de cualquier orden militar daba mucho prestigio a la persona y al linaje, porque ser caballero era ser hidalgo, pero más aún, limpio de sangre.[44]

Por más que nos digan otras cosas, la hidalguía en unos y el dinero en otros hacía que los Salazar y los Quijada se unieran y desunieran, porque así lo dictan las estrategias matrimoniales. El matrimonio de Cervantes con una Salazar, de cristianía vieja contrastada (sobre todo, porque los

Salazares se demostraban más y más cristianos a golpe de vilipendio contra los Quijada), fue también meditado en ese sentido.

La tercera causa que tal vez indujera a Cervantes a aquel matrimonio es de cariz biológico: el varón, cuando empieza a sentir las fuerzas flaquear, y antes de decir adiós definitivamente a la juventud, necesita demostrarse su lozanía. Por ello, busca un reto existencial, arrimarse a una mujer más joven, que no sólo es más atractiva que la nuez marchita, sino que puede procrear. En ese sentido, si el macho cubre y preña a la hembra, habrá renacido y habrá frenado las manecillas del imparable reloj. Pero no pudo ser.

En definitiva, entiendo que tres causas fundamentan ese matrimonio estratégico: dinero, linaje y psicología.

Así es que, hechas de palabra las promesas de matrimonio, volvió a Madrid con el «Laínez» bajo el brazo. Con la esperanza de editar ya *La Galatea* le dio los últimos retoques. Concluidos, comunicada la buena nueva a la familia, volvió a Esquivias, en donde la atolondrada joven, conquistada, ¡y qué conquista!, esperaba ensimismada al sensible escritor miliciano.

El 12 de diciembre de 1584 la iglesia de la Asunción de Esquivias está de fiesta. Una vecina va a desposarse con un forastero. Él tomará el timón de una casa que puede perder el rumbo; ella reproducirá en su seno el linaje y entrambos harán que tradiciones, normas y valores pasen a una nueva generación. Se casan Miguel de «Serbantes» o de «Zerbantes» con doña Catalina de Palacios. Los casa el tío de ella, cura titular de Esquivias, Juan de Palacios. De momento se desposan. Más adelante se velarán, concluyendo así el ritual. De la partida de velación, si es que la hubo, no sabemos nada: entonces se permitía la convivencia marital desde el desposorio hasta la velación. Mas como en Trento se «remoralizó» el mundo católico, lo que se hizo fue fundir en una ambas ceremonias para evitar vidas a medias tintas.

La boda es reconocida por los familiares: incluso bendecida por el tío; actúa por testigo Rodrigo Mejía, testamentario del suegro ya difunto. Ahora bien, no actúa en el acto la madre, por ejemplo. Fue, pues, una boda de tantas, «estratégica», sin grandes alardes, en medio del luto por la muerte del que habría sido suegro. Me imagino que serían más felices los Cervantes que la madre de Catalina. De lo que ocurre inmediatamente después del desposorio, no hay rastro. Así que nos quedamos con que los nuevos esposos se quedan en Esquivias en la casa matriarcal. Allí marcaron las sábanas. De esa manera queda ligada la memoria de ella con un lugar y un espacio concretos. Que no los olvide nunca.

Ida a Madrid y nuevo abandono de la Corte: en Esquivias... o a su calor (1585-1587)

Cervantes escribe *La Confusa* (hoy perdida, pero la más preciada por el autor, como hemos visto antes) y se la contrata (5 de marzo de 1585) Gaspar de Porres junto a *El trato de Constantinopla y muerte de Selim*. Se le pagarán 40 ducados (15.000 maravedíes). Se han de entregar los originales en un par de semanas. En el entretanto ve la luz *La Galatea* (que en vida del autor aún se reeditará dos veces más, Lisboa, 1590 y París, 1611). ¡Qué inmensa felicidad, qué días de éxito!

Astrana le supone en esas jornadas pavoneándose por los mentideros culturales de Madrid, en especial en la Academia de los Imitadores, conventículo al que asistían, al calor de un joven y rico presidente, poetas de Madrid o gentes con afición cultural. Pero sólo duró un año. Proliferaron en Madrid estos lugares de reunión, como, por ejemplo, en los años sesenta en casa de los Condes de Monterrey. Acudían a ésta don Juan de Zúñiga, don Cristóbal de Moura, don Gómez Dávila y don Juan de Silva. Eran jóvenes, al parecer, quienes allá se reunían y de ellos se esperaba «que habían de subir mucho, como después pareció por los efectos». Años más tarde, en 1592, existió la «Academia de los Humildes».[45]

Al mismo tiempo que esto ocurría, murió el padre de Cervantes, el 13 de junio de 1585. En ese verano, probablemente, empezaron los contactos en casa del «autor» de comedias Velázquez, que pondría en escena las de Lope, los contactos —digo— entre éste, joven, y Cervantes ya maduro. También, por cierto, entre Lope y la hija de su empresario. Corrieron los meses, estrenó alguna obra más, tal vez con éxito, y se determinó de volver a abandonar la Corte.

El 22 de noviembre de 1585 Diego de Hondaro entregaba un poder a Juana Gaitán dividido en tres partes fundamentales: para cobrar deudas, para comerciar con la licencia de impresión de las *Obras de Laínez*, en especial con Llorente Santantón, mercader de Sevilla; para poder mercadear con los bienes inmuebles de ella. Se trata de un documento normal en Castilla, en el XVI, porque según sus leyes, la mujer casada perdía la libertad de obrar y tenía que tener poderes del marido para cualquier negocio, incluso si fueran bienes dotales de ella. La licencia, la concesión del poder, no implica propiedad del varón sobre esos bienes: si ella fallecía, pasaban a sus hijos y no al viudo.

Parece ser que el nuevo marido habría avalado algún préstamo en Sevilla (con Santantón) a costa del manuscrito de Laínez y ahora le tocaba a la esposa rescatar la propiedad.

El caso es que, por las relaciones sociales que fueran, es Cervantes en diciembre de ese 1585 quien está en Sevilla firmando documentos notariales de carácter económico para aclarar la venta de los derechos de las obras de Laínez.

A mediados del mes, ha vuelto a Madrid, en una estancia que durará casi medio año. Fue importante este viaje y más aún su regreso a Esquivias, en vísperas del verano del año 86. Se marchaba, una vez más de la Corte, porque las cosas no iban bien ni para el teatro ni para la libertad individual, como se ha visto antes.

Cervantes —en medio del fragor remoralizador— abandona Madrid. Se va de la Corte cabizbajo por todo lo dicho y porque un joven, al que alaba años más tarde, se está haciendo con el público y porque él ha de dedicarse a sus rentas (o, por mejor decir, a las de su mujer), a cosas del dinero y a cumplir con las obligaciones maritales:

> Tuve otras cosas en que ocuparme; dejé la pluma y las comedias, y
> entró luego el monstruo de naturaleza, el gran Lope de Vega, y alzóse

con la monarquía cómica; avasalló y puso debajo de su juridición a todos los farsantes; llenó el mundo de comedias proprias, felices y bien razonadas, y tantas, que pasan de diez mil pliegos los que tiene escritos, y todas (que es una de las mayores cosas que puede decirse) las ha visto representar, o oído decir, por lo menos, que se han representado.[46]

En la primavera de 1586 marcha a Sevilla para zanjar deudas adquiridas en el viaje anterior, y vuelve, ya en verano, a Esquivias. Se formalizó la entrega de la dote y fue designado apoderado de los bienes de la suegraviuda. La estrategia marital había funcionado. Ahora le tocaba el turno a la demostración de las buenas aptitudes. Su primera gestión tuvo lugar en Toledo, donde la suegra tenía arrendadas unas casas y había que ir a cobrar. Tal vez hiciera alguna visita a alguna de las «academias toledanas».[47] Astrana sueña (¡yo también, claro!) con que se conocieran los dos hombres de moda, el Cervantes triunfante del teatro en la Corte y el autor de *La Galatea* con el Greco, que en esos días estaba pintando *El Entierro del Conde Orgaz*. Y sueña más: que acaso fuera retratado por el cretense... Mas, al tiempo, se pregunta (¡y yo también, claro!), ¿cómo es que no cita ni una vez al pintor en todas sus obras y sí, por ejemplo, hace cumplida alusión a tantos literatos del XVI?; ¿cómo es que, de conocerlo o de haberlo tratado, nunca hay mención de Creta sino como fenómeno mitológico? Es otro enigma más: se conocieron, sin duda, pero, a mi modo de ver, hubo recíproca ignorancia personal e ideológica por cuestiones de clientelismo político.

En septiembre, vuelve a estar en Esquivias y durante los meses siguientes, hasta abril de 1587, no hay rastro documental sobre su existencia, salvo que actúa como padrino en el bautizo de un mercader de vinos, amigo.[48]

Como se tratara de meses tranquilos, Astrana lo quiere profundizando en el conocimiento de los convecinos esquivianos. Lo imagina descubriendo los roces familiares de Esquivias (sin duda que Cervantes tiró de la lengua a la novia, o a quien fuera, antes de casarse, como hace cualquiera) y fijando en su memoria las anécdotas de algún personaje del lugar, que, a la postre, se convertirá en el referente de nuestro imaginario cultural.

Pues bien, de entre los Quijada atormentados de los que hablé antes, hubo un fray Alonso, agustino profeso (se metería a fraile para vivir tranquilo y enmascarando bajo los hábitos religiosos la «otra» realidad social) y sobrino del bisabuelo de la esposa de Cervantes, que serviría para poner nombre, apellidos y estirpe a don Quijote: «Yo deciendo de línea recta de varón [de la alcurnia de Pedro Barba y Gutierre de Quijada]», se declara don Alonso, dando vida a una realidad, un famoso torneo habido a principios del XV en Borgoña entre este Gutierre de Quijada y otro caballero borgoñón. Esquivias también sirvió, dice Astrana, para inspirar en situaciones, nombres y tipos esta obra, que, por tanto, empezó a gestarse (que no a escribirse) a raíz del matrimonio con Catalina de Salazar.

Las reliquias de santa Leocadia

Mas, de nuevo sin que sepamos a ciencia cierta por qué, abandona Esquivias en abril de 1587; creo que porque ya entonces su esposa le era infiel.[49] Se va, primero, a Toledo. No debió de ser mera casualidad que coincidiera la salida de Esquivias con la traslación de las reliquias de santa Leocadia desde Flandes a la catedral de la Ciudad Imperial, en donde aún hoy se pueden contemplar.[50]

La mencionada traslación había empezado a gestionarse allá por 1583, pero por diversas causas se fue aplazando, hasta que se previó que llegaran a Toledo el 22 de noviembre de 1586. Nuevamente se aplazó la entrega hasta el 26 de abril de 1587.

Como en otras ocasiones, aunque no era la costumbre, el traslado se hacía con sigilo. Por el camino estaba Esquivias, en donde descansaron la noche del 23 al 24 de abril (¡también es casualidad!), y al amanecer, en medio de la fiesta de luminarias y el repique de campanas, salieron en procesión, ya no más callada, camino de Toledo.

Sigo a Astrana en su conjetura de que entre los que acompañaron a santa Leocadia estuvo Cervantes, que dejaría a la beatífica esposa cuidando de la madre y de los hermanos en Esquivias, mientras él se trasladaría a Toledo, envuelto entre la algarabía y el bullicio de los celebrantes, que no fueron pocos: de hecho, por poner un ejemplo, Madrid envió en representación de la Villa a su corregidor.[51] Y es que al final de los festejos, iban a estar el rey y su familia. Toledo, atestada de gente; la Contrarreforma, victoriosa, rindiendo culto a los restos de una santa. De estas formas de sentir la religión huían los protestantes, por eso el catolicismo exalta a sus santos y sus reliquias.[52] En el momento de la resurrección de santa Leocadia, san Ildefonso, presente, le corta con el cuchillo del rey Recesvinto un trozo de su manto: ¿puede pedirse más: reliquias, santidad, virginal beldad y línea directa de la legitimidad histórica de la monarquía de los Austrias con los reyes godos, continuidad alterada por la invasión musulmana?[53]

Es así, pues, cómo llega Cervantes a Toledo. En medio de la algarabía. Y en medio de la algarabía, manda a su esposa un poder general: se marcha de La Mancha. Es un misterio la causa de esta espantada. Sin duda, su atormentada psicología estaba en profunda crisis; tal vez, graves frustraciones.

En seguida volvemos al poder notarial: pero antes, hay que dejar claro que Cervantes, por más que se declarara inútil para los usos cortesanos, fue todo lo contrario. Sabía muy bien a dónde ir (Lisboa, Toledo) coincidiendo con la presencia del monarca y su Corte; sabía, en fin, ir tras las mercedes. Otra cosa es que, por los motivos ideológicos ya aducidos, fracasara en sus intentos.

¡Claro que sabía lo que era el ser cortesano!:

Mira, amiga —respondió don Quijote—: no todos los caballeros pueden ser cortesanos, ni todos los cortesanos pueden ni deben ser caballeros andantes: de todos ha de haber en el mundo; y, aunque todos seamos caballeros, va mucha diferencia de los unos a los otros; porque los cortesanos, sin salir de sus aposentos ni de los umbrales de la corte, se pasean por todo el mundo, mirando un mapa, sin costarles blanca, ni padecer calor ni frío, hambre ni sed; pero nosotros, los caballeros andantes verdaderos, al sol, al frío, al aire, a las inclemencias del cielo, de noche y de día, a pie y a caballo, medimos toda la tierra con nuestros mismos pies; y no solamente conocemos los enemigos pintados, sino en su mismo ser, y en todo trance y en toda ocasión los acometemos, sin mirar en niñerías, ni en las leyes de los desafíos; si lleva, o no lleva, más corta la lanza, o la espada; si trae sobre sí reliquias, o algún engaño encubierto; si se ha de partir y hacer tajadas el sol, o no, con otras ceremonias deste jaez, que se usan en los desafíos particulares de persona a persona, que tú no sabes y yo sí (*Quijote*, II, VI).

Así es que, aparece Cervantes en Toledo, habla con unos y otros y, al final, adopta esta extraña decisión. Empujado por las prisas que fueran, manda un poder general a su esposa y se pone rumbo a Sevilla.[54]

Y a Sevilla, ¿a qué?

CAPÍTULO VI

«Rompe [Fama], del norte las cerradas nieblas»

La fase siguiente de su vida girará alrededor de los embargos de cereal y aceite para la Gran Armada. Vive, como muchos de sus convecinos y vasallos del Rey Católico, momentos de exaltación patriótica... y los albores del pensamiento multisecular decadente —y flagelante— hispánico. Durante ¡trece años!, anduvo por Andalucía, dejada la esposa en Esquivias. Además de la Empresa de Inglaterra, en ese tiempo muere Felipe II y, finalmente, Cervantes vuelve a Madrid.

La marcha a Sevilla: sus causas (primavera de 1587)

Y el destino escogido fue Sevilla. La adopción de la decisión de no volver a Esquivias desde Toledo y desplazarse a la ciudad andaluza es absolutamente enigmática, aunque creo que nadie hasta ahora ha afirmado claramente que Cervantes fue a Sevilla como una posibilidad de pasar a Indias y si no, quedarse en Écija, cerca del corregidor (presidente del Ayuntamiento) su amigo, Cristóbal Mosquera de Figueroa. Personalmente, creo —aunque sin seguridad absoluta— que mascullaba el abandono de Esquivias antes de llegar a Toledo: habida cuenta de la poca holgura económica que tenía en La Sagra, aprovechó la presencia de los festejos de santa Leocadia y con ellos, el pulular de cortesanos que acompañaran al rey, para ir a pedir merced u oficio. No logró nada o alguien le insinuó que en Sevilla habría trabajo. O, sencillamente, se determinó de intentar pasar a Indias. Nada habría sido extraño; cualquier hipótesis vale. Pero a Sevilla se iba a probar la fortuna —pasando a América— que no daba ni el secarral castellano ni la estructura socioeconómica. El caso es que fuese a Sevilla. No creo que con desprecio hacia su mujer, sino en el doloroso trance de tener que emigrar. En Esquivias había menos de lo que esperaba cuando la sedujo y, probablemente, se intentara estigmatizarle. Por otro lado, creo que nadie se ha preguntado, ni se ha dado respuesta a por qué nunca intentó comprar un oficio. Luego, arrendándolo, habría tenido una renta más, como hacían miles de castellanos. Si de lo que disponía en Esquivias hubiera sido sobrado, lo habría adquirido; pero debieron de ser rentas escasas.

El día 28 de abril de 1587 Cervantes acude en Toledo ante el escribano público para dar el poder general a favor de su esposa. En medio del bullicio por lo de santa Leocadia ha determinado abandonar el corazón de la Península. Curiosamente, justo al día siguiente —y no antes—, tiene lugar el primer asalto de Drake a Cádiz (29 y 30 de abril de 1587) y la noticia tardaría algunas fechas en llegar a Toledo. Por tanto, Cervantes no ha decidido ir a Sevilla animado por el calor de la preparación de una gran Armada, aunque las fechorías de Drake estimularon las ansias de venganza de los castellanos. Además, su mandato no lo recibió hasta septiembre. Cervantes —insisto— fue a Sevilla a probar fortuna, casi con toda seguridad, y tal vez a intentar pasar a Indias.

Y llegó a Sevilla. Allí se alojó en la lujosísima y famosa posada que frente a las gradas de la catedral tenía un amigo suyo, Tomás Gutiérrez, aquel que fue humillado por dos veces en 1593 al serle rechazadas otras tantas veces la admisión en la cofradía del Sacramento, porque había sido autor de comedias y posadero.[1] ¿Dónde o cómo le conoció? Es otro enigma.[2] Durante unos cuatro meses le perdemos, nuevamente, la pista. Él

—¿o quién?— le dejó dinero para sobrevivir hasta que las circunstancias le sonrieron —pues halló oficio—, eso sí, pérfidamente.

El caso es que llega a Sevilla y se aloja en la casa de Tomás Gutiérrez y, fuera como fuera, el contacto que tuviera le funciona y en septiembre de 1587, ahora sí, tras el asalto a Cádiz de Drake, se pone en ejecución una ingente máquina burocrática para confiscar alimentos y bastimentos para la Gran Armada.

La burocracia regia era, por aquel entonces, impresionante por su eficacia. No había en ningún otro reino de Europa nada similar ni tan perfecto: por más que nos hayan querido hacer creer «los del norte» (y uso el calificativo con toda la carga cultural, ideológica y religiosa que se quiera), aquel imperio —¡que vaya si existió!— anduvo funcionando unos cuantos siglos. Piense el lector en la inmensa dificultad de las comunicaciones y reflexione sobre un punto: la lealtad de las élites a sus reyes (y a los beneficios que de ello se derivaban) es la base del mantenimiento de aquel entramado. Tal era la potencia de la monarquía hispánica (no hablo de España como cuerpo institucional y de ninguna manera, porque en aquella confederación, Castilla e Indias eran los territorios que soportaron el peso de la gloria y los infortunios, a la zaga Nápoles-Sicilia y Cerdeña, por detrás, la Corona de Aragón y Milán... y Flandes. Todos, o casi todos, acudían, o deberían haberlo hecho, en función de su «pacto» a servir a su rey) y tales las dificultades técnicas de todos que en las costas pacíficas de América no había que fortificar porque nadie era capaz de atravesar Magallanes. Naturalmente, tanta seguridad e imprevisión (obligada por los altos costes de mantenimiento de un imperio) quisieron ser convertidas en el talón de Aquiles del imperio. Y aunque antes de 1590 Drake llegara al Pacífico, ¡había transcurrido un siglo desde la gesta de Colón!

En la estructura de esa compleja administración predominaba la estratificación. Así, de un consejero de Hacienda —Antonio de Guevara—, a la sazón, proveedor de Flotas y Galeras, dependían otros servidores reales. En Sevilla, un alcalde —hombre, pues, con vara de justicia— de la Real Audiencia, Diego de Valdivia, le acompañaba en sus funciones.

En Écija, no por casualidad
(desde septiembre de 1587)

A primeros de septiembre de 1587, Diego de Valdivia recibió la orden de poner en marcha la provisión de manutención y otros bastimentos para una armada que se estaba formando para no se sabía qué Jornada, aunque era un secreto a voces. En este ambiente de organización de los bastimentos, entró Cervantes al servicio del rey. Valdivia encomendó a Cervantes que realizara su trabajo en la tierra de Écija. No era casualidad.

El corregidor de Écija era Cristóbal Mosquera de Figueroa. Había nacido en Sevilla en 1547 (el mismo año que Cervantes), se licenció en Cánones en 1575 y al tiempo que se dedicaba a cosas de la justicia, fue escritor. Me gustaría resaltar su vinculación con el marqués de Santa Cruz, al que acompañó en la expedición de las Azores —en calidad de auditor general de la Armada— y para el que preparó, por encargo del aristócrata, su *Comentario en breve compendio de disciplina militar...*, en el que se narra la expedición y la participación de Rodrigo de Cervantes en el desembarco de la Muela. Aunque la obra se edita en 1596, se escribió antes. Unos versos de Cervantes, incluidos en la obra en alabanza del autor y del marqués, sirven para garantizar la amistad de Cervantes con este corregidor. También Cervantes loa al autor en *La Galatea* (en el «Canto de Calíope») y los piropos a la intervención de Rodrigo se manifiestan, así como una subjetiva alabanza producto de la amistad, por lo menos, con el hermano Miguel[3]: reduzco algo la objetiva heroicidad de Rodrigo.

Teniendo en cuenta que Cervantes anduvo por Sevilla allá por 1564 y 1565, ¿se habían conocido de jóvenes el ahora corregidor y nuestro personaje?

Así las cosas, ¿no es posible que coincidieran, bien directamente, bien por conocidos comunes, en Toledo en las fiestas de santa Leocadia y haber buscado Miguel, ante la desesperación de sus frustraciones, un nuevo abrigo, una nueva adscripción al grupo del marqués de Santa Cruz, habida cuenta de los desprecios y fiascos de Mateo Vázquez de Leca? De esta hipótesis no me cabe ninguna duda: Cervantes acudió a Sevilla-Écija al amparo de su amigo, y a que éste le abriera puertas para pasar a América, o para lo que fuera. Las prisas en trasladarse están claras: Mosquera tenía que dejar el cargo el 26 de septiembre de 1587, y así, el 1 de octubre le pasó la vara de justicia a su sucesor, don Juan de Zúñiga y Avellaneda.

No sé dónde coincidieron, ni cómo el uno invitó al otro, o quién le informó de en dónde estaba Cristóbal Mosquera. Me faltan las pruebas documentales. Ya aparecerán.

Y en unas semanas, Cervantes escribe poemas para el corregidor-poeta-cronista, ¿de verdad que no sabía cuáles eran los usos de los cortesanos?

Al servicio del rey (desde septiembre de 1587)

Sabemos que Cervantes, el 22 de septiembre de 1587, según consta en las Actas municipales de Écija, ya ha llegado allí dispuesto a dejar a los vecinos cereal sólo «para comer e sembrar».[4]

Las cosas no estaban calmas en Écija, una de las ciudades más importantes de Andalucía.[5] Nunca ha gustado al campesino que le embarguen las existencias de trigo, aunque sea para un fin supremo; aunque se le indemnice. Por eso, cuando se barruntan vientos de tormenta, hay que prepararse para los truenos. Los unos elevan memoriales y quejas mostrando una apocalíptica situación campesina, lo cual siempre es verdad, o mentira: en aquel entonces, depender del clima para sobrevivir era una odisea y una heroicidad (es lo que ocurre en todas las economías que el opulento Occidente llama eufemísticamente «países emergentes» por no llamarlos «subdesarrollados», o sea, en los que se pasa hambre y no hay horizontes); por lo tanto, quejarse era hacer explícita la realidad de lo cotidiano. Pero, por otro lado, si era necesario, se exageraba un poco, porque cualquier tragedia era creíble.

Los historiadores hemos podido demostrar cómo desde 1590 en adelante, y sobre todo en la Corona de Castilla, una coyuntura climática bonancible se trunca en calamitosa y así, se suceden las hambrunas, peste y crisis epidémicas y demográficas. Venía a llover sobre mojado: porque en mala hora se ponía en marcha esta Jornada de Inglaterra, esta Empresa de Inglaterra, esa Gran Armada, como se decía entonces:[6] porque si era costosa montarla, los costes se tornarían en calamitosos si los cielos no eran generosos. Y llevaban unos años algo rencorosos.

Efectivamente: allá por 1584 en la Corte se hacían eco de que la situación en Andalucía era grave. El propio Mateo Vázquez lo refería a Felipe II:

> Es tan grande el trabajo en que se halla lo más del Andalucía, que pide muy apriesa remedio, porque si falta el sustento ordinario y para la sementera y para las armadas, Vuestra Majestad, con su gran prudencia, experiencia y gobierno considerará lo que se puede temer, y los daños de la hambre, guerra y peste, que suelen nacer unos de otros,

por lo que le proponía hacer pósitos de trigo «en algunas partes del Andaluzía». A lo que Felipe II responde: «Fuera muy bueno lo de los depósitos que aquí decís...».[7] En la mismísima villa de Madrid, sede de la Corte, ante la hambruna que se avecinaba, se decidió volver los ojos hacia las tierras del otro lado del Guadarrama y comprar todo el cereal que se pudiera en Segovia, Ávila, Arévalo, Olmedo o Medina del Campo. En Madrid intervino el rey, por medio de un órgano llamado Sala de alcaldes de Casa y Corte, cuyas decisiones se superpusieron a las municipales: como ya había pósito del Ayuntamiento, se le ordenó sacar 400 fanegas a diario para molturar y panificar; igualmente, que se registrasen las panaderías para ver si había acaparamiento. Todo inútil, porque cundió la desazón, ya que los comisionados «no auían hallado ni hallaban lo que era menester para la dicha provisión porque los que lo tienen [el trigo] no lo querían vender y lo encubren y recoxen de diversas formas». Por ello es por lo que se mandó a Juan de Santarén a *aquende de los puertos* (al norte del Guadarrama) a requisar el grano, esencialmente cebada. La cédula real determina claramente cómo y dónde debe actuar el juez comisionado. Y así, el 7 de julio levantaba acta un escribano público de que «como a las seis de la tarde [...] doy fee que el dicho día yo le vi de camino, y en una mula [...] con su alguacil de la comisión, asimismo de camino, y con otra gente y criados, entre los quales no hiva, ni bi, a Marcos González, escriuano desta comisión». ¡Empezaban bien las cosas. Un juez de embargos ante el que no se presenta su escribano!

Como se ve, el «registro» (ya que no suelen hablar de «embargos» ni de «requisas») de cereal era habitual en épocas de calamidad, urgencia o necesidad. Pero, particularmente, lo que estaba pasando en ese año de 1584 es que el sur estaba siendo malamente azotado por una esporádica crisis de subsistencias tan grave que el propio Madrid tuvo que mirar al norte para su alimentación.[8]

Sin embargo, pasada la crisis, se aprendió de la experiencia. En la primavera de 1587 el corregidor de Madrid proponía que, como llevaban unos años buenos, sería ocasión pertinente de comprar ¡200.000 fanegas! de trigo para paliar los malos momentos cuando llegaran.[9] Los cuales malos momentos no tardaron en llegar, y así, desde 1589 en adelante podemos hablar de una, esta vez sí, continuada y calamitosa crisis de subsistencias, hambres y malestares, que concluye hacia 1594 (a 1590 se le llamó «el año de la gran necesidad») y se recrudece entre 1598 y 1599... luego, peste (1596-1602).

En efecto, el 3 de mayo de 1589 escribió Felipe II al conde de Barajas que:

> En mucho cuidado me ha puesto la esterilidad del año y lo que estos días he visto de los campos, de que podemos temer mucho si Dios con su misericordia no se sirve de que se mejore el tiempo.

Exactamente, en los mismos días:

> En este ayuntamiento se trató y confirió sobre la falta y carestía que se va sintiendo de pan por la detención del agua y de los remedios que se podrían poner para bastecer esta villa y corte.[10]

Así las cosas, después de la carencia de cereal en Andalucía en 1584 y las primeras requisas de grano de 1586, que no se habían pagado aún, es cuando se manda a Cervantes a realizar el segundo embargo. El escritor de comedias y novelas pastoriles, el excautivo de Argel, el soñador y padre extramarital, se las ha de ver con molinos de viento trocados en gigantes. Pero, como hemos visto, no estaba solo: tenía buenos asideros.

A 25 de septiembre de 1587 se comunicó al Ayuntamiento la obligación de colaborar en la requisa de grano. El proveedor real de las Flotas y Galeras, Antonio de Guevara, se lo comunicaba al corregidor, don Juan de Zúñiga y Avellaneda. No hay que olvidar que ambos cargos eran de designación real, aunque el corregidor fuera el presidente del Ayuntamiento.

Al mismo tiempo, la Real Audiencia de Sevilla (tribunal de Justicia en grado de apelación, así como con capacidad ejecutiva) se había puesto en marcha por otras zonas. Uno de sus enviados era su alcalde del crimen (entiéndase, como miembro de la Audiencia, con poderes ejecutivos y judiciales), Valdivia, que estaba por Andújar. Si las cosas no iban a buena prisa, estaba dispuesto a trasladarse a Écija: eso supondría una afrenta al corregidor y a cuantos oficiales reales estuvieran allí, por inútiles.

Al día siguiente, esto es, el 26 de septiembre, el Ayuntamiento se avenía a cumplir las órdenes reales, pero con ganas de negociar con el juez pesquisidor, o sea, con Cervantes y también con su superior, Valdivia, para que se levantara el menos trigo posible. Valdivia era exigente y Cervantes estaba entre dos fuegos. Propuso que se hiciera como era la costumbre a la hora de pagar ciertos servicios reales o tributos municipales, que se derramara entre la población en función de sus producciones. Bien sabía Valdivia que operar así era recoger casi tanto como la nada o el muy poco. Los vecinos estarían encantados: a golpe de ocultar y complicidad colectiva darían lo que quisieran.

Se entraba en octubre sin acuerdo y Cervantes sabía bien cuál era su función. Porque, como cantara en *El Quijote* (I, XXII; I, XLI), en *Pedro de Urdemalas* (vv. 618-631), en *El amante liberal* (v. 551), con el bizcocho, el pan cocido dos veces y duro como piedra que se comía mojándolo en agua y que era la base de la alimentación de los marinos, el bizcocho, digo, calmaba el hambre en alta mar. Así que el ex marino y el fugitivo, que tanto debía al cereal molturado y panificado, el oficial real, tenía que ponerse de un lado y olvidarse de los lamentos de los hombres del campo que exagerarían sus desdichas. Él les requisaba el pan, es cierto, pero les entregaba una carta de pago, con el refrendo real. La garantía del cobro era absoluta... ¿seguro?

Dos excomuniones en su haber

De tal manera que, a primeros de noviembre de 1587, había registrado casi 2.025 fanegas de trigo de volumen. Las más de ellas (1.607, el 79 por ciento) pertenecían al clero y procedían del pago del diezmo o de otras rentas señoriales. Imagina, lector, lo que ocurrió. Astrana no llega a atisbarlo, «los particulares contuviéronse algo», dice.[11] Quienes no, fueron las dignidades eclesiásticas afectadas de la catedral de Sevilla. Actuaron a mitad de camino, con usos antiguos y con usos nuevos. Me explico: contra la codicia de la autoridad real, aplicaron un decreto de Trento, verdaderamente basado en el Derecho Canónico y en la tradición; pero basándose en ambos, usaron con ligereza de la excomunión, contraviniendo una recomendación de Trento.

En efecto, en la sesión XXII del Concilio se había determinado que

Si la codicia, raíz de todos los males, llegare a dominar en tanto grado a cualquiera clérigo o lego, distinguido con cualquiera dignidad que sea, aun la Imperial o Real, que presumiere invertir en su propio uso, y usurpar por sí o por otros, con violencia, o infundiendo terror, o valiéndose también de personas supuestas, eclesiásticas o seculares, o con cualquiera otro artificio, color o pretexto, la jurisdicción, bienes, censos y derechos, sean feudales o enfitéuticos, los frutos, emolumentos, o cualesquiera obvenciones de alguna iglesia, o de cual-

231

quiera beneficio secular o regular, de montes de piedad, o de otros lugares piadosos, que deben invertirse en socorrer las necesidades de los ministros y pobres; o presumiere estorbar que los perciban las personas a quienes de derecho pertenecen; quede sujeto a la excomunión...[12]

Mas, al mismo tiempo que se advertía de la grave pena de excomunión, se exhortaba a las autoridades eclesiásticas a que no abusaran de ella —como era costumbre— porque los creyentes iban a dejar de temer la sanción. Lo grave estaba, en cualquier caso, en que la suspensión de la percepción de sacramentos, individual o colectivamente, dejaba al individuo o a la comunidad inermes ante el Juicio Final, ¡menuda gracia! Y si, además, se estaba un año sin mostrar arrepentimiento, se podía caer en el enrevesado mundo de la sospecha de la herejía, que en España la juzgaba ¡la Inquisición!:

Aunque la espada de la excomunión sea el nervio de la disciplina eclesiástica, y sea en extremo saludable para contener los pueblos en su deber; se ha de manejar no obstante con sobriedad, y con gran circunspección; pues enseña la experiencia, que si se fulmina temerariamente, o por leves causas, más se desprecia que se teme, y más bien causa daño que provecho.

Por esta causa nadie, a excepción del Obispo, pueda mandar publicar aquellas excomuniones que, precediendo amonestaciones o avisos, se suelen fulminar con el fin de manifestar alguna cosa oculta, como dicen, o por cosas perdidas, o hurtadas; y en este caso se han de conceder sólo por cosas no vulgares, y después de examinada la causa con mucha diligencia y madurez por el Obispo [...]

El excomulgado empero, cualquiera que sea, si no se redujere después de los monitorios legítimos, no sólo no se admita a los Sacramentos, comunión, ni comunicación de los fieles; sino que si, ligado con las censuras, se mantuviere terco y sordo a ellas por un año, se pueda proceder contra él como sospechoso de herejía.[13]

Así es que el bueno del delegado real tenía que soportar sobre sus espaldas una sanción personal por el hecho de haber cumplido con órdenes regias. En efecto, Cervantes fue excomulgado dos veces. La primera, por su actuación en Écija y sus registros al clero; la segunda, como veremos a continuación, por los registros de Castro del Río. ¡Claro que era desdeñoso con esa Iglesia con la que habían topado!

Cabe decir que, por otro lado, aunque el clero estaba exento a título personal de contribuir pecuniariamente para el mantenimiento del rey, la Iglesia, en su conjunto, contribuyó institucionalmente de manera muy activa en la defensa de la política regia.[14]

Más embargos en Écija y sus alrededores

Continuaron los embargos, más pausadamente, y el Ayuntamiento se quiso componer con Valdivia, que se trasladó a Écija para dar agilidad a la comisión. Por fin las partes se avinieron a que el pueblo entregaría un total de 5.400 fanegas de trigo, incluidas las ya requisadas, aunque con el lamento de que no se cargara sobre siete u ocho vecinos (eran los más ricos del lugar, de ellos, dos *dones* y un regidor) sino sobre todo ese municipio de más de ocho mil.

El caso es que, cerradas las cuestiones de Écija, Valdivia y Cervantes se trasladaron a La Rambla. La fertilidad de algunos pueblos era su ruina. Al parecer, por otro embargo real de 1579 se debía a los vecinos de este pueblo cordobés 1.560 fanegas de trigo y 219 de cebada; desde el verano de 1587 se habían sacado otras 1.600 fanegas como mínimo, amén de otros alimentos, de todo lo cual en el pueblo se esperaba la indemnización.

Cuando llegaron Valdivia y Cervantes, alcanzaron un acuerdo con el Ayuntamiento: se entregarían 500 fanegas al rey en veinte días. Las custodiarían en un alholí de la localidad, bajo dos llaves, una en poder de un regidor y la otra en poder de Valdivia. Estamos en el 20 de noviembre de 1587. Llegados al pacto, Valdivia se retiró a Córdoba y Cervantes se quedó revisando la entrega… que muchos no querían hacer, porque una cosa es lo que pacta el Ayuntamiento y otra que lo cumplan los vecinos. Así que hubo que meter a algunos en la cárcel; escribir el Ayuntamiento a Valdivia suplicando el perdón; compromisos de entrega de lo pactado; suelta de los presos; requisas y envío de un segundo comisionado que ayudara a Cervantes...

Aunque a 30 de noviembre ya se hubiera pregonado la derrama de trigo entre vecinos, aún en enero de 1588 se seguía discutiendo.

En cualquier caso, recibió orden de trasladarse a Castro del Río, en donde expropió cerca de 1.700 fanegas de trigo y menos de medio centenar de cebada. Fue excomulgado por las mismas causas que en Écija. De Castro del Río, pasó a Espejo, y se hizo con 400 fanegas concejiles. Tal vez se desplazó a Cabra, enroló como ayudante suyo a su primo Rodrigo y volvió a La Rambla. Continuó con los embargos, uno de 1.272 fanegas de un hidalgo y otro de la misma cantidad que, a cuenta de 2.000 pactadas entre el obispo de Córdoba y Valdivia, iba a dar el vicario de La Rambla a Cervantes. Como Valdivia le llamara a Córdoba, el encargado de recibir esas mil y pico fanegas fue su primo Rodrigo. Fuese a Córdoba a finales de año y volvióse a La Rambla a principios del 1588 para cobrar otras 500 fanegas más pactadas que algunos vecinos se resistían a entregar.

A 10 de enero de 1588 concluía la comisión y se volvía a Sevilla. Es de suponer que presentara las cuentas de la comisión y que solicitara que se le abonaran los 1.344 reales que le debía el rey. El rey era mal pagador.

Unos días después, Antonio de Guevara le ofrece otra comisión: esta vez, habida cuenta de su experiencia y su buen hacer, le propone ir a Écija a embargar 4.000 arrobas de aceite que se encargaría de trasladar a Sevilla. ¡Otra vez a Écija! Existe constatación documental de la queja del Ayuntamiento de la localidad contra tanta presencia de comisarios reales por cuya causa, «muchas tierras quedan vacías [...] y será perecer de hambre».[15]

Sólo consiguió la mitad, 2.002 arrobas, de las que el 90 por ciento (1.786) estaban en la bodega de Juan de Langa, escribano de Écija, pero pertenecían a Simón Ruiz, de Medina del Campo. Quiero llamar la atención sobre esta cuestión: Simón Ruiz —que pasa inadvertido a Astrana—

era el banquero castellano más importante de la España de Felipe II. Su presencia económica en Écija, siendo él de Medina, es muy significativa de cómo no sólo el poder, mas el dinero, se extienden con tupidas redes. El escribano de Écija custodiaba el aceite del banquero. ¿Qué otras cosas, acaso secretos de alguna escritura poco real, no le guardaría? A la altura de 1595 algún discípulo de Pantoja de la Cruz, o en el mismísimo taller de quien retrata a Felipe II anciano para El Escorial, retrata, «en majestad real», o en «retrato de aparato cortesano», a Simón Ruiz y a su esposa, esto es, con los mismos atributos iconográficos que si de un rey de la Casa de Austria se tratara: ventana abierta al fondo, escritorio, cortinaje, la mano sobre el escritorio, etc.[16] Cervantes en Écija, Simón Ruiz también (aunque por testaferros): ¿coincidencia o atracción del mundo de los negocios del que sería partícipe Cervantes?

El caso es que las arrobas fueron cargadas hasta el 5 de febrero en varias carretadas y llegaron a Sevilla y de allí a San Lúcar. Como llegó a Castilla una terrible noticia: en Lisboa, a 9 de febrero de 1588, ha muerto don Álvaro de Bazán, el marqués de Santa Cruz. Todos los planes se desbaratan: ¿y ahora qué?

Pues, de momento, hay que seguir con los embargos. Presto a irse a Écija, da un poder particular a Hernando de Silva, vecino de Sevilla, para que negocie el perdón de su excomunión sevillana en 24 de febrero de 1588; en 5 de abril, hará lo propio para la excomunión cordobesa, apoderando a su primo Rodrigo.

En 8 de marzo está en Écija; hay noticias de que Guevara tiene dineros frescos y que se pueden pagar las indemnizaciones. En mayo ha regresado a Sevilla; debe de recibir entonces la noticia de la muerte de su suegra (1 de mayo de 1588). No acude a Esquivias. La flota de Lisboa está levando anclas.

El 1 de junio daba un nuevo poder para que en su nombre se cobrara lo que se le debía: naturalmente, el rey. Cervantes, pues, estaba dispuesto a abandonar Sevilla en aquellas fechas. Sin embargo, una nueva comisión, propuesta por don Antonio de Guevara, le tentaba a quedarse en Andalucía. El objetivo, de nuevo, Écija.

Hechas las formalidades pertinentes, presentados los avales para quien manejara dinero de Su Majestad, recibió su nueva comisión a 15 de junio al tiempo que se podían ir haciendo los pagos de las requisas de 1587: al parecer, el primero de ellos se hizo en Sevilla en 17 de junio de 1588.

Esta comisión era, en verdad, delicada: se había pactado que el trigo almacenado en Écija no se sacaría de allí hasta que el rey no lo pagara. Ahora, sin embargo, cambiaban las tornas. En la comisión, a Cervantes se le decía claramente que no había tiempo que perder para la molturación y panificación del cereal y que, aunque no se hubiera pagado aún, había que trasladarlo a los molinos y hornos que fuera menester.

Nuevas idas y venidas de Écija a Sevilla, más papeles y al fin, en marcha la ejecución del cometido, pudo Cervantes empezar a cobrar los adeudos de hacía unos diez meses. Se le reconocían a su favor 1.344 reales, (45.696 maravedíes), de los que el 1 de julio de 1588 se le pagaron 500 (17.000 maravedíes).

Mientras Cervantes, de nuevo en Écija, intentaba ejecutar la comisión y el Concejo hacía todas las maniobras jurídicas que podía para evitar entregar el dinero sin haberlo cobrado antes, el licenciado Guevara mandaba una orden más a su comisario. Que sacara todo el cereal que pudiera, de todas las partes que pudiera. Lamentos y protestas de Écija al rey, con la indicación de que ya había dado sufiente trigo, que se les había pagado poco y que por qué no se embargaba en Jaén o por La Mancha. Andamos ya a finales de agosto de 1588. Coinciden las fechas en que el Ayuntamiento de Córdoba opta por presentarse ante el confesor real para suplicar menos rigor en la saca de cereal, porque han oído que en Écija «está un juez enviado por Antonio de Guevara [...] y va sacando a los vecinos todo el trigo que tienen...».

Al tanto, en aquella canícula, Cervantes fue haciendo pagos, moliendo el grano y cumpliendo con los embargos de la última comisión. No obstante, nuevamente, a finales de agosto, recibía órdenes de requisar más aceite, en Écija; a principios de septiembre, en Marchena..., sin conseguir el todo de lo que se le mandaba recoger.

Infundios sin fundamento, pero dañosos y el fin de la estancia en Écija (abril de 1589)

Ahora bien, a la vez, y en Madrid, uno de los legados de Écija lograba convencer de que en la localidad el juez comisionado les estaba asfixiando y solicitaba que se aflojara la presión de los embargos. Felipe II dio instrucciones sobre que remitiera la presión (¡él, menudo ejemplo!). A río revuelto, lógica ganancia de pescadores: los regidores desdijeron los pactos hechos y pidieron —suele decirse— el parecer de teólogos sobre estas exacciones (en realidad, eran frailes de la localidad o próximos a su existir): dominicos, franciscanos y mercedarios de Écija se mostraron contrarios a la facultad de imponer tantas cargas (¡habría que ver si opinaban lo mismo sobre el diezmo y otras rentas de abadengo, o qué excusas pondrían aun en época de carestía para poderlo cobrar so pena de excomunión en su defecto!). A 22 de septiembre de 1588 el licenciado Guevara exhortaba a que por las buenas se cumpliera con lo pactado entre él y la localidad; a la vez, Cervantes exigía al Ayuntamiento que ya que en Madrid, en nombre del Concejo, se había mancillado su fama acusándole de haberse excedido en su trabajo causando tanto daño al pueblo, que se retractaran.

El día 30 de septiembre de 1588 fue un día glorioso para Miguel de Cervantes. Reunido el Ayuntamiento de Écija, el alcalde mayor, Galindo de la Vega dijo «que la dicha cédula real no fue ganada a pedimento de esta dicha ciudad, ni tal se ha acordado por ella» y los argumentos que esgrimió el representante municipal ante el rey eran falsos y siniestros, porque «como es notorio, el dicho Miguel de Cervantes, en el tiempo que asistió en esta ciudad con comisión de Antonio de Guevara el año pasado de ochenta y siete, usó su oficio en la saca del pan que en ella se hizo con mucha rectitud, y lo mesmo ha hecho en este presente año de ochenta y ocho».[17] El propio corregidor aseveraba que «no ha visto ni entendido que el dicho Miguel de Cervantes haya hecho cosa indebida; antes, que ha ejercido su oficio de comisario bien y diligentemente».

La verdad es que algunos regidores, en su mayor parte hidalgos, estaban perplejos ante la situación y cerraron filas junto al juez de comisión,

Miguel de Cervantes, e instaron al corregidor para que se enterase de dónde había partido la información que era llegada al Ayuntamiento, así como exigieron al jurado Cristóbal de Torres que se explicara. Al parecer no dio respuesta al requerimiento municipal.

A falta de más datos, teniendo en cuenta que a Madrid se había desplazado otro regidor, no hidalgo, mucho me sospecho que en este embrollo la actuación de Cervantes no era la esencia de la queja, sino que, usado como chivo expiatorio, una bandería urbana estaba arreciando contra otra. Esta vez la excusa era el tema de las sacas de trigo y, la manera de amargar la vida, la actuación real. Otras veces, se les iba la mano y ponían una denuncia en la Inquisición por cualquier cosa, porque ante un suculento pichón se mentara al Espíritu Santo, y entonces ya estaba organizada la de San Quintín. No obstante lo cual, la actuación de Cervantes en Écija y su tierra me maravilla a mí también, como a sus coetáneos, como a sus biógrafos.

El 7 de octubre de 1588 daba otro poder a uno de los alguaciles de Guevara —con plaza en Sevilla— para que le cobrara lo que se le adeudaba. Probablemente, había dinero fresco y había que cazarlo antes de que se fuera a otra olla.

Él no podía ir a Sevilla, por los motivos que fuera: acaso porque las nuevas comisiones de 17 y 20 de octubre de 1588 para requisar más trigo y aceite en Écija le mantuvieran allá bloqueado. La orden era explícita: aunque hubiera que sacar 2.500 fanegas de trigo y 500 de cebada, había dos límites: que se obtuvieran sólo de los que tuvieran y que se hiciera todo sin «ruido», de tal manera que si se presumía alguna queja o alboroto, mejor requisar menos. Igualmente, que se molturara rápido para enviarlo a Sevilla; en tercer lugar, que se hiciera con 1.500 arrobas de aceite. Se puso inmediatamente manos a la obra. Hacia el 4 de noviembre había casi cubierto el cupo de la orden.

Mientras tanto, el 21 de octubre, aquellos del clero que en 1587 habían visto cómo se les expropiaba el trigo, empezaban a cobrar, supongo que para alivio de Cervantes, aún excomulgado. El perdón se lo dará, precisamente, un familiar de Lemos. En cualquier caso, se emitieron otras cartas de pago el 26 de octubre, el 4 y el 8 de diciembre, etc.

Pero las cosas no iban tranquilas para Cervantes. Un regidor de Écija arremetía por segunda vez: se chismorreaba que había sacado más cereal del autorizado. Cervantes no se quedó quieto. El 23 de enero de 1589 lanzó un reto, impresionante por su serenidad y por la seguridad que se trasluce al leer el documento. Pedía a la ciudad que se convocara a los vecinos y que fueran declarando cuánto trigo o cebada le habían dado para que se viera claramente que no se llegaba a 1.000 fanegas de las 3.000 que tendría que haber requisado. Igualmente, acompañaba a tan valerosa petición —¡un juez pesquisidor tan seguro de su verdad que se atrevía a verse cara a cara con todo Écija!— una copia del registro de todas las partidas de trigo decomisadas.[18]

Siguieron sus asuntos los cauces normales y el 18 de febrero de 1589 Cervantes, por un lado, y los vecinos, por otro, presentaron sus certificaciones, de donde se probó lo que era evidente para nuestro autor: su rectitud.

A finales de marzo (concretamente el día 27) se realizaban otros pagos más, y el 2 de abril de 1589 se daba por cerrada la comisión, toda vez que se abonó a los ayudantes de Cervantes su jornal, al arrendador de la casa en que vivió de alquiler y así sucesivamente... excepto a él mismo, al que el rey le dejó por pagar 112.608 maravedíes (300 ducados), o sea, el salario de ¡276 días de trabajo!

La «Empresa de Inglaterra»

Lector paciente: has podido adivinar ya que si Cervantes anda por Écija es porque se está preparando la invasión de Inglaterra. En seguida te explico algunas cuestiones básicas de aquel fabuloso acontecimiento. Lo voy a hacer como historiador, movido por el afán de transmitir el conocimiento; lo haré porque creo que es necesario dar luz objetiva a siglos de menosprecio cultural; lo hago porque me aburren el derrotismo o el victimismo de todos aquellos a los que duele España o su nación; lo hago, en fin, porque después del IV centenario de aquella historia, después de que investigadores nuestros o británicos, que en ciencia la patria da igual, exhumaran miles de documentos nuevos y se editaran decenas de obras innovadoras por sus métodos de trabajo, su veracidad y sus aportaciones, la investigación histórica avanzó a pasos de gigante y es necesario divulgar esas conclusiones.[19]

Si el autor de este libro fuera un novelista o un ensayista, quiero decir, si su trabajo se creara en función de la imaginación o de la reflexión, y sin sujeción a la disciplina del documento y de las investigaciones anteriores, le encantaría hacer un paralelismo entre Carlos V y Felipe II, por un lado, y Cervantes en Lepanto y Cervantes fuera de la Jornada de Inglaterra. En efecto, al Carlos V guerrero sucedió el Felipe II burócrata o papelero. Igualmente, si Cervantes está presente en Lepanto, no embarca en la Jornada de Inglaterra, aunque pertenece a los burócratas que le dan sustento. En cualquier caso, en ambas campañas su pluma nos deleita y nos hace reflexionar, ¡otra vez!

Tengo ante mí una de las obras que se publicaron al calor de aquel cuarto centenario.[20] Voy a proponerte un momento de reflexión: sólo la relación de fuentes inéditas y desconocidas hasta entonces que maneja la autora demuestra una forma diferente de trabajar por los jóvenes historiadores, a la que nos acostumbraron nuestros maestros —profesores españoles en nuestras universidades, o en el CSIC— y que no nos llama la atención; sin embargo, a ti, por si acaso no sabes en qué consiste la investigación humanística, te quiero transmitir mi vocación: «Alrededor de quinientos noventa legajos, es decir, un equivalente a más de seis mil documentos»[21] procedentes de las secciones siguientes del Archivo General de Simancas (Valladolid), que es el archivo histórico más importante de nuestra historia para los siglos XVI, XVII y parte del XVIII: Patronato Real; Estado; Guerra Antigua; Consejo y Juntas de Hacienda; contaduría Mayor de Cuentas; contaduría del Sueldo; Secretarías Provinciales; Mapas, Planos y Dibujos; Cámara de Castilla. O sea, esencialmente, fuentes contables y políticas. En el Archivo Histórico Nacional, aunque sin tanta profundidad porque la documentación no le es tan útil para esta investigación, Estado, Osuna y Diversos; en el Archivo General de Indias, casi media docena de otras secciones; y, en fin, un gran número de documentos publicados en colecciones específicas. Así escribimos Historia. Hecha esta primera declaración de principios (o de fe), sigamos adelante:

Ya hemos visto a Cervantes en Lepanto. Entonces, Felipe II se sentía poderoso porque desde que subió al trono había estimulado la construcción de galeras que prestaran servicio en el Mediterráneo, de tal suerte que hacia 1574 había ya 146 galeras, mientras que en 1562, fecha de inicio de esta política de construcción naval, se disponía de ¡14!

Las glorias de Lepanto, que lo fueron, sin duda, le duraron poco. La sublevación de Flandes, desde 1566-1567 en adelante, se convirtió en una permanente sangría de esfuerzos, energías y atenciones. Había que defender los derechos dinásticos y la verdadera religión. Tan importante fue aquella rebelión para nuestra Historia que desde entonces se opera un cambio crucial y el «gran eje» pasa del Mediterráneo al Atlántico y toda la geoestrategia de la cristiandad empieza a girar alrededor de ese conflicto. Por eso, la anexión de Portugal no era un capricho, ni las prevenciones contra Inglaterra, que tanto ayudaba a los enemigos del Rey Católico, eran prejuicios de un visionario. No obstante, el rey no fue hábil, o no estuvo rápido de reflejos: pensó que el problema de Flandes se podría solucionar con tercios, con infantería y allá mandó a Alba. Y descuidó el mar, por más que sus leales gobernadores le pedían una y otra vez la construcción de una gran Armada del Norte o que se intentara mandar desde España (no mantener allí) una Armada en más de una ocasión: en 1570, 1571 y 1572 hubo intentos, capitaneados por el duque de Medinaceli, de llegar a Flandes y, en ocasiones, las escaramuzas, problemas de calado en los puertos flamencos, o el mal tiempo, desbarataron las operaciones. Concretamente, en 1572, Medinaceli se hizo a la mar con una Armada de 47 navíos de guerra, un buen número de naves de apoyo o de comercio que sumaban 8.130 toneladas de porte y 4.000 hombres entre soldados y marineros.

En 1574 se firmó la paz con el turco y en 1575 se decidió la construcción de una nueva y gran Armada. Solicitaba e imploraba el gobernador don Luis de Requesens: «No se puede acabar la guerra en los Países Bajos si Vuestra Majestad no es superior en el mar». Así que se decidió mandar una flota de más de cien navíos. Pero la escasez de dinero (es el año de la segunda suspensión de pagos), así como la desmoralización de las gentes de tierra por falta de confianza en recibir sus pagas («la Armada se deshace cada día y la causa es el desorden y el caos y la poca gana que tienen estos hombres de servir al rey»), iba retrasando la partida y a la vez que los bastimentos no eran envidiables. A finales de septiembre zarparon desde Santander poco más de medio centenar de naves y cinco compañías de soldados. Las tormentas y las dificultades de la navegación, así como una infraestructura deficitaria, provocaron que la armada de Valdés y Recalde no ayudara a nada en Flandes.

De nuevo, en noviembre de 1575, se mandó otra flota, al mando del capitán Sancho de Archiniega: sólo 8 buques y menos de un millar de soldados. Listos para zarpar el 25 de noviembre, levadas las anclas... los reclutados se amotinaron porque no se les había pagado. Solucionado parcialmente el problema, al llegar a Finisterre, unos barcos se hundieron, otros perdieron la formación y los terceros volvieron a puerto. A finales de 1575 Felipe II decidía no mandar más naves a Flandes: «Lo mejor —escribía el propio rey— será despedir esta armada» y que los problemas de Flandes los solucione el gobernador desde allí como pueda, «sin tener que enviar Armada desde España».

En Dunquerque, base de operaciones navales, estaban prestos para defender el Flandes Obediente una flota compuesta por 2 naos, 1 bajel y 5 filibotes:[22] así, cualquier rebelión era difícil de ser controlada.

Es evidente que los tercios desplazados a Flandes carecían de suficientes barcos de guerra o artillables, y mientras, los holandeses rebeldes tomaban ahora un puerto, luego unas bocas, allá otra ciudad... Así, hasta 1580, en que tiene lugar el despertar de la política marítima continental de Felipe II con la incorporación de Portugal y su victoriosa campaña en la isla Tercera con el marqués de Santa Cruz al frente de 98 buques[23] y 11.445 soldados, que causó fascinación: «No he visto jamás Armada tan florida, ni ir la gente con tan buen ánimo como estaba», decía, exultante, el proveedor general.

Las cosas, pues, habían cambiado para los hombres de la mar. Del decepcionante 1575, al glorioso 1580. El ánimo era victorioso.

En paralelo a los acontecimientos anteriores relativos a Flandes, es bueno adentrarse en las relaciones entre el Rey Católico y la reina Isabel I. Es verdad que desde que Felipe II sube al trono hasta 1588 ambos soberanos intentan que los acuerdos prevalezcan sobre los desacuerdos: aquéllos son sus tradicionales lazos de amistad, ampliados por la necesidad de contener a Francia; la necesidad española de poder navegar libremente hacia aguas del norte; la necesidad de Flandes de traficar con Inglaterra. Los desacuerdos eran de carácter religioso, eran políticos y eran económicos, porque la riqueza de América era muy apetecible.

Sin embargo, una provocación acá, o la defensa de un derecho allá, hicieron que aquellas buenas relaciones saltaran por los aires... o se fueran a pique.

En efecto: en 1563 en Flandes se había prohibido la importación de cerveza, primero, y tejidos, después, procedentes de Inglaterra. Se intentaba escarmentar así —entre otras cosas— las actividades piráticas de los ingleses y los hugonotes franceses contra todo lo católico que se moviera por el Canal, independientemente de su bandera. Fue la «primera guerra comercial» entre Flandes e Inglaterra, cuyas prohibiciones se extendieron, naturalmente, a la Península y hubo reciprocidad por parte inglesa. La crisis se zanjó en 1565.

La segunda quiebra del antiguo equilibrio se dio entre 1569 y 1573. Los ingleses han empezado a expandirse por el Báltico y cruzan el Atlántico (Hawkins en San Juan de Ulúa), espoleados por la necesidad comercial. Este hecho molesta, naturalmente, a los españoles. Y la tensión sigue en aumento: por ejemplo, en 1569 Isabel ordena el embargo del dinero que había en barcos del rey fondeados en puertos ingleses. Era el dinero de las pagas a los soldados de Flandes, cuya presencia militar era tan incómoda para la tranquilidad de Londres, porque estaban a un tiro de piedra. Felipe II ordenó lo propio, contraembargos en la Península, de tal manera que en los meses siguientes cesó el tráfico triangular entre Flandes, Inglaterra, España. No obstante la situación, las relaciones diplomáticas debieron de ser apasionantes por inquietantes: el gran duque recomendaba moderación, e Isabel no quería más complicaciones. Afortunadamente, predominaron estas voluntades. Porque cuando desde 1572 estalla de nuevo y con más fuerza la revuelta en las ciudades marítimas del norte de Flandes, y cuando en Francia los católicos asesinan a protestantes por doquier en la tétrica Noche de San Bartolomé (24 de agosto; acaso 20.000, unos 3.000 en París), Isabel y Felipe optan por reiniciar buenas relaciones, porque se ve que cualquier frivolidad o enfrentamiento no les va a ser provechoso. En 1573 se calman los ánimos (tratado de Nimega). Desde entonces hasta 1579 fueron años de colaboración al principio y de distanciamiento después: por ejemplo, en 1575 se firmó el tratado de Cobbham-Alba, tenido como el primer esbozo de tolerancia religiosa en España para con los anglicanos.

De aquellas crisis, los más beneficiados son los ingleses, porque su situación geográfica les hace tener que salir al mar y buscar rutas de subsistencia. Así van descubriendo ante sus ojos las posibilidades económicas de Alemania, el Báltico, Rusia, Terranova y, poco a poco, el Mediterráneo: en 1577 constituyeron la «Spanish Company» y en ese año empezó la vuelta al mundo de Drake (1577-1580), por cierto, más de medio siglo después de la dada por El Cano. En cualquier caso, es evidente que, al tiempo que el rey de Portugal muere en Alcazarquivir, los ingleses se envalentonan surcando, aunque asistemáticamente, los mares. Mientras, Felipe II ha de mantenerse atento a varios frentes de guerra. En Flandes, que como había sido territorio de paz en tiempos de Carlos V, cuando la guerra en el Norte no era marítima sino terrestre (no hay ni una batalla en el mar contra los luteranos, que todas son con los pies en el suelo) parece que nadie hubiera caído en la cuenta de la necesidad de preparar una Armada. Y una Armada, o una política militar no se improvisan… como lo demostraron los hechos vistos antes. Así que la retirada naval del Mar del Norte desde 1575 hasta 1583 tuvo como consecuencia que el tráfico mercantil se entregara a quienes lo quisieran: ingleses, neerlandeses y algunos hanseáticos. Se había cortado un cordón vital para la economía castellana y para la defensa de la fe, la dinastía y el orgullo de lo «propio», en el Norte.

He ahí la importancia de la incorporación de Portugal como estímulo para reconstruir una política atlántica olvidada. En poco más de cinco años, se había firmado la paz con el turco (1574), Alejandro Farnesio campaba victorioso contra los rebeldes (los leales a Felipe II constituyen en 1578 la Unión de Arrás, reconquista Flandes y Brabante; en 1585 tomaría Amberes para espanto de los enemigos del Rey Católico); las remesas de metales preciosos crecían sin cesar… y se anexionaba Portugal con su imperio: ¿había motivos para no sentirse victoriosos contra cualquier reto u obstáculo?

En 1584 moría Guillermo de Orange (que en 1581 había proclamado la independencia de los territorios sublevados). En Francia siguen en sus disensiones y guerras de religión civiles. Así que, la rebelión sin cabeza y Francia al margen de la política continental, Isabel I se aviene a pactar con los flamencos, antes de que siga creciendo el poder de Felipe II. En 1585 firma un pacto con las Provincias Unidas (los rebeldes) para garantizarles financiación y defensa. Por el tratado de Nonsuch se mandaron al territorio calvinista 6.000 infantes y 1.000 caballeros y el favorito de Isabel, el conde de Leicester, fue nombrado Gobernador General de los Estados Generales. Era la primera vez que Isabel desataba el ataque directo y sin tapujos contra Felipe, aunque sin declarar la guerra abiertamente.

Ante la situación planteada por el tratado de Nonsuch y el cruce del Canal por el ejército de Leicester, Felipe II ordenó el embargo de todos los buques ingleses que hubiera en sus puertos. La respuesta inglesa fue inmediata: Drake se propuso, con el aplauso de la reina, asaltar la flota que procediera de Indias: la ruta de la rapiña fue Vigo, Cabo Verde, Santo Domingo. Esta ciudad fue arrasada durante un mes; de allí saltó a Cartagena de Indias, en donde procedió impunemente. Lo hizo no por ser especialmente valeroso o hábil, sino porque nunca hasta entonces se había necesitado la fortificación de las plazas de Indias, porque el Rey Católico no había tenido la precaución de fortificar el Caribe: a veces se ha reprochado que las ciudades americanas no tuvieran castillos de defensa. Pretender que los tuvieran es un dislate: ¿para qué si desde 1492 no se habían avistado velas que no fueran del Rey Católico, o si alguien había aparecido por allá sus daños habían sido ínfimos y concentrados? Lo que ocurre es que, a partir de finales del XVI, el atrevimiento es mayor: «Los ingleses infestan las Indias y la mar», escribía, con la exageración necesaria, el secretario real Juan de Idíaquez al almirante Medina Sidonia poco antes de zarpar.

Felipe II, pues, se decidió a la intervención porque así se lo pedían las conciencias de unos, la dignidad —por llamarla así— «nacional» y los bolsillos de los mercaderes, también. Por ello escribió a Farnesio: «Debemos cortar la ayuda que los rebeldes reciben de Inglaterra y hacer retornar ésta [Inglaterra] al catolicismo». No olvidemos que Felipe II había sido rey consorte de Inglaterra.

Las ideas de la invasión no eran nuevas. Don Juan de Austria en mayo de 1577 y, en el mismo año, el papa Gregorio XIII y, en 1583, el marqués de Santa Cruz habían elevado diferentes informes en ese sentido. Felipe II siempre se mostró remiso a atacar Inglaterra, hasta tanto que no se hubieran reconquistado Holanda y Zelanda.

No obstante, el asalto de Drake a Vigo, Santo Domingo y Cartagena hizo mudar de opinión a Felipe II: en enero de 1586 encargó sendos informes a Santa Cruz y a Farnesio para calibrar una doble invasión. Desde ese año, la conquista de Inglaterra se convirtió en prioridad de la política filipina y en ello se concentraron todo y todos, manque les pesara, como a Farnesio, que vio frenadas sus muy exitosas campañas en Flandes.

En Madrid se estudiaron los pros y los contras y al final se decidió lo que sabemos, una expedición mixta según las opiniones del almirante y del gobernador: se juntaría la mayor flota nunca vista, se cargarían los soldados de Flandes y se cruzaría el Canal. Se valuó el coste en unos ¡7.000.000 de ducados! Inmediatamente se empezaron a buscar dineros: el papa daría 1 millón si las tropas salían antes de fin de año y desembarcaban en Inglaterra. Y se empezaron a buscar pertrechos, bastimentos y bizcocho por toda Europa y por la Península.

Pero, además, el 18 de febrero de 1587 Isabel I mandó ajusticiar a la reina de Escocia, María Estuardo, intrigante refugiada suya. Era impertinente, complicada, poco de fiar, pero católica y reina. Por otro lado, su último complot, el de Throckmorton contra Isabel, había sido apoyado por el embajador de Felipe II, don Bernardino de Mendoza, que fue expulsado de Londres. Al mismo tiempo, Isabel mandaba de nuevo a Drake en misión de espionaje con 34 navíos a los puertos peninsulares. El resultado ya lo conocemos: mientras en Toledo se está celebrando el traslado de santa Leocadia, o al día siguiente de que Cervantes se determine a ir a Sevilla, Drake asalta Cádiz y luego hace otras escaramuzas por el Atlántico próximo a Portugal.

La Empresa de Inglaterra seguía adelante sujetada sobre tres pilares: el secreto, el entretenimiento de Francia con sus guerras civiles de religión y mantener asegurado el Flandes Obediente, no fueran a sacarse de allí los soldados y perderse todo por tomar Inglaterra. Mas, por encima de todo, un problema: el logístico. Reclutar hombres o aprovisionar de trigo tal cantidad de navíos no era tarea sencilla, aunque la administración real daba probadas muestras de capacidad.

«Causa propia de Dios»

Sin embargo, las fechas se echaban encima. En enero de 1588, la concentración de buques en Lisboa era impresionante. Pero era enero y no estaba todo correctamente solucionado. Desde la cama, Santa Cruz ordenaba la estiba rápida, a toda prisa de la flota. Se pasaban los días, y una Armada de ese porte no podía navegar contra el clima. La tensión crecía... y Santa Cruz murió el 9 de febrero de 1588.

El rey, en una rapidísima decisión, mandó al duque de Medina Sidonia que se hiciera cargo de la situación. Había demostrado aptitudes en la expedición de la Tercera y, aunque él no tenía el ánimo para hacerse cargo de tamaña empresa, acató la orden real: «El nombramiento resultó ser un notable éxito».[24]. En Lisboa se han aprestado 130 buques, casi 2.500 piezas de artillería, casi 20.000 soldados, 8.050 marineros y 2.088 remeros... van a moverse cerca de 58.000 toneladas. Hay buques de Castilla (a su mando, Diego Flores de Valdés), Portugal (a su mando, el duque de

Medina Sidonia, almirante de la flota), Vizcaya (Juan Martínez de Recalde), Guipúzcoa (Miguel de Oquendo), Andalucía (Pedro de Valdés), Levante (Martín de Bertendona); una escuadra de urcas (Juan Gómez de Medina), otra de galeazas (Hugo de Moncada); otra de galeras (Diego de Medrano); otra de pataches y zabras (Antonio Hurtado de Mendoza) y una flotilla de carabelas.

En mayo de 1588 los barcos se hacen a la mar, sumidos en cierto desconcierto. Los alimentos en mal estado, o la falta de agua, así como un primer temporal, obligan a atracar en La Coruña: han de ser reparados 59 barcos. El 22 de julio se hacen de nuevo a la mar. No obstante todo lo cual, lo que se sabe en el resto de la Península es una gran verdad: que ha zarpado la Gran Armada. En este momento, los versos de Cervantes no son sólo una espectacular y elegíaca composición —como las que él hace hasta entonces— exaltando «el crédito español», sino un monumento historiográfico, del cual reproduzco sólo la primera estrofa para animarte a que leas completa la:

> ***Canción nacida de las varias nuevas***
> ***que han venido de la católica armada***
> ***que fue sobre Inglaterra,***
> ***de Miguel de Cervantes Saavedra***
> *Bate, Fama veloz, las prestas alas,*
> *rompe del norte las cerradas nieblas,*
> *aligera los pies, llega y destruye*
> *el confuso rumor de nuevas malas*
> *y con tu luz desparce las tinieblas*
> *del crédito español, que de ti huye;*
> *esta preñez concluye*
> *en un parto dichoso que nos muestre*
> *un fin alegre de la ilustre empresa,*
> *cuyo fin nos suspende, alivia y pesa,*
> *ya en contienda naval, ya en la terrestre,*
> *hasta que, con tus ojos y tus lenguas,*

diciendo ajenas menguas,
de los hijos de España el valor cantes,
con que admires al cielo, al suelo espantes.

Felipe II busca la confianza divina, porque «siendo causa propia de Dios nuestro Señor, se puede esperar de su divina bondad que velará por ella y encaminará las cosas como más fuera a su servicio»; al tiempo, Ribadeneira ha escrito su *Historia del cisma de Inglaterra* y la *Exhortación para los soldados y capitanes que van en esta Jornada de Inglaterra*; ambas obras analizadas por Gómez Centurión y que demuestra cómo se quiso dar un sentido de «cruzada» a la Jornada.

De La Coruña zarpan definitivamente 127 barcos, con 28.000 hombres a bordo. Poco antes de llegar al Canal, se retiran cuatro galeras porque no pueden navegar por esas aguas, y un quinto buque desorientado.

Durante una semana de estío (30 de julio a 6 de agosto), avistadas las dos flotas enemigas, tienen lugar algunas escaramuzas sin trascendencia. La Armada Católica pierde dos buques por accidentes. Hasta el 8 de agosto de 1588 no hay un batalla naval propiamente dicha. Aunque eso sí, en Calais, fondeados los buques de Felipe II, son hostigados durante la noche y el día por los burletes ingleses (barcazas cargadas de metralla, que se lanzan ardiendo contra los barcos anclados), causando desesperación y desconcierto. En la batalla de Gravelinas del 8 de agosto, pretenden los ingleses empujar a la Armada contra los arenales flamencos. El gran almirante que fue Medina Sidonia se revuelve y logra poner en combate a medio centenar de sus barcos, con lo que consigue proteger a toda la flota: el viento favorable permite separarse de los arenales. La batalla dura varias horas y se pierde (de ciento veintidós barcos de la Armada) un buque —un mercante armado—; otros dos quedan varados. Los ingleses pierden ocho.

Nuevos vientos empujan a la Armada hacia el Mar del Norte. Ya no se puede fondear en puertos flamencos. Ya no se puede embarcar a los tercios de Alejandro Farnesio. Durante tres días los ingleses persiguen a los 116 barcos católicos sin atreverse a entrar en combate: el 11 de agosto los ingleses se dieron la vuelta y volvieron a sus puertos. El tornaviaje continúa por Escocia e Irlanda. Los temporales son durísimos y los experimentados marineros del rey los van capeando como pueden. Los buques más dañados, o con menos hombres útiles a bordo, optan por intentar ir a tierra, a una tierra —la irlandesa— cuyas costas no se conocen y que, tal vez para su desagracia, no pueden imaginar tan erizada de rocas. En ese mes se pierden 28 barcos, pero frente a todas las fantasías escritas, ahora, basadas en dos documentos copiados en el siglo XIX, las últimas investigaciones han puesto de manifiesto una gran verdad,[25] que podemos dar «por perdidos en los temporales, 28 buques, de los que más de la mitad fueron urcas y naves mediterráneas».

Los días siguientes fueron llegando barcos a Santander (en donde se reunió el grueso, medio centenar de barcos), Laredo (unos 15), Pasajes (otros 9), La Coruña (15 —entre ellos el *San Juan*, en el que iba Lope de Vega—), Gijón (1), Lisboa (1); los demás, más despacio, a otros puertos hasta completar el 75 por ciento de regresos.

Lo que es evidente es que el fiasco de la Empresa de Inglaterra no supuso el tan cacareado desbaratamiento del poder marítimo de la monarquía católica, o la hegemonía en los mares de Inglaterra. De haber sido así, ¿cuándo se asientan firmemente en América del Norte los ingleses?; ¿por qué, si era la gran potencia marítima, no desarrolla su imperio ultramarino oriental hasta el siglo XVIII?; si tan potente era el poder naval inglés, ¿por qué esperaron a que «bajara» la Gran Armada desde Irlanda camino de la península Ibérica? Acaso, es que los marinos ingleses no eran tan buenos marinos como se ha escrito siempre, ni los católicos tan malos. Más bien al contrario, todo parece indicar que éstos gozaban de un prestigio multigeneracional.

Las preguntas lógicas son muchas y la respuesta a cuantas fantasías ha habido sobre la expedición de 1588 giran alrededor de una cuestión: el triunfo fue, más que económico o político, eminentemente cultural. En ese año empezó la imposición de las formas de ver el mundo, la cultura, la Historia, a lo protestante. El esperpento, la derrota y la humillación culturales llegaron en el XIX y no se puede limitar a que la imagen de España desde entonces sea la de la España-gitana-medieval-levantisca, o lo que transmitió el romanticismo, o que para que por estos lares se crea que una verdad sea objetiva, haya de ser escrita por un extranjero, y tantos tópicos más producto de la inferioridad colectiva que tan autocomplaciente ha sido (llegando a tener como un valor el ser una sociedad atrasada), sino al menosprecio de las costumbres diferenciadoras, a la homogeneización de lo cotidiano y a la confianza en la libertad de acción individual que no siempre ha de estar regida por el éxito como manifestación de ser un elegido de Dios. En este proceso de transculturación los «de acá» también han de asumir su responsabilidad.

Refiriéndose a los galeones de la Gran Armada, dice Casado Soto: «Tuvieron que hacer frente a la totalidad de las fuerzas navales» de Inglaterra y, a pesar de ello y de las tempestades, los barcos construidos en los astilleros peninsulares «demostraron su fortaleza en la construcción y buenas cualidades veleras, así como el saber marinero de sus hombres, para mantener la asombrosa formación en elástico convoy, rechazar todos los ataques del enemigo y volver a sus bases después de mes y medio de ser zarandeados por el Atlántico Norte enfurecido».

En 1588 el triunfo fue de índole psicológico: quedó claro, meridianamente claro, que el Rey Católico no era invencible. Era vulnerable. Fue una lección para aquel imperio; es una lección para todos los imperios.

La Gran Armada empezaron a llamarla los ingleses «Armada Invencible» y con ese mote ha llegado a nuestros días.

El Canal se convirtió en un paso de infausto y aborrecible recuerdo, por lo que quedó controlado por los protestantes, de tal manera que los pertrechos que venían a la Península desde las ciudades de las Hansas, de Alemania, o de Suecia (productos metalúrgicos, maderamen y pertrechos navales) se las tenían que ver y desear parar burlar los registros neerlandeses o ingleses.

Igualmente, durante unos largos meses, o unos pocos años, la travesía del Atlántico tampoco era apetecible. La confianza de antaño se había desmoronado. Pero se siguió haciendo, de tal manera que, aunque se asaltaran galeones por separado, nunca se interceptó una flota entera de Indias hasta los años 1628. La segunda se perdió en 1656 y la tercera en 1657.[26]

Es cierto: en un plazo de uno a dos años siguientes se construyeron 21 nuevos galeones para la navegación atlántica, de entre ellos cabe mencionarse los «Doce Apóstoles», cada uno de 1.000 toneladas. A la vez, entre 1589 y 1591, 235 barcos ingleses cruzaron el Atlántico, causando daños, pero no quebrando el poder español —como a la vista está; en 1595 murieron Drake en Panamá y Hawkins en Puerto Rico.

Pero en donde el impacto fue mayor, fue en la conciencia colectiva. Ahora, de nuevo, la pluma de Cervantes nos sirve, no tanto como creación literaria, sino como monumento historiográfico (recuerdo la segunda estrofa), esta vez dedicado a «¡Oh España, madre nuestra!». En ambas canciones, Cervantes es uno más de los muchos que escribieron o se lamentaron sobre el destino de su nación:

Del mismo, canción segunda,
de la pérdida de la armada
que fue a Inglaterra

Abre tus brazos y recoge en ellos
los que vuelven confusos, no rendidos,
pues no se escusa lo que el cielo ordena,
ni puede en ningún tiempo los cabellos
tener alguno con la mano asidos
de la calva ocasión en suerte buena,
ni es de acero o diamante la cadena
con que se enlaza y tiene
el buen suceso en los marciales casos,
y los más fuertes bríos quedan lasos
del que a los brazos con el viento viene,
y esta vuelta que vees desordenada
sin duda entiendo que ha de ser la vuelta
del toro para dar mortal revuelta
a la gente con cuerpos desalmada,
que el cielo, aunque se tarda, no es amigo
de dejar las maldades sin castigo.

Confusos, no rendidos, los ingleses vieron con claridad que la verdadera religión era la suya, que Dios estaba de su lado. Por su parte, de nuevo los vientos de la remoralización soplaron por España. El jesuita combativo antisabelino, Ribadeneira, editó su *Tratado de la tribulación*. Había que ser coherente a la hora de explicar la derrota. Pero ¿qué derrota? Los herejes no habían vencido en batalla alguna, sino que la Armada había sido dañada por la tempestad. Ésta había sido mandada por la ira de Dios, provocada por los muchos pecados de los católicos y porque la Empresa no la habían concebido como Dios quería, como una cruzada, sino como una guerra para satisfacer los intereses personales. Tenían que volver a la defensa de la religión y la fe; así vencerían a Inglaterra:

> Las causas particulares de aquel azote habían sido la lujuria y la deshonestidad de las personas nobles y principales; el repartimiento injusto de las cargas y gravezas de la república [...] la muchedumbre y maldad de los cobradores [de impuestos].

También alzó su voz fray José de Sigüenza y un sinfín de visionarios y apocalípticos[27] que sumieron Castilla en una importante crisis de destino, que se vio aumentada por los levantamientos nobiliarios contra el rey en Ávila y Granada; en la manifestación a palacio de Madrid; en las Alteraciones de Antonio Pérez y Aragón... pero son capítulos de otro tema.

Hubo nuevos planes de invasión: en 1596 partió otra flota hacia Irlanda y una tercera en 1597: las tormentas causaron bajas y daños y dichas flotas no pudieron llegar a su destino. Fueron unos capítulos más de una guerra que se siguió escribiendo hasta 1604, cuando se firmó la Paz de Londres.

Cuando en 1613 aparecen las *Novelas ejemplares* y de entre ellas, Isabela, la protagonista de *La española inglesa,* es una niña cautiva en Cádiz por los ingleses (Drake en 1588, Howard-Essex en 1596), cuidada por una criada de la reina Isabel, custodiada por ella misma, enamorada de Ricaredo; cuando en la obrita aparecen católicos camuflados, corsos, turcos, apresamientos, rescates y amor, mucho amor, ¿podría haberla escrito de no haber vivido la gran crisis de 1585-1604? Evidentemente, no. Otra vez, Cervantes aparece como historiador de su tiempo, recreándose en él para dar forma a su imaginación.

Cervantes no vio el colapso del imperio: adviértase que si en 1609 se firma la Tregua de los Doce Años, es porque en la Corte han vencido los amedrentados frente a los reputacionistas. Con esa Tregua, debió de ser la primera vez, se abandonaban posiciones preeminentes: se abandonaba el Atlántico y se volvían los ojos al secundario Mediterráneo. El de 1625 fue un año fascinante para la monarquía, que sintió poder volver al prestigio de antaño y no por nada deleznable, sino porque o se estaba en cabeza, o te devoraban. Por fin, todo se empezó a hundir, ya sí, desde 1639. En 1640 de nuevo hubo que replegarse y a la hora de elegir, se eligió lo menos poderoso, el Mediterráneo, frente al Atlántico que se sabía que no se podría defender.[28] Desde entonces ha sido imposible intentar levantar el ánimo colectivo, siempre más contento con la pesadumbre que con las ilusiones.

De nuevo por Andalucía (enero de 1590), y el frustrado paso a Indias

Reencontremos a Cervantes. De Écija pasó a Sevilla. Curiosamente, el 26 de junio de 1589, y ante escribanos diferentes, cerró la cuenta que tenía con la posada de Tomás Gutiérrez; aparece como avalista de una Jerónima de Alarcón y anticipa a su ayudante Miguel de Santa María 1.600 reales. Finalmente, hace a éste su apoderado general. Negar que Cervantes se dedicó a trapichear con dinero es negar una evidencia: ya aparecerán los documentos mercantiles que lo demuestren. Nuevamente, las dispersas y escuetas noticias notariales nos hablan de traslados.[29] Pero, al mismo tiempo, que una persona en un día zanje varias deudas o dé anticipos, pero todo rubricándolo ante cuatro escribanos diferentes ¡y en la inmoral Sevilla! son datos más que sobrados para pensar que algo extraño ocurría. Abandonó Sevilla y volvió a La Meseta. No sabemos si paró en Esqui-

vias, ni tampoco por qué se encaminó a Madrid ni a qué se dedicó durante medio año en la Corte. A principios de 1590, vuelve a estar en Sevilla. En febrero, recibe una comisión nueva para extraer aceite (ya he mencionado que siguió habiendo armada y proyectos de Gran Armada) para
los galeones de La Coruña: se necesitaban 4.000 arrobas. El primer lugar
que visita es Carmona y allí, tras los consabidos tira y afloja, consigue pactar que el aceite que se le dé se le dé por repartimiento entre vecinos. En
la primera tanda, consigue de 9 vecinos 279 arrobas. Mientras se recoge
el aceite, se almacena y se acarrea, se marcha a Sevilla y a Écija para seguir
con las cosas de la comisión. Los de Carmona, sosegadamente, protestan
porque no se les paga. Él da buenas palabras y, probablemente, buenas
razones, y se calman. Ya cobrarán, tienen certeza de ello.

El veedor de las armadas, Miguel de Oviedo, le manda a por más acei-
tes, pero sin fondos. Y Cervantes acude al pagador de las galeras, Diego de
Zufre, para que le pague sus salarios y los de su ayudante. Se le entregan
400 reales de plata. Corren los últimos días del mes de marzo de 1590. A
principios de abril se han expropiado 386 arrobas más. Abandona Carmona y parte, nuevamente, a Écija. Nadie se hace cargo de abonarle lo que se
le debe desde hace años: 3.312 reales de las comisiones anteriores y, conforme pasaran los días en la actual, lo que fuera pertinente.

El 21 de mayo de 1590 se recibe en el Consejo de Indias la petición
de un oficio en América hecha por Miguel de Cervantes. No es extraño
este proceder en Castilla en el siglo XVI. Por tanto, la idea de pasar allá se
tenía como vía de escape a las penurias de acá; como alistarse en los tercios o poner los pies en la cubierta de una nao. Es imposible saber cuándo se determinó Cervantes a dar el paso. Posiblemente, como decía antes,
su marcha a Écija podría estar relacionada con ello, y los amigos le disua-
dieron dándole comisiones de embargo. Pasaron unos años en los que
estaría probando otras posibilidades de ganarse la vida. Concluidas las
comisiones, volvió a Madrid a saber a qué, retornó a Andalucía, empezó
con otra comisión, no llegaba el dinero, ¿para qué problemas?

Solicitaba un oficio porque, según refería en su currículum vítae, en
el *Memorial* de sus servicios, se sentía capaz para ello: había servido al rey

en «la Batalla Naval», «donde le dieron muchas heridas, de las quales perdió una mano» y luego guerreó por Ambarino, Túnez o La Goleta. Viniendo a la Corte —él lo expresa así de claro, a la Corte y no a España— con las famosas cartas de don Juan de Austria y del duque de Sessa, fue cautivado junto a su hermano en la galera *Sol*. Llevado a Argel, para poder rescatarse perdió toda su hacienda, la de sus padres y las dotes de sus hermanas. Ambos hermanos han seguido sirviendo al rey, en Portugal, yendo a las Terceiras, o a Orán, en sonada misión porque «miguel de cervantes fue el que traxo las cartas y auisos del Alcayde de Mostagán y fue a Orán por orden de Vuestra Majestad». Tras lo cual anduvo por Sevilla «en negocios de la Armada». La retórica del discurso del aspirante continúa —sobradamente veraz—, «en todo este tiempo no se le ha hecho merced ninguna». Por ello solicitaba un oficio en Indias de los que en ese momento vacaban: contador del Nuevo Reino de Granada (Venezuela); gobernador de la provincia de Soconusco en Guatemala; contador de las galeras de Cartagena [de Indias] o, en fin, corregidor en La Paz. No pedía nada más. Él se sentía «hombre ágil y suficiente y benemérito».

Como es bien sabido, la solicitud se le rechazó: «Busque por acá en qué se le haga merced».

Cuando un historiador contempla semejante documento y su resolución, queda perplejo. Aquellos eran tiempos, en Castilla e Indias, en los que el rey, porque no tenía dinero para todas sus guerras, vendió mucho patrimonio. De entre los bienes que vendió, uno de ellos eran los oficios. Desde que Tomás y Valiente[30] sintetizó sus conocimientos sobre el fenómeno, sabemos que se vendieron oficios de pluma (de escribir), de dineros, de gestión (regidores municipales) y de Corte. Ordinariamente, no se vendieron oficios de Justicia. Los oficios eran comprados, no por el individuo suficiente, sino por el que tuviera dinero, el cual podía arrendarlo a un tercero. Por ello existía una distinción entre oficio y ejercicio de la función. Ésta es la razón por la cual don Quijote (II, XIX), cuando en cierta ocasión ha de dar razones a estudiantes y labriegos, «les dijo quién era, *y su oficio y profesión*, que era de caballero andante que iba a buscar las aventuras por todas las partes del mundo». A veces hay que explicar en qué consiste el trabajo de uno; a veces no se puede comprender que una mujer herede el oficio de ballestera real, por ejemplo, y lo arriende en un tercero.

Eso, lógicamente, generaba algún que otro malestar, que se podía camuflar («por andar este oficio y ejercicio entre gente idiota y de poco entendimiento», sobre las alcahuetas, en *Quijote*, I, XXII; contra las ventas, «bien es que los hijos hereden y aprendan los oficios de sus padres», en *Quijote*, II, VI) o no («a esto se puede responder que es más fácil premiar a dos mil letrados que a treinta mil soldados, porque a aquéllos se premian con darles oficios, que por fuerza se han de dar a los de su profesión», en *Quijote*, I, XXVIII).

El lamento de Cervantes, «bien se está cada uno usando el oficio para que fue nacido» (*Quijote*, II, LIII), está claro: en contra del ejercicio extravagante de una profesión.

Comprar algún oficio fue la aspiración de todos (dice Sancho, soñando con Micomicón: «¿Qué se me da a mí que mis vasallos sean negros? ¿Habrá más que cargar con ellos y traerlos a España, donde los podré vender, y adonde me los pagarán de contado, de cuyo dinero podré comprar algún título o algún oficio con que vivir descansado todos los días de mi vida?», en *Quijote*, I, XXIX; o Teresa Panza, dándole recomendaciones a su marido: «Porque no pienso parar hasta verte arrendador o alcabalero, que son oficios que, aunque lleva el diablo a quien mal los usa, en fin en fin, siempre tienen y manejan dineros», en *Quijote*, II, LII).

Bien conocía Cervantes cómo se trueca la condición humana en la poltrona: «Mirad, Sancho —dijo Sansón—, que los oficios mudan las costumbres, y podría ser que viéndoos gobernador no conociésedes a la madre que os parió» (*Quijote*, II, IV).

El rey podía vender un oficio existente, o bien «acrecentar» —aumentar— otros, de tal manera que raro fue el Ayuntamiento que no vio incrementado el número de sus regidores. En efecto: sólo en 1566 se acrecentaron 420 oficios (regidurías, escribanías, juradurías, alferecías, depositarías y receptorías) por toda Castilla,[31] cuyas repercusiones fueron inmediatas: sólo en 1567 se recaudaron por el concepto de ventas de oficios 2.970.588 reales, o lo que es lo mismo, un tercio de lo ingresado en las arcas reales desde 1560 a 1576, o más de los beneficios que hubo entre 1589 y 1597.

Cervantes pedía un oficio, pero en Indias. No eran malos puestos los que quería y, además, no es cervantofilia, es evidente que estaba bien capacitado para desempeñarlos. Para empezar, sabía leer y escribir, lo cual algunos aspirantes a alcalde de Daganzo no lo alcanzaban («los que gobiernan ínsulas, por lo menos han de saber gramática», *Quijote*, II, III). Para seguir, solicitaba plaza en puestos técnicos, como contador. Sabía echar cuentas y sabía hacer papeles; podía ser un buen oficial real. En su defecto, pedía puestos de Gobernación, para los que el conocimiento de las leyes, o el buen talante para con los súbditos son imprescindibles. Es posible que entendiera, allá por 1590, de esas cosas. Y una bellísima declaración de Sancho al abandonar la Barataria nos pone de nuevo en las carnes del autor cuando, abandonada la ínsula, abomina del ejercicio del gobierno, para el cual hay que servir.

Lo que resulta incomprensible es que Cervantes, profundo conocedor de su tiempo, no ahorrara para comprar algún oficio, en este gran mercado del patrimonio regio, con tenderetes bien surtidos, y con el oficio, o bien arrendarlo y vivir de la renta, o bien desempeñarlo directamente. En cualquier caso, en 1590, solicitó plaza y le fue denegada. Presumiblemente, por obra y gracia del secretario Juan de Ledesma, testamentario de Juan de Ovando, aquel presidente de Indias, muerto en 1575,[32] de quien mamó los primeros pasos cortesanos... Mateo Vázquez de Leca:[33] la respuesta estaba dada antes de entregar la petición. No creo en que no pasara a Indias por descendiente de converso, a lo cual ni se alude (y podría haberse hecho porque se prohibía por ley). Cervantes cayó en desgracia, ya lo hemos visto, y no supo re-alojarse en el nuevo espacio cortesano.

De ser así, Mateo Vázquez había ganado una vez más a Cervantes: pero ¿por qué tanta inquina? Poca vida le quedaba ya a Mateo Vázquez (murió el 5 de mayo de 1591),[34] y aunque su red había empezado a ser destejida, aún tenía buenos cabos atados. Sépase que Mateo Vázquez había sido arcediano y canónigo de Carmona (¡otra vez juntos!), oficio que probablemente nunca desempeñó, y se limitaba a cobrar las rentas aparejadas porque vivía en la Corte; pues bien, esas dignidades eclesiásticas pasaron a su sobrino Mateo.

Por estas fechas (14 de julio de 1590) dio poder Cervantes en Sevilla para que su esposa Catalina y su hermana Magdalena pudieran cobrar rentas a él pertenecientes en toda España, no sólo en Esquivias, como constaba en el poder de 1587 dado a la esposa, en aquella salida apresurada después de lo de santa Leocadia. Dos semanas después (31 de julio de 1590) amplió el poder para que ellas pudieran, si era pertinente, ampliarlo a otras personas.[35] También en estas fechas consta documentalmente que conoce bien al escultor Juan Martínez Montañés.[36] Hay que ir superando el fiasco de América. Cervantes se declara en cierto documento «vecino de Córdoba»: ¿toca, por si acaso, mudar el lugar de nacimiento?

La rendición de cuentas de 1587-1589

El 17 de agosto de 1590 recibe en Sevilla 82.278 maravedíes que se le debían de las comisiones de Écija. Igualmente, el 27 de agosto de 1590, por medio de una *Relación jurada*, rinde cuentas del haber y debe de 1587 a 1589.

Es seco y concluyente, como todos los papeles de ese estilo que se conservan en nuestros archivos: han pasado por su gestión 9.023 fanegas de trigo, 1.206 de cebada y 1.424.226 maravedíes, con los que ha tenido que hacer frente a todos los gastos de la comisión, dietas, manutenciones, transportes y acarreos, pagos a personal. Al final, le faltan por justificar 24.594 maravedíes, pero la Real Hacienda le debe 112.608 de sus jornales, por lo que a su favor hay una deuda de 88.014 maravedíes.

Presentadas las cuentas, pasan a auditoría. En la contaduría, Agustín de Cetina y Cristóbal de Ipenarrieta van cotejando la *Relación* del comisionado con los justificantes que él mismo presenta. Al fin, ¡la felicidad!: hay entre la data de maravedíes una entrada que reza así:

treynta y dos mill y setecientos y nouenta y dos maravedíes que di y pagué por lleuar desde el almacén a las haçeñas, ocho mill y çiento y nouenta y ocho fanegas de trigo y boluellas convertidas en harina a los almacenes, a razón de 4 maravedíes por fanega,

es decir, que pagó Cervantes 32.792 mrs. por el traslado, molienda y retorno de 8.198 fanegas. Al margen anota el contador que está revisando:

No se recibió en quenta por no mostrar recaudo bastante,

o sea, que como el contador considerara que no estaba convenientemente justificada esa partida («recaudo bastante»), a Cervantes le tocaba pagarla de su dinero. Y así, como en tantas entorpecedoras ocasiones, el uno se ganaba su salario amparado en que su acción la obliga la ley. A Cervantes, en ese caso, la Real Hacienda, desde hacía años, le debería sólo 55.222 mrs., pero de ese atropello nadie se preocupa. Nadie denuncia con contundencia el despilfarro que supone el tiempo que pasa un funcionario revisando papelitos para decir «no» aunque sea evidente que es ridículo lo que hace, dice… y justifica.

En 7 de octubre presenta las cuentas del acarreo del aceite de 1588 de Écija y sus alrededores: se le dieron 82.278 maravedíes, pero los costes fueron de 82.418, es decir, de nuevo, la Real Hacienda le debía 140 maravedíes.

Así las cosas, no es de extrañar que, por falta de liquidez, acuda a su amigo Tomás Gutiérrez, el de la posada, para que le preste dinero para la compra de un paño de alta calidad. Los diez ducados los ha devuelto ya Cervantes el 22 de marzo de 1591: en el microcrédito de esta época, no son de extrañar acciones así, en las que, por falta de liquidez inmediata, corren los préstamos entre particulares; en cualquier caso, no es una manifestación de pobreza, ni mucho menos, sino de agilidad de la circulación económica.

El caso es que Cervantes debió de recibir una comunicación por la que se le llamaba a Madrid. Se excusa y en su lugar puede mandar a

Juan Serón, el que había sido secretario de Antonio de Guevara, su jefe en Écija.

A principios de marzo de 1591, un criado de Agustín de Cetina paga de su bolsillo a Cervantes lo que se le debía desde 1588: 110.400 mrs. En realidad, se le debían 112.608 mrs., así que la diferencia entre lo que recibe Cervantes y lo que debería haber recibido no es un error en las cuentas de nuestro literato, sino lo que se queda en interés el criado de Cetina, Juan Tamayo, un 2 por ciento de la deuda. Ya se encargaría éste de cobrar deprisa: negocios de servidores reales, que se escapan de todo control. Microcréditos.

Mientras, sigue la actividad política después de lo de Inglaterra y en el proceso de remoralización, empiezan a caer cabezas: el segoviano Antonio de Guevara es fulminantemente destituido y sustituido por Pedro de Isunza Lequeitio.[37] Inmediatamente se nombró un juez, Hernando de Alcázar, para que revisara las cuentas de Guevara y sus subordinados. Mala fama para todos ellos. Francisco Benito de Mena, oficial mayor de las provisones; Diego de Zufre, tenedor de bastimentos y pagador; Íñigo de Lezana, recaudador general; Pedro de Gárate, ex contador de escuadra, y Pedro López de León fueron encarcelados.

Cuando Isunza tomó el mando de la situación, confirmó a Cervantes como servidor suyo. Anduvo en aquel otoño de 1591 por Úbeda, Baeza y Estepa, Teba en Málaga y Montilla en Córdoba; concertándose con los concejos y éstos con dificultades para que los convecinos aceptaran las entregas de cereal; abriendo a veces a la fuerza las puertas de los graneros; componiéndose con particulares, cumpliendo, en fin, su desagradable misión que tenía como fin dar de comer a quienes defendían las costas contra los enemigos de la fe católica.

A principios de enero de 1592 lleva ya 260 días al servicio de Isunza, que zanja con él todas las deudas: ¡ya era hora! Isunza sabe estar junto a los suyos: en cierta ocasión, en Fuente Ovejuna hay un revuelo contra uno de los confiscadores. Isunza escribe presto al rey diciendo que el desmán no lo ha hecho un servidor suyo, sino de otro juez, porque «Diego de Ruy Sáenz, Miguel de Cervantes Saavedra, Bartolomé de Arredondo y Gaspar de Salamanca Maldonado [son] hombres honrados y de mucha confianza; y así tengo por cierto que, a ninguno de éstos [se le podrá hallar] en hurto y cohecho».[38]

Así las cosas, continuaba la vida con requerimientos de entrega de cereales en Olivares y Porcuna (enero de 1592); Martos, Alcaudete, Arjona, Lopera, Arjonilla y Marmolejo (febrero); Monturque, Linares, Begíjar, Iznatoraf y Villacarrillo (marzo); Villanueva del Arzobispo, Las Navas (abril)…; fue entonces cuando debió de visitar el santuario de Nuestra Señora de la Cabeza, «en las entrañas de Sierra Morena, tres leguas de la ciudad de Andujar» (*Persiles*, lib. III, cap. VI). ¡Son impresionantes su soledad y su movilidad! ¿Qué no pensaría a lomos de tantas cabalgaduras?, ¿qué mundo intelectual fue construyendo?

A finales de mayo se le pagan, a petición suya, los meses de enero y febrero; en junio emite poderes para que puedan cobrar por él en el Puerto de Santa María, donde está Isunza, lo que se le sigue debiendo. Pero, a la vez, se está procediendo a la auditoría de sus cuentas en la contaduría: no se aceptan sus cuentas y queda alcanzado en 27.046 maravedíes, que él no puede pagar… entre otras cosas, porque se le siguen debiendo sus salarios. Así que la Real Hacienda procede contra los avalistas de Cervantes (en los oficios de dinero, para poder jurar el puesto, había que presentar fianzas), contra quienes se actúa el 18 de agosto de 1592.

Comoquiera que ya han pasado varios meses de excesiva calma, y las deudas han apretado de nuevo, se pone en contacto con un empresario de comedias, Rodrigo Osorio. Él le encarga seis nuevas. El contrato, a grandes rasgos, especificaba que Miguel de Cervantes, «vecino de la villa de Madrid, residente en esta ciudad de Sevilla»,[39] iba a escribir seis comedias nuevas y que las iría entregando según las fuera terminando al empresario, que, a su vez, se comprometía a estrenarlas a los veinte días de haberlas recibido; si le entregaba dos, lo haría de veinte en veinte días consecutivos. Además, le echaba un pulso a Fortuna, «pareciendo que [cada comedia] es una de las mejores comedias que se han representado en España, seais obligado de me dar e pagar por cada una de las dichas comedias, cincuenta ducados» el día del estreno o en los ocho días posteriores;

si no fuera tan buena, no. Si, por cualquier motivo, no se representaran, se le abonarían los cincuenta ducados de todas maneras. Rodrigo Osorio aceptaba la propuesta de Cervantes.[40]

Mas inmediatamente después de la firma de este contrato, aparecieron nubarrones en el horizonte de su vida: anduvo unos días encarcelado en Castro del Río. La experiencia enseña que como no estaba claramente delimitado qué era una falta o qué un delito de carácter administrativo, muchos pasaban por la sombra por cuestiones económicas. Además, y en segundo lugar, era tal la superposición jurisdiccional que había que lo que determinaba un juez podía en contra del derecho privativo de un individuo en su calidad de tal o cual cosa. Todo eran pleitos, todo eran recursos. Con tantos abogados y jueces, éstos todavía sin recopilaciones de leyes actualizadas ni rigurosas, y por ende, actuando según su libre arbitrio judicial, entremezclado el legislativo con el judicial y el ejecutivo, no es de extrañar el lamento, y la añoranza de tiempos otrora felices:

> La justicia se estaba en sus proprios términos, sin que la osasen turbar ni ofender los del favor y los del interese, que tanto ahora la menoscaban, turban y persiguen. La ley del encaje aún no se había sentado en el entendimiento del juez, porque entonces no había qué juzgar, ni quién fuese juzgado (*Quijote*, I, XI).

El caso es que en el otoño de 1592, los de Isunza tenían que cerrar filas contra un juez extraordinario mandado a Andalucía para hacer pesquisas contra los comisarios de los embargos. Al parecer (todo es muy confuso porque los documentos se perdieron hacia 1860 y lo que se sabe de este asunto es por referencias indirectas), estuvo Cervantes en Madrid dando palabra y garantías a favor de Isunza. También Isunza y también el juez Salvador de Toro. Comisiones, justicias diferentes, cuentas por acá, impagos por allá... Hacia el 20 de noviembre, Isunza y Cervantes están en Madrid para rendir explicaciones ante el Consejo de Guerra. A la par, los contadores de Hacienda están mirando los papeles de Cervantes.

A Isunza se le acusaba de haberse quedado trigo para su aprovechamiento personal. Al rey, como juez supremo, se dirigía el acusado solicitando que se revisara el auto condenatorio, por ser todo falso y, si se demostrara que él hubiera delinquido, que se le castigara, pero si no, «es justo se le dé [castigo] al delator de semejante invención y testimonio». La honradez suya la cifraba no sólo en su propia actuación, sino en el honor del linaje, esto es, en el buen hacer al servicio del rey de su padre y de él mismo, «sin que de nosotros se haya dicho cosa semejante, ni hecho cargo ninguno». Entonces, los apellidos transmitían linaje y con él, fama o desdoro.

A primeros de diciembre, Cervantes saltaba a la palestra en defensa de Isunza: «No es justo que del dicho proveedor [Pedro de Isunza] ni de mi se diga cosa semejante como la que se opone, ni que el dicho proveedor sea injustamente molestado». Y añadía, tras pedir el sobreseimiento de la acción, ya que había certificaciones que avalaban el buen hacer de los comisionados, «no es justo que por una simple petición del delator, sin otra información alguna sea creído, y más contra tan fiel criado de Vuestra Majestad, como lo es el dicho Pedro de Isunza». Al poco, se suspendió esta actuación del Consejo de Guerra e Isunza respiró tranquilo. ¿Qué favor le debería a su superior para haber actuado tan gallardamente en su defensa?; ¿por qué hubo tanto encono contra Isunza y sus comisarios si, al tiempo, se albergaban tantas certezas de su buen hacer?

El caso es que Isunza cayó enfermo y se quedó en Madrid un tiempo más, mientras que Cervantes, dejada de nuevo la familia en Madrid, o en Esquivias, puso rumbo a Sevilla, adonde llegó a mediados de diciembre de 1592. Esta ausencia de Esquivias resulta incomprensible, extraña.

No estaban las cosas como para hacer jueguecitos los comisarios de las sacas de cereal y aceite: desde el 22 de diciembre de 1592, en el Puerto de Santa María fueron ahorcados varios miembros de otras comisiones —de la de Guevara— contra las que se había enviado juez especial. El delito era el de haberse apropiado de bastimentos para las armadas reales. Delito indudable y no sólo por sí, sino por el daño que podía causar a las armadas y sus marineros. Pero ¿por qué aquellos servidores reales simulaban que habían embarcado reservas en galeras y que éstas se habían perdido en una tormenta o por un asalto berberisco?: sencillamente, porque estaban poco y mal pagados y había que vivir. Con esas monstruosas penas ejemplares, quitar la vida a un ser humano por haber robado cereal, el rey aparecería a los ojos de sus súbditos o bien como inmensamente riguroso y poderoso —con lo que los hacía vivir atemorizados—, o extremadamente justiciero para dar tranquilidad a sus vasallos, pues era capaz de condenar a muerte a sus propios criados. Así pues, el rey, de ninguna manera, podía tener mácula en sus formas de hacer; era —o así querría aparecer ante sus subordinados— poco menos que la perfección. Lástima que por aquel entonces no opinaban igual los hidalgos aragoneses (y no diría, porque me parece de mal gusto, «con los Lanuza a la cabeza», ya que Juan de Lanuza *El Joven* fue decapitado en Zaragoza), los abulenses, granadinos, algunos procuradores de las Cortes de Castilla, alguna visionaria, los que no sabían cuándo cobrarían… tanto y tanto castellano harto, hacia 1591, de las formas de gobernar de su rey: «Si el rey no muere, el reino muere», se proclamó en algún pasquín por la Corte.

Las ejecuciones del Puerto de Santa María fueron necesarias como ejemplares. Era la época dura de la remoralización propugnada por Ribadeneira y auspiciada por el rey. Pobres desdichados aquellos Francisco Benito de Mena, Íñigo de Lezana, Pedro de Gárate, Diego de Zufre, Pedro López de León y otros. Isunza, que se trasladó al Puerto de Santa María, murió el 24 de junio de 1593.

Durante estos meses Cervantes vivió en varias parroquias de Sevilla, en san Isidoro, en Santiago. Declaró en el proceso del posadero Tomás Gutiérrez contra la cofradía del Sacramento que le había cerrado la entrada, en un claro acto de entorpecimiento de ascenso social a un… ¿descendiente de conversos? El pleito fue fallado a favor de Gutiérrez. La cofradía, aunque de primeras se negó a admitirlo, por lo que fue excomulgada, hubo de avenirse a razones y aceptarlo entre sus miembros. A los pocos meses debieron de hacer las paces, porque en la primavera de 1594 Gutiérrez aderezó un par de carros para las representaciones del Corpus.

A Isunza le sucedió un Miguel de Oviedo que nombró, nuevamente, a Cervantes comisario de los embargos en doce leguas a la redonda de Sevilla. No iban a durar mucho en el cargo: eran malos tiempos para la reputación del rey, ya viejo y caduco, que tenía que ser implacable con todo cuanto hubiera alrededor, con tal de salvarse a sí mismo. El caso es que la cosecha —¡otra vez más en aquel espantoso final de siglo!— había sido mala, las cantidades que había que embargar, importantes (¡30.000 fanegas!). Así que en ese verano se fue a La Palma del Condado (25 de julio de 1593) y de allí a otras veintitantas localidades. A mediados de agosto fue nuevamente comisionado para extraer 16.000 fanegas por tierras hoy pacenses, las de Llerena y sus contornos; por terrenos onubenses, por otros sevillanos. Y así pasó, de pueblo en pueblo, el otoño y el invierno de 1593, en que se enteró de la muerte de su madre: ¡qué carácter tuvo esa mujer! Una matriarca tan habitual de las de aquella sociedad.

Al poco de haber sido nombrado Oviedo, fue destituido y tras él cayeron todos sus subordinados. Hubo que rendir cuentas de nuevo, que fueron examinadas y aprobadas sin mayor problema. Entonces, en junio de 1594, se volvió a ir de Sevilla, camino de Esquivias y Madrid.

El caso es que tan pronto como llegó a la Corte, buen conocedor de los vericuetos palaciegos, logró que le encargaran una nueva comisión: el cobro de ciertas alcabalas y tercias, así como rentas de la abuela[41] en el Reino de Granada. El 1 de julio de 1594 presentó como avalista a Francisco Suárez Gasco, hombre de honrada familia, pero él de funesta reputación. Comoquiera que se consideraran insuficientes las garantías que daba Cervantes, hubo de ser avalado por su propia esposa, que, tras tantos años de estar entre bambalinas, vuelve a aparecer en escena: pero tan sólo por unos renglones. Cervantes recibe la comisión con fecha de 23 de agosto y en Baza, de Granada, el 9 de septiembre. La abnegada esposa volvía a quedar, probablemente, en Esquivias.

De Baza pasó a Granada y se acercó a la costa, a Motril, Salobreña, Almuñécar, Alhama y Loja; a primeros de octubre se asentaba en Granada. Luego, Vélez-Málaga, Málaga y Ronda. En más de un lugar se encontró con la misma sorpresa: las autoridades locales le justificaban que lo que venía cobrar ya lo habían satisfecho con anterioridad. Tuvo que pedir prórroga de la comisión y nuevas instrucciones. En diciembre de 1594 daba por concluidos su trabajos. En 1597 empezarían las pesadillas.

Las desdichas propias y colectivas de 1595 y 1596

Funcionaba entonces en Europa, y en Castilla singularmente, una economía fiduciaria, esto es, basada más que en el dinero contante y sonante, en fes de variada índole firmadas entre particulares. De esa manera, se evitaban los engorrosos, costosos y peligrosos transportes de dinero en metálico de unos lugares a otros. Era, pues, una economía monetarizada, que se hizo más así cuanta más plata venía de América.

Cervantes tenía que trasladar desde Sevilla a la Corte una importante suma de 7.400 reales. Por entonces circulaban varias acuñaciones de real en Castilla, desde una moneda de ocho reales, a otra con cuatro, con dos, con uno y con medio. Todas ellas, de plata, con una aleación de tal calidad que valía más la plata de la moneda que la moneda en sí. No entro a comentar los descalabros económicos que provocó esa realidad. El caso es que, si Cervantes hubiera convertido esos 7.400 reales en monedas de reales de a ocho, habría tenido que transportar una saca con 925 piezas que pesarían alrededor de 25.200 gramos, o sea, algo más de 25 kilos.[42] ¡Como para atravesar Sierra Morena!

Así que lo que se hacía era entregar a un banquero, cambista u «hombre de negocios», como se les llamaba, el dinero y él giraba contra un agente suyo en el lugar de destino una letra de cambio, un pagaré, o se comprometía él en persona a pagar en el otro lugar, ya que en fecha concreta tuviera planeado hacer un viaje con acarreo de dinero, con la protección correspondiente; depende de las circunstancias. Todo ello estaba protegido por la ley y en caso de que hubiera una «banca rota», esto es, que el banco en el que se hacían todas estas transacciones fuera «rota», realmente, por las autoridades por algún desfalco, impago u otra desgraciada situación, en caso, digo, de bancarrota, el primer acreedor que podía cobrar era el rey.

Cervantes se fía de Simón Freire de Lima y con sus cuentas y su pagaré, se dirige a Madrid a principios de 1595. Pero Freire no apareció por Madrid en las fechas convenidas. Cervantes escribe angustiado a Sevilla y el banquero-cambista le da tranquilidades, que inmediatamente ordenaba a un portugués cambista[43] en la Corte, Gabriel Rodríguez, que le abonara el depósito. Acude Cervantes a Rodríguez, que, como es de esperar, le dice que Freire no le ha dado ninguna cantidad, ni fianzas. Así que, zozobra en el cuerpo, de nuevo misiva a Sevilla a Freire..., pero sin respuesta, porque el bueno de él se había alzado con más de 60.000 ducados, cantidad importante: unos 180 kilos de oro.[44] Los veintitantos kilos de Cervantes se habían esfumado. Y aunque el delincuente era Freire, el que tenía que pagar era el autor de comedias. Salió a toda prisa de Sevilla, pero era tarde: los que estaban allí ya habían embargado los bienes del estafador. Vuelta corriendo a Madrid a pedir al rey órdenes para poder cobrar él antes que los que hubieran cobrado ya; respuesta de la contaduría: que así lo hiciera Bernardo de Olmedilla, juez en Sevilla, pero todo —incluido el acarreo y demás— a costa de Cervantes. Entre idas y venidas, se había llegado ya al verano de 1595. Por fin, se hizo entrega en la Corte del total de los 7.400 reales, pero el 22 de noviembre de 1596.

En efecto, como pudo, Cervantes fue haciendo acopio de pequeñas cantidades, prestadas por su hermana Magdalena de Sotomayor (149.600 maravedíes, o sea, 4.400 reales) y de un viejo amigo, Fernando de Lodeña (37.500 mrs., 1.103 rs.), de tal manera que por sí solo, y antes de conseguir por vía de embargo algo de Freire, había puesto en caja 5.503 reales.

Cervantes, como los probos funcionarios, como me sospecho que nosotros mismos hoy en día, debía de tener perdida la cuenta de los gastos y de las idas y de las venidas y de toda la desazón que causa servir a la máquina del «no».

Al fin, las letras, por aburrimiento de tanta comisión.

Había tenido lugar en Zaragoza, en mayo de ese año, la canonización de san Jacinto, a la que envió Cervantes unos versos compuestos en glosa para un certamen poético, convocado a tal fin. Ésta es la primera estrofa:

> *Tras los dones primitivos*
> *que, en el fervor de su celo,*
> *ofreció la iglesia al cielo,*
> *a sus edificios vivos*
> *dio nuevas piedras el suelo;*
> *estos dones agradece*
> *a su esposa y la ennoblece,*
> *pues, de parte del esposo,*
> *un Hiacinto, el más precioso,*
> *el cielo a la iglesia ofrece.*

En la iglesia de Santo Domingo se proclaman los poemas, desde el púlpito, ante el jurado y el público asistente. El ganador resulta ser

> *Miguel Ceruantes [que] llegó*
> *Y el primer premio lleuó.*

Fue gratificado con tres cucharas de plata que guardó durante su vida y que las regaló como dote a su hija Isabel de Cervantes.

A mediados de 1596, la mofa y el escarnio se cebaron contra la honra colectiva. Si la desazón de 1588 había sido grande, aunque en los años siguientes se pudiera resistir y espantar, o ver morir (Hawkins y Drake en el Caribe en 1593) en escaramuzas atlánticas a flotas y almirantes ingleses, el daño mayor llegaría en julio de 1596, cuando Cádiz fue pavorosamente saqueada por lord Howard of Effingham y el conde de Essex. En efecto, los enemigos lograron desembarcar el 2 de julio, entrar sin mayores problemas en la desasistida ciudad, arrasarla y marcharse el 15 de julio. Se aprestaron compañías desde Sevilla a todas las localidades de los alrededores, pero ni iban bien armadas, ni llegaron a tiempo. El bochorno fue de tal magnitud que, cuando Medina Sidonia «recupera» Cádiz, aparecen ciertos sonetos, en los que ya no hay decepción, sino algo peor, sarcasmo: el capitán Becerra vino a Sevilla a enseñar lo que habían de hacer los soldados, y a esto y a la entrada del duque de Medina en Cádiz hizo Cervantes este soneto:

> *Vimos en julio otra semana santa,*
> *atestada de ciertas cofradías*
> *que los soldados llaman compañías,*
> *de quien el vulgo, y no el inglés, se espanta;*
> *hubo de plumas muchedumbre tanta*
> *que en menos de catorce o quince días*
> *volaron sus pigmeos y Golías,*
> *y cayó su edificio por la planta.*
> *Bramó el Becerro y púsolos en sarta;*
> *tronó la tierra, escurecióse el cielo,*
> *amenazando una total rüina;*
> *y al cabo, en Cádiz, con mesura harta,*
> *ido ya el conde, sin ningún recelo,*
> *triunfando entró el gran duque de Medina.*[45]

La mentalidad colectiva castellana de finales del siglo XVI ha dado un vuelco total, hacia una suerte de senequismo —de tacitismo se dirá también— en donde las alegrías de 1577, o los gloriosos ánimos de 1580 o 1588, se han convertido en decepción. No es de extrañar que en medio de esta turbación naciera una obra de ficción que mezclara prodigiosamente el humor, la mordaz crítica, la fábula, las frustraciones, en fin, *El Quijote*.

La pesadilla de 1597-1598. Los inicios de *El Quijote*. La muerte del rey y la vuelta a Madrid

Es posible que fuera en el verano de 1597 cuando, revisadas las cuentas de su estancia en tierras del antiguo Reino de Granada, se le requirió que tenía que pagar 79.804 maravedíes. La deuda procedería de una interpretación errónea de los contadores: ellos permanecían inmóviles alrededor de un argumento, que era que las partidas de Vélez-Málaga no se habían satisfecho antes de la llegada de Cervantes y que, por tanto, él tenía que responder por ese dinero.[46]

Es de suponer que Cervantes presentaría descargos que, naturalmente, no fueron atendidos por aquellos oficiales de dineros a los que lo único que les interesaba era que casasen *sus* cuentas y nada más. ¿Cuántos de ellos estaban en el puesto por comprar el oficio y ni siquiera por favoritismo?; ¿cuántos tenían que hacer rentable la inversión de la adquisición del puesto? Porque entonces fueron muchos los oficios de regidores, escribanos y contadores de toda índole que se vendieron por toda la Corona de Castilla.

El caso es que Suárez Gasco, aquel avalista de escasa reputación, pero al que se había ido a amparar Cervantes, y la esposa de éste, recibirían el apercibimiento de tener que pagar por lo que adeudaba. Gasco hizo todo lo posible por quitarse de en medio y lo consiguió, porque Felipe II emitió una real cédula por la cual ordenaba a las autoridades de Sevilla que exigieran garantías y fianzas a Cervantes de que acudiría a la Corte a rendir cuentas en plazo de veinte días «y no dándoos las dichas fianzas, le prenderéis y enviaréis preso y a buen recaudo a la cárcel». La carta regia llevaba fecha de 6 de septiembre de 1597.

Recibida la notificación en Sevilla unos días después, se llamó a Cervantes a capítulo. Como en la nota constaba que en Andalucía tenía que haber cobrado los famosos dos millones y medio y más de maravedíes, pero no se decía cuántos había pagado ya y no por cuánto era el alcance, la justicia sevillana interpretó que no había pagado nada, así que la fianza consistió en exigirle el depósito del total, es decir, de los 2.557.029 maravedíes, en vez de sólo el alcance, esto es, 79.804. Desatino mayúsculo, sin duda.

A finales de septiembre o principios de octubre de 1597 fue encarcelado.

Como vemos, el sistema penal de aquella sociedad y de la nuestra variaba en muchas cosas. Una de ellas, desde luego, la diferencia que existe entre detención y encarcelamiento; también la claridad que hay entre derecho civil y penal; entre falta y delito, etc. Pero creo que, sobre todas, en lo cotidiano, la situación de las cárceles en sí mismas, sobre la que dieron noticia nuestros literatos del Siglo de Oro y algunos hombres de conciencia más.[47]

Volvería a suplicar justicia al rey nuestro autor, explicándole el dislate que se estaba cometiendo y, como a aquel rey y a sus criados regios, más aún a finales del reinado, más les interesaba la autoridad implacable que la justicia de la autoridad, debieron escucharle.

El 1 de diciembre de 1597 Felipe II ordenaba al juez Vallejo que soltara a Cervantes cuando hubiera dado fianzas «a vuestra satisfacción» (esto es, al criterio del juez) sobre el alcance de los setenta y tantos mil maravedíes... pero esa satisfacción no se logró hasta siete meses más tarde. Todos, al parecer, todos le abandonaron. Sólo quedaba consigo él mismo. Su inmensidad intelectual y psicológica.

Y, entonces, preso de nuevo, ansió la libertad y llevó nuestro último reducto que nadie nos puede trastocar, la imaginación, hacia un lugar de La Mancha, de cuyo nombre no quiso acordarse. En medio de la melancolía, acaso inquiriéndose sobre el sentido de su vida y su matrimonio, pues no debemos olvidar que el caballero es manchego, cuando podría haber sido de cualquier otro lugar, en medio de una profunda reflexión a los cincuenta años de su vida, vida tan corrida y sufrida, que nunca le domeñó, decidió escribir, «yo he dado en Don Quijote pasatiempo/ al pecho melancólico y mohíno» (*Viaje del Parnaso*, IV, 22-24).

Llegamos al mes de marzo. No sabemos bien en qué consistió la vida de Cervantes en prisión, ni cuáles sus negociaciones, si las hubo, con el juez Vallejo. Seis meses de inactividad creativa o de inoperancia negociadora son muchos. Escribió, desde luego; se frustró todo cuanto intentara negociar para su libertad. Hay documentos que nunca existieron y otros que han existido, pero que, o los han robado, o las alegrías bélicas de este país se los han llevado por delante. ¿No te has preguntado nunca, amable lector, que qué hacen tantos documentos manuscritos en las ferias de libros de viejo en vez de estar en los archivos a los que pertenecerían? Porque en ocasiones los podemos comprar aún con el sello de alguna institución.

En marzo de 1598 algunos contadores se trasladan a Sevilla. No sabemos bien por qué. Le piden las cuentas… ¡de 1591, de la época de Isunza! Él argumenta que los papeles están entregados ya y que, en todo caso, es el rey el que le debe dinero. Él se tiene en alta consideración y, desde luego, motivos no le faltan: «Ya se sabe cuán puntualmente da sus cuentas», esgrime en su propio favor.

Desde finales de marzo y primeros de abril de 1598, aunque la confusión documental es notable,[48] el caso de Cervantes fue objeto de análisis, para ser liberado. Se tomó interés un personaje curioso, acaso olvidado, Bernabé de Pedroso, que había sido Proveedor General de las Armadas en Portugal y más adelante Consejero de Hacienda y Contador Mayor de la Hacienda real. Importante *cursus honorum*, como el de tantos servidores regios del XVI y XVII.

El 28 de abril de 1598 presentó Cervantes la declaración jurada de sus cuentas de Teba de 1592. Concluía la pesadilla. *El Quijote* ya estaba en gestación.

Sólo un nuevo encontronazo con los de Hacienda, en 1608: el 6 de noviembre se le notificó que se daba auto contra él por las irregularidades de la recaudación de cuentas de 1594, que estaba completamente en orden. Fue el último mareo de estos papeles.

Recordemos que esos meses de 1598 no son propicios para los escritores teatrales. ¿De qué vivió Cervantes? Tampoco eran buenos tiempos para los recuerdos y los sentimientos: el 12 de mayo de 1598 murió Ana de Villafranca, la madre de su única hija, la esposa adúltera del tabernero gris. La niña, Isabel, tenía 14 años y le faltaban todos los asideros, el padre (me es igual biológico que legal) y la madre; sólo una abuela, Luisa de Rojas, podría tirar de ella.

¿Y quién tiraba de Cervantes en Sevilla recién liberado? De nuevo le encontraremos rehaciendo su red social. Del viejo amigo, el posadero Gutiérrez, no se sabe nada desde el 93; de la procedencia del dinero con qué comer, tampoco. Se sabe, eso sí, que compró al fiado —como era costumbre en la época— y que hizo algún negocio menor en el que él actuó de intermediario. No creo que estuviera en extrema necesidad, porque, de haber sido así, se habría ido a Esquivias. Aunque me asalta la duda una y otra vez:

¿Por qué no se fue junto a su esposa?

Su vida sevillana no fue rastrera; tampoco festiva. Con algunos contactó, porque por avalistas suyos en los microcréditos antes aludidos aparecen gentes de la justicia regia y porque (la frase es de sobra conocida por los especialistas), cuando Sevilla hace el túmulo a Felipe II, se penden del catafalco unos versos de nuestro escritor, dedicados al rey, cercanos a los que en 1569 había dedicado a Isabel de Valois. Además, en medio de las estrecheces y las melancolías, a buen seguro que seguía mascullando los viajes de aquel que salió de jornada cuando al alba sería, que es como mejor se escribe, por cierto.

Hemos recorrido casi medio año desde que ha sido liberado. En Sevilla ha muerto, primero, Benito Arias Montano (tres y media de la madrugada del 6 de julio de 1598), inquietante y extraordinario humanista de Felipe II.[49] Luego, el rey.

Montano, melancólico profundo, al sentir que la Parca le invitaba al viaje, tuvo prisa por acabar los escritos que tenía en la cabeza. «No paró de escribir folios y folios», comenta Juan Gil, que nos habla del «ritmo frenético de producción durante su último año de vida». Exactamente igual que Cervantes. Igual que tantos y tantos escritores que se defienden de la muerte, queriendo levantar entre ella y ellos una genial muralla de papel. A mi padre le ocurrió lo mismo. Vaya esta reflexión en su recuerdo.

Igualmente, en 1598 (5 horas de la madrugada del 13 de septiembre) murió Felipe II en El Escorial.[50] No voy a extenderme en las exequias de Sevilla, tan relatadas ya,[51] pero sí que me gustaría recordar aquella situación, mucho más grave que una anécdota o una gracia: el día 25, una vez concluido el catafalco (habían transcurrido cincuenta y tantos días desde que se encargó su construcción), se iba a proceder a las exequias. Por un cubrir el asiento de la Audiencia Real con paño negro, se enzarzaron en una violenta discusión en público las tres Justicias que coexistían en la ciudad: Ciudad (primera instancia), Audiencia (apelación) e Inquisición (justicia propia). Tan caldeada fue que el predicador, un canónigo de la catedral, hubo de retirarse a la sacristía a concluir allí la misa. Así se las tenían: quien quiera ver en eso una ridícula discusión de preeminencias debería hurgar un poco más en que si había algún soterrado conflicto entre esos poderes y que en este momento tan delicado se echaron un pulso. El caso es que el catafalco no se desmontó porque se suspendieron las exequias. Por fin, el ya nuevo rey, Felipe III, ordenó que se celebraran las honras el día 30 de diciembre. Así las cosas, cosas extrañas, durante un mes estuvo a la vista el enorme túmulo y el día 29, Cervantes, calificado en el XVII por un tal Ariño como «poeta fanfarrón», declamó públicamente sus famosos versos, su soneto:

Al túmulo del rey que se hizo en Sevilla
¡Voto a Dios que me espanta esta grandeza
y que diera un doblón por describilla!;
porque, ¿a quién no suspende y maravilla
esta máquina insigne, esta braveza?

¡Por Jesucristo vivo, cada pieza
vale más que un millón, y que es mancilla
que esto no dure un siglo, ¡oh gran Sevilla,
Roma triunfante en ánimo y riqueza!

¡Apostaré que la ánima del muerto,
por gozar este sitio, hoy ha dejado
el cielo, de que goza eternamente!»

Esto oyó un valentón y dijo: «¡Es cierto
lo que dice voacé, seor soldado,
y quien dijere lo contrario miente!»

Y luego encontinente
caló el chapeo, requirió la espada,
miró al soslayo, fuese, y no hubo nada.

No comparto la idea de otros comentaristas de que Cervantes no es ácido con este poema. Lo es, y mucho: ridiculiza el catafalco, ridiculiza a los sevillanos bocazas y, en fin, muestra, de nuevo, un colosal sentido de agotamiento, tacitista: «Miró al soslayo, fuese, y no hubo nada». Es decir, no pasó nada después de irse el bravucón. No pasó nada. En otra época de su vida o de la Historia del siglo XVI habría hecho un soneto más elegíaco, sin duda, sin bravucones, con héroes y no sin pasar cosas, sino aconteciendo sucesos dignos de memoria. Cervantes —nos declara años después— se sintió contento de esos versos,

> *Yo soy aquel que en la invención excede*
> *a muchos; y al que falta en esta parte,*
> *es fuerza que su fama falta quede.*
> *Desde mis tiernos años amé el arte*
> *dulce de la agradable poesía,*
> *y en ella procuré siempre agradarte.*
> *Nunca voló la pluma humilde mía*
> *por la región satírica: bajeza*
> *que a infames premios y desgracias guía.*
> *Yo el soneto compuse que así empieza,*
> *por honra principal de mis escritos:*
> *«¡Voto a Dios, que me espanta esta grandeza!»*
> *Yo he compuesto romances infinitos...,*

como dice en *Viaje del Parnaso*. Astrana nos recuerda un hecho muy singular: Lope, que tanta fobia tenía a Cervantes, escribió en su última comedia de *Las bizarrías de Belisa* que «vendrá a parar en fuese y no hubo nada»: ¿coincidencia; búsqueda de callada reconciliación? O, sencillamente, «alusión indiferente», como propone Amezúa.[52]

Por otro lado, compuso una crítica (la reproduzco en el «Apéndice») al reinado de Felipe II: reconoce los logros, sí; pero es durísimo en el adjudicarle los males del reinado.

En cualquier caso, por si acaso ya no había nada, fuese Cervantes de

Sevilla, precisamente en esos días. Acudió a Madrid con la esperanza de que algún nuevo cortesano le empleara a su servicio. En medio del cambio de reinado, la Hacienda intentaba notificarle que debía rendir no sé qué cuentas de alcabalas de Ronda de 1594. No creo que estuviera huyendo de la Justicia, porque, de ser así, no iba a meterse en la boca del lobo. Y no consta que en el alcázar de Madrid presentara ningún descargo. Tampoco se fue de Sevilla porque la ciudad estuviera asolada por la peste: en efecto, lo estaba, como Madrid, como toda Castilla. Entre 1596 y 1602 la Corona perdió un 8 por ciento de su población (en algunos pequeños pueblos se llegó a pérdidas del 30 por ciento); los años peores fueron los de 1598 y 1599.[53]

La aproximación a la hija; la vuelta a Sevilla y el abandono de Andalucía (1600)

No hay rastros documentales, pero creemos que los meses del abandono de Sevilla y de reincorporación a Madrid debieron de ser emocionalmente muy intensos. Nada se sabe de si pasó o no por Esquivias. Pero sí se sabe que las primeras semanas de agosto fueron trascendentales. El día 9 de ese mes de 1599 se presentaron, ante el alcalde de Casa y Corte don Francisco Arias Maldonado, Isabel de Saavedra (siempre Saavedra, nunca Cervantes) y Ana Franca, su hermana y, tras declararse hijas de Alonso Rodríguez y de Ana Franca, dijeron ser mayores de 12 años y menores de 25 (mayoría de edad en Castilla) pero que querían cobrar lo que les correspondiera por la muerte de sus padres, por lo que solicitaban el amparo de los alcaldes. Se nombró por curador a Bartolomé de Torres, procurador de Corte, y se tomó por fiador de los bienes a Juan del Campillo. Por el documento en cuestión, quedaba Bartolomé de Torres facultado a pleitear a favor de ellas y a ponerlas en soldada, esto es, a trabajar con alguien, de criadas.

El día 11 de agosto de ese año, Bartolomé de Torres ponía a Isabel de

Saavedra a trabajar en casa de Magdalena de Sotomayor. Recordemos: nacida en Valladolid en 1552, era la hermana dilecta de Cervantes. Había sabido ganarse la vida aprovechándose de los varones, pero en estos años finales del siglo empezaba a retirarse hacia la vida beata. ¡Y es que como la edad no perdona, bueno es buscarse otros amparos y o a casarse, o meterse a monja!

La niña Isabel de Saavedra trabajaría por dos años y acompañaría a Magdalena en todo y en todas las tareas domésticas y percibiría dos ducados, además de comida, casa, ropa, calzado, etc. Aprendería «a ser mujer de su tiempo», diríamos hoy, «le ha de enseñar a hacer labor y a coser, e darla de comer, e beber, e cama e camisa lavada, e hacella buen tratamiento...». En fin, si alguna noticia llegara a Esquivias de que en casa de las Cervantes de Madrid había entrado una niña a servir, a nadie, ni a la ingenua de Catalina de Palacios, la esposa de Miguel, le extrañaría. Quede dicho que en aquel punto y hora se separaron las vidas de las dos hermanas, Isabel de Saavedra y Ana Franca. Tanto les separó la vida que años después entraron en pleitos por la herencia, que aún no estaba cobrada en 1608.

Tampoco sabemos en qué consistió su vida en la Corte en aquellos meses en los que el gran acontecimiento fue la entrada en Madrid de los reyes Felipe III y Margarita de Austria, procedentes del Levante, en donde se habían casado y habían sido jurados reyes.[54]

En noviembre de 1599 vuelve a estar en Sevilla. Astrana supone que es en esas fechas cuando compone *El celoso extremeño* y *La tía fingida*, de cuya paternidad siempre se ha dudado y que hoy por hoy no se tiene por obra cervantina. En marzo de 1600 declara a favor de Agustín de Cetina, aquel amigo pagador de los abastecimientos de las galeras, que quería ser vecino de Sevilla y necesitaba declaraciones que corroborasen que vivía en Sevilla con esposa e hijos, oficio y casa poblada. Uno de los declarantes fue Cervantes. En julio, con el bacilo de la peste reactivado, o por los motivos que fueran, Cervantes abandonó Sevilla de nuevo... y por última vez: en su madurez, Sevilla había sido su casa desde la primavera de 1587 hasta el verano de 1600.

En Toledo, finales de verano de 1600

Anduvo desde mediados de agosto por plena Meseta, no sabemos si sólo en Toledo, si sólo en Esquivias, si en Toledo-Esquivias y Madrid. El caso es que a finales de agosto, su cuñado Fernando de Palacios, que ya era novicio de san Juan de los Reyes, iba a profesar en cualquier momento como fray Antonio de Salazar.

Por otro lado, es de imaginar que se enteraría entonces Cervantes de la muerte de su hermano Rodrigo, el 2 de julio de 1600 en la batalla de las Dunas.

Igualmente, siguiendo a Astrana, si en la cárcel de Sevilla hubiera escrito una novela corta titulada algo así como *El ingenioso hidalgo don Quijote* (que menos mal que no se la dejó en la venta del capítulo XXXII), que sin duda andaría de copia en copia o leyéndose por muchos sitios, como *La novela del curioso impertinente* que el ventero a «algunos huéspedes que aquí la han leído les ha contentado mucho, y me la han pedido con muchas veras», si en Sevilla, insisto, hubiera escrito esa novela corta, en Toledo, durante estos meses, reemprendió la genial creación, tras toparse con el joven aquel y su cartapacio lleno de manuscritos en lengua arábiga (II parte, cap. IX).

En 10 de enero de 1601 se pregonó traslado de la Corte a Valladolid. Suele aducirse que fue una medida sin sentido, otro capricho más de Lerma. Aunque él sacó beneficio personal, pues ésa era su condición y la de media Corte, lo cierto es que llevarse al rey y a la reina y los Consejos y a toda la población que dependían de ellos tenía una intención: intentar reactivar la Meseta Norte. Madrid, es verdad, quedaría hundida, pero como polo de generación de riqueza estaba aún Toledo.

«Quisiera que este libro, fuera el más hermoso, el más gallardo y más discreto que pudiera imaginarse»

Los años siguientes se convierten en años existencialmente muy intensos. Los interpreto como los de la penúltima fase de su vida: atrás quedarán los problemas de las cuentas de Andalucía y aparecerá la primera parte de *El Quijote*. Vivirá en Valladolid con la Corte y será encarcelado por poco tiempo, por el caso Ezpeleta. Vuelta la Corte a Madrid, casará a su hija en otro matrimonio no muy tridentino y empezarán los sinsabores con ella; después, más libros, lamentos y quejas. Así quedará todo preparado para la última fase de la vida.

Claroscuros de unos años cruciales, 1600-1605: Los *El Quijote* de 1604 y *El Quijote* definitivo de 1605.

En efecto, después de volver de Andalucía, Cervantes, en un principio, permaneció en Toledo y su esposa en Esquivias. Los contadores, por su parte, se fueron a Valladolid. Allá, a 10 de septiembre, volvían a requerir sus cuentas en una información interna. Mas esta vez, redondeando las cantidades que tendría que haber cobrado y reconociendo un «parece réstale debiendo 79.804 [maravedíes]».

Es igual. Cervantes por aquel entonces repartió su vida entre Toledo y Esquivias (el 26 de enero de 1602 asiste como padrino a un bautizo y es comadrina la famosa Juana Gaitán, la que —acaso— le presentara a Catalina Palacios). En su prodigiosa mente, siempre bien aliada con la mano derecha, va escribiendo uno a uno los capítulos de *El Quijote*. No para de leer y de imaginar. Es un hombre libre. Además, la aparición de la última novela de caballerías escrita por don Juan de Silva, que leyó Cervantes, sirvió para estimularle más en el satírico desprestigio de las citadas obras.[1] Y mientras, su vida cotidiana la pasaba, con toda certeza, junto a sus hermanas, a su sobrina y, presumiblemente, descubriendo la adolescencia de su hija: ¿de qué viviría?

Al mismo tiempo, en Valladolid, en la Corte, iban y venían papeles en los que se revisaban los pagos e impagos de los comisarios de tiempos atrás y parecía el nombre de Cervantes como individuo que, después de haber sido soltado tras haber dado fianzas de que se presentaría a declarar, no había hecho acto de presencia en la contaduría.[2]

Entramos así en 1604, Cervantes y Lope han roto su antigua amistad. Algo les ha ocurrido en Sevilla en 1600 y los resultados empiezan a verse ahora.

En 1604 estaría escribiendo el famoso donoso escrutinio de la biblioteca y aún más, el capítulo XLVIII, «donde prosigue el canónigo la materia de los libros de caballerías, con otras cosas dignas de su ingenio», que es la acendrada crítica a las comedias de escasa calidad pero de alta repercusión económica y social, en donde aun alabando a Lope, «que esto sea verdad véase por muchas e infinitas comedias que ha compuesto un felicísimo ingenio destos reinos, con tanta gala, con tanto donaire, con tan elegante verso, con tan buenas razones, con tan graves sentencias y, finalmente, tan llenas de elocución y alteza de estilo, que tiene lleno el mundo de su fama», no duda en dejar caer cierta crítica contra él, aun inmersa en el respeto: «Por querer acomodarse al gusto de los representantes, no han llegado todas, como han llegado algunas, al punto de la perfección que requieren». Recuerdo al lector que este capítulo es una exposición de la teoría del teatro cervantina.

Debió de ser en la primavera de 1604 cuando se terminó *El Quijote* «largo», pues todo parece indicar que con anterioridad había ya una novela corta que circulaba en copias manuscritas,[3] o que tal vez hubo una impresión desconocida del texto ya en 1604,[4] o que, sencillamente, se sabía por el boca a boca que existía un texto más breve: ¿por qué no pensar que Cervantes pudiera haber leído en alguna academia o tertulia literaria un extracto? Ninguna de esas cosas habría sido extraña. El hecho cierto es que existió un *Quijote* «corto» que, tal vez visto su éxito, animó al autor a concluir un *Quijote* «largo» y al editor a contratárselo.

Como no sabemos nada de *El Quijote* corto de 1604, lo que se dice a continuación es mera conjetura: ¿qué extensión tendría ese *Quijote*? Me sumo a quienes creen que iría desde «En un lugar de La Mancha» hasta el escrutinio de los libros, para purificar con fuego el mal hecho en la mente humana.

Sea lo que fuere, la verdad es que aunque *El Quijote* de 1605 fuera, en efecto, *El Quijote* de 1605, en los círculos literarios cortesanos y de sus proximidades, ya se conocía una suerte de *Quijote* anterior. En efecto, está atestiguado el conocimiento de *El Quijote* «corto» en Alcalá, Toledo y Madrid en 1604. Veamos los datos:

Juan Pérez era un renegado murciano a la fe de Mahoma. Escribe hacia 1637 una *Contradiction de los catorce artículos de la fe cristiana* que está manuscrita. En uno de los capítulos narra una conversación en una librería de Alcalá de Henares en 1604 entre el librero, él mismo y un amigo. Surge una cierta crítica a las novelas de caballerías y un estudiante que estaba presente se entromete en la conversación con un «ya nos remanece otro *Quijote*»…, era 1604.[5] ¿Se conocía copia manuscrita o novela corta impresa?

A finales de 1604, Francisco López de Úbeda ha de editar deprisa y corriendo, en alabanza de don Rodrigo Calderón, *La pícara Justina*. En cierto diálogo, dice la protagonista que:

> *Soy la reinde Picardí——,*
> *Más que la Rudconoci——,*
> *Más famoque doña Oli——,*
> *Que Don Quijoy Lazari——,*
> *Que Alfarach y Celesti——.*

A finales de 1604, un cierto *Quijote* era puesto a la altura del *Lazarillo*, del *Guzmán* o de la *Celestina*. Aún hay más.

Cerremos esta trilogía de famosos ejemplos con una falsificación. Lope escribe una carta desde Toledo a un amigo en 4 de agosto de 1604.

Es la primera de las cartas que conservamos de su epistolario. Es muy interesante. Entre otras cosas porque, además de hacer una excelente descripción del Toledo que, por tantas idas y venidas de la Corte, está a punto de caer en su ruina multisecular, cuenta —digo— el ambiente de la ciudad imperial y habla de cómo anda de poetas la urbe:

De poetas no digo: buen siglo es éste. Muchos en ciernes para el año que viene, pero ninguno hay tan malo como Cervantes ni tan necio que alabe a don Quijote.[6]

Sin embargo, Astrana[7] aduce, con profusa argumentación, que tal carta no es del 4 de agosto de 1604, sino de diciembre de 1605. Para nuestra historia, no es trascendental el dato. Es evidente que corrió un *Quijote* anterior al *Quijote* y que la enemiga de Lope y Cervantes se fragua en estos años.

Uno había disparado la andanada; el otro contestaba y se hacía eco (en la misma carta) de la turbación del ambiente: «A sátira me voy mi paso a paso [...] cosa para mí más odiosa que mis librillos a Almendárez, y mis comedias a Cervantes». Y afirma rotundamente, orgullosamente, para defenderse con un ataque: «Algunos que piensan que los escribo por opinión, desengáñeles Vuesa merced y dígales que por dinero».

No tardó Cervantes en replicar, burlándose de Lope en el «Prólogo» de *El Quijote*. Se trata de una mordaz crítica contra Lope, tácita si no supiéramos el sentido que tiene. Veámoslo con detenimiento porque merece la pena.

Recuerda, lector paciente, que en el «Prólogo» Cervantes está declarándonos lo que le cuesta escribirlo. Que, meditabundo, entra un amigo en casa y le pregunta que qué le pasa y él le contesta que vive en la zozobra de no saber qué poner, ni qué dirá el «viejo legislador, el vulgo», por verle aparecer de nuevo, tras años de silencio (desde *La Galatea*, 1585), con una obra incompleta y extraña, porque, continúa Cervantes, es

pobre de concetos y falta de toda erudición y doctrina; sin acotaciones en las márgenes y sin anotaciones en el fin del libro, como veo que están otros libros, aunque sean fabulosos y profanos, tan llenos de sentencias de Aristóteles, de Platón y de toda la caterva de filósofos, que admiran a los leyentes y tienen a sus autores por hombres leídos, eruditos y elocuentes.[8]

¿Estaba refiriéndose al aspecto metodológico formal de Lope en *El Isidro* (1599) y en *El peregrino en su patria* (1604)? Parece, según común aceptación de los cervantistas, que sí.

A continuación arremete contra los autores teatrales, sin citarlos, que son capaces de: «En un renglón han pintado un enamorado destraído y en otro hacen un sermoncico cristiano, que es un contento y un regalo oílle o leelle».

Por cierto, ¿ha concluido en este preciso instante el Renacimiento en España?: ¡Cervantes no respeta ninguna autoridad, salvo la propia experiencia! Cervantes es un destacable antihumanista escolástico. Su *Quijote* es imaginación sola:

De todo esto ha de carecer mi libro, porque ni tengo qué acotar en el margen, ni qué anotar en el fin, ni menos sé qué autores sigo en él, para ponerlos al principio, como hacen todos, por las letras del A B C, comenzando en Aristóteles y acabando en Xenofonte y en Zoílo o Zeuxis, aunque fue maldiciente el uno y pintor el otro.

Y continúa el rompimiento de lanzas en pos de la innovación, en velada alusión a Lope, y su *La hermosura de Angélica* (1602), al frente de la cual hay, entre otras, poesías laudatorias de un príncipe, un marqués, dos condes y dos damas:

También ha de carecer mi libro de sonetos al principio, a lo menos de sonetos cuyos autores sean duques, marqueses, condes, obispos, damas o poetas celebérrimos; aunque, si yo los pidiese a dos o tres oficiales amigos, yo sé que me los darían.

Aún hay más diatribas contra Lope:

> Yo sé que me los darían, y tales, que no les igualasen los de aquellos que tienen más nombre en nuestra España.

En fin, como han señalado Florencio Sevilla y Antonio Rey, «sobre todo, lanza sus dardos satíricos contra la pedantería extremada del Fénix, a consecuencia de la «Exposición de los nombres poéticos y históricos contenidos en este libro» que acompaña a *La Arcadia* (1598), donde Lope había incluido, como nota exótica e ignota de cultura reservada sólo a los iniciados (pásmese el curioso lector), el río Tajo, diciendo: «Río de Lusitania, nace en las sierras de Cuenca, y tuvo entre los antiguos fama de llevar, como Pactolo, arenas de oro...». No es raro que diga Cervantes irónicamente:

> para mostraros hombre erudito en letras humanas y cosmógrafo, haced de modo como en vuestra historia se nombre el río Tajo, y veréis os luego con otra famosa anotación, poniendo: El río Tajo fue así dicho por un rey de las Españas: tiene su nacimiento en tal lugar, y muere en el mar Océano, besando los muros de la famosa ciudad de Lisboa, y es opinión que tiene las arenas de oro, etc.[9]

No nos extrañe que Lope se sintiera tocado y ofendido. El «Prólogo» de *El Quijote* era un ataque contra él. ¿Sólo el prólogo? Volveremos sobre ello. Hacia 1605 se ha dicho que se cruzaron durísimos poemas Cervantes y Lope: «Hermano Lope, bórrame el soné— (...) y no concluyas, como prometes hacer, la *Jerusalén conquistada*», etc.[10] La respuesta de Lope, de ser suya, fue furibunda:

> *Yo, que no sé de la——, de li——, ni lé——*
> *ni sé si eres, Cervantes, co—— ni cú——*
> *sólo digo que es Lope Apolo, y tú*
> *frisón de su carroza y puerco en pie.*
> *Para que no escribieses, orden fue*

> *del Cielo que mancases en Corfú.*
> *Hablaste buey, pero dijiste mu;*
> *¡oh mala quijotada que te dé!*
> *Honra a Lope, potrilla, o ¡guaya de ti!,*
> *Y ese es tu don Quijote baladí*
> *de culo en culo por el mundo va*
> *vendiendo especias y azafrán romí*
> *y, al fin, en muladares parará.*

Se las jugaban amables, ¿verdad? En este poema se recurre a truncar palabras y versos, por lo que su lectura es muy interpretativa.[11] Por ejemplo, Astrana lee el *co*— como «el Coco» y el *cú*— como el cuclillo, esto es, el marido de la adúltera;[12] la alusión a Corfú, aunque sea irreal, es para que haya rima; por «potrilla» puede entenderse el viejo verde; el «lloverá» creo que quiere entenderlo por miccionará; el «azafrán romí» es el bastardo. A pesar de tan rica lectura, le falta por comentar, en mi opinión, algún insultillo más: lo de «puerco en pie» alude a los orígenes conversos, marranos, de Cervantes —tema que acalla reiteradamente Astrana—; lo de llamarle «buey» es llamarlo homosexual; el único «don» de Cervantes es su «*Quijote* baladí», que para lo único que sirve es para arrancar sus hojas e ir «de culo en culo por el mundo» (por lo menos reconoce que hay exportaciones de ejemplares de *El Quijote*)... Al parecer recibió este poema en Valladolid, como nos lo cuenta en la *Adjunta al Parnaso*.

No obstante todo esto, arrepentido por la polvareda, en el «Prólogo» de las *Novelas ejemplares* (1613) parece querer pedir perdón:

> Quisiera yo, si fuera posible, lector amantísimo, escusarme de escribir este prólogo, porque no me fue tan bien con el que puse en mi *Don Quijote,* que quedase con gana de segundar con éste.

Sin embargo, aunque se echara agua a raudales, el fuego devoraba el bosque. Lope arremetió contra Cervantes a través de Avellaneda, el autor de aquel *Quijote* apócrifo de 1614. Se despachó contra Cervantes llamándole amargado, envidioso, viejo o manco, cubriéndole las espaldas al Fénix. Cervantes, de nuevo, replicó:

Él tomó por tales el ofender a mí, y particularmente a quien tan justamente celebran las naciones más extranjeras, y la nuestra debe tanto, por haber entretenido honestísima y fecundamente tantos años los teatros de España con estupendas e innumerables comedias, con el rigor del arte que pide el mundo, y con la seguridad y la limpieza que de un ministro del Santo Oficio se debe esperar.

Por las mismas fechas salía *El viaje del Parnaso*. La barca está llena de poetas y está a punto de hacer aguas tan llena de «poetambres» (neologismo sin par de Cervantes para referirse a los «poetas muertos de hambre»), y Mercurio va a limpiar la barca para que sobrevivan unos cuantos. Entre los que hay a bordo,

> *Llovió otra nube al gran LOPE DE VEGA,*
> *poeta insigne, a cuyo verso o prosa*
> *ninguno le aventaja, ni aun le llega* (vv. 388-390)

¿Paces?; ¿dobles sentidos? ¡Y siguió el espectáculo! Cojamos el «Prólogo» a la segunda parte de *El Quijote* (1615):

No tengo yo de perseguir a ningún sacerdote, y más si tiene por añadidura ser familiar del Santo Oficio; y si él lo dijo por quien parece que lo dijo [naturalmente, Avellaneda], engañóse de todo en todo; que del tal [Lope] adoro el ingenio, admiro las obras, y la ocupación continua y virtuosa.

Ocupación continua sí, ¿en qué?; y... ¿virtuosa? Muchos, si no todos los filólogos que han tratado estas filias y fobias han establecido luego comparaciones entre la enemiga de Lope y Góngora, en que predomina el respeto; entre Quevedo y Góngora… en que aquél compró la casa en que vivía el cordobés para echarlo a la calle.

La relación Lope-Cervantes fue diferente. Uno, Cervantes, es un perfecto fracasado, un trasgo literario andante; Lope es el triunfo en todo. Éste era populista, Cervantes existencialista. Ambos vanidosos, pero uno desbocadamente vanidoso y el otro mucho más irónico. Sin embargo, ambos se admiraban recíprocamente porque se reconocían el triunfo en el teatro o la novela, según quién.

Como tantas veces, las razones últimas del mutuo desprecio son un enigma. González de Amezúa, comentarista clásico de Lope, quiere ver el enfrentamiento en una cuestión estilística: lo sublime, en aquellos tiempos, era la capacidad de versificar, lo cual dominaba Lope —sin duda— mientras que Cervantes no alcanzaba la gloria que quería —como declaró en *Viaje del Parnaso*:

> *Yo, que siempre trabajo y me desvelo*
> *por parecer que tengo de poeta*
> *la gracia que no quiso darme el cielo.*

Escribir novela era, por el contrario, una capacidad menor. Dejan traslucir, entonces, las palabras de Amezúa que Cervantes envidiaba a Lope en su éxito y éste menospreciaba al otro y, además, no supo ver que el futuro estaba en la novela.[13]

Antes he hablado de que el «Prólogo» de *El Quijote* es un bombardeo contra Lope. Mas ¿sólo el prólogo?

Se sabe que existió en 1596 un *Entremés de los romances* en el que se caracterizaba a un caballero que, enloquecido por la lectura de los romances, se sintió caballero y decidió dedicarse a esos menesteres. Primera cuestión: es, pues, evidente, que éste es el origen argumental de *El Quijote* de 1604. Se trataría de un «ensayo caracteriológico», en el que el seguidor supera con creces al originario. Segunda cuestión: resulta que ese *Entremés de los romances* es un escrito demoledor contra Lope (Millé). Bartolo, el protagonista, enajenada la razón, recién casado, abandona a su mujer y se va darle batalla a Drake; recordemos que Lope relata su biografía amorosa romanceada; y, en fin, que recién casado con Isabel de Urbina, la abandona y se alista en la Armada de Inglaterra.[14]

Es decir: de un chascarrillo y un ensayo antilopesco, nació una novela moderna descomunal, en donde se perdió el origen, como una gota de agua en la inmensidad del océano. Pero, según esto, si el *Entremés de los romances* aparece en 1596 y *El Quijote* corto es de 1604, Cervantes lo escribiría durante un período en el que, como hemos visto, cultivaban recíproca amistad. ¿Podría ser que Cervantes escribiera tan «monumental broma pesada» pensando en su amigo, triunfador, vanidoso y soberbio y que éste no le aceptara el obsequio y todo fuera a más y más hasta saltar por los aires la vieja amistad por culpa de *El Quijote*? No me cabe duda: Cervantes no supo contener la ironía; Lope no supo reírse de sí mismo y eso le dio alas al otro para afilar la pluma. Celos y vanidad.

Añadamos a lo escrito que las alusiones de Lope a Cervantes son numerosas y han sido clasificadas en tres grupos: elogiosas, indiferentes y despectivas.[15] No cabe duda: se había entablado una batalla cultural de enorme trascendencia e intensidad. El triunfo había hecho que Lope fuera conformista. Los fracasos (de cara al comer, no de cara a la calidad) en poesía o en comedia, de Cervantes, le forzaban a buscar una nueva llave del éxito. Tanteaba, ahora, con una breve novela de caballerías.

Visto el éxito que iba teniendo la «prueba» de 1604, se lanzó a escribir más y más. La imaginación desbordada, las últimas ediciones de caballerías, las ganas de concluir un texto que era su penúltimo intento de encontrar un sitio en el mundo literario.

De repente, se le cruzó el librero Francisco de Robles, que presumiblemente le invitó a concluir el escrito. El padre, Blas de Robles, había sido el editor de *La Galatea*. Hasta que en los últimos años de su vida apareciera Juan de Villarroel, los Robles fueron los editores por excelencia de Cervantes. Robles sabría de la existencia de *El Quijote* de 1604 y su fama y le compró los derechos del «largo» por una cantidad ridícula —aunque está perdida la documentación, es fácilmente presumible que fuera así: el paseo por la imprenta de Barcelona es delicioso—,[16] que, como han puesto de manifiesto tantos y tantos filólogos, está concluido apresuradamente, como este libro, como tantos otros: faltan un par de vueltas, de lecturas sosegadas, en frío: «Cervantes, con el ardiente deseo de trasladarse a la nueva Corte [...] y a toda prisa, en pocas horas, reunió los cuadernos de *El Quijote*, juntó las tres últimas partes con la primera, o sea, con la novela corta primitiva; dividió la obra en capítulos, no siempre ajustadamente, les puso epígrafes, alguna vez errados [...] Careció de tiempo para más», dice Astrana;[17] por su parte, Florencio Sevilla y Rey Hazas han escrito que «la primera salida de Don Quijote, tiene la estructura de una novela corta evidente, escrita y concebida como tal, sin división de capítulos, dado que nos parece obvio que Cervantes la dividió después, cuando se decidió a proseguir su novela, sin preocuparse además excesivamente por ello, cortando el texto por donde le pareció bien, sin detenerse un segundo a hacerlo con precisión. Y eso hasta el punto de que, por ejemplo, el cap. III acaba diciendo: "Le dejó ir a la buen hora", y el IV comienza expresando: "La del alba sería". Más significativo todavía es el caso del engarce entre los caps. V y VI, puesto que *los* editores ponen únicamente una coma entre el final de uno y el inicio del otro, a causa de que el V concluye con la siguiente frase: "Con el cual se vino a casa de don Quijote", y el VI comienza así: "El cual aún todavía dormía". Si a esto unimos que relata la primera salida y el primer regreso a casa del hidalgo manchego, que el héroe va solo en ella, sin la compañía de Sancho, y que, en consonancia con el hecho de que su locura se debe a la lectura de libros de caballerías, la hipotética novelita se cierra, lógicamente, con el conocido escrutinio de estos libros...».[18] En tercer lugar, Francisco Rico considera que «es lícito conjeturar que las anomalías más ostensibles en *El Quijote* (omisiones, rupturas de la continuidad, epígrafes erróneos, etc., etc.), tanto si son culpa del novelista como si se deben a los impresores, tienen su origen en semejante modo de trabajar», que consistía en no hacer una impresión lineal sino a trozos, con los riesgos de confusión que ello implica.[19] Es posible que el autor, como es uso y costumbre en la época, introdujera en medio del proceso de obtención de aprobaciones alguna censura en su propio texto por «recomendación» de terceros.[20]

La edición de *El Quijote*

La «historia material» de la impresión de *El Quijote* fue la habitual, porque la obra, nonata, era ordinaria: se pidieron los permisos al Consejo Real, que se dieron; se tasó el libro, se mandó componer a Madrid en la imprenta de Juan de la Cuesta (aún se conserva el edificio, vergonzante, fuera de los circuitos turísticos, en un barrio que se echa a perder día a día entre inmundicias, y eso que los nombres de nuestros literatos del Siglo de Oro aparecen en cada esquina; ¡ay, si fuera París! Menos mal que los grandes operadores turísticos se han sensibilizado con la restauración de edificios y establecimiento de grandes hoteles), se hizo el mes de noviembre de 1604.

Es cierto: el 26 de septiembre de 1604 obtenía el privilegio por diez años, como era costumbre, para la impresión de *El ingenioso hidalgo don Quijote de la Mancha*. Una vez que el autor poseía la exclusiva de edición de su propia obra, comerciaba con ella, si no lo había hecho anticipadamente, con libertad. Además, llegaba el momento de cerrar el proceso físico editorial: preliminar, dedicatoria, proemios, etc.

Así transcurrieron las semanas siguientes. Cuando los preliminares estaban ya concluidos, antes de salir al mercado, había que revisarlo de nuevo, pues éstas son las cosas de la censura *a priori*.[21] Con todo, se remitió un primer ejemplar al licenciado Francisco Murcia de la Llana, médico de formación, pero para lo que nos interesa «corretor de los libros que se imprimen en estos Reinos despaña, vecino de la villa de Madrid», aunque residente en Alcalá. Revisó, es un decir, el original, que lo debería haber cotejado con las pruebas que se le mandaban y dio el visto bueno a 1 de diciembre de 1604. Más cuidadoso fue con *Viaje del Parnaso* (1614), en el que detectó cuatro faltas.

Por el contrario, *El Quijote* está cargado de erratas. Son múltiples, y a los editores filológicos actuales de la obra les va el oficio en cuidar su enmienda; «lo más grave de la *princeps* es la formidable cantidad de erratas».[22] Por su parte —escribe otro maestro—,[23] «el *Quijote* [...] ofrece una serie de defectos, fruto muchos de ellos de la precipitación con que parece estar redactado». De entre las erratas más sonadas, las que hay en el «Índice de Temas», aquello que llamaban «Tabla de los capítulos». La susodicha se intitula «Tabla de los capítulos que contiene esta famosa Historia del valeroso caballero don Quijote de la Mancha», y eso que a renglón seguido leemos «Primera parte del ingenioso hidalgo don Quijote de la Mancha», aunque más adelante, «Parte segunda del ingenioso don Quijote de la Mancha». Faltan partes del título por doquier. El jaleo con el nombre de la obra era notable: en el privilegio de impresión, dado a 26 de septiembre de 1604 por el rey, consta otro;[24] que es el mismo de la «Tasa», en la que sigue sin aparecer ningún don Quijote, y eso que es un certificado y dación de fe firmada por un escribano real [notario real].[25] Por fin sale bien bautizado, en la dedicatoria a Béjar, «he determinado de sacar a luz al *Ingenioso hidalgo don Quijote de la Mancha*», y en la portada.

Aceptadas las pruebas por Murcia de la Llana, los consejeros reales, como expone Gallo de Andrada, pusieron precio a la obra el 21 de diciembre de 1604, desde Valladolid. La historia de esta «tasa» la expongo más abajo: «Tasaron cada pliego del dicho libro a tres maravedís y medio; el cual tiene ochenta y tres pliegos, que al dicho precio monta el dicho libro docientos y noventa maravedís y medio, en que se ha de vender en papel», esto es, en resmas, sin encuadernar, como era costumbre.

Sigamos con la dedicatoria. La dedicatoria al duque de Béjar es extraña, por su frialdad, sobre todo si se compara con la ironía y la frescura del «Prólogo». Se han esgrimido dos razones para explicar esa cuestión: que se hizo la dedicatoria deprisa y corriendo, porque cuando el manuscrito entró en prensas no la había y el editor la gestionaría ante quien fuera y, también, que estuviera comprometida la dedicatoria, pero que la caída en desgracia de Béjar ante Lerma instaba a que se le escribiera también con distanciamiento: usos cortesanos.[26] Nada que ver con las dedicatorias a Lemos, como trataremos más adelante.

Luego, el «Prólogo». En él el escritor se describe (usando la literalidad de la acepción) a sí mismo. En éste inaugurará una serie de textos independientes que, extraídos de las obras que preludian, forman un cuerpo definido. Por eso, los pongo en el «Apéndice», porque unidos entre sí, son obra autónoma. Él sabía que estaba haciendo novedad y provocando —como acabamos de ver. Por ello, genialmente, se planta cara a cara con el lector, y le descubre una recíproca complicidad: «Desocupado lector». El autor habla a quien le lee y le tiene por persona que no tiene otra cosa mejor que hacer y, en el ocio, ha decidido leer entretenimiento. Está holgando y, sin embargo, entre las ocupaciones de la desocupación, ha decidido compartir su tiempo con el autor del libro que tiene entre manos. Y eso..., desocupado lector, se agradece. En esas palabras hay complicidad, provocación y cordialidad. Esto es, humor.

Ese humor sigue: arremete contra la afectación que hace que el autor pida perdón por las faltas de su libro; es agresivo sin piedad contra la pedantería de Lope y tantos más (esto quiere decir que Cervantes había leído una enorme cantidad de libros y, por ende, de prólogos); estructuralmente, nos hace sentir que seamos ese su amigo que le ayuda a escribir el prólogo —como si Cervantes no fuera el autor del prólogo—, como dentro de *El Quijote*, será un moro traductor el que le ayude a entender la historia de su personaje escrita por Cide Hamete (que encubre el *ser* de Cervantes); arremete contra la autoridad (está poniendo fin a un humanismo español ya moribundo). El demoledor prólogo, no sólo divertido, sino brutalmente agresivo y conceptualmente (me parece) revolucionario, ha concluido en la esperanza de haber conseguido amigos. Si arrancaba con el provocador «desocupado lector», pronto va a concluir que espera haber hallado un «lector suave» que encuentre «tan sincera y tan sin revueltas la historia del famoso don Quijote de la Mancha»; es decir, que no haya perdido el tiempo leyendo tanta diatriba y propuesta innovadora.[27]

A partir de ese momento, podían ponerse a funcionar las seis prensas de Juan de la Cuesta, en la calle Atocha de Madrid.[28] Las tintas se cargaron en papel recientemente comprado a los monjes de El Paular, cien resmas por 1.250 reales, aunque la compra no fuera exclusiva para esta edición. En cualquier caso, es mal papel, verdaderamente.[29] Había habido en Madrid una imprenta, la de Pedro Madrigal, que al morir pasó a su viuda, María Rodríguez de Rivalde y empezó a ser regentada por Juan de la Cuesta desde 1599 a 1607. Este Juan fue su yerno desde 1603.[30]

Era el de Cuesta uno de los talleres de impresión más importantes, con una veintena de operarios, mientras que lo habitual eran cinco. Un corrector prepararía el manuscrito entregado en buena letra por un amanuense; en un par de meses —a ritmo acelerado, por cierto—, no menos de tres componedores prepararon ya los ochenta famosos pliegos, imprimiéndolos por caras y no consecutivamente.[31] El libro había quedado impreso, pero faltaba un detalle: la «Tasa», el precio oficial, que lo daba el Consejo Real. Se dejó en blanco el folio 2 recto del pliego de la portada, en donde constaba el de 1605 como año de edición (por si acaso) y Juan de la Cuesta se desplazó tras la Corte a Valladolid con algunos ejemplares terminados a falta de la «Tasa». Allá la consiguió en 20 de diciembre. Entonces, el editor, Robles, negoció con Luis Sánchez que introdujera la «Tasa» en su lugar y que lanzara los primeros ejemplares. No obstante, volvió Cuesta a Madrid y ya, pausadamente, acabó la tirada completa. En cualquier caso, «por ende, el *Quijote* debió leerse en Valladolid para la Nochebuena de 1604, mientras los madrileños posiblemente no le hincaron el diente hasta Reyes de 1605».[32] Si todo esto fuera cierto, y salvo que haya entendido mal a los filólogos… ¡tendríamos «tres *Quijotes* de 1604»!, el de las alusiones antes mencionadas (podría haber corrido manuscrito); el de escasísima tirada de compromiso en Valladolid y la *princeps* de Madrid de 1604-1605. Este «segundo *Quijote,* primero de 1604» habría sido, según entiendo, un «regalo de Navidad» del editor a algunos personajes cortesanos. ¿Entre otros a Béjar? Pero no se busque sensacionalismo. En realidad, se trata de una cuestión de fechas: es posible que hubiera un *Quijote* corto, y el *Quijote* largo, impreso a lo largo de 1604, se puso en manos de algunas personas en Valladolid en 1604 y en la librería en enero de 1605. Sigamos, pues, con la conmemoración en este año.

A mediados de enero de 1605 (Astrana; Rico piensa que a primeros) salieron a la venta los ejemplares —no se sabe cuántos (se estima que de mil a mil quinientos)— de esa obra de pasatiempo y entretenimiento, como le gustaba definirla a Cervantes en *Viaje del Parnaso*. El éxito fue notable: ya en 1605 empezó a haber ediciones piratas (*nihil novum sub sole est*) en Lisboa y en la Corona de Aragón. Solicitó Cervantes que se extendiera el privilegio de exclusividad a estos reinos de Felipe III y le fue concedido con fecha de 9 de febrero de 1605 para Valencia y Portugal. En Lisboa aparecieron tres ediciones en los meses inmediatamente siguientes y otra en Valencia. Así las cosas, Cervantes concedió permiso editorial a Robles (11 de abril de 1605) para que imprimiera en la Corona de Aragón y en Portugal su querido *Quijote*.[33] Dicho sea de paso, que en la portada de Lisboa de Jorge Rodríguez, es la primera vez que aparece una representación —aunque ficticia— de Alonso Quijano, porque en la portada de Juan de la Cuesta, recordémoslo, aparece el escudo del impresor. También grabó un monigote Pedro Craasbeck (Lisboa, 1605).

Para paliar los males de las ediciones lisboetas, Cuesta costeó la segunda impresión de *El Quijote*, que si bien corregía erratas de la *princeps*, introducía algunas tan portentosas como citar al duque de Béjar como conde de Barcelona, en vez de conde de Benalcázar. En la portada. No se trató de una segunda impresión, de una edición corregida y aumentada de la *princeps* de 1604-1605, en la que es muy difícil saber hasta dónde entró la pluma de Cervantes y hasta dónde la de Robles.[34]

El éxito era notable: el 25 de febrero de 1605 Pedro González Refolio ponía a examen de la Inquisición varias cajas de libros con destino a América. En una de ellas había cinco ejemplares del *Don Quijote de la Mancha*. Iban con destino a Portobello. Como los 66 ejemplares para los que pidió permiso el 26 de marzo Juan de Sarriá y otros ejemplares sueltos en otras cajas que hacen que podamos afirmar que los galeones *San Pedro* y *Nuestra Señora del Rosario* trasladaron en la primavera de 1605 los primeros 84 ejemplares de *El Quijote* camino de Portobello. En junio y julio se embarcaron más de 262 ejemplares. Teniendo en cuenta las pérdidas de los registros y el contrabando, ¿cuántos ejemplares llegaron a América en 1605? ¿Mil; más de mil? Se ha dicho así. Empezaba la historia de la difusión cultural de la obra más traducida y leída —o citada— después de la Biblia.

En 1607 no quedaban ejemplares en la tienda de Robles; la tercera salió en 1608 más barata que las anteriores; pero ya el mercado estaba saturado: cuando se prepara la edición de la segunda parte, aún quedan ejemplares en las librerías de la tercera edición de 1608.[35]

Las causas del movimiento de Corte, 1601-1606

Una Corte en los albores del siglo XVII era, según Covarrubias, «el lugar donde reside el rey» y, ampliando el significado con las Partidas en la mano, añade: «Corte es llamado el lugar do es el rey y sus vasallos e sus oficiales con él, que le han continuamente de aconsejar e de servir, e los omes del reyno que se fallan hi, o por honra dél o por alzançar derecho o por fazer recabdar las otras cosas que han de ver con él».

En la práctica, la Corte, desde la vertiente administrativo-política, era el lugar en el que estaba el sello real. Y en donde éste estaba, el rey sancionaba. Y por ello, a su alrededor estaban, también, consejos y personas palatinas. Que el rey no estuviera en el sitio que estuviera el sello real, no implicaba mudanza de Corte, ya que era sólo una jornada, un viaje. No había alteración en la vida cotidiana política. Si, por el contrario, de un lugar salía el sello, es porque iba a mudarse todo.

Así se veía en el XVI. En la práctica, así lo veían los hombres de negocios. Al hacerse la postura[36] del tocino de 1606, se estipula en una cláusula «que si durante el dicho año viniera a esta Villa la Corte de S. M., el día que entrare en ella el sello y registro, aquel día cese esta obligación y no sea obligado a servir más».[37] Con este ejemplo práctico de los mercaderes, hay bastante, creo.

Madrid nunca fue un asiento seguro para la Corte. La decisión de Felipe II de 1561 siempre estuvo rodeada de incertidumbres. Los contratos notariales reiteran una y otra vez la misma idea: todo se firma *sub conditione* que se cumplirá lo pactado mientras esté la Corte en la Villa, como acabamos de ver.

Pero el mundo áulico también vive estas incertidumbres. Por ejemplo, cuando en 1566 Isabel de Valois queda preñada, el embajador del emperador escribe a Viena:

> Continuando el preñado de la reyna, que se irá en alguna otra parte, o sea a Segouia, o Alcalá o Guadalajara, o Valladolid o a Toledo, mas hasta aagora no se ha determinado cosa ninguna. Del rey no se sabe si se partirá, o partiéndose en qué parte.[38]

Y, en fin, es en estas fechas cuando se rumorea que va a haber, nuevamente, mudanza de Corte. Por el contrario, y con seguridad, podemos decir que a partir de 1606 ya sí se tiene la convicción de que Madrid va a ser la sede de la monarquía.

Tendrá que morir Felipe II, subir al trono Felipe III y poner Lerma en marcha su política de reformas y cambios (inspirada en muchas ocasiones por el oportunismo, el nepotismo y la demagogia, pero también, por qué no, buscando el renacer de España) para que Madrid sea tenida por la Corte. De esto vamos a ocuparnos en las páginas que siguen.

En los años 80 del siglo XVI Lisboa había pretendido arrebatar el puesto a Madrid, y así lo propusieron en sendos memoriales Mendes de Vasconcellos y Severim de Faria a Felipe II.[39]

No obstante, habría que esperar unos años para descapitalizar a Madrid. Y el «privilegio» se lo anotaría Valladolid, como no podía ser de otra manera. Si Madrid perdía la Corte tenía que ser en favor de una ciudad de Castilla, el alma y cuerpo del imperio. No podía hacerlo ningún otro territorio «extranjero». Y aún más. Dentro de la Corona de Castilla, era más bien lógico que se fuera la Corte hacia el norte, a la Castilla Vieja y desangrada por la política bélica de Carlos V y Felipe II.

Es posible que en la mente de Lerma, y en la de otros muchos castellanos, tomase fuerza la idea de que para revitalizar el norte de la Península era bueno mover a la Corte. Y así se hizo, instalándose en Valladolid en 1601.[40]

Sin embargo, Madrid no se resistió a su destino. A lo largo de este paréntesis de 1601-1606, mandó que a expensas de la Villa se elevaran memoriales al rey en los que se mostraran sus virtudes y los inconvenientes de Valladolid. Están hechos por particulares u oficiales municipales, y todos ellos tienen un punto en común: ver en Madrid la ciudad clásica ideal, dando a la cultura del Renacimiento una instrumentalización política, que, por poner un ejemplo en el que se ve que todo ello no queda en meras teorías, sino que se utiliza en la práctica, impregna a los procuradores madrileños en las Cortes, que con gran obstinación defenderán desde 1602 que vuelva la Corte a su ciudad, convirtiendo las reuniones de la Asamblea en un enfrentamiento entre el sur y el norte de la Sierra de Guadarrama.

Asistamos a esa instrumentalización política de la cultura. Cristóbal Pérez de Herrera, un famoso arbitrista al que no le gusta tenerse como tal, escribe hacia 1597 unos *Discursos a la Católica y Real Magestad del Rey don Felipe Nuestro Señor, en que se suplica que considerando las muchas calidades y grandezas de la Villa de Madrid, se sirva de ver si convendría honrarla y adornarla de muralla y otras cosas que se proponen, con mereciese ser Corte perpetua.*[41] En él, quiere el protomédico real que Madrid sea Corte perpetua y que para que tenga esa calidad tenga muralla, sea ciudad en vez de villa, tenga catedral, se haga más caudaloso el Manzanares…

Durante las Cortes de 1600, en el mes de enero, se siente un ambiente agobiante. Las súplicas de la villa de Madrid en la asamblea, que salen de la boca de don Diego de Barrionuevo, caen en terreno abonado y, así, le recuerdan al rey «que considere mucho haber nacido en este lugar, y estar criado en los aires de él».[42] Madrid quedará, dirán, arruinado y no podrá hacer frente a los 262.500.000 maravedíes que debe por doquier, producto, fundamentalmente, de haber servido al rey; además, qué sentido tendría llevarse la Corte a una ciudad insalubre, cara e incómoda.

Las demás ciudades, a excepción de Valladolid, no se muestran enemigas de que el tema se discuta. Sólo León, localidad a la que no le importa lo más mínimo el estado en el que quedaría Madrid, opina que lo que hay que discutir es la inconveniencia o no del traslado de la Corte.

En otoño de 1600 el Concejo de Madrid siente perdida la batalla para evitar el traslado. No obstante, decide entonces redactar un memorial en el que se muestre el endeudamiento en el que quedaría la ciudad, «entendido cuán adelante anda la nueva de la mudanza de corte»,[43] y en el que se mostrará lo desamparados que quedarían los monasterios y los pobres. Por si esto no fuera suficiente, se urgía a que unos comisionados hablaran con todas las personas influyentes que se pudiera y, en fin, daba vía libre a los sobornos y corrupciones al autorizar «todas las vías posibles [para] estorbar esta mudanza». Entre esas «vías» estaba el dar una casa a Lerma en Madrid y concederle la vecindad o, en su caso, entregarle la nada despreciable cantidad de 37.500.000 maravedíes. Pero todo ello era irrisorio si se comparaba con los agasajos que se dieron a Felipe III y al duque de Lerma desde Valladolid:

—En agosto de 1600 se nombra a Lerma regidor de Valladolid.

—En septiembre Lerma compra el mejor palacio de la ciudad del Pisuerga y es asesorado por el arquitecto real Espanoqui.

—A Felipe III se le regalan 150.000.000 de maravedíes

—Valladolid arregla la vieja «cárcel de Corte».[44]

Alrededor de las fechas clave de 1601 y 1606 se escriben e imprimen más de media docena de memoriales, a expensas de Madrid, en los que se suplica que cese el mal.[45] Por entonces se les definió como que «decían lindas cosas y muy agudos y gallardos conceptos y lindos dichos, dicho todo por lindo estilo».[46]

Y es que todo aquello tan lindo no es otra cosa sino una reelaboración de Vitruvio, Alberti y Botero, quienes sirven de *magistres* para mostrar virtudes y defectos de las ciudades.

La lectura de esos memoriales nos parece a veces monótona, por reiterativa. Pero no es falta de originalidad, sino una política bien orquestada. En cierta ocasión el Concejo ha decidido ir a Cortes «con la misma razón, con el mismo memorial» que se ha dado a otras personalidades.

Si Alberti definiera en sus *Diez Libros de Arquitectura* como necesario para una digna región tener los aires limpios, los de Madrid eran, en palabras de Pérez de Herrera, «los más delgados y saludables del mundo», mientras que Castilla la Vieja era «de gran frialdad» y Valladolid, concretamente, «lugar de tantas tinieblas y aires tan fríos y húmedos» y con dos ríos que se desbordan a veces, que de todo ello «proviene la corrupción de las cosas». Para el corregidor de Madrid su villa es la «de más buena y sana constelación de cuantos lugares hay en estos reinos» y repite exactamente palabras redactadas por Pérez de Herrera. Y a este enfrentamiento de aires vuelven a referirse Maldonado de Matute, o el memorial de Madrid a las Cortes en 1602. Aires tan puros que explican por qué la peste ha azotado tan poco a Madrid: el argumento lo usan Maldonado de Matute, Pérez de Herrera o el procurador Diego de Barrionuevo, para quien la única explicación de que «se ha conservado en este lugar la salud, habiendo tan gran concurso de gente en él» es, precisamente, por la bondad de sus aires. Exactamente lo mismo ocurre con las aguas. Las de Madrid son abundantes, delgadas y sabrosas. Cuando una ciudad está en alto es más sana a todas luces (recordemos ahora las teorías aeristas galénicas sobre el contagio de enfermedades): Madrid tiene su asiento en alto, y luego es plana. Esto es, de cada cosa, lo justo.

Alberti habló de una buena comarca capaz para alimentar a la ciudad. Ninguna tan excelente como la de Madrid. Su despensa se extiende, en palabras de Pérez de Herrera, desde Granada a Vizcaya, Portugal o Valencia. Claro que los problemas de abasto de cereal de los años noventa no entran en esta cuenta... y así sucesivamente.

Otros memoriales, como una *Razón de Corte*, de Juan de Jerez y Lope de Deza, cubre su espacio y nace «con el susurro de la mudança de la Corte». Se trata de un diálogo en el que se muestran ventajas e inconvenientes de Corte estable, cuál es el mejor asiento, si la Corte ha de ser fastuosa, si ha de estar en la ciudad mayor «del Estado»; cómo ha de ser la cabeza del Reino y, al fin, qué ciudad reúne todas las virtudes: «En Madrid, y no en otro lugar ninguno de España». Ha de volver la Corte a Madrid, dicen, porque era el único sustento que tenía esa localidad, mientras que las demás tienen el propio.[47] Idea esta que, a su estilo y *mutatis mutandis*, bien podríamos tenerla por anticipo de las ideas de las redes urbanas de Christeller.

Así las cosas, la pugna entre norte y sur de Guadarrama es más nítida que nunca en las Cortes de 1602. Gil González Vera se lamenta de los daños que proceden de que no esté en el centro la Corte, en una ciudad que se ha ido dotando de infraestrucutras, plagada de sitios reales, mientras que Valladolid no ha generado sino tal cúmulo de incomodidades y encarecimientos que no hay quien aguante allá. Hasta septiembre de 1603 no se discute el memorial de este procurador. Lo significativo es, a mi modo de entender, cómo cuando las ciudades con voto se reúnen para ver si discuten o no sobre el tema, si le proponen al rey que la Corte vuelva a Madrid, Burgos, León, Valladolid, Salamanca, Segovia y Zamora, se niegan; Granada, Toledo, Sevilla, Córdoba, Murcia, Jaén, Ávila, Madrid, Guadalajara y Soria son propensas y Toro y Cuenca, indecisas.

Preguntémonos ya: ¿por qué la mudanza? Algunas de las argumentaciones que se dieron para explicarlo son muy claras: dejar descansar el sur de la Meseta —dijo Matías de Novoa—, y revitalizar el norte —afirmó Pérez de Herrera. Junto a ello, dar forma a uno de los anhelos sociales del Renacimiento: la persecución del pobre fingido. En esta línea están las exhortaciones de Pérez de Herrera, pero también lo relatado por Cabrera de Córdoba:

> Con la mudanza, se conseguirá el fin que se ha pretendido en desterrar a los vagabundos y ociosos de la Corte y que estaban en ella sin necesidad.[48]

Con la mudanza, e imposibilitándoles la entrada en Valladolid, se acabaría con ellos, o al menos con su cobijo: en 1601 se prohibió la entrada a Valladolid a cortesanos que no se necesitara, o a viudas, y se permitía la llegada, eso sí, de artesanos y prostitutas, en gráfica expresión de Cabrera de Córdoba, «por excusar otros inconvenientes».

A este lado del Guadarrama, el 20 de marzo de 1601 el Ayuntamiento de Madrid divide la ciudad en seis distritos («cuarteles») para la represión del vagabundeo y la falsa pobreza que han quedado tras marcharse la Corte.

Finalmente, y en cuarto lugar, Lerma acaso pretendió borrar no pocos recuerdos del reinado anterior usando el cambio de asiento de Corte con unos claros fines psicológicos, al obligar a empezar desde cero en sus tareas a la nueva administración. Sólo se dudó si trasladar los Consejos de Hacienda y de Indias.[49]

Las palabras de Matías de Novoa pueden sernos, otra vez, esclarecedoras:

Propone el ministro los medios necesarios según la presente necesidad de las cosas: si el tiempo muestra después diferentes efectos, el talento humano muchas veces no es capaz de entreverlo todo.[50]

En cualquier caso, el 10 de enero de 1601 se dio el pregón para la mudanza de la Corte. La Junta que se ocupaba de las decisiones al respecto miró que no coincidiera con las tareas del campo.[51]

Madrid quedó «como un corral de vacas», mientras que en Valladolid no cabía nadie.[52] Los habitantes de Madrid andaban como trasgos. Todo era confusión y lloros; todos andaban ya pasmados y atónitos; todo eran gemidos, lloros y maldiciones, y pasábanse a mucha furia, y en pocos días estaba aquel pobre lugar y desdichado pueblo de suerte que no le conocía nadie. Era de suerte que no parecía sino que moros o ingleses le habían saqueado y puéstole fuego,[53] al tiempo que fenómenos sobrenaturales aterraban a más de uno: sonó la campana de Velilla, hubo un eclipse, también «una serenidad extraña en el cielo», una desconcertante nevada invernal por su furia y no faltaron los insultos contra el rey y sus consejeros.[54]

En 1627 aparecían unos versos dedicados a la viuda, Madrid, que la recordaban por aquellos años:

> Con tocas de viuda largas
> tendidas sobre el monjil,
> mirándose sobre Manzanares,
> está la viuda Madrid[…]
> Sola y llorosa de ver
> su triste y amargo fin,
> la que fue Reina del mundo,
> y de España Emperatriz […]
> 'El espejo en que me miro no está aquí,
> ido es a Valladolid.
> El espejo de cristal,

> *que el tiempo y amor me dio,*
> *la envidia me lo quitó [...]*
> *Goce la Antigua Castilla*
> *del espejo de mis ojos,*
> *que yo entre penas y enojos*
> *lloraré el bien que perdí.*[55]

Verdaderamente, las cosas no debieron de quedar muy bien libradas para Madrid. Los indicadores demográficos así nos lo muestran: un espectacular descenso entre 1601 y 1606, que, impresionantemente, tiene sentido contrario en Valladolid, como demuestran los trabajos de Adriano Gutiérrez.[56] No obstante, mientras investigaciones futuras no den nueva luz, puede quedarnos la duda de si en Madrid estaban las casas que se hundían y todo era tan apocalíptico como dice León Pinelo:

> Madrid quedó de modo que no sólo daban las casas principales de balde a quien las habitase, sino que pagaban inquilinos porque las tuviesen limpias y evitar así su ruina y menoscabo...[57] o el Corregidor de Madrid en mayo de 1604, habrán quedado tasadamente mil y quinientas casas pobladas [...]; en las calles públicas no se encuentran una o dos personas [...]; dan por causa de este daño, la mudanza de la Corte [...]; el lugar se va tan acabando, de manera que los alguaciles traen clavos y martillos para clavar las puertas de las casas, que cada una es una cueva de malhechores[58], o si, sin minimizar los efectos, algo de vida quedó, pues a finales del siglo XVI no eran muchas las ciudades que tenían más de 25.000 habitantes.

Juana Ramírez, una viuda, alquila a Andrés de Trujillo, sastre, platero, una casa en calle Carretas, por un año desde 15 de octubre de 1605 por 150 reales. No es un regalo, aunque tampoco es un precio lógico. Pero lo más interesante es una de las cláusulas: «Es declaración que si durante el dicho año la Corte y Consejos de Su Majestad volviere a esta villa, el día que entraren, cesase el arrendamiento...»[59].

BAUTISMOS ESTIMADOS EN MADRID, 1598-1607

AÑOS	BAUTISMOS ESTIMADOS
1598	3.272
1599	2.966
1600	3.119
1601	2.692 (10 de enero: se inicia la mudanza)
1602	1.561
1603	1.302
1604	1.320
1605	992
1606	1.939
1607	2.622

En los barrios de Madrid en los que nos queda documentación parroquial, no hay ninguno en el que no se note la caída demográfica de esos años, y la recuperación de 1603. Toda la ciudad, la cortesana y la pechera, vive al ritmo de los desplazamientos reales.

Desde luego, no fueron pocos los problemas que quedaron en Madrid.[60] Echemos más leña al fuego. Desde el punto de vista fiscal, por ejemplo, el corregidor pidió que se rebajara el encabezamiento de alcabalas que regía, pues no guardaba proporción lo que se tenía que pagar con la población que quedaba: a finales del siglo XVI se pagaban algo más de unos 20.000.000; en 1601 se pedía pagar poco más de 5.200.000. Oigamos al corregidor en líneas que dirige, probablemente, a Lerma en 1604:

Suplico a V. E., con mucha consideración, vuelva los ojos a este negocio y mande que se haga a este lugar una baja en las alcabalas con que espero en Dios se soldará tan gran quiebra como ha habido de tres meses a esta parte […].No es justo que se acabe de perder el lugar donde con tanto amor y voluntad se desea servir a V. M., continuando su inmemorable costumbre…[61]

Desde el punto de vista laboral, parece ser que el corregidor había facilitado el asentamiento de telares de seda de Toledo en Madrid para dar trabajo a los pobres, así como hornos de vidrio, agujeros y reposteros.

En lo referente a la hacienda municipal, desde los primeros días de 1601 se trataba de cómo se podría solucionar el endeudamiento que había —permanente desde 1561. Así, se proponen medidas totalmente descabelladas, como pedir permiso al Consejo de Castilla para retirar las guardias de la peste[62] (el cinturón sanitario); otras más rutinarias pero muy valiosas en su conjunto, como preparar informes de la situación,[63] o vender el trigo que, almacenado, se va a echar a perder,[64] prohibir hornear pan que no sea de trigo o harina municipales ni meterlos de fuera,[65] devolver el grano confiscado en La Mancha cuando la Corte aún estaba en Madrid,[66] la aceleración de pleitos municipales,[67] cierta cicatería en dar recompensas pecuniarias a los que han trabajado para el Concejo,[68] prescindir de personal que cobra de las arcas municipales,[69] revisar todos los contratos de abastecimiento («obligadurías»),[70] interrumpirse la limpieza de las calles por falta de dinero,[71] pedir permiso para cambiar el aprovechamiento de la tierra;[72] y otras, en fin, algo más atrevidas, como pedir permiso para poder acuñar en Madrid moneda de vellón.[73] Tal debía ser el caos en las arcas municipales que en mayo de 1601 el Consejo de Castilla ordenó a Madrid entregar un detallado informe sobre sus entradas y sus gastos, probablemente para intervenir el Estado en la Hacienda Municipal,[74] llegándose a nombrar un juez especial para que Madrid pague y a Madrid se le pague. Esto causó indignación en el Concejo, pues los problemas que había no eran por voluntad de la Villa, sino por haber residido en ella la Corte y haber tenido que cumplir las órdenes de otra jurisdicción superpuesta al regimiento, como eran los alcaldes.[75]

Administrativamente, no son pocos los problemas que se plantean por el movimiento de letrados y escribanos que abandonan Madrid y van a Valladolid, dejando a la Villa desasistida.[76]

Para Valladolid el traslado supuso, por un lado, el recobrar un cierto orgullo colectivo. Como recoge Pinheiro en la *Pincigrafía,*

Cortesanas y vallisoletanas se hacen cruda guerra, llamándose unas a otras hijas de putas y hijas de padres traidores. Las madrileñas llaman a las de Valladolid cazoleras, que es como llamarlas sucias y cocineras; ellas llaman a las madrileñas ballenatas, porque cuando hablan de su Manzanares les levantan que un día el río iba crecido y llevaba acaso una albarda, acudieron todas diciendo que era un tiburón o ballena.[77]

Cierto orgullo colectivo, por un lado; por otro, desbordada alegría:

> fue notable el contento que la ciudad [de Valladolid] y toda Castilla tuvo con la venida de sus reyes,[78]

pero también un notable desbarajuste. Como allí no cabían la Corte y la Chancillería y otros organismos públicos (como el tribunal provincial de la Inquisición), tuvieron que trasladarse también de localidades:[79] así se iban revitalizando ciudades del norte. Junto a esta falta de espacio, las carencias en el avituallamiento y en la salud, amén de cuantas incomodidades suponía esta mudanza. Los estudios de Marcos Martín revelaron hace años cómo, por ejemplo, al incremento de los matrimonios en Medina en las parroquias de Santa María del Castillo y La Antigua entre 1601-1602, siguió el de nacimientos al año siguiente; cómo se disparan los nacimientos legítimos en San Antolín en estas fechas; cómo una brutal caída de las concepciones en San Miguel entre 1599-1600 se torna en brusca recuperación desde 1602 a 1606...[80] Valladolid en concreto y, por correspondencia, una parte de la Meseta Norte renacía.

Testimonios directos del traslado quedan algunos. Por ejemplo, los del nuncio de Roma, Ginnasio, al cardenal Aldobrandini.[81]

El 12 de enero de 1601 comunica que no tiene mucho que escribir desde Madrid, porque con lo de la mudanza, «sin duda a Valladolid», anda todo en suspenso. Para Cuaresma se entiende que se habrá asentado la Corte en la ciudad del Pisuerga;[82] además, anda todo el mundo molesto con la mudanza, por lo incómoda que va a ser esta ciudad.[83]

En efecto, desde febrero de 1601 las cartas se fechan ya en Valladolid. El ambiente es como sigue: la mudanza genera unos gastos increíbles, entre otras cosas, por el traslado de todos los enseres de una ciudad a otra. Se podrían vender las cosas en Madrid, pero como queda deshabitada, habría que regalarlas casi. Por eso, pide el nuncio a Roma una ayuda para que se pague el traslado a unos servidores suyos. El papa acepta la merced, pero con reserva.[84]

Ahora bien, el traslado a Valladolid tampoco era una decisión perpetua. Sólo, tal vez, para Lerma. De nuevo el nuncio, a mediados de mayo de 1601, esto es, cuando la mudanza apenas se ha concluido, informa que el rey aún no ha vuelto a Valladolid, aunque se le espera mientras «no le venga la fantasía de ir a Madrid», lugar al que ha mandado camas y otras cosas. Lerma le comunica al nuncio que Felipe III volverá a Valladolid.[85]

Estas idas y venidas del monarca cerca de Madrid tienen su reflejo en la evolución demográfica de la Villa del Manzanares; pero también, otra vez, en los contratos para dar de comer. Los antaño proveedores de Madrid quieren seguir siéndolo, aunque la Corte esté orilla del Pisuerga, y pujan, además, para poder serlo al otro lado de los puertos. Así, en efecto, en 1601 Nicolás de Escobar es obligado de las candelas de sebo en sendas localidades, o en 1605 los obligados de las carnicerías de Madrid tienen también parte de la obligaduría de las carnicerías de Valladolid; uno de los miembros de una estirpe de proveedores del tocino, carne y pescado de Madrid desde 1560 a 1620, los Mendaño, tiene sucursal de cobros en Valladolid.[86]

Al haber movimiento de Corte, se generan unos gastos considerables. La manera de cubrirlos, la conocemos en parte: los beneficios de las acuñaciones de vellón en la ceca de Valladolid se destinan en un 32 por ciento a cubrir gastos de la Casa Real. Por su parte, los beneficios del resello de 1603-1606 van en un 47 por ciento a la Casa Real.[87] Desde 1602 a 1606 hay varias órdenes de pago dadas por el Consejo de Hacienda, como las siguientes: en San Pablo de Valladolid hay que hacer una habitación para meter las arcas reales del Desempeño General (750.000 mrs.); el Rosario se repara en estas fechas (1.275.000 mrs.); también la catedral (1.500.000 mrs.); pero, sobre todo, se arregla la Cárcel Real (1.875.000 mrs.) y se libran 11.250.000 mrs. para obras reales, que administra Diego de Sandoval, a la sazón pagador de las obras reales de la Corte.[88]

¿Y los particulares? Lo mismo que los de la Nunciatura piden a Roma, los castellanos piden al rey. El Consejo de Castilla daba a cada burócrata la cantidad de 37.500 maravedíes, y la dio en 1601, y la dio en 1606.[89]

También ocurre que como en Madrid permanece la emperatriz quedan algunos alcaldes de Casa y Corte (3 al principio), individuos que resultan incómodos a los regidores, por lo que se solicita que se retire a todos de Madrid y la custodia y provisión de la emperatriz sea cosa sólo del Concejo y no del Consejo.[90]

Sea como fuere, en 1606 vuelve otra vez a darse una orden de traslado, en sentido contrario: ahora se descapitalizaba a Valladolid, y Madrid volvía a ser lo que era.

¿Fue una contraorden sin más, o no hubo paz en esos años y Madrid siguió pugnando por recobrar la Corte? La Villa del Manzanares contaba con los plácemes del rey, como lo demuestran sus estancias en Valladolid y en Madrid o alrededores:

ESTANCIAS DE FELIPE III EN VALLADOLID Y EN MADRID O ALREDEDORES, 1601-1606

AÑOS	DIAS EN VALLADOLID	DIAS EN MADRID
1601	225	Hasta el traslado.
1602	189	88
1603	158	81 (10 en el Alcázar)
1604	230	28
1605	164	0
1606	19	Desde el traslado.

Porque, la verdad, Felipe III era un rey viajero en aquellos años, en los que por Castilla había peste. Las Cortes le suplicaban «que esté de asiento en esta corte» y que deje de desplazarse porque cuesta mucho recibirle en las ciudades por las que va.[91]

El rey, incómodo en Valladolid, y los cortesanos, lo mismo. Frases del estilo de «Los inconvenientes del traslado se allan, las razones se buscan», o «todos [los cortesanos] están tristes y descontentos» eran ahogadas con razonamientos: «Como vayan probando ésta [Valladolid] y olvidando aquélla [Madrid], les parecerá bien ésta».[92]

La lucha en pro de Madrid toma un giro nuevo al alborear el 1606, cuando sus regidores deciden usar a Lerma como intermediario, sirviéndole «con lo que paresciere conveniente», es decir, sobornándole,[93] lo cual supongo que venía gestándose desde el año anterior. A finales de ese mes, se sabe que la Corte va a volver a Madrid: el regocijo y los gastos extraordinarios en concepto de gratificaciones y fiestas son inmensos. El 23 de enero de 1606, Lerma escribe una nota al Concejo de Madrid (se recibe el día 30) en la que se hace eco de lo mal que está la Villa, y que él ha intercedido ante Felipe III para este último y feliz retorno. ¡Qué maestro del arte de la disimulación que diría el tacitismo!

A Felipe III se le concedía 1/6 de lo que se recaudara en alquileres en Madrid durante 10 años, cantidad nada despreciable que el monarca podría gastar a su antojo en las timbas de palacio, es de suponer. A Lerma, 100.000 ducados. Al rey se le pedía que en caso de volver a sacar la Corte de Madrid devolvería lo que hubiera recibido. Ahora bien, resulta que esa cantidad se había aprobado sin consultar con los vecinos, y naturalmente pronto empezaron los problemas en el cobro. Como la tentación no era pequeña, Felipe III admitió recibir, en vez de ese sexto, nada menos que 93.750.000 maravedíes en año y medio, que se cargaron sobre los gremios, que son los más beneficiados de una Corte estable.

Así, tanto autoridades civiles como mercaderes preveían un caos enorme. En 1606 nadie quiere hacerse cargo de las carnicerías de Madrid, porque —probablemente— los candidatos tuvieran pánico a hacer frente al aluvión: desbarajuste de precios y de demanda. Así que el Concejo tiene que comprar carne directamente en Trujillo (la despensa de Madrid), y se aprovechan los viajes para pregonar que la contrata de carne a Madrid está vacante.[94]

El despliegue diplomático de los embajadores de Madrid iba a dar sus frutos. Servido Lerma con lo que se creyó conveniente, los comisionados madrileños, por carta fechada en Valladolid el 23 de enero de 1606, informan al Ayuntamiento que vuelve la Corte. La misiva se hace pública entre los regidores el 26 de enero. Esa noche habrá en Madrid mascaradas y luminarias, así como procesión; para el correo, 15.000 maravedíes.

Como los legados han ido y venido en invierno teniendo que atravesar «el puerto», poniendo en riesgo sus vidas, se les gratifica con otros 187.500 maravedíes. Al corregidor de Madrid se le promueve a diputado por Madrid en las Cortes.

El 30 de enero, y desde Ampudia, escribe Lerma a Madrid que las cosas que le ha comunicado el corregidor Silva de Torres le han convencido y ha hablado con el rey al que le ha expuesto, dice, los «inconvenientes que la experiencia ha ido mostrando de que la Corte no volviese a Madrid». Y sigue:

> Y Su Majestad, Dios le guarde, hallándose con el mismo celo del bien universal de sus reinos que tuvo en la venida a Valladolid, haa resuelto la vuelta a Madrid, y con lo que ha oido a los embajadores de vuestras señorías, espero en Dios que la mandará abreviar todo lo que fuere posible, de que yo quedo contentísimo… [95]

Por su parte, el 5 de febrero de 1606 el rey remitía a Madrid esta cédula:

> Licenciado Silva de Torres [a la sazón, Corregidor de Madrid] y Ayuntamiento de la nuestra Villa de Madrid: a Gaspar Bullón, mi Aposentador Mayor envío a que haga el aposento para la Corte en esa mi Villa, donde la he mandado pasar con las consideraciones que os habrán dicho.
>
> Al licenciado Silva de Torres, Alcalde de mi Casa y Corte y Corregidor de esa Villa, y los Regidores que con él me lo vinieron a suplicar: mándoos que en todo lo que tocare a su persona [a la del Apo-

sentador], le deis la asistencia que hubiere menester para hacer el aposento con la brevedad, gusto y comodidad que conviene a mi servicio, que ello lo recibiré muy grato de esa mi Villa, y darle habéis entero crédito en lo que cerca de esto os dijere de mi parte.

De Valladolid, a cinco de febrero de 1606.

Yo, el Rey.[96]

Desde unos días antes, venía funcionando una «Junta de Tres», con un cometido, que dispusiera todo lo tocante al traslado intentando al principio que, para evitar males mayores en la ciudad emisora y en la receptora, fuera en forma de goteo.

Se proponía al corregidor Silva de Torres como superintendente de la mudanza y presidente de la Sala de alcaldes de Casa y Corte. Es decir, en su persona estarían las dos ciudades que se superponían en una, la Corte y la Villa, y todo lo inherente al traslado.

Todos los Consejos debían suspender sus actividades la víspera del Domingo de Ramos, para que el sello entrara en Madrid el 10 de abril. Y habría ceremonia de llegada a Madrid... Entrarían los Consejos por antigüedad, «unos en pos de otros», escalonándose la suspensión de actividades y la entrada en Madrid de doce en doce días y «así no cargarán de golpe a Madrid». Tampoco se moverían hacia Valladolid ni la Chancillería ni la Inquisición; y se prohibiría el movimiento de personas, y se alojarían en Madrid en las mismas casas que tenían en 1601 y se tasarían los materiales de construcción, y se intentarían controlar los precios y se evitarían las salidas de cereal de Castilla.[97] Algunas de las propuestas de la Junta, las hizo suyas el Consejo de Castilla, como la de bloquear los transportes entre Madrid y Valladolid: «Que ninguna persona salga de esta ciudad de Valladolid para ir a la villa de Madrid, ni entre en ella».[98] Por su parte, el 6 de febrero se requisaban los carros necesarios... Las prohibiciones de nada sirvieron, como demuestran los gráficos de población.

El rey volvió a entrar en Madrid, en medio de una gran fiesta barroca, la noche del 4 al 5 o del 5 al 6 de marzo. El 14 de abril entró el sello real en Madrid, según León Pinelo. El 14 de junio Felipe III instaba a tres consejos que había en Valladolid a que pusieran rumbo a Madrid[99] y el 20 de junio parecía presto a salir de Valladolid el Consejo de Hacienda, aunque parece ser que no lo hizo hasta octubre.

Desde entonces, Madrid es la capital de España sin las zozobras que hubo con Felipe II, porque de lo que no hay duda es de que los intereses alterados o afectados entre 1601 y 1606 son, sin duda, mucho mayores que los de 1561.

A veces pienso, mientras camino por el Madrid de los Austrias y recuerdo Roma, en las palabras de la epístola del cronista Antonio de Herrera a don Diego Sarmiento de Acuña, presidente de Hacienda:

> Venido el buen conde de Miranda sano y gallardo, no falta si no el señor don Juan de Acuña para que esta villa tenga perfección de Corte, que por cierto, aún hasta ahora, por mucho que lo suda Silva de Torres, aún es aldeaza.[100]

Esto pasó así. Y Cervantes se mantuvo en Madrid un tiempo, pero al final la fuerza de los hechos le llevó a trasladarse a Valladolid... porque tal vez en Madrid no quedaron hombres de negocios.

El traslado de Cervantes a Valladolid en 1604

Terminado el libro y recogidos unos reales del adelanto que le hiciera Robles, Cervantes, ese de quien sus biógrafos se afanan en demostrar que no era cortesano, hizo los petates y se fue tras la Corte. No tengo datos, pero ¿su vida del trapicheo económico no estaría vinculada al abastecimiento de las ciudades, a las «obligadurías»? No pasa nada, lector, que el suegro de Lope fue abastecedor de Madrid; la hermana de Cervantes se dice viuda de Mendaño, usurpando el apellido a otro abastecedor.

En la actual calle del Rastro de Valladolid fijó su residencia tras alquilar a Juan de las Navas (obligado del abastecimiento de Valladolid y constructor de casas) una vivienda cuya construcción estaba a punto de concluir. Esto ocurrió a finales de julio de 1604. Parece ser que, después de formalizar el alquiler, Cervantes se marchó a Esquivias y a Madrid.

En Esquivias, y a 21 de julio, se hizo partición de los bienes que habían quedado tras la muerte de su suegra Catalina de Palacios. Los pocos bienes que le quedaron a la esposa de Cervantes, Catalina de Salazar (fueron 78.879 maravedíes), sirvieron para pagar deudas contraídas por los padres; el remanente se lo quedó —al parecer tras hábil componenda— el cuñado de Cervantes, el sacerdote Francisco de Palacios. Luego se fueron a Toledo, para hacer lo propio con la vivienda que tenían los Salazar en la Ciudad Imperial.

En este momento, lo que ocurre a Cervantes vuelve a ser otro ejemplo de manual de lo que estaba ocurriendo por Castilla en las mismas fechas.

El historiador de Mondragón, Esteban de Garibay y Zamalloa (1533-1599),[101] hombre ambicioso, importante, interesante, y cronista de Felipe II, había bajado de su tierra al calor de la Corte en los años cruciales del reinado anterior. Había dado vueltas y vueltas, como Cervantes, alrededor de los espacios de poder y dinero. Al final, en segundas nupcias, se casó con una toledana, Luisa de Montoya, en 1574. Desde 1586 a 1599 vivieron en Madrid. Muerto el cronista real, su viuda se trasladó a su tierra, a Toledo. Allá estaba en 1604. Parece ser que existían lejanos lazos familiares entre los Cervantes y los Montoya. Miguel y Luisa debían de saberlo. Miguel anunciaría, en cualquier momento de su estancia en Toledo, su intención de mudarse tras la Corte. Y doña Luisa le pidió ayuda. Cervantes alquiló para ella el piso de al lado del suyo en Valladolid. Hasta ahora no se había reparado en que Juan de Isunza, padre de Pedro de Isunza, el señor de Cervantes en Andalucía, había financiado a Garibay en Amberes, prestándole dinero para pagar la edición de *El Compendio historial*, y que acabaron en pleito por impago. Otra vez más es aplicable el viejo refrán de que «el mundo es un pañuelo». Garibay fue encarcelado también. En cualquier caso, poco antes de morir, obligó a su esposa a trasladarse a Mondragón si quería beneficiarse de las rentas familiares. Ella, como vemos, se quedó en su Toledo natal tras haber hecho efectiva la curaduría de sus hijos y lograr de Felipe III una renta anual.

Volvamos al Toledo de 1604: quedaba vacante la casa de Luisa de Montoya. El propietario, el mercader Antonio Delmas, la alquiló rápidamente: a Micaela de Luján. Recordémoslo: en 1596, dos años después de la muerte de Isabel de Urbina, su esposa, Lope de Vega inició sus conversaciones amorosas con la actriz Micaela de Luján. Sin embargo, se casó en 1598 con Juana de Guardo, aunque siguió con los amores de la Luján, la «Camila Lucinda» de sus poemas. Fruto de aquella dulce pasión, en 1605, nació Micaela (en 1606, de su legítimo matrimonio, Carlos Félix, que muere en 1612); en 1607, Lope Félix (murió en 1634). Micaela de Luján murió en 1612 y Lope ingresó en la VOT. En 1613 fallecieron Juana de Guardo y la última hija, Feliciana. Al año siguiente se hizo sacerdote. En 1616 empiezan los amores con Marta de Nevares, que quedaron corroborados con el nacimiento, en 1617, de Antonia Clara.

Es decir, que mientras Lope está en Sevilla, Cervantes ha escrito contra él, la viuda de Garibay se va de Toledo a Valladolid y en su casa pasa a morar la amante de Lope; y luego, Lope se instala también en Toledo y escribe contra Cervantes… ¿qué estaba ocurriendo, o por mejor decir, que pasó en aquel verano en Toledo en 1604? Pocas cosas podrían extrañar a aquellas generaciones: Luisa de Montoya había tenido diez partos con su esposo; él, tres hijos más, una de ellas natural; Cervantes llevaba corrido y recorrido lo suyo; Lope, no digamos, y Felipe III, mientras tanto, jugaba a los naipes, y el fantasma de Mateo Vázquez, viendo aquello, debía de vagar en pena.

No es de extrañar que Cervantes se fuera de allí. Lo extraño es que pasó a recoger a su esposa a Esquivas. ¡Y allí se apuntó a la emigración Juana Gaitán también! ¡Qué cantidad de gente moviéndose en aquellos años por Castilla!

A finales de aquel verano, unos desde Toledo, otros desde Madrid, se pusieron en marcha camino de Valladolid. Imagina, lector, el carromato: la viuda de Garibay, doña Luisa de Montoya, con sus tres hijos legítimos (Luis, nacido en 1581; Luisa, nacida en 1587 y Esteban Félix, nacido en 1590) —Catalina, la ilegítima del marido muerto, moraba en Mondragón—; Cervantes y su mujer; además, doña Juana Gaitán y su esposo; desde Madrid, también las hermanas doña Andrea de Cervantes y doña Magdalena de Sotomayor (nació en Valladolid en 1552, era la curadora disimulada de la hija natural de Cervantes), doña Constanza de Ovando (nacida en 1565 e hija natural de Nicolás de Ovando y Andrea de Cervantes) y doña Isabel de Saavedra (la ilegítima). Dos varones adultos, dos varones jóvenes y siete mujeres. Alguno con el colmillo retorcido.

La casa de Valladolid tenía, en los bajos, una taberna. Encima, estaban Miguel y su esposa, además de las hermanas Andrea y Magdalena, la sobrina Constanza y la hija de Miguel. Vecinos de descansillo eran Luisa de Montoya y sus tres hijos, así como la criada, Catalina de Revenga; sobre los Cervantes, doña Mariana Ramírez, su madre, unas niñas pequeñas y esporádicamente don Diego de Miranda. Sobre los Garibay, los Hondaro-Gaitán, con una hermana de Juana Gaitán ——Luisa de Ayala——, que tenía 22 años y decía ser doncella, y una sobrina ——Catalina de Aguilera——, también veinteañera y entera.[102] En junio de 1605 murió Juan de Hondaro. Su viuda, acaso para recaudar dinero, aceptó que entraran en la casa doña María de Argomedo, viuda, con su criada, así como la esposa de un continuo de Lerma. En fin, en la buhardilla una anciana, viuda y beata, Isabel de Ayala. Sube y baja la escalera, lector, que no encontrarás momento para no ser sorprendido.

La vida de Cervantes en Valladolid

Transcurrían de esta manera los primeros meses de su estancia en la ciudad sede de la Corte. La vida áulica se animaba con acontecimientos de variada índole. Así, el nacimiento el Viernes Santo, 8 de abril de 1605, de un príncipe, que si sobrevivía sería proclamado rey: el futuro Felipe IV. El niño fue bautizado el 29 de mayo y aparecieron, como era uso y costumbre, muchas relaciones ——como gacetillas de la época—— de las fiestas por el parto y el bautizo. Al parecer, una de esas relaciones fue de Cervantes. Está perdida, pero debió de quejarse de los innumerables gastos que arrastró el susodicho festejo.[103] Hubo también embajada de Inglaterra, que sació la curiosidad de propios y extraños, después de tantos años de guerra que concluían con la paz de Londres de 1604.[104] Fue muy sona-

do el asesinato del embajador de Persia (15 de mayo), y Cervantes y sus
personajes eran ya seres del pueblo:

> *Parió la Reina; el luterano vino*
> *con seicientos herejes y herejías;*
> *gastamos un millón en quince días*
> *en darles joyas, hospedaje y vino.*
> *Hicimos un alarde o desatino,*
> *Y unas fiestas que fueron tropelías*
> *Al ánglico legado y sus espías*
> *Del que juró la paz sobre Calvino.*
> *Bautizamos al niño Dominico*
> *que nació para serlo en las Españas;*
> *hicimos un sarao de encantamento;*
> *quedamos pobres; fue Lutero rico;*
> *mandáronse escribir estas hazañas*
> *a Don Quijote, a Sancho y su jumento.*[105]

Las fiestas por el nacimiento de Felipe Dominico Víctor duraron días
y días. Se juntaron éstas con las recepciones a los ingleses y Valladolid vivió
días de esplendor y despilfarro; ¡lástima que Werner Sombart no estuviera sensibilizado con la Historia de España![106] El caso es que, de nuevo,
Cervantes nos pone en escena, esta vez por boca de Preciosa, en *La gitanilla,* y su largo romance, que empieza:

> *Salió a misa de parida*
> *La mayor reina de Europa,*
> *En el valor y en el nombre*
> *Rica y admirable joya…*

La escena, desde luego, no tiene desperdicio, ni para nosotros aquí en
la lectura, ni para ellos allá en… su imaginación figurativa: «Más de docien-
tas personas estaban mirando el baile y escuchando el canto de las gitanas».

Mientras todo eso ocurría, Cervantes —que seguía escribiendo, como vemos— se ponía manos a la obra con *El coloquio de los perros*; a su hermana Magdalena le rondaba por la cabeza hacerse beata y entre todas debieron de decir a Catalina de Salazar que la niña Isabel era hija natural de su esposo. Mientras, también, la fama de Cervantes estaba consolidada. Cuenta el mejor narrador de historias de Corte del momento, el portugués Pinheiro da Veiga,[107] que le llamaron a no sé qué asunto y asistió a esta escena: «Fue el caso que pasando un Don Quijote, vestido de verde, muy desmazalado y alto de cuerpo» intentó seducir ridículamente a unas damas, lo cual sirvió de juerga a más de doscientas personas. Al margen de la verdad o no de la anécdota, lo que sí es cierto es que de la literatura había pasado a la vida cotidiana la figuración antropomórfica que dura aún: todos coincidimos, desde hace cuatro siglos, en reconocer el biotipo de un *Quijote*. ¡Qué pena que Juan Huarte de San Juan hubiera muerto ya!

De lo que aconteció por culpa de Ezpeleta

Un Gaspar de Ezpeleta, navarro de origen, soldado en la Empresa de Inglaterra, en Aragón, en el Bearne y por los mares de Bretaña, caballero de Santiago, fugado de la comitiva que iba a Flandes a dar el pésame a los archiduques por la muerte de la emperatriz, reincorporado a los tercios, guerrero en Flandes, ora en La Esclusa, ora en Ostende, ha dejado las armas cuando frisa los treinta años y se ha venido a la Corte, acompañando a Ambrosio de Espínola. Corre el mes de diciembre de 1604. Eleva el memorial que suelen elevar todos los pretendientes, como Cervantes, y el Consejo Real, aunque no le ve con buenos ojos, ha de reconocer que los servicios de la familia a la Corona han sido importantes y le concede una merced, a pesar de que «por su modo de gobierno y proceder merece poco», pero con la condición o esperanza de que «se buelva a servir a Flandes». Si no se le hubiera dado a él la merced, se habría mancillado la honra, la fama, del linaje. Y es que los apellidos son muy importantes.

Don Gaspar ha entretejido una interesante red de relaciones en Valladolid. Vive en casa de una viuda, que no es otra cosa que su anfitriona; es amigo de uno de tantos que, al buen vivir del rey, se han hecho naturales de Castilla, a pesar de que una parte de los apellidos los delatan como originarios del norte de los Pirineos: es amigo de don Diego de Croy y Peralta, de renombrada estirpe, marqués de Falces, y ahora también capitán de la guardia de los archeros (y no arqueros) reales, guardia de corps del rey, oriundos casi todos ellos del Flandes Obediente y católico. A esta guardia real había pertenecido uno de los más grandes humanistas del reinado de Felipe II, de origen flamenco, Enrique Cock.

Don Gaspar tiene, también, un par de pajes, que no llegan a los veinte años. Don Gaspar es el amante de una mujer adúltera, Inés Hernández, casada con el escribano real Melchor Galván. Viven cerca de san Salvador. Por aquella rendija, le va a entrar el suplicio a Cervantes.

El 27 de junio de 1605, el alcalde de Casa y Corte, también consejero real, el licenciado Cristóbal de Villarroel, recibe una denuncia a eso de las once de la noche, según la cual, en unas casas del barrio nuevo del Rastro, hay un hombre mal herido.

Como es su deber, convoca al escribano, para que dé fe pública de lo que se va a ver, llama a varios de sus alguaciles y se persona en la casa. Entra en el aposento de doña Luisa de Montoya, que es donde yace el herido.

En la sala principal, en el suelo, le han armado una cama. En ella reposa, ensangrentado y custodiado por su buen amigo el marqués de Falces y un cirujano, Sebastián Macías. También aparece un cura, ante el que confiesa y recibe la extramaunción. El alcalde toma declaración al cirujano. Ezpeleta tiene una herida en el vientre, en la parte izquierda, sobre la «vedija» y otra herida en el muslo derecho. Son profundas, porque además de haberle roto cuero y carne (como decían entonces), la del vientre le ha tocado el peritoneo, «por donde le ha salido parte del redaño». ¡Qué horror caer herido entonces y en aquellas manos!

Entonces, el alcalde de Casa y Corte insta a don Gaspar a que declare. Y habla: parece ser que hacia las diez de la noche había acabado de cenar en casa del marqués de Falces y que, tras ponerse «un hábito de noche» que le llevó un paje, se fue a su casa, pero que al llegar a la altura del Hospital de la Pasión, cerca del Rastro, le increpó un individuo, le preguntó que a dónde iba, que para qué quería saberlo, que echaron mano a las armas... Ezpeleta no puede firmar la declaración.

Cumpliendo con su función, los alguaciles revisan los ropajes del herido y encuentran un par de buenas sortijas, aunque pequeñas, pero de oro y diamantes la una, y la otra con tres esmeraldas.

Por otro lado, las ropas del varón, «todo traído» (es decir, viejo), se entregaron en depósito en la casa de Miguel de Cervantes, «y el dicho Miguel de Cervantes lo recibió de que doy fe». Se había revisado la ropa y en las calzas se halló un papel escrito y doblado, esto es, «un billete», que, «escripto toda una cara», fue entregado al alcalde «sin leerlo ninguna persona». Sin leerlo nadie, el alcalde lo retiró de la circulación...

Acto seguido, empieza a tomar declaración a los testigos presentes. Y el primero es Cervantes. Cuenta que hacia las once, ya acostado, oyó ruido de armas en la calle y voces. Le llamaba Luis de Garibay. Bajó corriendo y ayudaron a subir al herido, que sangraba por encima de la ingle. No quiso decir quién le había hecho la herida.

Luisa de Montoya es la segunda en prestar declaración. Coincide con lo expuesto de Cervantes, aunque ella alude a su hijo Esteban. Serían, pues, ambos quienes bajaron a la calle al oír pedir ayuda. Luego, ya se sabe, lo suben a la casa, montan la cama, llaman al sacerdote y a la Justicia.

Después son dos criados del marqués de Falces los que hablan, sin dar datos de interés.

El quinto en declarar es uno de los pajes de Ezpeleta, Francisco Camporredondo. Camporredondo sabe todo sobre la vida de su señor. Y declara lo que sabe. Le dice al juez quién es la adúltera: pero el juez ordena al escribano que no anote el nombre. Le cuenta al alcalde, también, qué hizo ese día fatídico su señor: comió con Falces y se retiró a su aposento a dormir la siesta, entre las cinco y las seis de la tarde. Luego, volvió a casa de Falces. Cuando iba a caer la noche, fue a casa del amo, cogió el capote, la espada y el broquel y se lo llevó, hacia las diez de la noche, a donde estaba. Luego, volvió al aposento y, en fin, hacia las once, le avisaron de que habían herido a Ezpeleta.

Sabía Camporredondo que su señor tenía amores con una mujer casada, «que los nombres y casa ha declarado al señor alcalde». Amores, por lo demás «muy conocidos y sabidos de todos los criados». Esos tratos ilícitos habían llegado a oídos del marido coronado y «tiene entendido que han habido y tenido dares y tomares e pesadumbres» (¡es natural, más aún si seguimos con la declaración!) porque don Gaspar «entraba y salía de ordinario en su casa, e muchas noches se quedaba allí, e que lo que harían no lo sabe».

A don Gaspar no le gustaba un personaje que vivía en la casa de la mujer casada, «y el nombre de la dicha persona declaró al señor alcalde», con el que tenía que tratarse como amigo, aunque recelaran recíprocamente y aunque ya se habían cruzado advertencias. Igualmente, los cuñados «o deudos principales» que eran próximos a la mujer casada «entendían sus liviandades y libertades».

No obstante, nunca antes había sido atacado y concluía rotundamente: «No sabe ni entiende que este daño le pueda venir de otra parte si no es de la casa de la dicha mujer».

Concluida tan jugosa declaración, tocó deponer a otras personas que tal vez hubieran visto, oído, o sabido algo. Pero nadie dio pistas tan jugosas como Camporredondo. El alcalde ordenó que se fuese por las iglesias de Valladolid a ver si alguien había ido a pedir refugio y también, que se interrogase a los cirujanos, por si alguno había atendido a la otra persona si es que hubiera sido herida.

A la mañana siguiente, volvió a ser interrogado don Gaspar, con apercibimiento de estar bajo juramento y de que debía cooperar con la Justicia. Repitió declaración, sin apenas novedades sobre la del día anterior, dejándose bien claro que las cuchilladas se las dieron después de haber ido a cenar a casa de Falces, «un poco más abajo donde se hace el pilón» (Valladolid en obras y construcción tras el establecimiento de la Corte), y que un hombre de mediana estatura le había interceptado el paso, y lo demás.

Entonces, el alcalde anota sus propias diligencias: «En las casas nuevas que están enfrente del Rastro de esta ciudad, e particularmente en la casa donde entró herido el dicho don Gaspar de Ezpeleta, viven algunas mujeres que en sus casa admiten visitas de caballeros y de otras personas de día y de noche, adonde asimismo entraba el dicho don Gaspar de Ezpeleta, de que en la vecindad hay mucha murmuración y escándalo» a «averiguar la libertad con que vivían las mujeres que están en ella». El caso es que fue allí en donde se hirió al susodicho don Gaspar, ahora convertido en santo moralizador de Valladolid.

Al día siguiente, a las seis de la mañana, fallecía sin haber añadido nada más, aunque le instaran los presentes a que hablara. En efecto, en el óbito están presentes doña Luisa de Montoya, el cirujano, la hermana de Cervantes, Magdalena, identificada ya como «beata»,[108] y don Luis de Garibay, clérigo. *In articulo mortis*, Ezpeleta pronuncia sus últimas palabras ante las exhortaciones a que declarara: «Dijo que no le cansasen, que no tenía más que declarar ni decir de lo que tenía dicho, y con esto el susodicho expiró»; o también, «dijo que ni lo sabía ni quería saber [quién le había acuchillado] y que le dejasen, y con esto murió».

Después de levantada acta de esta situación, fueron los alguaciles a embargar los bienes del finado, nombrándose por depositaria suyos a Juana Ruiz, la dueña de la posada en que paraba.

Continuaron las pesquisas, y eso que todo parece indicar que no eran necesarias, si se hacía caso a Camporredondo. Curiosamente, el hijo de Luisa de Montoya, Esteban de Garibay, el clérigo, hizo claras advertencias: encima de la casa de Cervantes vive una Mariana Ramírez con su madre y unas niñas pequeñas, y está amancebada con un hidalgo, don Diego de Miranda. Sobre la casa de Luisa Montoya están otras dos mujeres, a cuya casa ha ido a veces a visitarlas Gaspar de Ezpeleta y, además de él, han pasado por allí el duque de Pastrana, y el conde de Cocentaina y otros hombres, de los que no recuerda el nombre, «mas que de ello hay nota y murmuración». Mas los murmullos salían también de la casa en la que estaban las mujeres cervantinas, «las Cervantas», a donde acudía Agustín Ragio y Simón Méndez...

Más discreta fue María de Cevallos, criada de Miguel, que no había visto nada ni sabía nada, porque hacía poco que servía. Catalina de Revenga, criada de Luisa de Montoya, también es discreta, lleva un año de servicio, confunde a Catalinas de pisos distintos, en fin, no sirve su testimonio para gran cosa.

Quien sí se tropezó esa noche con el otro espadachín fue Isabel de Islallana, criada de una de las vecinas del piso superior. Había ido por agua y un varón la abordó insinuándole que se fuera con él. Ella le reconoció: era Ezpeleta, que andaba de caza esa noche. Luego vio a otro hombre alborotado con la espada desenvainada... Sigue la deposición; sabía que el de Pastrana y el de Cocentaina rondaban la casa de arriba y la de Cervantes, el señor de Higares.

Con la declaración de Magdalena empezaban a complicarse las cosas. Magdalena, la hermana descarriada que, cuarentona —algo corta de vista ya, como ella se declara; amiga de Luisa de Montoya y de don Esteban, con quienes fue a misa a Nuestra Señora de San Llorente esa noche—, en vez de vivir de los hombres decidió vivir de la Iglesia porque se hizo beata y como tal obraba y vestía a diario, tenía que aclarar que si, como declaraba, no conocía a Ezpeleta, por qué al testar el moribundo le había regalado un vestido de seda: «Esta testigo no sabe ni entiende por qué el dicho don Gaspar le hiciese la dicha manda». Por otro lado, sus sobrinas no eran visitadas por ningún hombre y con su hermano Miguel se entrevistaron en un par de ocasiones don Hernando de Toledo, el señor de Higares y un Simón Méndez.

El resto de la declaración es la narración de cómo se halló al herido, de los gritos que se escucharon desde la calle, «¡cuchilladas, cuchilladas y comenzaron a ladrar los perros y alborotarse», y la voz que exclamó «¡Bálgame Dios!, y esta testigo dixo: ¡él te balga!».

Como doña Luisa de Montoya había salido a relucir en varias declaraciones, fue llamada de nuevo. Y es que el alcalde tenía que encontrar alguna contradicción en esa casa para inculpar a alguien. A fuerza de interrogatorios lo lograría.

El caso es que doña Luisa volvía por caminos ya andados rememorando un «¡ah, señora, que vengo muerto!» y unas visitas de Pastrana y

Cocentaina e Higares y Méndez. Y un «no» claro a la primera vez que se pregunta que si el ataque se pudo deber a las visitas que hacían los hombres a las casas de Cervantes y sus vecinas, nos deja entrever por dónde van los pasos del juez de instrucción. Y aún más, cuando le insta por segunda vez, que le explique por qué el regalo del vestido de seda…

En la buhardilla vivía una beata, prototipo de mujer enferma de las entendederas, cotilla, imprudente, charlatana. Es la presa necesaria por el alcalde para tener justificación y no leer el papel —o no seguir sus pistas— que había en el vestido de don Gaspar.

Va describiendo el edificio aposento por aposento. La familia de Garibay-Montoya «es gente onrrada e recogida»; en la casa de Cervantes «ay algunas conversaciones de gentes, que entran en ella de noche y de día algunos caballeros […] que en ello hay escándalo e murmuración». Y la murmuración consiste en su propio escándalo: según la vieja, entraba mucho un Simón Méndez, portugués, «que está amancebado con la dicha doña Isabel», y la testificante se cubre las espaldas y se propone de modelo moral, «se lo he reprendido muchas veces […] aunque él decía que no entraba sino por buena amistad»; es más, la testigo sabía que el meloso portugués había regalado un faldellín de hasta doscientos ducados; ¡ay, lo que no saben los metementodos de escalera!

En cualquier caso, allá con su pan se la coman las hermanas y la sobrina de Cervantes, que de algo tenían que vivir y lo que sabían hacer era sacar los dineros a los varones. Otras iban con dotes al matrimonio o al convento.

En fin, dos amancebados, que incluso han estado presos por ello, son los vecinos del piso de arriba, doña Mariana Ramírez y don Diego de Miranda; arriba también, en la casa de doña Juana Gaitán, llena de mujeres, como la de Cervantes, entraban caballeros, el de Pastrana y el de Cocentaina y el de Higares, aunque éste con más frecuencia en la casa de Cervantes.

Mientras esto ocurría, el 29 de junio era enterrado Ezpeleta. Y el día 30, el juez consideraba que tenía todo claro: por ello, mandaba encarcelar «a Miguel de Cervantes e doña Isabel —su hija—, e doña Andrea y doña Constanza —su hija—, e Simón Méndez, y doña Juana Gaitán, doña María de Argomedo y su hermana y sobrina, y doña Mariana Ramírez e don Diego de Miranda»… o sea, hasta el apuntador.

Para algunos, no era la primera vez que pisaban la cárcel los amancebados del segundo; para otros, no había que irlos a buscar muy lejos, porque ya estaban en prisión (el portugués); pero para otro, que tampoco era la primera vez que le iban a echar grillos, aquella cárcel, amén de otras cosas, le debió de traer aborrecibles recuerdos, pues por ella ya habían pasado su abuelo y su padre.

A la par, la dueña de la posada en la que acostumbró a vivir Ezpeleta caía gravemente enferma. Antes de que se fuera, el juez ordenó interrogatorio y la sorpresa fue encontrarla en la cama, con extremaunción dada, y acompañada por una mujer de elevada condición social y sus dos criadas. La dama se negó a responder quién era y por qué estaba allí.

Un alguacil de Corte y el escribano asisten a la toma de declaración: hacía tres meses que allí vivió Ezpeleta. Hacía un mes, estando fuera de la Corte Ezpeleta, apareció una dama en la casa y al ver el aposento, rompió en un histérico ataque de rabia a lamentarse de su destino. La dueña le preguntó y rogó que quién era, que qué pasaba y la dama le explicó, so palabra de secreto, que Ezpeleta le había quitado dos sortijas, una de diamantes y la otra de esmeraldas. Que el marido las había echado en falta y que quería matarla; que con ella no se jugaba así y no se hacían esas cosas, que si esto y que si lo otro; que su marido se llamaba Galván y era escribano y que vivían junto a San Salvador. Unos días después, fueron dos frailes a reclamar las sortijas, que don Gaspar les dio, y no se supo más.

Las sortijas fueron devueltas (¿es verdad o es imaginación de la moribunda?) y aparecieron, otra vez, en las ropas de don Gaspar la noche del asalto. Ahora iba la adúltera a reclamarlas o a rebuscarlas, porque no sabía que estaban en manos de la Justicia.

Comoquiera que la mujer embozada no se había identificado, fue llevada en presencia del alcalde, a su domicilio, como ocurría tantas veces en aquella sociedad en que unos eran diferentes de otros en función de la cuna. El juez era custodio de la honra de las mujeres: por ello, declararon sus nombre sólo ante él, sin escribano ni alguaciles y permanecieron tapadas. Declaró la mujer y declararon las criadas que habían ido a visitar a quien estuviera enfermo porque vieron entrar en su casa al Santísimo Sacramento. Coartada verdaderamente inverosímil. Se les mandó a su casa.

En los días siguientes, se tomó declaración a algunos de los presos, extrañamente no a todos, para concluir con ciertas penas pronunciadas el 1 de julio: por ejemplo, al portugués Simón Méndez le quedó prohibida la entrada a la casa de Cervantes y se le vedó hablar con su hija Isabel; a los mancebos, se les prohibió cohabitar y él fue expulsado de la Corte y tuvieron que pagar una multa; todas las demás fueron soltadas en fiado, «su casa por cárcel», y a Cervantes se le soltó en fiado. Y nada más. Andando el tiempo, las semanas, el «fiado» fue cayendo en el olvido porque dejó de instruirse el caso. Habían pasado un par de días en la cárcel. Falces, que era el testamentario de Ezpeleta, debió dar el perdón a los encausados, para que pudieran ser indultados. Era práctica que los delitos de sangre y contra la honra pudieran ser perdonados por la parte ofendida: «Si dineros fueren menester para alcanzar perdón de la parte, todo nuestro ajuar se venderá en pública almoneda, y se dará aún más de lo que pidieren» (*La gitanilla*, 536).

En efecto, el día 6 de julio había petición de libertad de todos los encausados; un par de días después, Cervantes entregaba a la Justicia las ropas de Ezpeleta y el 17 de julio se restituían las sortijas y otras prendas y bienes de varón en el depositario de Ezpeleta. Como tantos procesos de entonces, no hay sentencia firme o clara. Todo se diluye entre el olvido del tiempo, o la calidad de las personas, o la inoperancia de la Justicia, o tantas y tantas cosas.

El juez Villarroel, conocedor de la personalidad de la mujer embozada, lector único del papel que se halló en las vestiduras de Ezpeleta, depositario de las joyas que llevaba el ahora difunto, supo encubrir muy sabiamente a su colega de oficio, el escribano Melchor Galván. Y pagaron éstos, para que el asesinato del seductor se perdiera en el tiempo y los aconteceres de la Corte. No está nada mal que con cuarenta y dos declarantes, todo quedara como quedó. Por lo demás, nada extraño en los compartimientos morales de aquellas personas. Nada extraño a los ojos de gran parte de su sociedad cortesana.

El proceso de Ezpeleta ha servido para realizar una microhistoria de Valladolid: y en ello querría, paciente lector, que pararas por un momento: un proceso penal sirve para su propia descripción, sí; pero también su análisis pormenorizado, dejando al margen la causa de su origen, nos sirve para saber de la historia urbana y de la historia social; de los comportamientos, creencias y esperanzas individuales y de los colectivos, y de tantas cosas que han de ser leídas entre líneas. Es lo que hizo Canavaggio[109] al recrearnos los ojos por el barrio que describen las declaraciones de los encausados; al hablarnos de analfabetos —o no— porque firman —o no— en sus deposiciones; de cómo se vive a diario porque Ezpeleta se había echado la siesta hasta las cinco de la tarde y luego, en una vida envidiablemente holgazana y sustentada por las rentas de sus territorios y las mercedes regias, había ido a cenar a casa de otro marqués y luego a hacer el calavera; mientras, los otros, a eso de las diez o las once, estaban acabando de cenar o se habían echado a dormir, con lo que deducimos que los horarios castellanos eran, por aquel entonces, muy diferentes ya a los del resto de Europa. También en el proceso de Ezpeleta se nos cuenta que si no hay agua, hay que ir a la fuente por ella y si se encuentra por el camino a un pícaro, se le dan unas monedas y él la acarrea. A casi nadie, excepto a la Justicia, espantan los tratos de Diego de los amancebados, porque era una sociedad que quería ser libre. Y una de las claves de la vida de Cervantes: además de escribir, siempre, siempre, estuvo vinculado a la vida de los negocios, como testaferro, ser oscuro, a la sombra de otros. Es la única manera de entender cómo pudo sobrevivir. Tampoco es extraño —y no por su ascendencia conversa—, sino por sus procesos de socialización: frustrada su «vocación» militar (¿vocación, o única forma de ganarse la vida?), se dedicó a recaudar dineros y, con ello, aprendió cómo manejarse en el intrincado mundo del microcrédito, de los avalistas, de los censos. Ésta es otra de las claves de

327

su vida: su perfecto conocimiento del mundo económico. A mí, como a Canavaggio, me ha ocurrido que «de no haber escrito Cervantes su inmortal novela, nuca se me hubiera ocurrido» pensar en la importantísima faceta del Cervantes hombre de negocios, a mitad de camino entre lo lícito y lo ilícito, entre la habilidad embaucadora y la capacidad de adaptarse a las circunstancias. Es cierto: aunque las finanzas castellanas estuvieran en una situación complejísima, esa misma situación era controlada por prestamistas-banqueros genoveses y, poco a poco, por portugueses (de orígenes conversos). Los árboles que han dado luz a Cervantes en el difícil camino de su subsistencia, que es el sobrevivir. En el caso Ezpeleta, el que apareció fue un Simón (¡Simón!) Méndez, ni más ni menos que el recaudador de todo los «diezmos de la mar», entre Castilla y Galicia, es decir, los derechos de aduana interior entre ambos territorios.

En fin. Acabado este nuevo disgusto, no es de extrañar que Cervantes dijera una y otra vez que: «La justicia se estaba en sus proprios términos, sin que la osasen turbar ni ofender los del favor y los del interés, que tanto ahora la menoscaban, turban y persiguen» (*Quijote*, I, XI); o también: «Coheche vuesa merced, señor tiniente; coheche y tendrá dineros, y no haga usos nuevos, que morirá de hambre. Mire, señora: por ahí he oído decir (y, aunque moza, entiendo que no son buenos dichos) que de los oficios se ha de sacar dineros para pagar las condenaciones de las residencias y para pretender otros cargos» (*La gitanilla*, 522) y, en fin, por no cansar más:

> Y si alguno de nuestros hijos, nietos o parientes cayere, por alguna desgracia, en manos de la Justicia, ¿habrá favor tan bueno que llegue a la oreja del juez y del escribano como destos escudos, si llegan a sus bolsas? Tres veces por tres delitos diferentes me he visto casi puesta en el asno para ser azotada, y de la una me libró un jarro de plata, y de la otra una sarta de perlas, y de la otra cuarenta reales de a ocho que había trocado por cuartos, dando veinte reales más por el cambio (*La gitanilla*, 524).

Como es frecuente en su obra, volvía a autobiografiarse, porque él lo podía hacer, ya que su vida había estado llena de experiencias: «Alborotóse el huésped y aun los huéspedes; porque, así como los cometas cuando se muestran siempre causan temores de desgracias e infortunios, ni más ni menos la justicia, cuando de repente y de tropel se entra en una casa, sobresalta y atemoriza hasta las conciencias no culpadas» (*Ilustre Fregona*, 627). El subrayado es cosa mía. No soy original al afirmarlo, pero he de hacerlo: *El coloquio de los perros* arranca, igualmente, en este barrio. Salía del Hospital de la Resurrección, que está en Valladolid, fuera de la Puerta del Campo, un soldado que…

Concluido el mal trago de Ezpeleta, los vecinos de la turbia casa fueron desapareciendo del escenario, poco antes de que volviera la Corte a Madrid en 1606. Así, los Garibay se mudaron a la calle Manteros, donde moraba, cuando estaba, el malogrado don Gaspar. La viuda del famoso escritor Laínez se fue a Esquivias y luego a Madrid, a la calle Huertas, en donde murió (6 de octubre de 1637), preparadas sus honras por el pintor Giusepe Leonardo —vecinos ambos—, el cortesano que no sólo participó en la decoración del Salón de Reinos del Buen Retiro con la victoria de Jüllich, sino que inmortalizó el palacio en el lienzo más expresivo que se conserva (en el museo Municipal) de ese recinto áulico. También voló del nido la pareja de amancebados y de los Cervantes, no se sabe qué pasó. Astrana supone que en los meses siguientes él se fue a Salamanca, ya que en sus obras y, en particular, en *El licenciado Vidriera*, las alusiones que hace a las distancias de la ciudad universitaria con respecto a otras son sólo en dirección a Valladolid. Además, principia *El licenciado* con frescos recuerdos de Salamanca y sus costumbres universitarias, y finaliza la obra en Valladolid.[110]

Paseándose dos caballeros estudiantes por las riberas de Tormes, hallaron en ellas, debajo de un árbol durmiendo, a un muchacho de hasta edad de once años, vestido como labrador. Mandaron a un criado que le despertase; despertó y preguntáronle de adónde era y qué hacía durmiendo en aquella soledad. A lo cual el muchacho respondió que el nombre de su tierra se le había olvidado, y que iba a la ciudad de Salamanca a buscar un amo a quien servir, por sólo que le diese estudio. Preguntáronle si sabía leer; respondió que sí, y escribir también.

De nuevo, la Corte en Madrid y otro matrimonio increíble: el de su hija

Trasladada la Corte a Madrid, tras el fracaso del «experimento» meseteño, Cervantes tardó un poco en instalarse en la Villa del Manzanares. Debió de escribir entonces, tal vez en Toledo o en Esquivias, *La ilustre fregona*. Coinciden estas fechas con la del matrimonio de la hija de Cervantes, Isabel, con un Diego Sanz del Águila, matrimonio a todas luces —o, por mejor decir, oscuridades— enigmático porque no se han encontrado registros escritos. También a principios de 1607 ya andaba Isabel acostándose con un Juan de Urbina: aduce Astrana, sin aplicar el refrán «que de casta le viene al galgo» arremetiendo contra la madre, adúltera, y contra la hija, readúltera. Se olvida en su moralizante párrafo de que el padre, Miguel de Cervantes, anduvo vivito y coleante por aquella escena.

Juan de Urbina era un hidalgo de mediana condición, cortesano del príncipe Carlos Emanuel de Saboya, prior de san Juan, del que fue secretario. Estuvo en Génova con él y allá casó a una hija con una Catanio, miembro de una de las familias más poderosas de las de los banqueros genoveses al servicio de Felipe III. Anduvo con la Corte por Valladolid y luego en Madrid. Acá quedó solo, porque se dispuso que su esposa, hijos y nietos, regresaran a Italia con el duque. Como en 1594 ya era secretario de un maestre de campo, no es difícil sospechar que hubiera nacido allá por 1570… o cuando fuera.[111] El caso es que en 1607 no era un mozo, sino un varón experimentado. Isabel tenía, a la sazón, 23 años: quedó pronto embarazada de él.

Al tiempo que aparecía impresa en Bruselas la primera edición de El *Quijote*, en casa de Velpius, Isabel le hizo abuelo, aunque no sabemos bien qué día.[112] No obstante, a mediados de 1608 murió su esposo Diego Sanz del Águila y ella se mudó a vivir a una casa de su amante, al que le pagaba alquiler de 53 ducados en reales al mes. No obstante, alguna negociación hubo de haber entre Urbina y Cervantes y un tercero, Luis de Molina, excautivo de Argel, agente de banqueros genoveses en Valladolid y Madrid (¡otra vez Cervantes andando con hombres de negocios!) que, en 28 de agosto de 1608, se firmaron capitulaciones matrimoniales entre Isabel de Cervantes y Luis de Molina.

Ante notario se presentaron, de una parte, Juan de Urbina y Miguel de Cervantes; de la otra, Isabel y Luis de Molina. Se estipulaba que se casarían en un mes y que de mancomún Juan de Urbina y Miguel de Cervantes dotarían a Isabel con dos mil ducados. Además, viviría el nuevo matrimonio en la casa en que estaba habitando en ese momento Isabel. Por otro lado, se recogía que si del matrimonio hubiera nuevos hijos, la niña, de ocho meses, gozaría de los mismos derechos que todos sus hermanos. Luego, hubo entrega de dote y pagos de las cantidades estipuladas, así como los pleitos por la herencia, aludidos en el capítulo anterior. Llegaron las velaciones, en las que fueron testigos Cervantes y su resignada esposa Catalina de Salazar. Sin embargo, la muerte de la niña en 1610 ——es natural—— anulaba moralmente los pactos, porque si había habido matrimonio y dinero a espuertas era para tapar un adulterio, algo serio en aquella sociedad. Así lo creerían Urbina y Cervantes. Atolondradamente, cuando se hicieron los pactos no previeron que la niña pudiera morir antes de haberse pagado la dote, antes bien al contrario, se estipulaba en el contrato que se hacía para ayudar a las cargas del matrimonio. Es cierto. Como es cierto que si no hubiera habido embarazo, no habría habido matrimonio. Además, en las capitulaciones, impropiamente y extrañamente, desde luego, se especificaba que la niña «tenía» una casa en la Red de San Luis. Y si la niña «tenía» y moría, heredaba su legítima heredera, o sea, su madre. Así que la madre, sin hija, se quedaba con la casa y, porque estaba estipulado en las capitulaciones, Urbina y Cervantes pagaban la hipoteca: hoy ya no pasan cosas así.

Urbina creyó que como no había niña, nada le vinculaba a los otros adultos, pero ¡ay, amigo, que firmaste papeles! Cervantes intentó resolver cuanto pudo, pero la hija quería la casa, en clarísima actuación de venganza contra el amante y el padre, porque todo acabó en pleito.

Por su parte, Juan de Urbina tomó el camino del medio: creyó que asociando a Luis de Molina a sus negocios, no le reclamaría el total de los dos mil ducados cuyo pago debía estar satisfecho el 28 de agosto... A primeros de septiembre Urbina, y con él Cervantes (que está en Esquivias), fueron denunciados por el impago de las cantidades a Molina e Isabel. Urbina recaudó todo el dinero que pudo, pero le faltaron unos miles de reales para satisfacer la deuda: Molina, generoso, le aceptó el pago aplazado de 3.000; entre medias fueron y vinieron préstamos entre particulares para poder reunir esas cantidades. Corría noviembre de 1611. Urbina intentó irse con el príncipe de Saboya, pero la actuación de la Justicia dio con sus huesos en la cárcel el 12 de enero de 1615, durante poco más de siete meses. No le dedicaremos más tiempo a Urbina: murió en Palermo en 1624.

Volvamos a nuestro protagonista. En 1608 se inscribió en la congregación de la Hermandad de Esclavos del Santísimo Sacramento. A los 61 años de vida es fácil imaginar que se adscribiera a una congregación por aquellas cosas de la vida del Más Allá. No le imagino un devoto intransigente. Ha de haber alguna causa más de índole social. Fue de los primeros Esclavos. Un par de años después profesó en la Venerable Orden Tercera, abandonando a los del Sacramento, después de que en esa Congregación entrara Lerma y con él la flor y nata de la aristocracia «haciendo de ella un círculo mundano».[113]

Entró, como digo, en la VOT. A ella se habían adherido el 2 de febrero doña Magdalena de Sotomayor con el nombre profeso de Magdalena de Jesús; luego entró Catalina de Salazar y, finalmente, Cervantes. Recordemos que en 1609, y a 9 de octubre, murió su hermana Andrea, que había profesado también en la VOT.

El penúltimo empujón literario, 1608-1611

A estas alturas del siglo escribe Cervantes *La gitanilla*, obra de caracterización sociológica extraordinaria, que debe completarse con un parlamento de *El coloquio de los perros*.[114]

También, entonces, habida cuenta del éxito que estaba teniendo la primera parte de El *Quijote*, con una segunda edición legal en Madrid y con dos ediciones en Lisboa, dos en Valencia y una en Barcelona, amén de la traducción al inglés y la que se estaba preparando en Bruselas, bueno sería, tal vez, preparar la segunda parte. Le llevó siete años hacerlo.

Pero no siete años exclusivamente dedicados a ella, sino que redactó, porque daban de comer directamente, su segunda tanda de comedias y entremeses para Gaspar de Porres. De esta tanda, la primera fue *Los baños de Argel*; luego redactó *El gallardo español* (recordando su misión de espionaje de 1581) y *La gran sultana*. Formaban éstas el ciclo llamado pseudo histórico-oriental. Para el autor de comedias Nicolás de los Ríos, escribió *Pedro de Urdemalas*: se trata de una obra en la que el actor va a representar su propia vida, escrita por otro.

Siguieron los entremeses. El primero, *El retablo de las maravillas*, inspirado en el cuento de los paños en *El Conde Lucanor*, del príncipe don Juan Manuel. El entremés es una obra deliciosa contra las ridiculeces de la sociedad de cristianos viejos y cristianos nuevos. Luego escribió *El juez de los divorcios*; el tercero, el sin par *La elección de los alcaldes de Daganzo*.[115] Siguió *El viejo celoso*, genial escrito sobre la realidad de ciertas necesidades de refortalecer la vida que tienen los varones de edad. Corría el año de 1608.

Cervantes ha andado por Valladolid, Madrid, parece ser que por Barcelona, con ocasión del nombramiento de Lemos como virrey de Nápoles. En efecto, el 27 de marzo de ese año anda con papeles sobre la casa de la Red de San Luis de su hija y, aunque no sea definitorio, cuando Catalina de Salazar otorga testamento en 16 de junio de 1610, su esposo no consta que esté presente, lo cual habría sido normal. En fin, Cervantes el 11 de octubre da ante escribano en Madrid unos bienes a su sobrina Constanza. Quiere esto decir que desde mediados de marzo a mediados de octubre se pierden sus pistas existenciales, no las creativas. Riquer ha ido cotejando alusiones cervantinas con fuentes históricas de archivo y nos ha ido enseñando cómo Cervantes fue testigo de ojos de muchos acontecimientos, de tal manera que es claro, «Cervantes se encontraba en Barcelona en junio de 1610, y precisamente el día de san Juan» y allá estuvo hasta septiembre de ese año.[116]

A la altura de 1611 redactó *El vizcaíno fingido*, datado por entonces ya que uno de los personajes alude a que acababa de oír al pregonero publicando las pragmáticas de Reformación de la Corte (enero de 1611). Frente al sentido humorístico de la anterior, el recogimiento alumbra *El rufián dichoso*, historia de un truhán que se convirtió, dejando su vida libre, para volverse un ser grave, haciéndose fraile en Méjico, y que murió santamente, según lo biografió fray Agustín Dávila Padilla en la *Historia de la fundación y discurso de la Provincia de Santiago de Méjico...*, Madrid, 1596. ¡Qué duda cabe de que el entremés tiene un calado sentido contrarreformista, y preocupado por el fin próximo, que tenía 65 años![117] Después compuso *La Entretenida*, acompañada del entremés *La guarda cuidadosa*. En ambas se trata el tema de la elección de cónyuges.

Cervantes apenas dejó de producir en estos años. Aunque el ritmo no fuera frenético, se mantenía en activo constantemente. Sin embargo, no encontraba autor que le estrenara sus comedias, porque ni Porres, ni Ríos, se hicieron cargo de la puesta en escena. Cervantes recrea este ambiente: como los autores ya tienen su público y a sus escritores, no buscan novedad. Así es como se entiende el «Prólogo» a las *Ocho comedias y ocho entremeses* (1615), cuando dice que quiso tantear la pasada gloria, pero no halló quien le contratase sus obras y que, por ello, las arrinconó en un cofre de eternos silencios. No obstante la afirmación de Cervantes, la realidad era que no sabía qué hacer, porque en la *Adjunta al Parnaso* (junto con el *Viaje del Parnaso* hay impresionantes descripciones autobiográficas) escribió, en el pasaje en el que le dan la carta con aquella alusión a él mismo, en que rememora el hecho verdadero de cuando le llevaron a Valladolid la carta en que le insultaban su *Quijote*, en la *Adjunta*, digo, escribe:

PANCRACIO.—— Pues, ¿por qué no se representan?

MIGUEL.—— Porque ni los autores me buscan, ni yo los voy a buscar a ellos.

PANCRACIO.—— No deben de saber que vuesa merced las tiene.

MIGUEL.—— Sí saben; pero, como tienen sus poetas paniaguados y les va bien con ellos, no buscan pan de trastrigo. Pero yo pienso darlas a la estampa, para que se vea de espacio lo que pasa apriesa y se disimula, o no se entiende, cuando las representan. Y las comedias tienen sus sazones y tiempos, como los cantares.

Poco antes había aparecido un nuevo *Quijote* en Bruselas. La edición de Bruselas de 1608 fue la que usó Shelton para la primera traducción al inglés de la primera parte, que tardó en imprimirse, desde que se había traducido, cinco años (1612). Por su parte, en 1608, Baudovin traducía al francés *El curioso impertinente*, no desde *El Quijote*, sino desde *La silva curiosa* de Medrano. En julio de 1608 aparecía la tercera edición madrileña de El *Quijote* por Juan de la Cuesta. Y las ediciones parciales en francés culminaron con la traducción íntegra a nuestra lengua vecina. Igualmente, las primeras alusiones en inglés aparecen en la comedia de Ben Jonson, *The Silent Woman*.

Durante las fiestas por la canonización de Borja se celebraron mascaradas y uno de los personajes dilectos era Don Quijote, al cual se le puso forma y cuerpo, por ejemplo en Salamanca, predominando el aspecto burlesco sobre cualquier otro.

En fin, en 1610 salió la primera edición española de *El Quijote* en Milán. Esta edición milanesa no se tradujo al italiano porque entonces la lengua internacional era el castellano, en un proceso que venía abriéndose camino desde Nebrija y que se consolidó en tiempos del emperador Carlos V, al cual, aun siendo natural de Gante, no le dio asco hispanizarse, demostrando así su inteligencia y amplitud de miras. Como dicen en la dedicatoria los editores italianos (y no Cervantes, que no la firma) de *El Quijote* milanés (ya no a Béjar, sino al conde Vitaliano Vizconde), «cumple a los grandes [...] el entender todo género de lenguas principales con las que se han de tractar los mayores negocios [...] Entre los más graves estudios en que V. S. Illustriss. pasa su pueril edad, tiene a las vezes gusto de la lengua castellana, agora hecha muy familiar a los Caballeros de esta ciudad tan noble; [le dedicamos la obra] sin hazerlo traducir en lengua toscana, por no le quitar su gracia, que más se muestra en su natural lenguaje que en cualquier traslado».

Con la de Milán iban ya diez ediciones: las 3 de Madrid, las 3 de Lisboa, las 2 de Valencia y la de Bruselas.

Sabemos que en estos años Cervantes se mudó varias veces de casas en el actual barrio de Las Musas de Madrid, aunque es muy difícil determinar las fechas exactas de todos los cambios o las casas en las que estuvo, pero hay nombres de calles que a todo cervantista le traen a la mente imágenes de la Villa con Corte de principios del XVII por la que pasearía Cervantes: Huertas, León, Magdalena, Francos, Atocha, la iglesia de las Trinitarias, o la de San Sebastián; el Hospital de Antón Martín... Hizo un rápido viaje a Esquivias y volvió a Madrid. Es la época de redacción de las *Novelas ejemplares*.

Son fechas de pena y muerte. También de agobios económicos. Merece la pena la reproducción íntegra de la Introducción a la segunda parte de *El Quijote*. Que me disculpen quienes la conozcan; que la recuerden aquellos a quienes no hago novedad. La escena es que ciertos embajadores y caballeros de Francia han venido a Madrid a tratar cosas de casamientos reales y preguntan sobre las novedades bibliográficas. El censor, Márquez Torres, les dice que está leyendo la Segunda Parte y...:

Tocando acaso en éste que yo estaba censurando, apenas oyeron el nombre de Miguel de Cervantes, cuando se comenzaron a hacer lenguas, encareciendo la estimación en que, así en Francia como en los reinos sus confinantes, se tenían sus obras: la Galatea, que alguno dellos tiene casi de memoria la primera parte désta, y las Novelas. Fueron tantos sus encarecimientos, que me ofrecí llevarles que viesen el autor dellas, que estimaron con mil demostraciones de vivos deseos. Preguntáronme muy por menor su edad, su profesión, calidad y cantidad. Halléme obligado a decir que era viejo, soldado, hidalgo y pobre, a que uno respondió estas formales palabras: «Pues, ¿a tal hombre no le tiene España muy rico y sustentado del erario público?». Acudió otro de aquellos caballeros con este pensamiento y con mucha agudeza, y dijo: «Si necesidad le ha de obligar a escribir, plega a Dios que nunca tenga abundancia, para que con sus obras, siendo él pobre, haga rico a todo el mundo».

Y ya no volveré a aludir a nuevas ediciones, porque el tema es interminable. [118]

Cervantes y los moriscos

Hemos dicho en otro capítulo (aunque no hay que ser muy avispado para imaginárselo) que en muchas partes de la obra de Cervantes aparece la realidad musulmana. Él sabe dibujarla de colores diferentes, en diversas situaciones y circunstancias. Muchos le califican de contradictorio en el trato que da a los moriscos; otros lo sitúan, decididamente, en el bando antimorisco.

Cervantes siente aversión por el grupo, pero trasluce humanísima piedad por los individuos; igualmente, muchas reflexiones suyas sobre los moriscos enmascaran la realidad conversa. Intentaré desbrozar el camino en las páginas que siguen.

Mas para entender el porqué de estos parágrafos y el porqué Cervantes trata a los moriscos es necesario, como tantas veces, un breve excurso histórico.

Los cristianos de la península Ibérica (aún no los «españoles» de España) sintieron desde el siglo VIII la necesidad de expulsar a quienes habían invadido su territorio (concepto geográfico) alterando sus formas de vida (enfrentamiento cultural), imponiendo por la fuerza, o señalando con el menosprecio o la llaga social, a los practicantes de la otra religión (estigmatización religiosa).

Cuando el 2 de enero de 1492, Boabdil, ese retorcido y acobardado rey, entregó las llaves de Granada a Isabel y a Fernando, la cristiandad asistía jubilosa al triunfo de la fe. En esos momentos se entrecruzaban sentimientos de todo tipo, pero confluyentes en dos valores: vencía el Dios verdadero; los cristianos iban por buen camino. No es extraño que a los pocos meses el proceso de homogeneización religiosa se acelerara con los decretos de expulsión de los judíos. Pero si, además, esos cristianos empezaban a recibir noticias de que había un Orbe nuevo a ellos reservado, ¿podían tener alguna duda de que su destino colectivo era excelso?

El caso es que en 1492 seguía habiendo musulmanes en la Península. Se concentraron, fundamentalmente, en dos regiones, Valencia y Granada, más concretamente en la Alpujarra.

La coexistencia entre cristianos vencedores y musulmanes derrotados no podía ser sencilla. Lo mismo que unos creían en la necesidad de convertir a la fe cristiana a los infieles, éstos rechazaban de plano su integración en la mayoría. Malos augurios para el futuro.

En 1492 en Castilla y Aragón, como en Europa, había un principio fundamental: la práctica de la religión estaba reglada desde la Corona y quien creyera en «otra cosa», si lo hacía, lo hacía por merced real y no porque fuera un derecho. Por lo tanto, si se practicaba una religión diferente sin permiso regio, se estaba cayendo en un delito contra la autoridad real.

Desde 1492, por lo tanto, ya no había áreas musulmanas por derecho propio, sino por gracia de los reyes, que le concedían ese privilegio. Los primeros años de la Reconquista de Granada estuvieron marcados por la generosidad: las familias más notables nazaríes fueron aceptadas dentro del seno de la reestructurada ciudad; a Boabdil se le concedió un señorío en la Alpujarra; fray Hernando de Talavera cristianizaba convenciendo y no venciendo.

Pero tanto esfuerzo cristiano hecho para la reconquista de aquel territorio no se veía compensado de ninguna manera. Y la paciencia desbordó el vaso. Son los riesgos que corren las minorías cuando, so color de querer subsistir, pretenden imponerse a las mayorías. Y éstas, aunque lentamente, reaccionan. Talavera fue sustituido por Cisneros. En 1501 tiene lugar la primera sublevación de los moriscos: los métodos poco persuasivos de Cisneros, entre los que siempre se ha destacado la quema de libros en la Bibarrambla, levantaron los ánimos de la sublevación.

Una vez sofocada, en 1502, Isabel decretó que, o bien se bautizaban o abandonaban Granada y Castilla en general. Muchos, ¡cómo no!, se bautizaron. Desde entonces, los mudéjares (musulmanes que habitan en territorio cristiano) pasaron a ser denominados *moriscos*. Y, bautizados, dejaron de ser musulmanes y empezaron a ser cristianos. Como a tales les afectaban las leyes religiosas cristianas y los tribunales encargados de hacerlas cumplir; en efecto, la Inquisición.

Mientras tanto, en la Corona de Aragón no hubo decreto de conversión, porque eran muchos, muy esparcidos por toda la Corona y, sobre todo, en tierras de señorío: ¿iban a quedarse los señores sin una mano de obra cualificada, barata y... amedrentada?

La muerte de la reina (26 de noviembre de 1504) y la crisis política que siguió sirvieron para aminorar la presión homogeneizadora. Pero en el acervo cultural cristiano había quedado claro que los vencidos estaban dispuestos a burlar la verdadera fe y a tomar las armas.

Así transcurrieron dos décadas. Por fin, las zozobras parecía que iban a aclararse cuando desde 1526 en adelante, la boda del ya emperador Carlos V en Sevilla y su estancia en Granada, el imparable avance turco por la frontera húngara (batalla de Mohacs, 1526), el nacimiento de un heredero varón (Felipe, 1527), la Coronación Imperial (Bolonia, 1530), son hitos de una serie de fechas que nos hablan de cómo se creía en la unidad religiosa. Así, en efecto, en 1525 se dictó la orden de la conversión obligatoria de los musulmanes del Reino de Valencia; en 1526, para toda la Corona de Aragón. A partir de ese año, efectivamente, dejó de haber mudéjares en España. Todos los habitantes de las dos Coronas eran cristianos y, más aún, católicos. Pero sobre esta realidad se superponía otra, que era la de que todos cristianos, sí, pero muchos conversos de judíos o de musulmanes que, a lo peor, practicaban sus religiones pretéritas, por lo que eran herejes de apostasía.

No pensemos que en Valencia los bautizos obligados fueron aplaudidos: las revueltas de Espadán, reprimidas por los lansquenetes imperiales, son un botón de muestra de ese malestar. No obstante lo cual, Carlos V, oídos sus consejeros, tuvo a bien suspender las medidas de 1526. En 1527, mientras vivía la intensa felicidad de sus bodas imperiales con Isabel de Avís, también escuchó a los moriscos granadinos y el tintineo de sus 80.000 ducados de oro, y suspendió todas las medidas hasta cuarenta años después: hasta 1567.

Y así es como llegamos a los años centrales del XVI. El Mediterráneo está llegando a unos límites insoportables de violencia. El avance musulmán parece implacable y la cristiandad vive con intensa preocupación las pérdidas de Trípoli (1551), Bujía (1555), Gelves (1560), al tiempo que se defienden las plazas de Orán y Mazalquivir (1563), Malta (1565), Túnez (1571, y perdida de nuevo en 1574), los asaltos desde Argel a las costas cristianas italianas o españolas… ¿Quién va a ser el ingenuo que en medio de tanta turbación se fíe de los musulmanes que hay en la Península? Es evidente y está claro que son aliados del turco; que son un peligro en casa. El ambiente se enrarece cada vez más.

En 1567 Felipe II no prorrogó los decretos de la permisividad y los moriscos granadinos se sublevaron, por segunda vez, en la ciudad y en las Alpujarras. Corría el año de 1568. Hasta 1571 hubo sangre y fuego. Por fin, tras ciertos descalabros y zozobras del ejército real, don Juan de Austria sometió a los rebeldes. Hasta el propio rey tuvo que trasladarse a Córdoba (1569) para reforzar, con su presencia, la determinación de sus soldados. Y al tiempo, empezaba la rebelión en Flandes (1566-1567).

Concluida la rebelión islámica, Felipe II adoptó una de las muchas medidas que se le propusieron. Decidió deportar a los moriscos granadinos por toda la Corona de Castilla. La intención era, para lo que se podría haber decretado, benigna porque se pensó que, dispersos en núcleos de población relativamente importantes, se acabarían convirtiendo a la fe cristiana y andando el tiempo se cerraría el problema. Mas lo que ocurrió, tras la deportación, fue que en algunas localidades se fijaron las familias y se dedicaron a sus actividades campesinas o manufactureras tradicionales; en otras ocasiones, abandonaron los lugares de fijación y se reagruparon en las villas o ciudades mayores; otros llevaron una vida transhumante, de arrieros; los últimos huyeron a África.

Solemos apreciar dos comportamientos diferentes en este proceso de transculturación. Es muy probable que estos moriscos granadinos deportados tuvieran gravísimas dificultades de convivencia con los cristianos de sus nuevos lugares, porque habían vivido desde 1492 en sus espacios, sin contacto con los «otros». No así los musulmanes valencianos que, aunque en algún lugar todos fueran de esa religión, o en alguna comarca hubiera más islámicos, en general tenían contactos más fluidos con los cristianos que los granadinos.

En el otro lado de la balanza, es necesario acercarnos al pensamiento o los sentimientos de la mayoría con respecto a la existencia de población musulmana en Granada: muchos habrían olvidado la existencia de islámicos en tierras cristianas; otros no sentían incomodidad de su presencia, porque con aquellas comunicaciones o con aquellos sistemas de información, acaso no ocupaban nada en sus esquemas de vida. Sin embargo, desde 1571 todos tuvieron que saber que había musulmanes y todos tuvieron que volver a coexistir con ellos.

Y volvieron a transcurrir los años y la incapacidad de la socialización fue frustrante. En 1609 se decretó su expulsión y ésta concluyó en 1614. La población cristiana no necesitaba tan drástica medida. Pero Lerma tal vez sí: decretada la salida de España, dolió a muchos cristianos, es cierto, pero también hubo mucha indiferencia. El aparato de la loa regia se puso en marcha y Felipe III fue alabado por la medida.

La Historia arroja alguna lección que otra: el análisis de la situación cristianos-musulmanes en la Península es importante, muy importante.

Curiosamente, tras la expulsión tuvieron que beber de un cáliz de hiel: aquel mundo otomano o berberisco que creyeron ideal se encontraron que era igual de indiferente u hostil para con ellos como lo era el peninsular. Por eso, como ocurrió a muchos sefardíes, intentaron volver a España.

En cualquier caso, la historia de los musulmanes en España no había concluido en 1492, sino en 1609-1614.[119]

Volvamos a Cervantes. Como dije antes, tengo la impresión de que en muchas ocasiones Cervantes camufla la realidad conversa y describe la vida de los conversos como si fueran moriscos. No sería de extrañar que, al mismo tiempo que hoy tenemos la tentación de comparar ambas situaciones, Cervantes jugara con el lenguaje y la inteligencia del lector para llevarlo a su terreno. En ese sentido, las palabras de la «hermosa morisca» (*Quijote*, II, LXIII) podrían leerse con doble sentido:

De aquella nación más desdichada que prudente, sobre quien ha llovido estos días un mar de desgracias, nací yo, de moriscos padres engendrada. En la corriente de su desventura fui yo por dos tíos míos llevada a Berbería, sin que me aprovechase decir que era cristiana, como, en efecto, lo soy, y no de las fingidas ni aparentes, sino de las verdaderas y católicas. No me valió, con los que tenían a cargo nuestro miserable destierro, decir esta verdad, ni mis tíos quisieron creerla; antes la tuvieron por mentira y por invención para quedarme en la tierra donde había nacido, y así, por fuerza más que por grado, me trújeron consigo. Tuve una madre cristiana y un padre discreto y cristiano, ni más ni menos; mamé la fe católica en la leche; criéme con buenas costumbres; ni en la lengua ni en ellas jamás, a mi parecer, di señales de ser morisca. Al par y al paso destas virtudes, que yo creo que lo son, creció mi hermosura, si es que tengo alguna.

El caso es que Cervantes alude a los moriscos en media docena de ocasiones: en *El coloquio de los perros*, en la segunda parte de *El Quijote* (II-LIV, LIV, «Que trata de cosas tocantes a esta historia, y no a otra alguna»; II, LXIII, «De lo mal que le avino a Sancho Panza con la visita de las galeras, y la nueva aventura de la hermosa morisca»); en el *Persiles* (III, XI).

Berganza, en *El coloquio de los perros*, describe a Cipión las formas de vida «desta morisca canalla», que conoce bien, pues ha vivido con uno de ellos un mes, aunque le llevaría más de dos semanas resumirlas. Ninguno cree en la Biblia; guardan el dinero acuñado y por atesorarlo se han convertido en quienes «amontonan la mayor cantidad de dinero que hay en

España»; entre ellos ni hay castidad, ni entran en religión, de tal manera que «todos se casan, todos multiplican, porque el vivir sobriamente aumenta las causas de la generación». Como no van a la guerra, nada les causa bajas, por tanto «róbannos a pie quedo, y con los frutos de nuestras heredades, que nos revenden, se hacen ricos». Si, por otro lado, todo eso no fuera suficiente, de nuevo «no gastan con sus hijos en los estudios, porque su ciencia no es otra que la del robarnos» y, en fin, el riesgo demográfico está a la vista, pues si de la primera tribu, de los doce hijos de Jacob, han salido seiscientos mil varones, ¿qué saldrá de los que hay en España? A ese parlamento responde Cipión con otro bien famoso:

> Buscado se ha remedio para todos los daños que has apuntado y bosquejado en sombra: que bien sé que son más y mayores los que callas que los que cuentas, y hasta ahora no se ha dado con el que conviene; pero celadores prudentísimos tiene nuestra república que, considerando que España cría y tiene en su seno tantas víboras como moriscos, ayudados de Dios, hallarán a tanto daño cierta, presta y segura salida» (*El coloquio de los perros*, 681).

Las palabras de Cipión o, por mejor decir, sus silencios, son muy claros de lo que se opinaba en España a principios del XVII y más aún del mucho mal que producían, así como de los innumerables arbitrios de carácter social que se habían propuesto:[120] «Buscado se ha remedio…», «no se ha dado con el que conviene…». Sin embargo, se está a punto de conseguir la solución al problema, «hallarán a tanto daño cierta, presta y segura salida».

En el *Persiles*, nuevamente, arremete contra el colectivo, en la esperanza de que Felipe III los expulse pronto y no haga oídos a los avisos de destrucción de la riqueza del país:

> Digo, pues, que este mi abuelo dejó dicho que, cerca de estos tiempos, reinaría en España un rey de la casa de Austria, en cuyo ánimo cabría la dificultosa resolución de desterrar los moriscos de ella, bien así como el que arroja de su seno la serpiente que le está royen-

do las entrañas, o bien así como quien aparta la neguilla del trigo, o escarda o arranca la mala yerba de los sembrados. Ven ya, ¡oh venturoso mozo y rey prudente!, y pon en ejecución el gallardo decreto de este destierro, sin que se te oponga el temor que ha de quedar esta tierra desierta y sin gente, y el de que no será bien la que en efeto está en ella bautizada» (*Persiles y Sigismunda*, III, XI).

Recordemos unas líneas atrás, cuando en el *Quijote* la hermosa morisca hace la descripción de su autobiografía, relato, por otro lado, no sólo bellísimo, sino duro y enternecedor, empieza: «De aquella nación más desdichada que prudente, sobre quien ha llovido estos días un mar de desgracias, nací yo, de moriscos padres engendrada...» (*Quijote*, II, LXIII).

Y, en fin, el cuento del morisco Ricote es otra vez sosegado y compasivo:

> Yo [Ricote] tendré lugar de contarte [Sancho] lo que me ha sucedido después que me partí de nuestro lugar, por obedecer el bando de Su Majestad, que con tanto rigor a los desdichados de mi nación amenazaba, según oíste» (*Quijote*, II, LIV, 458).

Las palabras dedicadas a Ricote son excelentes. En ellas hay cronística, explicaciones, muestras de ideas y sentimientos. Ricote es, como les ocurrió a los sefardíes, un perdido en África, porque no sabe a qué modelo cultural pertenece. Por eso, opta por hacer una peregrinación, o esconderse en traje de peregrino para buscar a su hija, dejada niña en España, y un tesoro; cuenta su deambular por todas partes y la gran esperanza de encontrar en Alemania la libertad de conciencia, en un pasaje que, a mi entender, no tiene explicación: ¿cómo Cervantes identifica Alemania (la luterana Alemania, o la católica; la apaciguada tras la paz de Augsburgo de 1555) con la libertad?; ¿acaso no es un riesgo hacerlo?:

> Llegué a Alemania, y allí me pareció que se podía vivir con más libertad, porque sus habitadores no miran en muchas delicadezas: cada

uno vive como quiere, porque en la mayor parte della se vive con libertad de conciencia.

En fin, este hombre alaba la expulsión, porque extirpa la maldad introducida por la falsedad de ciertos conversos y admira al brazo ejecutor de la expulsión, el conde de Salazar, que fue, como sabemos, implacable. No me siento animoso para sintetizar la figura del moro Ricote, porque ¿para qué hacerlo si se puede leer deliciosamente en El *Quijote*?

Por otro lado, en el *Persiles*, otra comitiva de peregrinos llega a un pueblo de Valencia (de nuevo moriscos y Valencia, como la aventura del caballero de la Blanca Luna/Ricote) poco antes de la expulsión. No hay en donde hospedarse y son socorridos por los moriscos de la localidad. Uno de los peregrinos, Antonio, reflexiona: «Yo no sé quién dice mal desta gente, que todos me parecen unos santos», y la escena laudatoria sigue, «un anciano morisco, casi por fuerza, asiéndolos por las esclavinas, los metió en casa, y dio muestras de agasajarlos, no morisca, sino cristianamente. Salió a servirlos una hija suya [Rafala], vestida en traje morisco, y en él tan hermosa que las más gallardas cristianas tuvieran a ventura el parecerla…». Pero, una vez solas las mujeres peregrinas y nuestra morisca, ésta les habla en voz baja: que el anciano no quiere agasajarlos, sino embarcarlos en bajeles para llevarlos a Berbería, que esa noche van a vaciar el pueblo entero y que se van a refugiar allá, que es un error, que «muchos pueblos que allá se han pasado casi enteros, ninguno hay que dé otras nuevas sino de arrepentimiento», y describe una situación social bastante común: abandonad la casa y «acogedos a la iglesia, que en ella hallaréis quien os ampare, que es el cura; que sólo él y el escribano[121] son en este lugar cristianos viejos. Hallaréis también allí al jadraque Jarife, que es un tío mío, moro sólo en el nombre, y en las obras cristiano». Reunidos, pues, en la iglesia, que con su torre-fuerte daba seguridad a todos, el morisco jadraque, que se confiesa buen cristiano y tiene —como decían que tenían los moriscos— buenas dotes de astrólogo, hace el recuerdo de su abuelo adivino que habló de que reinaría un rey que expulsaría a los musulmanes. El parlamento es intenso y lleno de sentimientos. Qué duda cabe de que es una historia perfecta de la situación.

El pueblo es asaltado esa misma noche y en la desolación del día siguiente, el jadraque vuelve al lamento y a la exhortación: «¡Ea, rey invencible! ¡Atropella, rompe, desbarata todo género de inconvenientes y déjanos a España tersa, limpia y desembarazada desta mi mala casta, que tanto la asombra y menoscaba!», y emplea las mismas palabras y giros que en *El coloquio de los perros* para mostrar la facilidad de reproducción de los moriscos. Y, repuestos del susto, reemprenden el viaje sin entrar en Valencia, aunque Cervantes pondera sus excelencias.

El trato que da Miguel de Cervantes a la cuestión morisca es riquísimo y, de nuevo, inteligentísimo. Hay dos primeros planos, que él maneja, según la escena: o la comunidad en su conjunto, o el individuo. Como he dicho antes, la comunidad es despreciada; el individuo respetado. Saque el lector la conclusión de lo que ello implica. Pero los que resultan riquísimos son, como tantas veces en Cervantes, los segundos planos: acá habla de costumbres; allá de astrologías; acá de frustraciones por estar en tierras cristianas; allá de desesperación por ver el engaño que son las promesas de Berbería; en un lugar, durante un asalto a un pueblo, arrasan la cruz e intentan quemar la iglesia, exponiendo así que los de acá son ayudados por los de ultramar para sembrar pánico y terror; denuncia cómo mienten los musulmanes constantemente e incluso a sus propios correligionarios y, en fin, Cervantes es uno de los más completos referentes a la situación previa de la expulsión que desea, aunque la atisbe dolorosa.

CAPÍTULO VIII

«Éste que veis aquí, de rostro aguileño...»

Cervantes se siente, a esta altura de 1613, con 66 años de edad, en la recta final de su existencia. Entonces empieza el tiempo frenético de su producción literaria y la mistificación existencial. Recordemos que hasta ahora sólo había publicado, como obras completas de creación (al margen los muchos versos), *La Galatea* (1585) y la primera parte de *El Quijote* (1605). Es cierto que se le había mentado más de una vez por sus comedias. Recordemos también que sus últimos versos son para una santa y que ingresa en la Venerable Orden Tercera.

No obstante lo cual, destacan en sus últimos cuatro años de vida la propia consideración de ser un gran escritor, o su lealtad a un único patrono[1] y, en fin, la organización de las notas y los recuerdos sueltos, para configurar las publicaciones finales.

De las *Novelas ejemplares* (1613) a *Viaje del Parnaso* (1614)

Desde aquel famoso 1605 en adelante, se han multiplicado las ediciones piratas o no de *El Quijote*. Ello le confirma en su convicción de que es un autor con gran capacidad creativa. Así, en un nuevo ejercicio de experimentación literaria,[2] publica los doce textos que estaban en el fondo del cajón, o de la imaginación, que configuran las *Novelas ejemplares.*

Por vez primera aparecen dedicadas a Lemos. Sobre él trataré más tarde. Es una «Dedicatoria» que encierra una contradedicatoria o una antidedicatoria: en efecto, en ella niega el sentido de las dedicatorias, en ese doble juego de espejos tan habitual en su literatura y en sus concepciones del hombre. Además, expuesta irónicamente tal cuestión, explica por qué hace ese obsequio (que es como las otras que critica), aclara su orgullo, y con un «allá van» las *Novelas*, «y quedo contentísimo», da por conclusa la oferta al conde.[3]

El «Prólogo» es también una risotada de ser prólogo. Para empezar, sabedor de que es leído, sus lectores ya no son «curiosos» o «desocupados» como en *La Galatea* o *Quijote II*; ahora es «lector amantísimo». Si en *Quijote* —como vimos— fue demoledor, escribiendo un antiprólogo, ahora es más agresivo y querría no haber puesto prólogo. Pero, ya que hay que ponerlo (la estrategia en «Dedicatoria» y «Prólogo» es la misma), en vez de amaneradas expresiones sobre lo que espera el autor, inserta un arrollador cuadro, una genial descripción de él mismo, que, desde luego, viene a completarse con los prólogos sucesivos. Lo cierra con esa, de nuevo, complicidad con su lector, del que espera hacer un cuerpo social con él y así sentirse protegido contra los críticos «sotiles y almidonados». Tampoco se puede desperdiciar una línea.[4]

De entre las *Novelas ejemplares,* me ha llamado siempre la atención una, *La española inglesa*. Con su redacción bellísima, obra de princesas de cuento, secuestros, amor, política, descripciones palatinas y reencuentros culturales, Cervantes ponía punto y final a las *Novelas ejemplares,* que fueron entregadas en junio a la censura para empezar el proceso de producción. La *Española inglesa* empieza con el asalto de 1596 de Drake a Cádiz y la captura de una cría de siete años, que crece en la Corte de Isabel I. Las reminiscencias de lo que aprendió durante la estancia en Valladolid de los ingleses son evidentes. Pero unos pasajes de *La española inglesa* que tienen especial interés son aquéllos en los que cuenta el apresamiento por los corsarios berberiscos de Recaredo (el amor eterno) en las costas de Francia (como en *Quijote*, II, LIII), o sea, su propia captura, como dije en su apartado. También cuenta cómo es rescatado el protagonista por los mercedarios.

Puesta en marcha la edición de las *Novelas ejemplares*, se concentró en el genial *Viaje del Parnaso*, que es tanto un gran repaso a los escritores por él conocidos, como una irónica o sutil autobiografía.

La «Dedicatoria» es enigmática y el «Prólogo» también, porque no se ajusta a ningún canon literario.

En la primera, extraña, breve, no cita destinatario y sólo por el frontispicio del libro sabemos que lo destinó a Rodrigo de Tapia, hijo del oidor del Consejo Real y consejero del Consejo de la Inquisición, Pedro de Tapia. Es verdad que le habla de edad florida, lozanía y juventud o metáforas similares. Causa extrañeza, inexplicable aún, que no esté dedicada a Lemos: resulta que en las *Novelas* avisa de que va a escribir el *Viaje* y las dedica a Lemos; tras el *Viaje*, las *Ocho comedias…* también dedicadas a Lemos, lo del *Parnaso* parece como una extraña cuña en su vida literaria… y en su búsqueda de patrón.

Ya el mismísimo «Prólogo» es una mofa de todo lo cognoscible escrito: frente a textos rebuscados y con grandes explicaciones, Cervantes es claro y demoledor:

Si por ventura, lector curioso, eres poeta y llegare a tus manos (aunque pecadoras) este *Viaje;* si te hallares en él escrito y notado entre los buenos poetas, da gracias a Apolo por la merced que te hizo; y si no te hallares, también se las puedes dar. Y Dios te guarde.

Y no dice nada más. Texto tan extraño como la «Dedicatoria». Luego, un verso y otro, para contarnos el viaje del «*Quidam Caporal italiano*», en su destartalada mula, al Parnaso, en el que le recibe «el rubio Apolo».

A lo largo del texto se ven con reiteración alusiones autobiográficas, más o menos disimuladas, tal y como puedes comprobar, amigo lector, en nuestro «Apéndice».

Él se sabe poco agraciado por la Fortuna, pero de carácter indómito, siempre dispuesto a levantarse y seguir. Como parece punto común entre quienes se dedican al estudio teórico de la poesía, Cervantes fue un mal versificador, si bien estupendo poeta.[5]

Es muy significativo que ahora, en 1612, vuelva a hablar de Lepanto, desde Cartagena, usando riquísimas metáforas, y recuerde su juventud:

> Arrojóse mi vista a la campaña
> rasa del mar, que trujo a mi memoria   140
> del heroico don Juan la heroica hazaña;
> donde con alta de soldados gloria,
> y con propio valor y airado pecho
>
> tuve, aunque humilde, parte en la vitoria.
> Allí, con rabia y con mortal despecho,   145
> el otomano orgullo vio su brío
> hollado y reducido a pobre estrecho.

Ha llegado Mercurio a puerto y van a entablar conversación Cervantes y él. El dios quiere emplear al manco en defensa de la poesía, tan maltratada por tantos:[6]

> llegué a postrarme
> ante las plantas por adorno hermosas.
> Mandóme el dios parlero luego alzarme,
> y, con medidos versos y sonantes,
> desta manera comenzó a hablarme:
> «¡Oh Adán de los poetas, oh Cervantes!
> ¿Qué alforjas y qué traje es éste, amigo,
> que así muestra discursos ignorantes?»
> Yo, respondiendo a su demanda, digo:
> «Señor: voy al Parnaso, y, como pobre,
> con este aliño mi jornada sigo».

Y él a mí dijo: «¡Oh sobrehumano y sobre
espíritu cilenio levantado,
toda abundancia y todo honor te sobre!
Que, en fin, has respondido a ser soldado
antiguo y valeroso, cual lo muestra
la mano de que estás estropeado.
Bien sé que en la naval dura palestra
perdiste el movimiento de la mano
izquierda, para gloria de la diestra;
y sé que aquel instinto sobrehumano
que de raro inventor tu pecho encierra
no te le ha dado el padre Apolo en vano.
Tus obras los rincones de la tierra,
llevándola[s] en grupa Rocinante,
descubren y a la envidia mueven guerra.
Pasa, raro inventor, pasa adelante
con tu sotil disinio, y presta ayuda
a Apolo, que la tuya es importante,
antes que el escuadrón vulgar acuda
de más de veinte mil sietemesinos
poetas que de serlo están en duda.
Llenas van ya las sendas y caminos
desta canalla inútil contra el monte,
que aun de estar a su sombra no son dignos.
Ármate de tus versos luego, y ponte
a punto de seguir este vïaje
conmigo, y a la gran obra disponte;
conmigo, segurísimo pasaje
tendrás, sin que te empaches, ni procures
lo que suelen llamar matalotaje;
y, porque esta verdad que digo apures,
entra conmigo en mi galera y mira
cosas con que te asombres y asegures».

Y Cervantes, a bordo de la galera de Mercurio, queda absorto al ver que toda ella está hecha de versos. La descripción de las composiciones poéticas es ahora una importante sucesión de opiniones sobre la calidad y utilidad de los versos, como en *El Quijote*, vierte sus opiniones sobre las comedias. Sigue el diálogo (con el recuerdo de sus viajes por el Mediterráneo) y Cervantes recibe el encargo de Mercurio:

> Yo *[Mercurio], condolido del doliente caso,*
> *en el ligero casco, ya instrüido*
> *de lo que he de hacer, aguijo el paso:*
> *de Italia las riberas he barrido;*
> *he visto las de Francia y no tocado,*
> *por venir sólo a España dirigido.*
> *Aquí, con dulce y con felice agrado,*
> *hará fin mi camino, a lo que creo,*
> *y seré fácilmente despachado.*
> *Tú, aunque en tus canas tu pereza veo,*
> *serás el paraninfo de mi asumpto*
> *y el solicitador de mi deseo.*
> *Parte, y no te detengas sólo un punto,*
> *y a los que en esta lista van escritos*
> *dirás de Apolo cuanto aquí yo apunto».*
> *Sacó un papel, y en él casi infinitos*
> *nombres vi de poetas, en que había*
> *yangüeses, vizcaínos y coritos.*

Con el encargo de opinar sobre los poetas de su tiempo, concluye el primer capítulo. El segundo está dedicado íntegramente a las consideraciones sobre sus congéneres, citando a todos los más conocidos y a los menos, y exclamando en cierto momento (creo que ya lo he tratado antes), vistas las penurias de los poetas:

> *Yo dije, viendo tantos, con voz alta:*
> *«¡Cuerpo de mí con tanta poetambre!»*[7]

Zarpa, en fin, la galera y llega a las playas de Valencia. Nuevos y reconocidos poetas a la vista, capaces de dar un vuelco a la mediocridad,

> *codiciosos de hallarse en la vitoria,*
> *que ya tenían por segura y cierta,*
> *de las heces del mundo y de la escoria,*

aunque Mercurio no les deja embarcar, por miedo a que le revolucionen el Parnaso. Arriadas las velas, sigue el viaje, con atinadas definiciones del golfo de Narbona, de Génova o de las costas de Roma, sólo capaces de haber sido hechas por quien las conociera y tuviera portentosa memoria. Bordea Nápoles y reprocha a los Argensola el mal trato que le han dado (ya lo trataremos en seguida): es fascinante con qué ritmo es capaz de mostrar su enfado y decepción... y el perdón.

Continúa el viaje hasta que llegan al Parnaso y encuentran la fuente de Castalia, a la que todos corren a beber (no deja de ser insultante verles correr a los poetas, a beber el agua de la poesía, ¡«poetambres» estas «gentes de la cultura»!), unos de manera soez, otros con delicadeza:

> *Unos no solamente se hartaron,*
> *sino que pies y manos y otras cosas*
> *algo más indecentes se lavaron.*

La cuarta parte está dividida en varios bloques: en el primero, Cervantes hace una de las más profundas, sentidas y honrables autodescripciones que se han escrito... ¡y en verso! En el bloque siguiente, describe a la ninfa Poesía, con sublime belleza: «Esta, que es la Poesía verdadera, / la grave, la discreta, la elegante», y no esa otra que «siempre la he visto envuelta en pobres paños».

En los versos siguientes vuelve al debate entre los dos polos, como en su día hizo con la cantidad o la calidad en el teatro. La fuerza intelectual de Cervantes es arrolladora:

> dijo Mercurio [esta es], «la alta y la sincera,
> siempre con vestidura rozagante
> se muestra en cualquier acto que se halla,
> cuando a su profesión es importante.
> Nunca se inclina o sirve a la canalla
> trovadora, maligna y trafalmeja,
> que en lo que más ignora menos calla.
> Hay otra falsa, ansiosa, torpe y vieja,
> amiga de sonaja y morteruelo,
> que ni tabanco ni taberna deja;
> no se alza dos ni aun un coto del suelo,
> grande amiga de bodas y bautismos,
> larga de manos, corta de cerbelo.
> Tómanla por momentos parasismos;
> no acierta a pronunciar, y si pronuncia,
> absurdos hace y forma solecismos.
> Baco, donde ella está, su gusto anuncia,
> y ella derrama en coplas el poleo,
> con pa y vereda, y el mastranzo y juncia.
> Pero aquesta que ves es el aseo,
> la [g]ala de los cielos y la tierra,
> con quien tienen las Musas su bureo;
> ella abre los secretos y los cierra,
> toca y apunta de cualquiera ciencia
> la superficie y lo mejor que encierra,

y he de dejar de entusiasmarme y orientarte, lector, a la lectura del *Viaje del Parnaso*, y enfráscate en el estado de la poesía hispano-portuguesa en la transición del siglo XVI al XVII y las quejas que le suscitan a Cervantes estas definiciones de los poetas de su siglo.

Luego, sigue la postración de los poetas y la caída en el sueño. Mientras duerme habla con Vanagloria y sus dos ninfas que la acompañan, Adulación y Mentira. En los capítulos siguientes, la batalla entre poetas y el triunfo de la gran Poesía y el despertar del sueño en Nápoles, en donde nos confiesa que allí tuvo un hijo, en versos llenos, pletóricos de humanidad que ya he citado antes. Luego, la vuelta a Madrid, el encuentro con viejos amigos… y poetas de pacotilla camuflados, y el seguir de la vida.

Y la vida sigue en la *Adjunta al Parnaso*, que arranca cargada de humor con ese esnob que es Pancracio de Roncesvalles. Ambos se confiesan sus fiascos e ilusiones y hablan de la dureza de la vida del teatro. Es el momento en el que Cervantes, si antes nos habló de él como poeta, lo hace como escritor y cita obras suyas ya perdidas; es el pasaje en el que nos cuenta cómo le llegaron las noticias sobre los insultos al Quijote estando él en Valladolid y en fin, como sabemos en qué consistían los privilegios, advertencias y ordenanzas que Apolo dio a los poetas y que Pancracio dio a Cervantes. Por cierto, el documento iba fechado a 22 de julio de 1614 y si hoy no has podido reír, amigo mío, acude a ese pregón y descansa con el sosiego que transmite la inteligencia de Cervantes.

Viaje del Parnaso fue componiéndose entre el 14 de julio de 1613 (es citado en el «Prólogo» de las *Novelas ejemplares*) y la fecha referida. Son años de exagerada producción: a la vez que Juan de la Cuesta está editando las *Novelas*, Cervantes va componiendo esos casi 3.300 endecasílabos que narran el viaje al Parnaso y va dando forma definitiva a la segunda parte de *El Quijote*, y no para porque —como decía antes— él ya se sabe con más de 66 años a sus espaldas, edad muy avanzada para aquella época, sobre todo si tenemos en cuenta los muchos sufrimientos padecidos.

Por estos motivos, no es de extrañar que escribiera el más tenso, fuerte y sincero prólogo que un escritor puede dedicar a sus lectores (se incluye en el «Apéndice»). ¡Y volvió a superarse en el *Persiles*, aunque parezca mentira!

Se describe físicamente y narra —como hará tantas veces más en los años finales de su vida, mostrando así su sentido de frustración— sus innovaciones en el uso de la lengua; nos hablará del correcto entretenimiento y, en fin, nos anunciará sus próximas obras, así como advierte de que espera tener paciencia para soportar tanto cuanto va a ser criticado. Pero reflexiona y duda de sus fuerzas: «Mucho prometo con fuerzas tan pocas como las mías».

Editadas las *Novelas ejemplares*, su historia fue la de tantos libros impresos: a pesar de los privilegios concedidos por el rey para Castilla y Aragón, a favor de Cuesta, hubo ediciones piratas porque su fama crecía, primero tal vez por Francia (Oudin, 1614, traducción completa del *Quijote*). A la vez, se terminaba *Viaje del Parnaso* y la otrora perezosa mano empezaba a concentrarse en terminar las *Ocho comedias y ocho* entremeses; también la segunda parte del *Quijote*; igualmente, unos versos celebraban la canonización de santa Teresa.

Las *Ocho comedias y ocho entremeses* (1615), así como la segunda parte de *El Quijote* (1615)...

A finales de la primavera de 1615 dio por terminadas las *Ocho comedias...*, por cuanto la «Aprobación» de Valdivielso está fechada a 3 de julio.[8] En esta ocasión es un mero trámite; es insulsa. De las manos de Valdivielso, pasó el manuscrito a la Cámara de Castilla, en donde se le concedió el privilegio de impresión a Cervantes por diez años (25 de julio de 1615). De allí, se llevó el original a la imprenta de la viuda de Alonso Martín, ya no más Juan de la Cuesta ni Francisco Robles. A ella le pagaría los costes Juan de Villarroel. A saber qué trataron ella y él, o si veían a Cervantes ya tan caduco que quisieron homenajearle a toda prisa: en un par de meses se había dado el privilegio de impresión y se había tirado el libro ya, cotejándose las erratas (a 13 de septiembre) y, de nuevo, llevado al Consejo de la Cámara, que lo tasó en 22 de septiembre en 204 mrs. el ejemplar. Tanta rapidez cogió desprevenidos a todos: porque hubo que rehacer los preliminares, que iban sin prólogo ni dedicatoria del autor; se reimprimieron la «Tasa», la «Aprobación» y demás preámbulos, se corrigió la portada y ahora sí, listo el texto, se procedió a la tirada definitiva. Existen, pues, dos versiones diferentes de estos primeros ejemplares de las *Ocho comedias...*; no dos ediciones, como de *El Quijote* de 1604-1605.

Recordarás, lector, que en este «Prólogo» Cervantes traza esa sutil historia del teatro español, densa por su capacidad sintética, magistral en los contenidos, bellísima en la forma. Habla de la importancia de Lope de Rueda y de cómo vivían en sus tiempos los actores y las tramoyas; narra las novedades que introdujo Navarro Toledano; y entonces recuerda, como si fuera una «Memoria de méritos», lo que él dio a los escenarios: además de las obras conservadas y perdidas, una nueva estructura de las representaciones y las incorporaciones de los vicios y virtudes a los tablados. Todo ello, escrito con seriedad y sentido del humor: las mentes simples no saben apreciar que la seriedad y el sentido del humor no tienen por qué estar reñidos, al contrario, son complemento imprescindible para sobrevivir gustosamente.

Continúa Cervantes comentando que hubo de irse de Madrid y que el espacio escénico lo conquistó Lope; y cómo ha tenido sus continuadores. Volvió, tras haber abandonado Madrid (¡durante décadas!), a su antigua ociosidad, y se dedicó a escribir, pero no encontró empresario teatral que quisiera saber de él, porque las relaciones entre escritores y «autores» ya estaban muy bien asentadas. Así que arrinconó su trabajo y esperó. Hubo de oír vituperios contra su poesía por boca de algún «autor de título» y, finalmente, un librero (Villarroel, claro) le dijo que le compraba las comedias: le pagó razonablemente, y «yo cogí mi dinero con suavidad» (¡qué manera tan elegante de decir que no se tiró sobre él, aunque estuviera horro de largueza!).

En fin, espera el aplauso del lector y le explica la técnica empleada, realista, según la cual, la obra se debe a los caracteres de los autores y no al revés. Así espera acallar a los críticos. La referencia a que está escribiendo una comedia, *El engaño a los ojos*, y el remate de la frase, «que, si no me engaño, le ha de dar contento», parece una clara alusión a que ese «autor de título» que debía de ir poniendo a caldo a Cervantes por Madrid estaba siendo coronado por su esposa, sin que él se quisiera dar por aludido, hasta que alguien se lo dijera a la cara, lo cual le iba a hacer feliz, «le ha de dar contento»... Ahora, en este «Prólogo», quien le lee es ya «lector mío»: Cervantes sabe que ha hecho clientela.

Tras el prólogo, la dedicatoria a Lemos. Triste donde las haya: «Ahora se agoste o no el jardín de mi corto ingenio»; amarga y resentida, se refiere a la bondad de sus obras porque «si alguna cosa llevan razonable, es que no van manoseados ni han salido al teatro, merced a los farsantes»; agresiva contra su plagiaro Avellaneda; prometedora de nuevos textos; preocupado por su vida, «si tanta carga pueden llevar mis ancianos hombros». Breve, en fin.

A diferencia de otras ocasiones, las *Ocho comedias...* ni fueron pirateadas ni fueron reeditadas hasta 1749. Tal vez el éxito se vio ensombrecido por la repercusión de la edición de la segunda parte de *El Quijote.*

Buena parte de ella se había escrito en siete meses, concretamente más de veinte capítulos, un tercio. En efecto: en el capítulo XXXVI de la segunda parte de *El Quijote*, la epístola de Sancho, reflexiva e ilusionante a su manera, está datada en «Deste castillo, a veinte de julio de 1614». El 27 de febrero de 1615 se fecha la «Aprobación»: esto quiere decir que más de la mitad de la segunda parte del *Quijote* se escribió en medio año, desde la canícula al frío invierno de 1614-1615, mientras que, como vimos antes, debió de ser a la vuelta de Valladolid (1606 o 1607) cuando empezó a redactarla. ¿Por qué tantas prisas? La respuesta tiene varias caras: en primer lugar, porque le cautivaron las ediciones de textos anteriores y siempre anduvo posponiendo esta segunda parte; en segundo lugar, porque si siempre quiso redondear su *Quijote*, ahora era el momento, toda vez que se veía ya viejo y libre de otros compromisos literarios; en tercer lugar, porque acaba de haber sido zaherido e insultado con el falso *Quijote* de Avellaneda (Tarragona, 1614; «Aprobación», 18 de abril de 1614, por un joven sacerdote tarraconense. El lugar de edición no fue Tarragona, sino Barcelona, *apud* Sebastián de Cornellas), contra quien lanza sus pullas nuestro Cervantes en los caps. LIX, LXI, LXII, LXX y en el lecho de muerte de Quijote. Esto quiere decir, aún más, que desde el capítulo LIX al final corrió que se las peló para concluirlo.

En la segunda parte de *El Quijote* hay tres «Aprobaciones», de las que una es un mero trámite;[9] en otra se desliza alguna alabanza y se ratifica la necesidad de exaltación de lo propio-nacional frente a lo extranjero, en una tradición que arranca ya, por lo menos, de Ambrosio de Morales en tiempos de Felipe II[10] y la tercera, que es la más famosa y que ha servido como constituyente del pensamiento derrotista autodestructor español (ora verdadero, ora refugio de abúlicos, ora flagelo del «dolor de España», ese inmenso y generoso proyecto político, lleno de diversidades capaces de crear una unidad sensata, pero siempre inconcluso y a la defensiva, cosa nunca vista):

Bien diferente [que de los libros soeces] han sentido [los lectores] de los escritos de Miguel [de] Cervantes, así nuestra nación como las estrañas, pues como a milagro desean ver el autor de libros que con general aplauso, así por su decoro y decencia como por la suavidad y blandura de sus discursos, han recebido España, Francia, Italia, Alemania y Flandes. Certifico con verdad que en veinte y cinco de febrero deste año de seiscientos y quince [...] muchos caballeros franceses, de los que vinieron acompañando al embajador, tan corteses como entendidos y amigos de buenas letras, se llegaron a mí y a otros capellanes del cardenal mi señor, deseosos de saber qué libros de ingenio andaban más validos; y, tocando acaso en éste que yo estaba censurando, apenas oyeron el nombre de Miguel de Cervantes, cuando se comenzaron a hacer lenguas, encareciendo la estimación en que, así en Francia como en los reinos sus confinantes, se tenían sus obras: la *Galatea*, que alguno dellos tiene casi de memoria la primera parte désta, y las *Novelas*. Fueron tantos sus encarecimientos, que me ofrecí llevarles que viesen el autor dellas, que estimaron con mil demostraciones de vivos deseos. Preguntáronme muy por menor su edad, su profesión, calidad y cantidad. Halléme obligado a decir que era viejo, soldado, hidalgo y pobre, a que uno respondió estas formales palabras: «Pues, ¿a tal hombre no le tiene España muy rico y sustentado del erario público?» Acudió otro de aquellos caballeros con este pensamiento y con mucha agudeza, y dijo: «Si necesidad le ha de obligar a escribir, plega a Dios que nunca tenga abundancia, para que con sus obras, siendo él pobre, haga rico a todo el mundo».[11]

En las fechas siguientes se extendió el «Privilegio» que, aunque Cervantes hubo pedido veinte años de exclusividad para la edición del texto, se le concedieron diez pero, a diferencia de otras veces, no ya para Castilla y/o Aragón, sino «a otras cualesquiera justicias de todas las ciudades, villas y lugares de los nuestros reinos y señoríos, y a cada uno en su juridición, ansí a los que agora son como a los que serán de aquí adelante, que vos guarden y cumplan esta nuestra cédula y merced»; es decir, para todos sus territorios de la monarquía hispánica.

Juan de la Cuesta lo imprimió y los ejemplares salieron a la venta en la casa de Francisco Robles, editor del texto. Fue la última vez que trabajaron juntos, porque Cervantes ya había negociado con Juan de Villarroel para que costease las *Ocho comedias...*, que tenía la oficina en la plaza del Ángel, en la que no hay recuerdos para él.

Recordarás, paciente amigo, que en este «Prólogo al lector» Cervantes arremete contra el oculto autor de *El Quijote* de Avellaneda. Dice que no le ha de dar más interés, pero que, sin embargo, le ha dolido que se meta con su edad y con su manquedad, y sale en defensa de ambas situaciones vitales, en impresionante alegato que, por muy reeditado que esté, siempre será pocas veces: «Lo que no he podido dejar de sentir es que me note de viejo y de manco, como si hubiera sido en mi mano haber detenido el tiempo, que no pasase por mí, o si mi manquedad hubiera nacido en alguna taberna, sino en la más alta ocasión que vieron los siglos pasados, los presentes, ni esperan ver los venideros»; así como: «Hase de advertir que no se escribe con las canas, sino con el entendimiento, el cual suele mejorarse con los años». Importante puntualización, sin duda.

Acto seguido, exige a Lope de Vega, sin citarlo, que le deje en paz, arremetiendo con la suavidad que hemos visto que tenía; recordemos de nuevo sus palabras: «He sentido también que me llame invidioso, y que, como a ignorante, me describa qué cosa sea la invidia; que, en realidad de verdad, de dos que hay, yo no conozco sino a la santa, a la noble y bien intencionada; y, siendo esto así, como lo es, no tengo yo de perseguir a ningún sacerdote, y más si tiene por añadidura ser familiar del Santo Oficio; y si él lo dijo por quien parece que lo dijo, engañóse de todo en todo: que del tal adoro el ingenio, admiro las obras y la ocupación continua y virtuosa». Así se describe Cervantes: portador de la sana envidia (la envidia había aparecido en *Viaje del Parnaso*); sin ánimos de volver a perseguir a Lope —sacerdote y familiar de la Inquisición—; del que admira sus capacidades literarias, así como la continuidad y virtud en sus ocupaciones… amatorias, que no era —ni es— necesario decirlo.

Luego, se dirige a Lope, «si por ventura llegares a conocerle, dile de mi parte que no me tengo por agraviado» —refiriéndose a Avellaneda— y que le transmita dos cuentos, en los que el protagonista es, otra vez, un loco, como en *El licenciado Vidriera*, como el propio Alonso Quijano, y que se sitúan en Sevilla y Córdoba, cuentos que acaban en una moraleja: que deje de meterse con libros «que, en siendo malos, son más duros que las peñas».

Hace una cumplida alabanza al conde de Lemos y al arzobispo de Toledo, que son sus mecenas, e introduce unas excelentes frases para definir la sociedad en que vivía, «la honra puédela tener el pobre, pero no el vicioso».

Termina el «Prólogo», de nuevo, mandando a paseo a Avellaneda y a Lope: «Y no le digas más, ni yo quiero decirte más a ti»; y que la segunda parte de *El Quijote* está cortada por el mismo patrón que la primera, con un protagonista enajenado, pero que no habrá más, «que la abundancia de las cosas, aunque sean buenas, hace que no se estimen y la carestía (aun de las malas) se estima en algo»; finaliza advirtiendo que se preparan el *Persiles* «que ya estoy acabando» y la segunda parte de la *Galatea*. Que nunca la acabó.

A continuación, se introduce la dedicatoria a Lemos (ya llevaba dedicadas al conde las *Novelas ejemplares,* las *Ocho comedias* y esta segunda parte del *Quijote*), en la que entremezcla otra vez cuentecillos, ficciones y realidades. Dice que ha venido un correo de la China (como le fue aquel otro a Valladolid) a decirle que, aunque ha habido un segundo *Quijote*, el emperador quería abrir un colegio en el que se enseñase la lengua castellana y que para ello deseaba dos cosas: que lo rigiera Cervantes y que se leyera *El Quijote*. Miguel rehusó el ofrecimiento, «porque yo no estoy con salud para ponerme en tan largo viaje; además, que, sobre estar enfermo, estoy muy sin dineros». Por otro lado, la merced que le concede el de Lemos desde Nápoles, a cambio de nada, es suficiente y mejor pagada que la del emperador a cambio de hacerse cargo de un colegio. Pone punto a esta dedicatoria avisando, en un mensaje sobrecogedor, que le dedicará *Los trabajos de Persiles y Sigismunda, «*libro a quien daré fin dentro de cuatro meses, *Deo volente*»: advierte, lector, que así lo quiso Dios, porque esta dedicatoria está redactada en «Madrid, último de Octubre de mil seiscientos y quince». A Cervantes no le quedaban ni cinco meses de vida; en el *Persiles* se despide de todos; Cervantes hace morir a don Quijote, cuerdo, para que nadie le imite ni haga segundas partes más… es la historia de un tránsito y de un parto en paralelo.

Cervantes, Béjar y Lemos

Las dedicatorias en esta época tenían, como venimos viendo, una intencionalidad de apadrinamiento. Cuando un autor dedicaba un texto, lo cual no tenía por qué hacerlo con el consentimiento de aquél bajo cuya protección pretendía ponerse, esperaba de su patrono, tanto ayuda económica —si la necesitaba— como, fundamentalmente, formar parte de «su» grupo. Pero por parte del homenajeado no tenía por qué haber reciprocidad.

Como hemos visto hasta ahora, tanto dedicatorias como prólogos son textos autónomos del resto del libro y constituyen por sí solos objetos de análisis. Mas en el caso de Cervantes, él sabe, en pimer lugar, hacer que se establezca un diálogo entre dedicatoria, prólogo y lector y, en segundo lugar, consigue magistralmente estar oculto y salir de entre las líneas de sus dedicatorias y, sobre todo, en las de sus prólogos: «Cervantes no es el pintor manierista que se autorretrata, sino el artista barroco que se pinta pintando un cuadro mientras pinta: del caballero del Arpino, hemos llegado a Velázquez y Vermeer». El colmo de estos juegos estará, dice este autor, «en la representación de la propia agonía como hecho literario en la dedicatoria del *Persiles*».[12]

Volvamos a sus relaciones de mecenazgo. Continuando con rara habilidad de no saber buscar bien sus patronos, Cervantes había dedicado en 1605 la primera parte de su *Quijote* al duque de Béjar.

Éste tenía por aquel entonces los títulos de duque de Béjar, marqués de Gibraleón, conde de Benalcázar y Bañares, vizconde de La Puebla de Alcocer, señor de las villas de Capilla, Curiel y Burguillos. Sin embargo, el padre había fallecido en 1601 y ni éste ni el esperado patrono de Cervantes, acudieron a Valencia a las bodas reales ni detentaron cargos importantes en la red clientelar de Lerma.[13] El escaso provecho recibido de Béjar le indicó que lo mejor sería tomar otros derroteros. Aparece así en su horizonte el VII conde de Lemos.

Esta vez, el tan tenido por alejado de los intereses cortesanos se arrimaba al sobrino y yerno del duque de Lerma, desde 1598 gentilhombre de Cámara del rey, presidente del Consejo de Indias desde 1603 y virrey de Nápoles desde 1609.[14]

Desde la juventud, Pedro Fernández de Castro compartió la idea de Lerma de que el mecenazgo cultural era una buena manera de ejercer el poder político: fue protector de Lope y de Cervantes, de los Argensola y de Mira de Amescua; a su Academia literaria concurrieron, además de los dichos, Vélez de Guevara, Diego Duque de Estrada, Salas Barbadillo, Antonio de Mendoza, etc. La otra hija de Lerma, Juana, fue esposa del conde Niebla, patrono de Góngora, y así la familia Lerma se hizo con el Parnaso de las letras cortesanas.

Mientras que algunos de estos escritores sirvieron con empleo y sueldo a sus señores, de Cervantes no hay noticias de que disfrutara de ningún oficio: sólo temporalmente (y no sabemos nada más que su propia alusión) fue camarero de Acquaviva; es un enigma por qué dejó su plaza y se fue a Nápoles.

El caso es que Cervantes le había dedicado *Las ocho comedias...*, en una carta nuncupiatoria que, más bien sin pena ni gloria, le avisaba de su intención de dedicarle la segunda parte de *El Quijote*, zaherido desde Tarragona. Así lo hizo. Entonces, dirigiéndose al lector, echaba flores al cardenal Sandoval y Rojas (familia de Lerma)[15] y al conde, por su generosidad y patronato. En la dedicatoria, propiamente dicha, intercala el cuentecillo del mecenazgo del emperador de la China para reivindicar el de Lemos desde Nápoles, mecenazgo generoso, porque no hay nada a cambio, «que, sin tantos titulillos de colegios ni rectorías, me sustenta, me ampara y hace más merced que la que yo acierto a desear». Así le corta la dedicatoria y, continuando con la estructura de las *Ocho comedias...*, le anuncia el próximo ofrecimiento del *Persiles* con esa premonición aludida, «libro a quien daré fin dentro de cuatro meses»: Cervantes murió a los seis meses de esta dedicatoria. En *Persiles* se encomienda a tan «gran señor» y le ofrece esas líneas espectaculares que son tanto públicas, cuanto privadas, hechas a conciencia de que va a morir inmediatamente y de que no verá el libro impreso, pero que sus palabras resonarán tras la muerte, que es cuando se verán: «Sepa que tuvo en mí un tan aficionado criado de servirle que quiso pasar aun más allá de la muerte, mostrando su intención». Sigue la estructura marcada desde atrás, avisándole de que, si se le alarga la vida, le dedicará las obras que nunca terminó. En este punto no sé si se trata de un argumento retórico el de ir hilvanando una dedicatoria con un libro y la siguiente, aunque el libro anunciado no esté ni siquiera empezado, aunque me sospecho que algo de eso hay. Sería una manera de mantener siempre inconclusos todos los textos, como inconclusa está siempre la vida.

El origen de las relaciones clientelares de Cervantes y Lemos está muy difuso. Para algunos empezaron allá por 1604 en Valladolid; otros han apuntado la posibilidad de que Lope fuera el introductor de ambos cuando aún se tenían estima los escritores. Los terceros, en fin, niegan el que llegaran a conocerse personalmente, aunque sí hubiera patronazgo. En pocas palabras: no se sabe nada.

Sin embargo, extrañamente, se ha especulado poco sobre el papel del señor de Higares en este entramado cultural: recordemos que una de las academias literarias de Valladolid, frecuentada por Cervantes, era la que regentaban el conde de Saldaña —pariente de Lerma— e Higares, de tal manera que Saldaña habría sido el puente entre Lemos y Cervantes… y las relaciones de Higares, las muy estrechas relaciones de Higares con Cervantes están atestiguadas en el proceso Ezpeleta, como vimos en el capítulo anterior. No hay duda, pues, de que la estancia en Valladolid sería importante en el futuro de Cervantes.

Otra de las cuestiones de interés en las relaciones Cervantes-Lemos es lo ocurrido en 1610, cuando Lemos fue nombrado virrey de Nápoles (21 de agosto de 1608), el virreinato más importante de los que configuraban la monarquía hispánica, ya que, frente a los americanos (sin duda también atractivos), la exaltación de los sentidos y el bullicio cultural italomediterráneo embaucaban a quien por allí fuera… o vaya.

Cuando se iba a marchar el virrey a tomar posesión del territorio (1610), Cervantes fue a Barcelona a besar las manos de su señor, aunque «no pudo llegar a tener acceso» a él.[16] Recordemos que aún no han empezado las dedicatorias a Lemos, y que, por el contrario, la primera parte había sido dedicada a Béjar. Cervantes quería ir a Italia, de nuevo, como tal vez era su intención volver a Italia cuando dedicó *La Galatea* a Colonna. Pero en Barcelona no le dejan entrar en el séquito de los que van al virreinato.

Los datos objetivos son los siguientes: Cervantes tiene 63 años. Está enfrentado con Lope. Es un escritor reconocido, aunque fundamentalmente sólo por el cariz humorístico de Alonso Quijano y Sancho. Frente a sí tiene a Lupercio Leonardo de Argensola, recién nombrado secretario del conde, que es quien elige a los literatos que pasarán al servicio del señor. También son minusvalorados los méritos de Góngora, de don Cristóbal de Mesa. Es cierto. Siguiendo el epistolario de los Argensola, se ve que ignoran las actividades de los poetas contemporáneos y así, «ni una sola vez encontramos los nombres de Góngora, Lope, Cervantes o Quevedo», mientras que los dos hermanos eran muy conocidos, aunque no gozaban de simpatía entre sus congéneres.[17]

El caso es que, nombrado Lemos virrey de Nápoles, se rodea de una corte de literatos… de segunda, cuando no de tercera: Mira de Amescua, Gabriel de Barrionuevo, Antonio de Laredo y Francisco de Ortigosa, individuos que no llegaban a las faldas del Parnaso (aun siendo Amescua el más celebrado). ¿Por qué se llevó a semejantes individuos aquel que tenía que ensalzar la corte virreinal más importante por medio de la cultura política? De nuevo, la explicación está en que quien elige es mediocre de espíritu y no quiere gentes que le superen.[18]

Cervantes, años más tarde, está dolido (¡cuántas veces ya!) por los usos cortesanos y esta vez, en concreto, arremete contra los Argensola:

> *Mandóme el del alígero calzado*
> *que me aprestase y fuese luego a tierra*
> *a dar a los* LUPERCIOS *un recado,*
> *en que les diese cuenta de la guerra*
> *temida, y que a venir les persuadiese*
> *al duro y fiero asalto, al ¡cierra, cierra!*
> *«Señor», le respondí, «si acaso hubiese*
> *otro que la embajada les llevase,*
> *que más grato a los dos hermanos fuese*
> *que yo no soy, sé bien que negociase*
> *mejor». Dijo Mercurio: «No te entiendo,*
> *y has de ir antes que el tiempo más se pase».*
> *«Que no me han de escuchar estoy temiendo»,*
> *le repliqué; «y así, el ir yo no importa,*
> *puesto que en todo obedecer pretendo.*
> *Que no sé quién me dice y quién me exhorta*
> *que tienen para mí, a lo que imagino,*
> *la voluntad, como la vista, corta.*
> *Que si esto así no fuera, este camino*
> *con tan pobre recámara no hiciera,*
> *ni diera en un tan hondo desatino.*
> *Pues si alguna promesa se cumpliera*

> de aquellas muchas que al partir me hicieron,
> lléveme Dios si entrara en tu galera.
> Mucho esperé, si mucho prometieron,
> mas podía ser que ocupaciones nuevas
> les obligue a olvidar lo que dijeron.
> Muchos, señor, en la galera llevas
> que te podrán sacar el pie del lodo:
> parte, y escusa de hacer más pruebas».
> «Ninguno», dijo, «me hable dese modo,
> que si me desembarco y los embisto,
> voto a Dios, que me traiga al Conde y todo.
> Con estos dos famosos me enemisto,
> que, habiendo levantado a la Poesía
> al buen punto en que está, como se ha visto,
> quieren con perezosa tiranía
> alzarse, como dicen, a su mano
> con la ciencia que a ser divinos guía.
> ¡Por el solio de Apolo soberano
> juro...! Y no digo más.

No es de extrañar que, así las cosas, en versos siguientes se lamente de su soledad, de su poco arrimo a árbol frondoso, de su virtud de contentarse con poco. El caso es que, aunque no fue a Nápoles, parece indudable que fue socorrido económicamente por Lemos hasta el final de la vida de ambos.

Lemos era el mecenas por antonomasia de los literatos cortesanos.[19] Por ello, el que Cervantes le dedicara sus obras no es un hecho excepcional; no obstante, es sabido que sentía cierta predilección por el manco. De nuevo se trata de una manera de actuar normal en Cervantes.[20] A Lemos le dedicaron libros individuos americanos y desde la Península, se pusieron bajo su amparo libros de médicos, obras de moral y religión; Quevedo y Lope buscaron su protección y tantos más. La fama del Lemos protector venía precedida desde Nápoles por ser el inspirador de la Academia de los Ociosos, lugar de reunión de los creadores italianos y españoles allá afincados. Él, propiamente, había sido autor de elogios a *El Isidro* de Lope, cuando era su secretario; escribió otros versos y poemas e incluso una obra dramática, *La casa confusa* (1617), hoy perdida. También hizo —e incluso editó— otras obras políticas, de entre las que destaco su *Búho gallego*, en defensa del derecho de Galicia a tener voto en las Cortes de Castilla.

Es, pues, extraña la relación y el agradecimiento de Cervantes a este VII conde de Lemos que, por más y más, no le llevó ya mayor a Nápoles. Pero, sin embargo, teniendo en cuenta que en los años finales de su vida Cervantes sufre una transformación mística, ¿no estaría encarnando en este Lemos el agradecimiento al cardenal Rodrigo de Castro que le levantó la excomunión cordobesa?;[21] ¿no existiría una necesaria fidelidad al linaje? No hay que ser muy avispado para darse cuenta del agradecimiento que tal hecho tiene en un cristiano y más aún si ve próximo el último viaje. Es una hipótesis más. Como que hasta que Lupercio Leonardo de Argensola murió (marzo de 1613), Cervantes no le pudo dedicar ninguna obra (*Novelas ejemplares*, julio, 1613): «Cabría la maliciosa sospecha de que nuestro gran escritor no disfrutó del favor del conde de Lemos hasta que el secretario aragonés dejó de existir».[22]

La casa de León con Francos

Las últimas páginas, las *Ocho comedias*, la segunda parte, el *Persiles,* salieron de su pluma afilada en una nueva casa a la que se mudó allá por 1614 desde otra lúgubre de la calle Huertas. La nueva —recientemente construida— está en la calle del León esquina con la calle Francos, hoy calle Cervantes, desde donde se han escrito casi todas estas páginas.

El edificio tenía 44'5 pies en la fachada principal y 59 de fondo, es decir, un solar de algo más de 200 metros cuadrados. La casa estaba exenta de aposento. Era obligación de los vasallos alojar al rey y su Corte (o a sus tropas) por donde pasaran. Cada vez que había un desplazamiento, era precedido por aposentadores, uno mayor y varios auxiliares, que determinaban quiénes se alojarían y en qué casas. Tal obligación que tenía sentido en tiempos de Corte itinerante, se desnaturalizó desde que la Corte se hizo fija (de 1561 en adelante): en efecto, aunque siguió existiendo la obligación de aposento, la Corona aceptó un pacto con los que quisieran eludirla en Madrid, cual fue que a cambio de una cantidad, el rey concedería «exención de aposento». A Gabriel Martínez, propietario de la vivienda, le costó el privilegio de exención 60.000 maravedíes. Tan desnaturalizado estaba todo lo que giraba alrededor del aposento, que Esteban de Garibay, antes que cronista regio, fue aposentador; era una manera de ganar unos dineros y estar al servicio del rey, sin desempeñar función.

El tema del aposento y las exenciones se vio acompañado de otras estrategias: se concedían exenciones de aposentos a las «casas de incómoda repartición», es decir, de las que no se podía dar una parte al propietario y la otra al cortesano. Para evitar el aposento, Madrid creció llena de casas de ésas, viviendas abominables para una enorme población flotante que nunca supo si la Corte iba a ser estable o no. Por eso, los nobles del imperio nunca hicieron fastuosos palacios en Madrid, porque en cualquier momento se iba el rey y entonces ¿qué?

En fin, en la casa de León con Francos vivían dos familias, la del escribano Gabriel Martínez y la del escritor Miguel de Cervantes.

Pues bien, durante el ajetreo de la impresión de las últimas obras referidas más arriba, debió de presentársele en casa un Juan Yagüe de Salas, que tenía intención de editar una historia de los amantes de Teruel, con preámbulos versificados de los más grandes poetas de entonces. Y Cervantes le hizo el suyo, para esa mediocre sucesión de versos, mitad legendarios, mitad cronísticos, tan en boga en la época.[23]

Los últimos versos suyos a obra ajena están dedicados a una monja, doña Alfonsa González, y se insertan dentro de la obra de Miguel Toledano, *Minerva sacra*.[24]

Luego vino el *Persiles* y, con él, la despedida.

La Venerable Orden Tercera, hacia 1616

¿Qué era la Venerable Orden Tercera? Desde que en 1209 San Francisco de Asís fundó su Orden, se vio la necesidad de abrir la entrada a su regla a las mujeres: para ello se instituyó en 1212 la de Santa Clara. Pero, igualmente, parecía necesario que algunos seglares pudieran, sin tomar votos, llevar una vida sujeta a la regla franciscana: para ellos fue constituida la tercera orden, esto es, la Venerable Orden Tercera de San Francisco en 1221. A los «terceros» se les exigía vida de penitencia y pobreza cristiana (esto es, soportada con la alegría del Evangelio, porque ser pobre entonces, más que un sacrificio, era una norma común) pero sin tener que abandonar sus casas, o sus familias. Era, ha escrito I. Ruiz Rodríguez «una espiritualidad basada en la fraternidad y minoridad: confianza, gratitud, obediencia caritativa, amor a las criaturas, libertad, alegría y magnanimidad; una actitud de vida que venía expresada en la observancia del Evangelio, en la oración, en la devoción eucarística, en la devoción a María y a la Iglesia, en el ejercicio de la misión apostólica, de paz y de reconciliación, en el amor a los pobres y en la labor misional entre los infieles».[25]

Estaban sujetos a la norma de vida franciscana y a la jerarquía de la orden: incluso el juez visitador era mandado siempre desde San Juan de los Reyes de Toledo. La presencia franciscana en España data del propio siglo XIII y de la estancia acá del santo durante su peregrinación a Santiago. Se cuenta que fue entonces cuando se alojó en Madrid, en una choza en las inmediaciones de San Francisco el Grande: ¡es bueno fabricar leyendas para justificar grandezas!; ¡menuda vuelta, pasar por Madrid para ir desde Italia a Santiago! Claro que era necesario inventar tal mito en pleno Siglo de Oro, porque había que darle importancia a los argumentos de quienes querían implantar la VOT en Madrid y darle fuerza a la Villa-Corte frente a Toledo: en efecto, al fin fue implantada en 19 de junio de 1608 y celebró la primera junta en 28 de diciembre de ese año. Como es natural, sus primeros años fueron los de la consolidación, tan es así que hasta 1617 no tuvo su primera capilla, la del Cristo de los Dolores o «San Francisquín».

Aunque no hay duda de que una ansiedad mística pudo llevar a Cervantes a abandonar un grupo de fe desnaturalizado, el del Santo Sacramento, y abrazar otro (¿hay algo de «cortesanofobia» en esa decisión?) menos extendido, existen también otros motivos sociológicos.

Por ejemplo, la vida de un terciario se articulaba alrededor del dar comida y caridad a los pobres o a los presos, dotar a niñas necesitadas para que tuvieran buen matrimonio, redimir cautivos, dar digna sepultura a los hermanos muertos. Tenían otras obligaciones, tales como socorrer a los más pobres y enfermos del grupo, acompañarlos en sus entierros, darles sepultura… esto es, no dejarles solos en el óbito: la soledad, ese inmenso fantasma que recorre todos los habitáculos de las grandes ciudades.

Todo eso era así. Como que para ser tercero había que superar unas pruebas de acceso en las que había que demostrar que se había llevado una vida honesta, buena, cristiana. Hasta que desde 27 de diciembre de 1614 se eximió de las pruebas de vida buena a quienes demostraran limpieza de sangre: en otras palabras, desde finales de 1614 ser tercero era ser limpio de sangre. Andando el tiempo, fueron terceros, desde Felipe III hacia abajo, todos: de tal manera que una institución de este tipo daba salida a la presión estamental, procedente de una estructura funcional.

En medio de la refriega mística de los últimos momentos de su vida, Cervantes conseguía, por medio del ingreso en la VOT, ser habido por limpio de sangre, aunque tampoco creo que ya fuera una obsesión serlo. Era importante estar en ese club porque pagaba el entierro a los hermanos que lo necesitaran.

Recordemos que en 2 de abril de 1616 Cervantes ingresó en la Orden. Que sus hermanos terceros le acompañaron en el último momento; que le amortajaron con el hábito de san Francisco; que le llevaron, cara descubierta, a ser enterrado… que con ello, murió en paz.

«Puesto ya el pie en el estribo…»

La enfermedad de diabetes, que ellos, aún ignorantes del mal que consumía a Cervantes, llamaban «hidropesía», mantenía postrado al escritor. Poco después de tomar el hábito de la VOT, fue enviado a Esquivias en la esperanza de que los aires campestres le sanarían. La conjetura de ese viaje procede del cuento del estudiante; dudo mucho que hiciera el desplazamiento. A duras penas pudo soportar el viaje. Allá estaría, en todo caso, unos días y, de nuevo, el 12 o 13 de abril estaba de vuelta en Madrid.

Era el momento de acabar de ponerse a bien con Dios y con los hombres. Ambas cosas se hacen confesando y recibiendo la extremaunción y testando. De lo primero, en seguida hablamos; de lo segundo, baste señalar que no se conserva el documento que debiera empezar, como tantos y tantos miles que hay entre los protocolos notariales del Siglo de Oro, «Sepan quantos esta pública escritura de testamento vieren...». Pero no se conserva. En verdad es raro, porque Cervantes conocía a la perfección los documentos que socializan al hombre: muchos contratos, públicos y privados, íntimos o no, había firmado a lo largo de su vida. Debió testar ante su vecino el escribano Gabriel Martínez, además, dueño de la casa en la que tan poco le quedaba de hálito de vida.

El lunes 18 de abril se le administró la extremaunción. Debió de sentarle bien, como le sienta bien a los católicos convencidos, porque saben que les da serenidad y les prepara para el óbito: en el momento del tránsito, la compañía de la Unción les ayuda a salvar las últimas tentaciones o dudas que plantea Satanás.

Tal sosiego, tal serenidad le dio la extremaunción que le vivificó. Y así, el día 19 escribió, a trancas y barrancas, una de las páginas, a mi corto entender en estas cosas de la Literatura, más bellas, más plenas y más impresionantes que jamás ha redactado un ser humano. El preliminar a la obra es el epílogo a su existencia.

Moribundo, pero con fuerzas para escribir —¿o para dictar?—, seco el llagado paladar, agotado, entre tanta nube que cubre la mente, un rayo de luz le dejó transmitir sus últimas inquietudes.

Están escritas en la «Dedicatoria» a Lemos. Las repito aquí y ahora, aunque se han reiterado mil y una veces ya, pero siempre pocas, como he dicho tantas veces de las cosas de Cervantes:

A don Pedro Fernández de Castro, conde de Lemos, de Andrade, de Villalba; marqués de Sarriá, gentilhombre de la Cámara de su Majestad, presidente del Consejo Supremo de Italia, comendador de la Encomienda de la Zarza, de la Orden de Alcántara.

Aquellas coplas antiguas, que fueron en su tiempo celebradas, que comienzan:

Puesto ya el pie en el estribo,

quisiera yo no vinieran tan a pelo en esta mi epístola, porque casi con las mismas palabras la puedo comenzar, diciendo:

Puesto ya el pie en el estribo,
con las ansias de la muerte,
gran señor, ésta te escribo.

Ayer me dieron la Estremaunción y hoy escribo ésta. El tiempo es breve, las ansias crecen, las esperanzas menguan, y, con todo esto, llevo la vida sobre el deseo que tengo de vivir, y quisiera yo ponerle coto hasta besar los pies a Vuesa Excelencia; que podría ser fuese tanto el contento de ver a Vuesa Excelencia bueno en España, que me volviese a dar la vida. Pero si está decretado que la haya de perder, cúmplase la voluntad de los cielos, y por lo menos sepa Vuesa Excelencia este mi deseo, y sepa que tuvo en mí un tan aficionado criado de servirle que quiso pasar aun más allá de la muerte, mostrando su intención. Con todo esto, como en profecía me alegro de la llegada de Vuesa Excelencia, regocíjome de verle señalar con el dedo, y realégrome de que salieron verdaderas mis esperanzas, dilatadas en la fama de las bondades de Vuesa Excelencia. Todavía me quedan en el alma ciertas reliquias y asomos de *Las semanas del jardín*, y del famoso *Bernardo*. Si a dicha, por buena ventura mía, que ya no sería ventura, sino milagro, me diese el cielo vida, las verá, y con ellas fin de *La Galatea*, de quien sé está aficionado Vuesa Excelencia. Y, con estas obras, continuando mi deseo, guarde Dios a Vuesa Excelencia como puede. De Madrid, a diez y nueve de abril de mil y seiscientos y diez y seis años.

Es muy difícil comentar tal texto. Lo primero, porque me hace pequeño. Lo segundo, porque es —en sí mismo— suficiente. Por tanto, basta.

Miguel de Cervantes ha muerto el 22 de abril. Se registra su entierro en las actas de defunción de la parroquia de san Sebastián de Madrid, al día siguiente, como era costumbre, el día 23. Testó, porque consta así en el extracto del libro de difuntos: su esposa fue la albacea, encargó sólo diez tristes misas por el descanso de su alma; pidió ser enterrado en el convento de las Trinitarias, hermanas de los que le rescataron. Así se hace: se le lleva con el hábito de San Francisco por mortaja, y con el rostro descubierto, a la cripta del convento. Sus restos, hoy, se han perdido entre las paredes del edificio de la calle Huertas. Su esposa Catalina le acompañará en el viaje el 30 de octubre de 1626. Isabel, en 1652. Nadie queda como heredero directo del ADN de Cervantes. ¡Tanto hablar en este libro de herencia del linaje, y al final, éste, también es tan frágil como la Fortuna!

El *Persiles* es obra póstuma y de notabilísimo éxito editorial. Fue su esposa, Catalina de Salazar, la que estuvo al tanto de que la edición saliera adelante (véase el «Privilegio de impresión» concedido por Felipe III a 24 de septiembre de 1616). El 19 de septiembre la obra es calificada, de nuevo por José de Valdivieso, y se entristece el criado real al escribirla: «En fin, cisne de su buena vejez, casi entre los aprietos de la muerte, cantó este parto de su venerando ingenio». Me limito a reproducir aquí algunos sonetos preliminares que a todos nos sirven para imaginar su paseo final por el Madrid de los Austrias, desde la calle de Francos, a la de Huertas... no más de cien metros:

De don Francisco de Urbina a Miguel de Cervantes, *insigne y cristiano ingenio de nuestros tiempos, a quien llevaron los terceros de San Francisco a enterrar con la cara descubierta, como a tercero que era.*

Epitafio

Caminante, el peregrino
Cervantes aquí se encierra;
su cuerpo cubre la tierra,
no su nombre, que es divino.
En fin, hizo su camino;
pero su fama no es muerta,
ni sus obras, prenda cierta
de que pudo a la partida,
desde ésta a la eterna vida,
ir la cara descubierta.

A el sepulcro de Miguel de Cervantes Saavedra, ingenio cristiano, por Luis Francisco Calderón.

Soneto

En este, ¡oh caminante!, mármol breve,
urna funesta, si no excelsa pira,
cenizas de un ingenio santas mira,
que olvido y tiempo a despreciar se atreve.
No tantas en su orilla arenas mueve
glorioso el Tajo, cuantas hoy admira
lenguas la suya, por quien grata aspira
a el lauro España que a su nombre debe.
Lucientes de sus libros gracias fueron,
con dulce suspensión, su estilo grave,
religiosa invención, moral decoro.
A cuyo ingenio los de España dieron
la sólida opinión que el mundo sabe,
y a el cuerpo, ofrenda de perpetuo lloro.

Se le sacó de casa por los hermanos de la VOT. Iba amortajado con un modesto sayal franciscano y la cara descubierta, como corresponde al

375

ritual de la Venerable. Al aproximarse al convento de las Trinitarias, a la vuelta de la manzana, repicaron las campanas. Como era costumbre en homenaje de los terceros fallecidos.

El convento, desaliñado y modesto,[26] era poco más que una casa de recogimiento. El edificio actual es de finales del siglo XVII. No sabemos dónde están los restos de Cervantes, ni los de Catalina, su esposa, que fue enterrada también aquí. Tal vez por eso es posible que se puedan rescatar (porque de haberse sabido, entre abandonos de la iglesia, revoluciones y beatíficas guerras, acaso se hubieran profanado), si existen sepulcros y se hacen pruebas de ADN.

Por su parte, Isabel de Saavedra no tuvo sucesión de su primer esposo, Diego Sanz del Águila, ni del segundo, Luis de Molina, ni del amante, Juan de Urbina (hubo una hija que murió niña). Tampoco se conocen descendientes de los demás hermanos de Cervantes. Así que con él se fue todo. Menos sus escritos. No eres mortal; sólo muere tu cuerpo.

He de recoger ya tantos papeles, tantas notas y tantos libros amontonados. Me despido de ti, lector amigo. Ten presente, si lo crees pertinente, que tanto es el impacto de Miguel de Cervantes por los siglos y por todas las culturas que acaso haya sido el ser humano que más fibras sensibles e intelectuales ha sabido despertar.[27] A mí, como espero que a ti también, me queda su respeto y leerlo con sobrecogimiento y complicidad. ¡Tanto me ha hecho crecer, reír, entristecer y pensar!

En una modesta vivienda de la calle León con Francos, en la Corte del Rey Católico, ha dado su último suspiro un individuo ya anciano, con 69 años a sus espaldas.

Vale.

NOTAS

PRÓLOGO.

[1] Cervantes está por encima de la alta cultura, «y hablo de esa alta cultura, cuya destrucción, comenzada en el tiempo de entreguerras, parece estar culminando ahora, y el porvenir de la cual aparece como el de una minoritaria *subcultura* más o menos *underground*», ha escrito Jiménez Lozano, J.: «Dos *outsiders:* Cervantes y Dostoievski» en *El narrador y sus historias*, Publicaciones de la Residencia de Estudiantes, Madrid, 2003, pp. 91-126, en concreto, p. 110. Se ve que a todos nos preocupa el grave problema de deseducación social en el que hemos entrado, ignominioso sin duda, máxime si tenemos en cuenta que nunca ha habido más potentes agentes de socialización que en la actualidad.... ¡pero no para tanta mugre!

[2] Denominado así desde 1754 y la edición de los *Orígenes de la poesía castellana* de Luis José Velázquez en plena marejada de la Leyenda Negra. Sigo a García Cárcel, R.: *La Leyenda Negra. Historia y opinión*, Alianza Editorial, Madrid, 1992, p. 143.

[3] No sé hasta dónde he hecho ya mías propias muchas de las afirmaciones de Alonso-Fernández, F.: *El talento creador. Rasgos y perfiles del genio*, Temas de Hoy, Madrid, 1996.

CAPÍTULO I. «El linaje, prosapia y alcurnia querríamos saber»

[1] La fuerza de los judíos de Alcalá está esbozada en CASTAÑO, J.: « Social networks in a Castilian Jewish Aljama and the Court Jews in the Fifteenth Century: a preliminary survey (Madrid 1440-1475)» en *En la España Medieval* (Madrid) 20 (1997), pp. 379-392, en concreto, p. 382. La nota 44 en p. 387 da bibliografía sobre la presencia judía en la comarca.

[2] La bibliografía sobre los orígenes de la Universidad es abundante. Una síntesis de un filólogo, ALVAR EZQUERRA, A[ntonio]: *La Universidad de Alcalá de Henares a principios del siglo XVI*, Universidad de Alcalá, 1999 (1996).

[3] La mejor recopilación de textos antiguos de viajeros es la hecha por GARCÍA MERCADAL, J.: *Viajes de extranjeros por España y Portugal*, 3 vols., Aguilar, Madrid, 1952. Nos interesaría especialmente el vol.I.

⁴ Sobre Alcalá en tiempos de Cervantes, GÓMEZ MENDOZA, J.: «Alcalá de Henares a mediados del siglo XVI. Enfoque crítico del valor de los vecindarios como fuentes en la época preestadística» en *Homenaje a Emilio Gómez Orbaneja*, Madrid, 1977, pp. 257-271. En ese trabajo ya se anuncian recesos a la altura de 1561. Las citas de la catástrofe de 1598 las he leído en Archivo General de Simancas, *Contadurías Generales*, 2310. El «Censo de 1530» en el que constan 850 vecinos «pecheros» en Alcalá (casi cien más que en Madrid), o sea, 3.400 habitantes del estado llano (no son nobles ni clérigos) está en Simancas, *Contadurías Generales*, 768 y *Dirección General del Tesoro*, Inventario 24, legajo 1.036. Igualmente anoto la población de Alcalá en la segunda mitad del XVI. El «Censo de 1591» y otras muchas más cosas se pueden ver en GARCÍA ESPAÑA, E. y MOLINIÉ BERTRAND, A.: *Censo de Castilla de 1591*, 2 vols., INE, Madrid, 19886. En él se puede consultar:

1557-1561	2.022 vecinos (menos de 8.088 habitantes)	Archivo General de Simancas, *Contadurías Generales*, 2304.
1561	1.990 vecinos (← 7.960) en el mismo año; adviértase la «fiabilidad» de las fuentes preestadísticas.	AGS, *Expedientes de Hacienda*, 32
1575	1.978 (← 7.912 habitantes)	AGS, *Expedientes de Hacienda*, 900.
1576	2.000 (←8.000 habs. Los redondeos provocan desconfianza)	AGS, *Cámara de Castilla*, 2.159
1579-1583	1.919 (←7.676 habs. ¿Empieza a descender la población?)	AGS, *Contadurías Generales*, 2.308
1590	2.055 (←8.220 habs.)	AGS, *Expedientes de Hacienda*, 183.
1590-1595	1.440 (←5.760 habs.)	AGS, *Contadurías Generales*, 2.310.
1591	2.345 (←9.380 habs. Los datos, que proceden del «Censo de 1591» son los más elevados que manejó la Corona en el XVI)	De ellos, 2.077 pecheros, 155 hidalgos, 59 clérigos, 54 religiosos; además, 539 no franciscanos y 126 franciscanos.
1598	1.440 (←5.760 habs.)	AGS, *Expedientes de Hacienda*, 32.

Para datos de estudiantes matriculados, KAGAN, R.: *Universidad y sociedad en la España Moderna*, Madrid, 1981, pp. 154 y ss. Se ven claramente los descensos a partir de los años 90 del número de bachilleres y licenciados. Éstos caen notablemente desde 1598. La época áurea fue, aprox., 1560-1590. Para conocer más datos de Alcalá y la comarca, remito a ALVAR EZQUERRA, A.: «Madrid en el siglo XVI: entre el anacronismo y la realidad» en CASTILLO OREJA, M. A. (com.): *Madrid en el Renacimiento*, Madrid, 1986, pp. 12-47 y «Demografía rural y fuentes no parroquiales. El centro y el oriente madrileños en el reinado de Felipe II», *Cuadernos de Historia Moderna* (Madrid) 10 (1989-1990), pp.11-42; «Control social, cuestionarios, riqueza y pobreza en Castilla en el siglo XVI. Algunas noticias referidas al mundo rural madrileño», *Hispania* (Madrid) 170 (1989), pp. 875-907; «Los pueblos de Madrid en el siglo XVI: las estructuras sociales» en

Torre de los Lujanes. Boletín de la Real Sociedad Económica Matritense (Madrid) 24 (1993), pp. 37-56.

[5] Sigo a SLIWA, K.: *El licenciado don Juan de Cervantes*, Reichenbergern Kassel, 2001. Este libro me guía en todos los datos biográficos del abuelo de Cervantes. Aunque en ocasiones es difícil de seguir, va acompañado de un extenso e importante apéndice documental, como es costumbre en los trabajos de Sliwa. Emplearé también LOPE HUERTA, A.: *Los Cervantes de Alcalá*, Centro de Estudios Cervantinos, Alcalá, 1998 y CANAVAGGIO, J.: *Cervantes*, Austral, Madrid, 2003 (1986).

[6] «—No hay duda en eso —respondió Sancho—, que yo he visto a muchos tomar el apellido y alcurnia del lugar donde nacieron, llamándose *Pedro de Alcalá*, Juan de Úbeda y Diego de Valladolid; y esto mesmo se debe de usar allá en Guinea: tomar las reinas los nombres de sus reinos» (*Quijote*, I, XXIX).

[7] Adviértase que el cirujano no era un especialista, sino un sangrador, en el sentido menos halagador del término: «No hay mejor cirujano que el bien acuchillado». En el magistral *Juez de los divorcios*, una de las causas esgrimidas por la esposa para solicitar el cese de la convivencia con el marido es porque «fui engañada cuando con él me casé, porque él dijo que era médico de pulso, y remaneció cirujano, y hombre que hace ligaduras y cura otras enfermedades, que va decir desto a médico la mitad del justo precio». Por aquel entonces, no era buena la fama de los cirujanos... ¿Cuál sería la fama del abuelo en el ambiente familiar de Cervantes?

[8] OSORIO DE MOSCOSO, A.: *Historia del Príncipe don Fernando que después fue Emperador...*, Biblioteca Nacional de Madrid, Manuscrito 6020, fol. 176 r.

[9] CANAVAGGIO, J.: *Cervantes*, pp. 51 y 52.

[10] CANAVAGGIO, J.: *Cervantes*, p. 52.

[11] LOPE HUERTA, A.: *Los Cervantes de Alcalá*, pp. 59-61.

[12] LOPE HUERTA, A.: *Los Cervantes de Alcalá*, p. 63.

[13] Por reminiscencias sociales, solemos trazar más la vida del marido que la de la esposa. De él, en este caso, conocemos lo agrio que era. De ella, como no sabemos nada, la debemos imaginar como una paciente sufridora. Pero me pregunto: ¿no es posible que ella tuviera algo de responsabilidad en la acritud del carácter de él? Tal vez fuera una mujer incómoda en todo. ¿Por qué no pensar que ella, constituida la familia y logradas las rentas necesarias para sobrevivir, le echó de casa? Luego, agotada la gallina de los huevos de oro, acudió a Córdoba para seguir siendo alimentada, aunque de manera más «socialmente informal». Pocos ascos le hizo al dinero que recibió del clérigo, por las habilidades de la hija.

[14] Los familiares de la Inquisición era individuos asentados en una población que servían de ojos, oídos, o bocas del tribunal. Eran sus chivatos. Para ser familiar había que demostrar limpieza. Claro que, como vemos, en teoría... o aportando documentos falsos, o logrando declaraciones de testigos comprados.

[15] Dudo mucho que así sea, porque la esposa legítima era Leonor Torreblanca y, si es verdad que por un sendero puede ir la pasión, por el de la ley van las cosas de la ley. Algunos cervantistas hacen hincapié en que no se conserva el testamento del abuelo Juan. Sin embargo, me pregunto: ¿por qué se tiene que conservar si tal vez no lo hizo para evitar la cristiana profesión de fe: «En el nombre de Dios Todopoderoso y de la Santísima Trinidad...»?

16 LOPE HUERTA, A.: *Los Cervantes de Alcalá*, p. 51.

[17] Andrés, muerto al poco de nacer (1542); Andrea (1544), Luisa (1546), Miguel (1547), Rodrigo (1550) y más tarde, en Valladolid, Magdalena (1552). Por fin, Juan —no sabemos si en Alcalá o en Córdoba— (1554).

[18] En algún lugar he visto que se confunden los intereses de una deuda con la indemnización por no devolución del principal en la fecha fijada en la carta de préstamo.

[19] CANAVAGGIO, J.: *Cervantes*, p. 66.

²⁰ Madrid es desde la primavera de 1561 sede de la Corte, pero en ningún caso «capital», entre otras cosas porque no sólo el concepto no existe como tal, sino porque además de Madrid, están las otras Cortes regnícolas, virreinales o territoriales.

²¹ Astrana, III, p. 488 incluye la partida de defunción. La obra referida es ASTRANA MARÍN, L.: *Vida ejemplar y heroica de Miguel de Cervantes Saavedra,* Instituto Editorial Reus, 7 vols., Madrid, 1948-1958. La citaré abreviada, aludiendo sólo al vol. y la pág.

²² Astrana, V, pp. 92 y ss.

²³ PRIETO PALOMO, M. T.: *El abastecimiento de Madrid y el sistema de obligados (1560-1630),* tesis doctoral, UCM, 2003.

²⁴ Es seguro que Rodrigo de Cervantes tomó parte en el desembarco de La Muela, porque Cristóbal Mosquera de Figueroa, en el relato o *Comentario en breue compendio de disciplina militar: en que se escribe la jornada de las islas de los Açores,* Luis Sánchez, Madrid, 1596, hace mención expresa de esa escaramuza y del salto a tierra de Cervantes. La obra la he visto citada de otra manera. Sobre este acontecimiento, volveré más adelante.

²⁵ Archivo parroquial de san Sebastián. Debo la referencia a mi colaborador Miguel Ángel García Sánchez. La editó Astrana, por vez primera. Cuando en un acta parroquial aparece un «No testó», no quiere decir que no hiciera testamento, como vemos, sino que no testó a favor de la parroquia o de la iglesia.

²⁶ Sobre la Venerable Orden Tercera —desde ahora VOT—, hablo al tratar la muerte de Miguel de Cervantes.

²⁷ Astrana, VI-I, pp. 409-421.

²⁸ No sintetizo el resto de las prohibiciones matrimoniales o de las advertencias por no ser objeto de nuestro interés en este libro. Los decretos y cánones conciliares están traducidos al español en www.intratext.com/IXT/ESL0057/_PA.HTM y www.multimedios.org /docs/d000436/p000011.html. También he empleado *SACRO-SANCTI et oecvmenici Concilii Tridentini [...] Canones et decreta,* Lugduni, 1573.

²⁹ Astrana, V, 158 y ss.

³⁰ *La vida de las mujeres en los siglos XVI y XVII,* Siglo XXI, Madrid, 1986, pp. 39 y ss.

CAPÍTULO II. «¡Qué mal parece en los gobernadores el no saber leer ni escribir!»

¹ Astrana nos habla de conjeturas y posibilidades, a mi modo de ver, elucubraciones demasiado poéticas que cualquier documento desbarataría. Astrana, I, pp. 333 y ss. Lo que puede ocurrir es que, de aquellos años, el padre hiciera todo lo posible por no dejar rastros documentales.

² Es sabido que Lope de Rueda, allá por los años 60, representaba en Palacio ante Isabel de Valois, según cito más adelante.

³ [En 1 de octubre de 1567]: «En este ayuntamiento se cometió a los señores Diego de Vargas y Juan Zapata de Villafuerte y don Pedro de Ludeña y don Francisco de Herrera para que, con el señor corregidor, den orden en las fiestas que se han de hacer por el buen parto que Nuestro Señor dé a la Reina nuestra señora. Y todo lo que se gastare en ello, lo libren en sobras de rentas, y lo que así libraren y se pagare, se reciba y pase en cuenta, y para ello se llamen los diputados para que lo aprueben esta tarde en la posada del señor corregidor».

⁴ [En 6 de octubre de 1567]: «En este ayuntamiento el señor corregidor mandó que los dichos señores nombren receptor para los dos años primeros venideros, y les manda nombren y se conformen en la dicha elección, y no se conformando, voten sobre ello. En este ayuntamiento entró Pedro de Lobera, portero, y dio fe que ha llamado a todos los

regidores que sabe que haya en esta villa, y que algunos de ellos le dijeron en sus casas que estaban malos, y que el señor contador Peralta estaba en Alcalá. El señor don Pedro de Cárdenas dijo que el señor corregidor ha cinco o seis ayuntamientos que ha mandado juntar para tratar y conferir sobre las fiestas que se han de hacer para el parto de la Reina nuestra señora. Y que para esto están hechos muchos gastos y mandados llamar muchos oficiales y los diputados para ello y, asimismo, a los cuatro de los cabildos. Y que la Reina nuestra señora está para parir de en hora en hora, y que ahora el señor corregidor, sin haber necesidad, esto lo entretiene diciendo que se trate de elegir receptor general. Lo cual, aunque se elija de a aquí a tres meses, no corre ningún peligro, y corre muchos en dejar de tratar de las fiestas que se han de hacer para el parto de la Reina nuestra señora. Y que para esto están llamados los oficios y están a la puerta. Que pide y requiere al señor corregidor difiera y mande que no se trate hoy de lo del receptor, sino que mande señalar día para ello, y mande entrar a los que están a la puerta y que se trate de las dichas fiestas, y lo contrario haciendo, protesta la nulidad y lo pide por testimonio. El señor corregidor dijo que los caballeros de este ayuntamiento han sido llamados para elegir receptor y para lo que dice, y que la elección no impide a lo demás, y que se haga la dicha elección según y como está mandado, y manda se vote sobre ello».

⁵ [En 8 de octubre de 1567]: «En este ayuntamiento entraron Cristóbal Díaz y Lucas Martínez, diputados de rentas de esta Villa, y los dichos señores trataron y confirieron con ellos sobre las fiestas que se pretenden hacer para el día que Nuestro Señor fuere servido de alumbrar con bien a la Reina nuestra señora y para los días siguientes, y para los gastos que en ello se han de hacer. Y acordaron que todo lo que se gastare en toros y luminarias y trompetas y atabales y otros instrumentos de fuego y de otras cosas que fueren de regocijo para las dichas fiestas y las hachas que fueren menester para las dichas fiestas y para que se puedan dar premios a las mejores invenciones o danzas que salieren en la dicha fiesta o disfraces o máscaras, se pague de las sobras de rentas por libramientos del señor corregidor y de los señores Diego de Vargas y Juan Zapata de Villafuerte y don Pedro de Ludeña y don Francisco de Herrera o de los dos de ellos, con el señor corregidor».

⁶ [En 8 de octubre de 1567]: «En este ayuntamiento se acordó que Juan de Calatayud, mayordomo de los propios de esta Villa, aperciba y busque ocho toros para las fiestas del parto de la Reina nuestra señora».

⁷ [En 5 de noviembre de 1567]: «En este ayuntamiento se cometió al señor Diego de Vargas y don Pedro de Ludeña para que tomen la cuenta de la cera que se gastó la noche de las alegrías del parto de la Reina nuestra señora, y lo demás que se gastó en las dichas alegrías».

⁸ [7 de noviembre de 1567]: «En este ayuntamiento se acordó que se le libren a Getino de Guzmán y a Diego de la Ostra, vecino de Toledo, 100 reales por las invenciones que sacaron en las fiestas del buen alumbramiento de la Reina nuestra señora. Los cuales se les libren en Marcos de Almonacid de sobras de rentas, el cual los pague por libramiento del señor corregidor y Diego de Vargas, tomando la razón el contador de la Villa».

⁹ [En 28 de noviembre de 1567, viernes]: «En este ayuntamiento el señor Juan Zapata de Villafuerte dijo, por cuanto él no quiso firmar un libramiento de las hachas que se gastaron en las fiestas del buen alumbramiento de la Reina nuestra señora por ser muchas más de las que se debieron gastar, que pide y requiere a los dichos señores nombren persona que tome la cuenta de a quién se dieron las dichas hachas que dieron los cereros, y así lo pide y requiere».

¹⁰ [En 5 de diciembre de 1567, viernes]: «En este ayuntamiento el señor Juan Zapata de Villafuerte dijo que él fue comisario para las fiestas del parto de Su Majestad, y se acordó que hiciese un castillo, y para ello se trajeron y compraron los materiales que fueron menester para que se hiciese el día que Su Majestad fuese alumbrada. Y que, como Su Majestad parió antes que el dicho castillo se empezase, no pudo haber efecto

el hacerse, lo cual dice él que lo ha hecho que, por ciertas personas, le fue mandado que lo acabase, y que de esta Villa no hay acuerdo. Que pide y requiere no se le pague, sino que se lo pague quien se lo mandó. El señor don Pedro de Ludeña dijo que pide y requiere lo que pedido y requerido tiene el dicho señor Juan Zapata de Villafuerte».

[En 5 de diciembre de 1567]: «Los dichos señores corregidor y regidores dijeron que Nicolás Suárez, procurador general, ponga demanda a la persona que hizo el castillo, que es Juan de Cotén, para que devuelva a esta Villa los 300 reales que se le entregaron por esta Villa, por cuanto no le dio hecho ni acabado para el parto de la Reina nuestra señora. El señor Juan Zapata de Villafuerte dijo que no es en esto, y pide y requiere lo que pedido y requerido tiene». En 30 de marzo de 1568 la Villa se hace eco de que es ella la que ha de indemnizar a Cotén.

[11] [En 10 de diciembre de 1567]: «En este ayuntamiento se cometió a los señores corregidor y Diego de Vargas y don Pedro de Ludeña para que vean la cera que dio Juan López la noche de las luminarias del parto de la Reina nuestra señora, y lo que averigüaren, se lo libren en Marcos de Almonacid».

[12] [En 6 de septiembre de 1568]: «En este ayuntamiento se acordó que se den al maestro Juan López 20 ducados por el trabajo que puso en los epitafios que ordenó y dio industria para la pintura de ellos que se pusieron en las honras que esta Villa hizo por el Príncipe nuestro señor. Esto por cuanto por mandado de este Ayuntamiento él lo hizo y trabajó en el escribirlo y hacerlo pintar y asistir con los pintores a ello y en las honras al ponerlo por su orden, los cuales se le libren en Marcos de la Vega para que los pague de sobras de rentas, como se acordó se pagase todo lo a esto tocante».

[13] [En 27 de mayo de 1569]: «En este ayuntamiento se otorgó petición para el Consejo Real para que le dé licencia que de sobras de rentas se den al maestro Juan López 50 ducados para ayuda a imprimir el libro que ha hecho dirigido a esta Villa, de la muerte y exequias de la Reina nuestra señora, que está en gloria, y se comete al señor Diego de Vargas para que dé la petición y lo solicite. Va entre renglones, do diz licencia que de».

[14] Las fiestas son muy sonadas; sin embargo, no me detengo en ellas, porque Cervantes no las vio. Sí querría resaltar, sin embargo, cómo este Getino, aunque era secundario, era también consultado en asuntos festivos, de arquitectura efímera, aunque desde luego muy por detrás de los grandes maestros de Felipe II. En fin, Alonso Getino está muy al tanto de los acuerdos municipales siguientes (adviértase la dependencia de Madrid con respecto a las grandes ciudades de Medina o Toledo; también en los usos, a la veneciana):

[19 de agosto de 1570]: «En este ayuntamiento se acordó que para el recibimiento de la Reina nuestra señora vayan los señores corregidor y regidores vestidos con ropas rozagantes a la veneciana de tela de oro de labor conforme a una muestra que ha mostrado en este ayuntamiento Baltasar Gómez aforradas las delanteras y mangas y capilla de tela de plata de labor y se comete al señor don Pedro de Cárdenas para que vaya a Medina del Campo a comprarlo, conforme a la instrucción que para ello lleva que va irá firmada de los señores corregidor y Diego de Vargas y de mí, el presente escribano.

En este ayuntamiento se otorgó poder cumplido como pareciere signado de mi signo al señor don Pedro de Cárdenas, vecino y regidor de esta villa, que está presente especialmente para que en nombre de esta villa vaya a la villa de Medina del Campo y en nombre de esta villa compre las telas de oro y plata labradas que le pareciere y por ellas pueda obligar a esta villa para los plazos que le pusiere. Testigos: Marcos de la Vega y Luis Sillero y Getino de Guzmán, vecinos de esta villa de Madrid.

En este ayuntamiento se otorgó poder cumplido como pareciere, signado de mi signo, al señor Pedro de Herrera, vecino y regidor de esta villa, que está presente, especialmente para que vaya a la ciudad de Toledo y compre los terciopelos y rasos y damascos y tafetanes y sedas de colores y granas que le pereciere y por bien tuviere y para que pueda obligar a esta villa y propios y rentas de ella para los plazos que concertare. Testigos: Luis Sillero y Marcos de la Vega y Getino de Guzmán, vecinos de esta villa de Madrid. Va entre renglones y sedas de colores y grana».

[Sesión extraordinaria, lunes por la tarde, 21 de agosto de 1570. Entre otros acuerdos municipales]: «En este ayuntamiento se cometió al señor Miguel de Cereceda Salmerón para que tenga cuenta con que se hagan las danzas que hoy se han concertado que ha de hacer Diego de la Ostra, vecino de Toledo, y todo lo que costare y está con él concertado se le ha de dar se le paguen de los dineros del recibimiento por libranzas de los señores corregidor y Miguel de Cereceda Salmerón y que Getino de Guzmán ande en ello y haga lo que el señor Miguel de Cereceda le ordenare y se le pagará su trabajo de lo que en ello se ocupare».

[15] [16 de noviembre de 1570]: «En este ayuntamiento se acordó que se libren a Cetino de Guzmán, alguacil de esta Villa, 100 ducados a buena cuenta de lo que ha de haber de las danzas que están a su cargo y se le libren en Marcos de la Vega de los dineros del recibimiento».

[16] No voy a trazar la vida de Getino, pero sí una última información que le atañe y que muestra cómo lo de ser alguacil le aburría: [28 de marzo de 1571] «En este ayuntamiento, de mandamiento del señor corregidor, notifiqué a Getino de Guzmán, alguacil de Su Majestad, que, so pena de privación de oficio público por la voluntad de Su Majestad, que no entienda en otra cosa sino en cobrar lo que se debe a Gregorio de Vega, de lo del depósito. El cual dijo que está presto de lo cumplir. Testigos: Cieza y Avila, alguaciles, y Luis Sillero, vecinos de esta Villa».

[17] Un ejemplo procedente de una sesión municipal de 10 de octubre de 1561, viernes: «En este ayuntamiento se acordó que, por cuanto son informados que un Pedro Marco sonsacó los estudiantes y tiene estudio, lo cual es en grande daño y perjuicio de esta villa y república de ella que se le notifique que no lo haga, so pena de 50.000 maravedíes y 10 años de destierro de esta Villa y su Tierra».

Otro de 5 de mayo de 1563, aprovechando una subida de salario al preceptor de la gramática: «En este ayuntamiento se acordó se dé petición en Consejo Real para que se den al preceptor de gramática los 10.000 maravedíes que se suele dar cada un año sobre los 15.000 maravedíes que hay licencia, porque la licencia que hay se acabó en fin del marzo pasado y se pida que no pueda leer otra persona en esta Villa fuera del Estudio General [de esta Villa] opuesto y recibido por esta Villa».

[18] Aunque la cita es muy larga, es importante y la reproduzco; es de sesión municipal de 23 de septiembre de 1562: «En este ayuntamiento los dichos señores dijeron que, atento que la cátedra de gramática de esta Villa, está baca y conviene mucho que se nombre para ella persona que tenga mucha suficiencia y habilidad y bondad, y para ello se ha enviado a publicar a Salamanca y Alcalá y otras partes, y para que esto se pueda mejor hacer y con más autoridad y rectitud, les parece que, por ser los más caballeros de este ayuntamiento personas que no saben latín, y por esto, acordaron que las personas que se quisieren oponer a la cátedra se escriban de aquí adelante, el domingo primero que viene ante el escribano de ayuntamiento. Y que se les asigne por su antigüedad, o como mandare el ayuntamiento, a cada uno lo que ha de leer, y lea una lección cada uno el lunes primero que viene a las cuatro de la tarde, y el siguiente el martes, y así sucesivamente, cada uno en la parte donde este ayuntamiento mandare. Y que a las dichas lecciones se llamen de todos los monasterios de esta villa el prior y otro fraile, el que más pudiere saber de esto, para que leídas las dichas lecciones, den su parecer a este ayuntamiento de la persona que les pareciere que más conviene recibir, para que visto por este ayuntamiento, se provea justicia y lo que más convenga.

En este ayuntamiento se acordó que se haga un mensajero a Alcalá para que ponga los edictos para la cátedra de esta Villa, para si hubiere personas que se quisieren oponer a la dicha cátedra vengan para el día de San Francisco que está asignado».

[19] Sesión municipal de 28 de noviembre de 1572. A 29 de mayo de 1573 se constata que la subida de sueldo es un hecho.

[20] En sesión de 13 de agosto de 1572, «en este ayuntamiento se acordó que para que con más brevedad se haga la obra que se ha de hacer en la casa del estudio de esta Villa se haga luego traza [o proyecto, como diríamos hoy]». El 17 de noviembre no se ha resuelto el tema todavía. Por su parte, en 6, 8 y 10 de julio de 1573 se tratan decisiones sobre la piedra del Estudio (no sé si empedrado de calle o reparaciones de la Casa). En la sesión de 13 de julio de 1573, «acordóse que la obra del Estudio, en el cuarto que está por comenzar, se haga de hasta 18 o 20 pies de hueco, conforme a la traza que para ello se hiciere, con parecer del que hizo la primera traza». El 14 de agosto de 1573 se compra maderamen para la obra que parece ser que a 8 de junio de 1575 aún no se había pagado; en 9 de diciembre de 1573 se mete prisa, «acordóse que la obra del estudio se prosiga con la mayor brevedad que ser pueda porque no se pierda lo hecho». De poco debió de servir el acuerdo, porque a 15 de febrero y 2 de marzo de 1574 se seguía platicando sobre las obras del Estudio. Es más, el 11 de marzo de ese año se cambia de encargado municipal de las obras y al nuevo se insta a «que la dicha obra no suba ni pase más delante de cómo ahora está y lo que ahora está empezado se acabe...». La obra en cuestión ¡parece la de El Escorial!: como no se ha hecho el drenaje de aguas, «a causa de dar las aguas en las paredes y entrar por puertas y ventanas la obra recibe mucho daño» (10 de junio de 1575). En noviembre se sigue hablando de las aguas y los corredores; en fin, el 9 de diciembre de 1575 queda claro lo que importa el edificio del Estudio al Ayuntamiento de Madrid: «Acordóse que la teja nueva que está en la obrería, que se ha comprado para el Estudio, se traiga a la cárcel que en esta villa se hace, y lo viejo de la cárcel se lleve para el Estudio». En 31 de julio de 1577 se manda tejar la escalera del Estudio para que no se pierda lo hecho y en 25 de noviembre se compran dos mil tejas de Valdemoro. El 7 de julio de 1578 se dan por concluidas las obras: se pueden tasar para proceder al pago. No obstante, desde el verano de 1582 vuelven a aparecer acuerdos municipales sobre remodelaciones en el Estudio, ¡qué pesadez!, y otra vez en 1585 porque, al parecer, los pilares de madera cedían.

[21] En la etapa anterior el escribano municipal Francisco de Monzón se había ido «apropiando» de ciertos espacios de la casa del Estudio: Lunes, a 19 de junio de 1570, «en este ayuntamiento se acordó que se notifique a la mujer de Francisco de Monzón que vuelva a restituir las cámaras que metió en su casa de la casa del estudio y una cueva que metió en su casa del dicho estudio de la forma y manera que lo tomó y estaba que esto lo metió en su casa. Y en lo que toca a un cenadero que dicen que está hecho en perjuicio de las casas del estudio, que los alarifes lo vean y declaren sobre ello. Y asimismo, se cometió al señor Pedro de Herrera y los alarifes declaren sobre una ventana que tiene abierta sobre los tejados del estudio para que se cierre». En 14 y 28 de abril de 1572 y 14 de mayo se sigue tratando del tema de la apropiación de piezas del Estudio para casa de los Monzón.

[22] En 17 de agosto de 1571, viernes, «en este ayuntamiento se cometió al señor [regidor] don Pedro de Vozmediano para que vea la calle del Estudio, y lo que fuere menester empedrarse en ella lo haga hacer; y lo que costare y cupiere a esta Villa se pague de sobras de rentas». En 20 de junio de 1572, «se acordó que la piedra que ha sobrado de la calle que se ha empedrado de la puerta Cerrada para el arco de Santa María se pase al estudio de esta Villa». En 7 de agosto de 1573, «en este ayuntamiento se acordó que se empiedre la calle del Estudio de esta Villa». En 6 de diciembre de 1585 ya hay hoyos que reparar.

[23] Sesión de 7 de julio de 1578.

[24] Sesión de 10 de mayo de 1581. Lo gracioso es que los regidores comisionados se escaquean. Son apercibidos por el Ayuntamiento, en el sentido de que en San Juan de 1581 presenten las conclusiones de su inspección (sesión de 1 de junio de 1581).

²⁵ Sesión de 8 de marzo de 1571: «En este ayuntamiento se acordó que se presten al maestro Juan López de propios 300 ducados por ocho meses, para que haga estampa del recibimiento de la Reina». Como sería dinero de los propios municipales, hay que pedir licencia al Consejo Real, lo cual se acuerda el día 15 de marzo a pesar de la oposición del regidor, Jerónimo de Pisa. El 29 de marzo se comunica al Ayuntamiento que el Consejero con quien se ha tenido la entrevista ha dicho que no es necesario pedir licencia y que se pague la cantidad dicha. El Ayuntamiento da orden de que se haga así.

²⁶ Me baso en ALVAR EZQUERRA, A.: «La Junta de Reformación de Felipe II: rezar por el Rey y reorganizar la sociedad», en FERNÁNDEZ ALBALADEJO, P. (ed.): *Monarquía, Imperio y pueblos en la España Moderna*, Alicante, 1997, pp. 641-650 y también ALVAR EZQUERRA, A.: «Mitificación real y ejercicio del poder. Felipe II y sus obispos hacia 1575», en MARTÍNEZ RUIZ, E. (dir.): *Madrid, Felipe II y las ciudades de la Monarquía*, vol. III, Madrid, 2000, pp. 227-249. Es necesario conocer los estudios de BOUZA ÁLVAREZ, F.: «Monarchie et lettres d'imprimerie et propagande au temps de Philippe II», en *Revue d'histoire moderne et contemporine*, 41-2 (1994), pp. 206-220 y EZQUERRA REVILLA, I.: «El ascenso de los letrados eclesiásticos: el Presidente del Consejo de Castilla, Antonio Mauriño de Pazos», en MARTÍNEZ MILLÁN, J. (dir.): *La Corte de Felipe II*, Alianza ed., Madrid, 1994, pp. 271-303. Igualmente, el trabajo de GARCÍA ORO, J.: «Sobre la religiosidad a la altura de 1575», en *Cuadernos de historia moderna* (Madrid) 1998.

²⁷ Desde Aranjuez, a 8 de mayo de 1586. RIBA GARCÍA, C.: *Correspondencia privada de Felipe II con su secretario Mateo Vázquez*, p. 396.

²⁸ Véase en especial, MOLHO, M: «Texte/paratexte: *Don Quichotte*», en MONER, M. (ed.): *Le livre et l'edition dans le monde hispanique (XVIe-XVIIe siècles). Pratiques et discours paratextuels*, Universidad Stendhal, Grenoble, 1992. Igualmente, CASTRO, A.: «Los prólogos al *Quijote*», en *Hacia Cervantes*, Taurus, Madrid, vv. eds.; SOCRATE, M.: *Prologhi al «Don Chisciotte»*, Marsilio, Venecia, 1974.

²⁹ BENCHENEB, S. y MARCILLY, Ch.: «Qui était Cide Hamete Benengeli?», en *Melanges offerts à Jean Sarrailh*, Editions Hispaniques, París, 1966, vol. I, pp. 97-116, concluyen que ese Cide es Cervantes por dos veces, en tanto que él lo ha creado literariamente y en tanto que etimológicamente quiere decir «señor [Cide] que más alaba al Señor [Hamete] hijo del Evangelio [Ben-engeli]».

³⁰ RODRÍGUEZ, J. C.: *El escritor que compró su propio libro. Para leer El Quijote*, Debate, Barcelona, 2003, cap. IV, p. 151: «Cervantes se nos presenta no sólo como fingido lector, sino descaradamente como el escritor que es (descaradamente propietario) de su obra y por eso, en el fondo, puede comprarla o venderla».

³¹ El argumento, más sereno que esta acelerada frase, está expuesto por RODRÍGUEZ, J. C.: *El escritor que compró su propio libro...*, «Introducción».

³² BAKER, Edward: *La biblioteca de don Quijote*, Marcial Pons eds., Madrid, 1997.

³³ «—¡Ah, pecador de mí —respondió don Quijote—, y qué mal parece en los gobernadores el no saber leer ni escribir!; porque has de saber, ¡oh Sancho!, que no saber un hombre leer, o ser zurdo, arguye una de dos cosas: o que fue hijo de padres demasiado humildes y bajos, o él tan travieso y malo que no pudo entrar en el buen uso ni la buena doctrina. Gran falta es la que llevas contigo, y así, querría que aprendieses a firmar siquiera» (*Quijote*, II, XLIII).

³⁴ Al burlarse de un Humillos que no sólo no sabe leer sino que se vanagloria de ello en el entremés *La elección de los alcaldes de Daganzo*.

³⁵ «—Con todo eso —respondió don Quijote—, tomara yo ahora más aína un cuartal de pan, o una hogaza y dos cabezas de sardinas arenques, que cuantas yerbas describe *Dioscórides*, aunque fuera el ilustrado por el doctor Laguna» (*Quijote*, I, XVIII). De las ediciones ilustradas, existe una obra sin par, la que se regaló al por entonces príncipe Felipe, ya rey de Nápoles, editada por Juan Lacio, Venecia, 1555. Tengo a la vista la edición facsímil coordinada por Andrés Reche, Consejería de Agricultura de la CAM, Madrid, 1991.

Hay otras alusiones al tema de las hierbas: «—Virtud es —respondió Sancho— conocer esas yerbas; que, según yo me voy imaginando, algún día será menester usar de ese conocimiento» (I,X); el caballero andante «ha de ser médico y principalmente herbolario, para conocer en mitad de los despoblados y desiertos las yerbas que tienen virtud de sanar las heridas» (II, XVIII); en *El licenciado Vidriera*, «como si hubiese en el mundo yerbas, encantos ni palabras suficientes a forzar el libre albedrío»; la encantadora en *Persiles*: «Pero nosotras, las que tenemos nombre de magas y de encantadoras, somos gente de mayor cuantía; [...] sabemos la virtud de las yerbas, de las plantas» (II, 8).

[36] La frase la copio de BAKER, E.: *La biblioteca de don Quijote*, p. 92. A veces, debe de ser por mi poca formación teórica, me cuesta seguir sus razonamientos.

[37] COTARELO VALLEDOR, A.: *Cervantes lector. Discurso leído ante el Instituto de España...*, Madrid, 1943, 119 pp.; EISENBERG, D.: «La biliotca de Cervantes», en *RIQUER, Studia in honorem prof. M. de Riquer*, 4 vols., Barcelona, 1987, vol. II, pp. 271-328; BAKER, Edward: *La biblioteca de don Quijote*, Marcial Pons eds., Madrid, 1997, en especial, pp. 87 y ss. En otro trabajo, Eisenberg demuestra que Cervantes no fue pobre (es verdad que quien tiene muchos préstamos tiene, igualmente, capacidad de afrontarlos) e intenta demostrar que pudo comprar libros, incluso nos dice —desafortunadamente— cuánto pudo gastar en su adquisición al año durante veinte años. Hoy en día, las muchas frustraciones estadísticas que han provocado las investigaciones sobre historia del libro, hacen que se busquen otras vías de interpretación. EISENBERG, D.: «Did Cervantes had a library?», en MILETICH, J. S. (ed.): *Hispanic Studies in honor of Alan D. Deyermond. A North American Tribute*, Madison, 1986, pp. 93-106. CLOSE, A.: «Cervantes: pensamiento, personalidad y cultura», en la edición de RICO del *Quijote*, Instituto Cervantes, Barcelona, 1998, pp. lxvii-lxxxvi. Dice este autor: «Saber cuáles fueron los libros leídos por Cervantes nos importa mucho menos que saber cómo los leyó y qué partido sacó de sus lecturas», p. lxxiii. Es evidente y estoy de acuerdo. También es importante y cito más abajo: SEVILLA ARROYO, F. (comisario): *Cervantes. Cultura literaria. Catálogo de la exposición celebrada en la BNM con motivo del 450 aniversario del nacimiento de Cervantes*, Centro de Estudios Cervantinos, Alcalá de Henares, 1997, 138 pp.

[38] COTARELO VALLEDOR, A.: *Cervantes lector*, p. 9. Delicioso un párrafo de Astrana: «Cierto académico de la Española, ignorante de que Miguel compraba libros, en un discurso indigesto [estoy de acuerdo con Astrana], intitulado *Cervantes lector* (Madrid, 1943), y llamándole «roto, hambriento, mísero» (pág. 15), supone que sólo leía «lo que el azar puso en sus manos, ya por préstamos generosos, ya por lances adventicios» (pág. 11). ¡Siempre la leyenda! Para escribir, aun siendo académico, lo primero es enterarse [...] El documento de la subasta, que el académico desconocía, habíase publicado veintisiete años antes de su discurso... erudito». Se despacha a gusto, ¿verdad?, Astrana, IV, p. 466, n. 2.

[39] Es frecuente echar cálculos de precios medios y comparar situaciones y poderes adquisitivos para llegar a fabulosas aseveraciones que desinflan completamente afirmaciones bien construidas. No me pronuncio ni sobre si los libros eran caros o cuánto ganaba Cervantes al mes. En general, serían caros, claro, y algunos, excepcionalmente. Cuando he leído sobre el precio de los libros y los jornales de los albañiles del siglo XVI, o el precio de la hogaza de pan (por cierto, ¿dura o blanda, de trigo o de centeno; pan regalado o de Corte o de Villa?), me he sentido perplejo: en el mismo saco se meten las rentas del Grande de España con la forma de vivir del zapatero remendón (suele hacerse alusión a que no tiene libros) para ver si los libros son «caros» o «baratos». ¿Y los óleos sobre lienzo?; ¿y los pasajes a Indias? Los libros, aunque se les tase el precio, siempre serán caros. Aunque es baratísimo leer el pensamiento de otra persona en unos días de concentración, en cualquier parte del mundo; en cualquier época.

[40] Astrana, VI-I, pp. 136 y 137.

[41] MENÉNDEZ PELAYO, M.: «Cultura literaria de Miguel de Cervantes». Manejo la reedición que de este artículo se hizo en una impresionante exposición: SEVILLA ARROYO, F. (comisario): *Cervantes. Cultura literaria. Catálogo de la exposición celebrada en la BNM con motivo del 450 aniversario del nacimiento de Cervantes*, Centro de Estudios Cervantinos, Alcalá de Henares, 1997, 138 pp. Es la base positivista que debemos manejar para ver libros citados o manejados por Cervantes. El origen del texto de M. Pelayo es un discurso pronunciado en 1905.

[42] Menéndez Pelayo fue el primero en batirse el cobre por Cervantes erasmista, para intentar que no lo hicieran su banderín de enganche los liberales del XIX/XX. Luego le siguieron Américo Castro y Bataillon. A día de hoy, negar el erasmismo de Cervantes es negar una clarísima evidencia. Véanse, entre otras, las obras de Américo Castro, que siempre han de estar presentes, así CASTRO, A.: *El pensamiento de Cervantes*, Madrid, 1925; esta otra es aún vigente, BATAILLON, M.: *Erasmo y España*, 1937; VILANOVA, A.: *Erasmo y Cervantes*, CSIC, Barcelona, 1949. A día de hoy parece que los críticos literarios abandonan el tema de Erasmo y buscan otros derroteros. Véase CLOSE, A.: «Cervantes: pensamiento, personalidad y cultura», en la edición de RICO del *Quijote*, pp. lxvii-lxxxvi, en especial, p. lxxi. A Astrana le da pavor reconocer el erasmismo de Cervantes, es más, desprecia esa opinión y desperdicia los datos que tiene de López de Hoyos: no indaga en ellos, y eso que indaga hasta en las cosas más alejadas del conocido más distante de Cervantes. Prejuicios culturales, sin duda, que empañan una gran y valiente obra.

[43] BATAILLON, M.: *Erasmo y España*, p. 795, nota 90. No sé si más o menos, pero en cualquier caso, la dura ortodoxia en aquellos años estaba campando por sus respetos, como hemos visto, y así le fue a Cervantes.

[44] Reproducido muchas veces, se puede ver en BATAILLON, M.: *Erasmo y España*, pp. 800 y 801. Lo trae de nuevo a colación GÓMEZ CANSECO, Luis en «Ideas, estética y culturas de la Contrarreforma», en ALVAR EZQUERRA, A. (dir.): *Historia de España. La cultura española en la Edad Moderna*, Istmo, Madrid, 2004, pp. 209-223.

[45] Ya hablamos de Eisenberg, Baker, Close, Rodríguez, etc.

[46] Astrana VI-I, 137.

[47] Astrana, IV, p. 465.

[48] Además de tener una letra muy equilibrada y cuidada, producto de una intensa práctica, cita a Juan de Icíar en *Viaje del Parnaso* (VII, v. 60): «Llegó el gran BIEDMA, de inmortal renombre;/ y con él GASPAR DE ÁVILA, primero/ secuaz de Apolo, a cuyo verso y pluma/ ICIAR puede envidiar, temer Sincero». ICÍAR, Juan de: *Recopilación subtilisma intitulada ortografía práctica*, Zaragoza, 1548; *Aritmética práctica*, Zaragoza, 1549; *Nuevo estilo de escribir cartas mensajeras*, Zaragoza, 1552 y *Arte subtilisima, por la cual se enseña a escreuir perfectamente*, Zaragoza, 1555. Teniendo en cuenta la fecha de edición de estos versos, el impacto en la memoria de Cervantes que tuvo Icíar fue tremendo.

[49] EISENBERG, D.: «La biblioteca de Cervantes», en RIQUER, M. de: *Stvdia in honorem prof. M. de Riquer*, 3 vols., Barcelona, 1987, en concreto, vol. II, pp. 271-328. El método empleado por Eisenberg lo narra en p. 273.

[50] Dice Eisenberg: «En total, hemos hecho una lista de 202», p. 273. Sin embargo, al final del listado que nos ofrece leo: «*204*. [Zapata] Çapata, Luis. *Carlo famoso*...». A última hora, siempre aparecen cosas nuevas, sin duda; no desmerece el enorme esfuerzo hecho.

[51] EISENBERG, D.: «La biblioteca de Cervantes», p. 272.

[52] EISENBERG, D.: «La biblioteca de Cervantes», p. 274.

[53] Las armas de los bisabuelos, por falta de uso en la España del XVI («no ha mucho que vivía...») estaban en un rincón oxidándose. Él, sin embargo, tenía un galgo y habría sido aficionado a la caza.

[54] Algunos exegetas de Cervantes llegan a esa importante conclusión... ¡aunque no

era necesario darle vueltas, porque ya lo dice Cervantes!: «Hallaron más de cien cuer-pos de libros grandes, muy bien encuadernados, y otros pequeños»; no suele comentar-se que, además, estuvieran «muy bien encuadernados» (a excepción de BAKER, E.: *La biblioteca de don Quijote*, pp. 115 y ss.). Un centenar de libros grandes, encuadernados, en un aposento *ex profeso* era una verdadera fortuna. No olvidemos que, en su mayor parte, los libros salían de las tiendas en rama, o que los precios de la tasa que están en los preliminares de los libros hacen alusión a los libros sin encuadernar.

[55] Creo, pues, que todo esfuerzo por cuantificar el valor de los libros de don Quijote es baldío por imposible. Como su propia vida, sería una aventura hacerlo. Quienes nos hemos acercado a fuentes de archivo más precisas, nos hemos encontrado con mayores problemas a la hora de cuantificar. Cualquier afirmación acaba siendo un hermoso cas-tillo de fuegos artificiales. Algunos se lo preguntan y se lo responden; otros se lo pre-guntan y no contestan. He leído que el «hidalgo vivía prácticamente al margen de una economía monetaria» (BAKER, E.: *La biblioteca de don Quijote*, p. 129). Un historiador no puede admitir tal afirmación. Insisto, aunque sea monotemático: «Vendió muchas hane-gas de tierra de sembradura», esto es, de secano. No atino a comprender qué quiere decir «clase hidalga castellana [que] queda prácticamente borrada de la historia», *¿clase* hidalga? (la contradicción *in terminis* es enorme: si es «clase» lo es en función del dinero y en aquella sociedad la ley marcaba en función del estamento y se podía ser hidalgo, o mejor dicho noble —creo que es lo que quiere decir—, inmensamente rico e inmensamente pobre, pero mantenerse en el estamento, con superioridad cualitativa sobre cualquier banquero); ¿borrada de la historia en la transición de la Edad Media a la Moderna?, ¿quiere decir entre los siglos XVI y XVII? (no será por las ventas de títulos o las compras de villazgos que se hacen entonces). ¡Y además, citando a Marx, a Pierre Vilar o a Salomon! De Vilar, no hay nada que decir como historiador; mas Salomon, aunque buen conocedor de la sociedad, adolecía de dos problemas de comprensión: era filólogo y conocía bien el materialismo histórico, por ello sólo podía pedir en función de «su» dogma. A mí, personalmente, la lectura de algunos papeles de archivo o de libros como el de LÓPEZ-SALAZAR, J.: *Estructuras agrarias y sociedad rural en La Mancha (siglos XVI-XVIII)*, Ciudad Real, 1986 (se trata de más de 700 páginas explicando ese mundo) me lleva por otros derroteros, y no digamos si nos acercamos a Domínguez Ortiz. Si de las ventas de las tierras sacó el dinero, falta preguntarnos: ¿a cuánto estaba la fanega de trigo? Y acto seguido, ¿cuál? Porque las había de distintas calidades, y la venta de bie-nes inmuebles está sujeta, como sabe el lector, a vaivenes de oferta, demanda, calidad y necesidad y así, intentaríamos darle lógica a un par de situaciones ficticias y Cervantes volvería a habernos ganado: ¡habríamos enloquecido nosotros! Las permeabilidades sociales y las bases de aquella sociedad las trata Domínguez Ortiz en un texto (¡en cien-tos!) que no creo lejano a los cervantistas: *Miguel de Cervantes: don Quijote de la Mancha*, Francisco RICO (ed.), Barcelona, 1998, pp. lxxxvii-civ.

[56] BAKER, E.: *La biblioteca de don Quijote*, p. 112.

[57] Cervantes es «un creyente ilustrado para quien no todo, en la religión, está en un mismo plano». BATAILLON, M.: *Erasmo y España...*, p. 785. La exegesis sobre qué es, ver-daderamente, la espiritualidad que hay dentro del Caballero del Verde Gabán, en p. 793.

[58] CLOSE, A.: «Cervantes: pensamiento, personalidad y cultura», p. lxxv.

CAPÍTULO III. «Yo me hallé en aquella felicísima jornada»

[1] Son muy interesantes y sabrosos los comentarios de RIQUER, M. de «Cervantes en Barcelona» en Riquer, M. de: *Para leer a Cervantes*, Barcelona, 2003, pp. 295 y ss. Me ha dado la impresión de que confunde limpieza con hidalguía.

[2] «Mi nombre es *Periandro*, de nobilísimos padres nacido, y al par de mi nobleza corre mi desventura y mis desgracias, las cuales por ser tantas no conceden ahora lugar para contártelas. Esa Auristela que buscas es una hermana mía que también yo ando buscando, que, por varios acontecimientos, ha un año que nos perdimos» (*Persiles*, I, II).

[3] La bibliografía sobre las fiestas urbanas es ya muy abundante. A mano tengo un espectacular FAGIOLO DELL'ARCO, M.: *Corpus delle feste a Roma. La festa barocca*, Edizioni de Luca, Roma, 1997, cuyo catálogo, aunque empieza en 1585, nos sirve sobradamente para imaginar el ambiente que añora Cervantes en las líneas que han producido esta nota.

[4] MEREGALLI, F.: «La literatura italiana en la obra de Cervantes», *Arcadia Zeitschrift fur Vergleichende Literaturwissenschaft (Berlin)*, VI (1971), pp. 1-15. SAVJ-LÓPEZ, P.: «Don Chisciotte e l'Italia», *Secolo XX*, 15 (1916), pp. 502-506. RUFFINATTO, A.: «Tradurre Cervantes», en *E vós, Tágides Minhas* «Miscellanea in onore di Luciana Stegagno Picchio», Viareggio-Lucca, 1999, pp. 565-583.

[5] BOCCACCIO, G.: *El Decamerón*, trad. de María HERNÁNDEZ ESTEBAN, Madrid, Cátedra, 1994, p. 384.

[6] Don Carlos pretendió tantas cosas cuantas sus escasas y confusas luces le decían. No había cortesano en su sano juicio que pensara que se podría sacar provecho político apoyando las irreales pretensiones de aquel desgraciado.

[7] Algunas lecturas: BRAUDEL, F.: *El Mediterráneo y el mundo mediterráneo en la época de Felipe II*, Madrid, 1976. GARCÍA HERNÁN, D. y E.: *Lepanto: el día después*, Madrid, 1999. GRANZOTTO, G.: *La battaglia di Lepanto*, Milán, 1979. HESS, A. C.: «The Battle of Lepanto and its place in Mediterranean History», *Past and Present*, 57 (1972), pp. 53-73. *Il Mediterraneo nella seconda metà dell'500 alla luce di Lepanto, Atti del convegno, Venezia 8-10 ott. 1971*, a cura di G. Benzoni, Florencia, 1974. MANTRAN, R.: «L'écho de la bataille de Lépanto à Constantinople», *Annales E. S. C.*, 28 (1973), pp. 396-405. PARKER, G. y THOMPSON, I.: «The battle of Lepanto, 1571. The cost of victory», *Mariner's Mirror*, 64 (1978), pp. 13-21. LEPANTO, *Exposición conmemorativa del IV centenario de la batalla*, Barcelona, 1971. Si apetece un texto sin referencias ni notas, BEECHING, J.: *The galleys at Lepanto*, Nueva York, 1983, etc.

[8] Viendo estas cifras, de una sola batalla, uno no acaba de entender la conmiseración para unos, el desprecio hacia lo propio.

[9] Me refiero a la probanza de sangre de los Cervantes pedida por Rodrigo, el padre. La declaración de dos testigos, los alféreces Mateo de Santisteban y Gabriel de Castañeda, se hizo en Madrid desde el 17 de marzo de 1578 en adelante y la reutiliza Cervantes en 1580 al pedir un oficio en Indias.

[10] Los alcaldes de Casa y Corte dependían de la Sala Quinta del Consejo de Castilla y sus atribuciones, amplísimas, procedían de dos fundamentales: mantener la paz y el orden en la localidad en la que residiera el rey y asegurar el abastecimiento del lugar. Para ello, ejercían justicia civil y criminal en el lugar de asiento del rey (no en Palacio; allí es el mayordomo mayor para los criados regios) y cinco leguas a su alrededor. Los alcaldes ordenaban la «vida de Corte» y los regidores, la «vida de Villa», de tal manera que había dos ciudades en una. Desde 1561, las fricciones entre los regidores de Madrid y los Alcaldes de Casa y Corte fueron constantes. Los Alcaldes eran rectos, temidos, serios.

[11] Las órdenes de combate a los soldados embarcados y adiestrados como infantería las da el capitán de la compañía o sus oficiales, no los capitanes de la galeras, que son marineros, aunque hayan sido avezados guerreros.

[12] Hoy, menos mal también, toda esa violencia que tiene el organismo animal del hombre se ha canalizado y los países civilizados la expulsan semanalmente en un lugar y durante un tiempo determinado, enfrentándose los suyos contra los otros en esa cosa tan curiosa que se llama deporte y, en Europa, fútbol.

¹³ «En este ayuntamiento el señor teniente dijo que él por orden del ilustrísimo cardenal, por la buena nueva que vino, mandó que los trompetas de Su Majestad tañesen la noche de los Santos en este ayuntamiento, y tañeron». A. V. M., *Libros de Acuerdos*, 5 de noviembre de 1571.

¹⁴ Acuerdo Municipal de 1 de noviembre de 1571.

¹⁵ STIRLING-MAXWELL, Sir W.: *Don John of Austria, or passages from the History of the sixteenth century, 1547-1578*, 2 vols., Londres, 1883; BENNASSAR, B.: *Don Juan de Austria. Un héroe para un Imperio*, Temas de Hoy, Madrid, 2000.

CAPÍTULO IV. «Esta, señores, que veis aquí pintada, es la ciudad de Argel»

¹ Éstas son algunas lecturas útiles para la comprensión de las páginas siguientes: BENNASSAR, B. y L.: *Los cristianos de Alá. La fascinante aventura de los renegados*, Madrid, 1989; BONO, S.: *Corsari nel Mediterraneo. Cristiani e musulmani fra guerra, schiavitú e commercio*, Milán, 1993; BUNES IBARRA, M. Á. de: *La imagen de los musulmanes y del norte de África en la España de los siglos XVI y XVII*, Madrid, 1989; GARCÍA-ARENAL, M. y BUNES IBARRA, M. A. de: *Los españoles y el norte de África, siglos XV-XVIII*, Madrid, 1992; CAMAMIS, G.: *Estudios sobre el cautiverio en el Siglo de Oro*, Madrid, 1977; FRIEDMAN, E. G.: *Spanish Captives in north Africa in the Early Modern Age (16-18c.)*, Madison, 1983; SOLA, E.: *Un Mediterráneo de piratas: corsarios, renegados y cautivos*, Madrid, 1988; SOLA, E. y PEÑA, J. F. de la: *Cervantes y la Berbería (Cervantes, mundo turco-berberisco y servicios secretos en la época de Felipe II)*, Madrid, 1995; WOLF, J. B.: *The Barbary Coast. Algeria under the Turks*, London-New York, 1979.

² En septiembre de 2003 cada onza de oro de 29 gramos está en el mercado internacional a 337 euros. Aunque no deja de ser un juego de artificio hacer conversiones de éstas, usando datos en bruto, por Cervantes se pidieron unos veinte mil euros de rescate: no sirve de nada esto porque el precio del oro hoy, su valor de mercado e intercambio, lo que técnicamente se llama «paridad de poder adquisitivo» o, lo que es lo mismo, cuánto podríamos comprar hoy con el oro que iba en esos 500 escudos, no hay manera de averiguarlo, porque la calidad de los bienes o los bienes de consumo y demás no son lo mismo. La familia, no lo olvidemos, hubo de vender todo y no pudo pagar el rescate completo. Éste es el dato «cualitativo» con que debemos quedarnos. Lo demás son quimeras. Por estas razones es ridículo buscar el «valor» de la biblioteca de Cervantes...

³ Comentando las hipótesis de la homosexualidad de Cervantes (COMBET, L.: *Cervantes ou les incertitudes du decir: une approche psychostructurale de l'ouvre de Cervantes*, Presses Universitaires, Lyon, 1980, 593 pp. y ROSSI, R.: *Escuchar a Cervantes. Un ensayo biográfico*, Valladolid, Ámbito, 1988,104 pp.), dice Canavaggio que no las acepta porque los datos le parecen insuficientes, no existen escritos íntimos de Cervantes y tampoco hay «testimonios directos». Y concluye, seria, pero irónicamente: «Cualquier sistematización de las metáforas obsesivas que se busque en [las figuraciones simbólicas de las ficciones cervantinas] ha de desembocar, inevitablemente, en una triste reunión de fantasmas», en CANAVAGGIO, J.: *Cervantes, entre vida y creación*, p. 27. A la falta de consistencia o a la elucubración psico— «algo» yo añadiría la necesidad cultural de fabricar cada generación su mito. Ahora nos toca Cervantes homosexual.

⁴ El «Consejo de Cruzada» se dedicaba a organizar y gestionar la recaudación de dinero para las guerras contra infieles y herejes. Todos los años se pregonaban indulgencias a quienes dieran limosna a los frailes que, pueblo por pueblo, iban recogiendo aportaciones de los creyentes.

[5] No puedo resistirme a incluir ya su definición de la poesía. «La poesía, señor hidalgo, a mi parecer, es como una doncella tierna y de poca edad, y en todo estremo hermosa, a quien tienen cuidado de enriquecer, pulir y adornar otras muchas doncellas, que son todas las otras ciencias, y ella se ha de servir de todas, y todas se han de autorizar con ella; pero esta tal doncella no quiere ser manoseada, ni traída por las calles, ni publicada por las esquinas de las plazas ni por los rincones de los palacios. Ella es hecha de una alquimia de tal virtud, que quien la sabe tratar la volverá en oro purísimo de inestimable precio; hala de tener, el que la tuviere, a raya, no dejándola correr en torpes sátiras ni en desalmados sonetos; no ha de ser vendible en ninguna manera, si ya no fuere en poemas heroicos, en lamentables tragedias, o en comedias alegres y artificiosas; no se ha de dejar tratar de los truhanes, ni del ignorante vulgo, incapaz de conocer ni estimar los tesoros que en ella se encierran. Y no penséis, señor, que yo llamo aquí vulgo solamente a la gente plebeya y humilde; que todo aquel que no sabe, aunque sea señor y príncipe, puede y debe entrar en número de vulgo» (*Quijote*, II, XVI).

[6] Canavaggio dedicó unas páginas a la identificación de uno de esos rescatados, citado por Cervantes en *El trato de Argel*, que se llamaba Hernando de Ormaza. CANAVAGGIO, J.: *Cervantes entre vida y creación*, pp. 33-37.

[7] Descubierta en 1863, hoy se da por perdida. Emilio Arrieta le puso música. No sé qué tiene, que a todos los que hemos escrito sobre Cervantes nos ha cautivado... Un tercio de la carta, la parte final, es recitado por Saavedra en *El trato de Argel*. Comoquiera que en un verso dice «mi lengua balbuciente y cuasi muda», algunos autores ensoñadores han querido ver que Cervantes se autodeclaraba tartamudo. ¡Qué bobada! Cervantes hace alusión, en ese verso, a que si alguna vez estuviera ante Felipe II le hablaría balbuceando, como les pasaba a todos —o casi todos— los que ante el rey estaban. Recordemos que una de las palabras que solía decir aquel impertérrito rey ante sus visitas era el terrorífico «Sosegaos»...

[8] Astrana da datos históricos de la cueva. El 7 de mayo de 1905 se inauguró un monumento en la cueva de Hamma.

[9] Los datos sobre este personajucho son contradictorios. No se sabe bien quién era, aunque hay indicios de que era hijo natural de una esclava negra y de un energúmeno, el alcalde mayor de Melilla, Bartolomé Dorador. Tal vez veinteañero, cuando ocurren estos sucesos de Argel. Véase Astrana, II, 558.

[10] Astrana, II, 553. Todos estos extremos se conocen por la *Topographia...* de Haedo y por la *Información de Argel*, del Archivo General de Indias.

[11] Quien así habla es el doctor Sosa, en *Información...* respuesta VI. Citado por Astrana, II, 553. Sosa era un sacerdote que estaba prisionero en una oquedad (desgraciadamente, los españoles hemos cambiado nuestro vocabulario y sabemos qué quiere decir *zulo*) húmeda, hedionda y cargado de cadenas y sin poderse mover. Fue conminado por Cervantes para que huyera con ellos, pero el buen hombre no tenía fuerzas ni moral para seguirles. Cervantes debió de poderse entrevistar con él sobornando a alguno de los empleados de Hasán.

[12] Astrana, II, 586.

[13] CANAVAGGIO, J.: *Cervantes*, pp. 137 y 138. También «Agi Morato entre historia y ficción» en *Cervantes, entre vida y creación*, pp. 39-44.

[14] La bibliografía es abundantísima, pero me limitaré a citar MARAÑÓN, G.: *Antonio Pérez (el hombre, el drama, la época)* en *Obras* completas, vol. VI, Madrid, 1970; ALVAR EZQUERRA, A. (ed. lit.): *Antonio Pérez. Relaciones y Cartas*, 2 vols., Turner, Madrid, 1986; FERNÁNDEZ DE MOLINA, A. (ed.): *Antonio Pérez. Semana Marañón '98*, Madrid-Zaragoza, 1999; GASCÓN PÉREZ, J.: *La rebelión de las palabras. Sátiras y oposición política en Aragón (1590-1626)*, Zaragoza, 2003 y FAIRÉN GUILLÉN, V.: *Los procesos penales de Antonio Pérez*, Zaragoza, 2003, obra clave y monumental donde las haya.

[15] Astrana, V, pp. 19 y ss.

CAPÍTULO V. «Ya a vista de tierra de España»

[1] Algunos autores que se deben conocer y algunos títulos seleccionados: BARROSO, C.: *Cervantes e Portugal. Curiosidade literaria [...] Dedicada ao respeitabel Dr. E.W. Thebussem, Barão de Thirmenth*, Lisboa, s.a. [1872]; BOUZA, F.: *Portugal en la Monarquía Hispánica (1580-1640). Felipe II, las Cortes de Tomar y la génesis del Portugal Católico*, tesis doctoral, 2 vols., Madrid, 1987; del mismo autor, «Portugal na Monarquia de Filipe II de Espanha. Os termos da apregação das coroas no Portugal dos Filipes», en *Cartas para duas infantas meninas. Portugal na correspondência de D. Filipe I para as suas filhas (1581-1583)*, Lisboa, 1999; ESCAGÜÉS Y JAVIERRE, I.: *Miguel de Cervantes y la Geografía de Portugal. Conferencia*, Lisboa, 1948; GODINHO, V. M.: «Fluctuações e devir estructural do século XV ao século XVI», en *Ensaios. II. Sobre história de Portugal*, Lisboa, Livraria Sa da Costa Editora, 1968; del mismo, «1580 e a Restauração», en *Ensaios. II. Sobre história de Portugal*, Lisboa, 1968; HERRERO GARCÍA, M.: *Ideas de los españoles en el siglo XVI*, Madrid, 1966; HESPANHA, A. M.: *Vísperas de Leviathan*, Madrid, 1989; del mismo, «As Cortes e o Reino. Da União à Restauração», en *Cuadernos de Historia Moderna* (Madrid), 11 (1991), pp. 21-56; MAURO, F.: *Le Portugal et l'Atlantique au XVIIe siècle (1570-1670)*, Paris, 1960; MEDINA, J. T.: *Cervantes en Portugal*, Santiago de Chile, 1926; PARKER, G.: «David or Goliath? Philip II and his world in the 1580s», en G. PARKER y R. KAGAN (eds.): *Spain, Europe and the Atlantic world. Essays in honour of John H. Elliott*, Cambridge, 1995, pp. 245-266; ALVAR EZQUERRA, A.: «Benito Arias Montano en Portugal» en GIL, J., SÁNCHEZ SALOR, E. y ALVAR EZQUERRA, A. (coms.): *Arias Montano y su tiempo*, Badajoz, 1998, pp. 189-214.

[2] Archivo General de Simancas, «Consejo y Juntas de Hacienda», *Libros de Registro*, 40. Se trata de una relación de visitas a Palacio, como los Libros de Registro que hoy se rellenan, tras pedirnos la documentación, en cualquier institución. Ni entonces, ni hoy, constan en esos folios las causas de la visita... pero quedó anotado que los dominicos de Orán mandaron una comisión ante el rey en 1581.

[3] Datos que he tomado de SOLA, E. y PEÑA, J. F. de la: *Cervantes y la Berbería. Cervantes, mundo turco-berberisco y servicio secreto en la época de Felipe II*, F.C.E., Madrid, 1995, pp. 175 y ss.

[4] Editadas íntegramente y reproducidas facsimilarmente por ASTRANA, III, 143 y ss. En esta, como en tantísimas ocasiones, al autor le cuesta mucho decir la procedencia de sus informaciones. El código deontológico del historiador, consuetudinario, no escrito, anima a que seamos claros, rigurosos y generosos ofreciendo a los que nos siguen la procedencia de nuestro conocimiento, especialmente si se trata de manuscritos. En su defecto, o las afirmaciones no las tenemos por veraces, o al autor lo tendremos por avaro.

[5] «Como tantos otros correos de avisos urgentes [...] que recorrían el Mediterráneo coordinados por los servicios secretos españoles», dicen SOLA, E. y PEÑA, J. F. de la: *Cervantes y la Berbería*, p. 177.

[6] Los datos que vienen a renglón seguido proceden de la voz *Gómez de Eraso, Antonio*, en MARTÍNEZ MILLÁN, J. Y CARLOS MORALES, J. C. de (dirs.): *Felipe II (1527-1598). La configuración de la Monarquía Hispana*, Junta de Castilla y León, Salamanca, 1998.

[7] Archivo General de Simancas, *Guerra Antigua*, 123, 1. Descubierta la carta por Concepción Álvarez Terán, que la cedió a otros para su publicación.

[8] Esta primera petición de paso a Indias es comentada por Astrana, VI-I, pp. 510 y ss.

[9] Aunque la «Aprobación» del mismísimo Lucas Gracián Dantisco y la «Licencia real» llevan fecha de 1 de febrero de 1584 y 22 de febrero de 1584, mientras que la «Fe de erratas» y la «Tasa» —«a tres maravedíes el pliego escripto en molde»— se datan a «postrero de febrero de ochenta y cinco» y 13 de marzo del mismo año.

[10] Las influencias y la cantidad de textos pastoriles que circulaban entonces por España son temas bien conocidos por los filólogos. Para más bibliografía, remito a ALVAR, C.: «Le dediche delle opere di Cervantes» en TERZOLI, M. A. (ed.): *I margini del libro. Indagine teorica e storica sui testi di dedica*, Editrice Antenore, Roma-Padua, 2004, pp. 141-162, p. 143, nota 3.

[11] ALVAR, C.: «Le dediche delle opere di Cervantes», pp. 144 y 145.

[12] Me remito, aunque no es su trabajo más extenso, pero sí el de edición más reciente, a PORQUERAS MAYO, A.: «Los prólogos de Cervantes», en PORQUERAS MAYO, A.: *Estudios sobre Cervantes y la Edad de Oro*, Centro de Estudios Cervantinos, Alcalá de Henares, 2003, pp. 113-125 y «El prólogo en el Manierismo español, herencia clásica y reescritura original», pp. 37-47.

[13] Las alabanzas se las devuelve luego Cervantes, puestas en boca de Calíope:

¿Quién pudiera loaros, mis pastores,
un pastor vuestro amado y conoscido,
pastor mejor de cuantos son mejores,
que de Fílida tiene el apellido?
La habi[lli]dad, la sciencia, los primores,
el raro ingenio y el valor subido
de Luis de Montalvo, le aseguran
gloria y honor mientras los cielos duran.

[14] RIQUER, M. de: «Cervantes: vida y literatura» en Riquer, M. de: *Para leer a Cervantes*, Barcelona, 2003, p. 59.

[15] *Quijote*, I, XL; también en *Gallardo español*; en *El trato de Argel*.

[16] Un siciliano, Francesco Tabo, «hizo con sus compañeros ayer en Palazio delante de Su Majestad la Reina, ciertos juegos de títeres y vueltas de que dieron contentamiento a Su Majestad». Cit. por SANZ AYÁN, C. y GARCÍA GARCÍA, B.: *Teatros y comediantes en el Madrid de Felipe II*, Editorial Complutense, Madrid, 2000, en concreto, p. 21.

[17] Cit. por SANZ AYÁN, C. y GARCÍA GARCÍA, B.: *Teatros y comediantes...*, p. 19. Los autores hacen hincapié en que desde 1564 «son pléyade los comediantes autóctonos que realizaban su trabajo para deleite de la familia real y sus notables criados», pp. 19 y 20.

[18] Sobre estas cuestiones he editado algunas impresiones en *Felipe II, la Corte y Madrid en 1561*, Madrid, CSIC, 1985, 86 pp.; *El Nacimiento de una capital europea. Madrid entre 1561 y 1606*. Premio Villa de Madrid de Ensayo y Humanidades, 1987. Ediciones Turner-Ayuntamiento de Madrid, Madrid, 1989, 340 pp.; *Creyentes y gobernantes en tiempos de Felipe II: la religiosidad en Madrid*, Consejería de las Artes, Comunidad de Madrid, 2002; «Los traslados de corte y el Madrid de los Austrias (1561 y 1601-1606)», en MORÁN, Miguel y GARCÍA, Bernardo J. (eds.): *El Madrid de Velázquez y Calderón. Villa y corte en el siglo XVII*, I. Estudios Históricos, Madrid, Ayuntamiento de Madrid, 2001, pp. 41-60; «Espacios sociales en el Madrid de los Austrias», en MORÁN, Miguel y GARCÍA, Bernardo J. (eds.): *El Madrid de Velázquez y Calderón. Villa y corte en el siglo XVII*, I. Estudios Históricos, Madrid, Ayuntamiento de Madrid, 2001, pp. 151-168, etc.

[19] Sigo en estas líneas a SANZ AYÁN, C. y GARCÍA GARCÍA, B. J.: *Teatros y comediantes...*

[20] Los estudios clásicos son, a mi modo de ver: ALLEN, J. J.: *The Reconstruction of a Spanish Golden Age Playhouse*, University Press of Florida, 1983; y del mismo, «Los corrales de comedias y los teatro coetáneos ingleses», *Edad de Oro*, 5 (1986), pp. 5-20; ARRÓNIZ, O.: *Teatros y escenarios del Siglo de Oro*, Madrid, 1977; DÍEZ BORQUE, J. Mª. (ed.): *Teatros del Siglo de Oro. Corrales y coliseos de la Península Ibérica*, Cuadernos de Teatro Clásico, 6 (1991); RUANO DE LA HAZA, J. M.ª y ALLEN, J. J.: *Los teatros comerciales del siglo XVII y la escenificación de la comedia*, Madrid, 1994; SENTAURENS, J.: *Séville et le théâtre de la fin du Moyen Age à la fin du XVIIe siècle*, Université de Lille III, 1984 (2

vols); SENTAURENS, J.: «Los corrales de comedias de Sevilla», *Cuadernos de Teatro Clásico*, 6 (1991), pp. 69-89; SHERGOLD, N. D.: *A History of the Spanish Stage, from Medieval Times until the End of the XVIIth Century*, Oxford, 1967; también de SHERGOLD, N. D.: *Fuentes para la historia del teatro en España, X. Los corrales de comedias de Madrid: 1632-1745. Reparaciones y obras nuevas. Estudios y documentos*, Londres, 1989.

[21] VIDAL GALACHE, F.: *Bordes y bastardos. Una historia de la Inclusa de Madrid*, Compañía Literaria, Madrid, 1995. También, un ensayo metodológico con algunos alumnos en «Algunos resultados de la aplicación del nuevo Plan de Estudios», en *Cuadernos de Historia Moderna*, (Madrid) 17 (1996), pp. 217-267.

[22] El mismo día que se reciben las buenas nuevas de Portugal, por la tarde hay sesión extraordinaria del Ayuntamiento: [9 de septiembre de 1580] «En este ayuntamiento se cometió a los señores Pedro Rodríguez de Alcántara y Antonio Díaz de Navarrete que vayan en nombre de esta Villa a todos los señores presidentes y señores de los consejos y les pidan limosna para el remedio del curar los pobres [...] En el Hospital de la Merced se han de ar[mar] ocho camas, las dos ha de armar dos camas y la Villa ha de poner seis para ocho enfermas y sustentar todas ocho camas con médico y botica y mantenimiento [...]. En el Hospital de los Peregrinos se puedan armar cuarenta camas. Hay mantas para ellas. Y [...] ha de proveer esta Villa de mantenimiento, ropa, médico y botica. En el Hospital de Antón Martín se ha de armar diez y siete camas. Hay en él ropa y enfermeros ha de proveer la Villa de mantenimiento, botica y médico. En lo tocante a el Hospital de La Latina de las camas que allí se armaren han de ser administradores los señores don Alonso Ramírez y licenciado Matienzo y hacer proveer de lo necesario: camas y ropa, médicos y botica y bastimento ha de ser para tratar. Que en el Hospital de la Corte se acrecienten hasta cien camas y las que se armaren ahora de nuevo ha de acudir la Villa a proveerlas como está dicho. Que los señores Velázquez de la Canal y Nicolás Suárez se junten con el señor Corregidor y hagan todas las diligencias necesarias para la buena hospitalidad, abrigo y recogimiento de los pobres y para se coger la limosna y distribuirla y para hacer comprar la ropa y camas y proveer de médicos, boticas y bastimentos y de todo lo necesario. Y los dichos señores comisarios, o cualquiera de ellos, con el dicho.

Que el señor Velázquez de la Canal haga juntar la Hermandad de los caballeros del Hospital de San Ginés y proponga en él que se encarguen de hacer visita general a los enfermos pobres que tienen casa y cama y carecen de todo lo demás necesario y que esta Villa para esta caridad ayudará a la Hermandad todo lo necesario para remedio de los dichos pobres necesitados y acuda a hacer relación a los dichos señores Corregidor y comisarios de lo que hubiere para que provean todo lo necesario.

En este ayuntamiento se acordó que se dé cuenta a Su Majestad por una carta suplicándole sea servido a ayudar a esta Villa con su limosna para ayuda a esta necesidad y otra para el ilustrísimo cardenal de Toledo, la minuta de las cuales se hizo en este ayuntamiento, las cuales mandaron se escriban y envíen.

[23] Escribe Mateo Vázquez al rey: «La reducción de los hospitales no se me cae de la memoria, porque sería mucho seruicio de Dios hazerse, y convendría que el Presidente [del Consejo Real de Castilla] con azesos y continuación la procurase hasta que se hiziese», Madrid, 30 de marzo de 1576. RIBA GARCÍA, C.: *Correspondencia privada de Felipe II con su secretario Mateo Vázquez*, pp. 32 y 33.

[24] Tengo la esperanza de que el ldo. Miguel Ángel García Sánchez dé luz y ponga las cosas en su sitio cuando termine su tesis doctoral. [29 de enero de 1586]: «En este ayuntamiento, el señor Corregidor dijo que Su Majestad ha cometido al señor don Pedro Portocarrero la reducción de los hospitales al hospital general, y que para que de parte de esta villa se hagan las diligencias necesarias. Y visto por los dichos señores, cometieron a los señores don Pedro de Vozmediano y Nicolás Suárez para que con el señor Corregidor se junten con el vicario de esta villa y traten de este negocio. Y comuniquen

lo que trataren al dicho señor don Pedro Portocarrero, y en nombre de esta villa hagan las diligencias necesarias».

No me extiendo más, sólo algunas referencias hasta ahora desconocidas: [26 de noviembre de 1586] «El señor don Jerónimo de Barrionuevo y el señor Francisco del Prado informen a los señores cardenal de Toledo y comisario general de la santa cruzada de los daños e inconvenientes que resultaban si en la reducción general de los hospitales de la Villa por las razones que llevan entendidos...».

También: [3 de marzo de 1587] «En este ayuntamiento se vio una petición que se dio por parte del colegio de las niñas huérfanas desamparadas pretendiendo por las razones que en ella dice que la Villa las ampare y defienda de la reducción de los hospitales que está mandado hacer para que no se comprenda en él y con esta ocasión el Corregidor hizo relación de como se la ha cometido y mandado juntamente con el vicario de esta villa que hagan y ejecuten la dicha reducción. Y habiendo la villa entendido una de las dos cosas que se señalan para ella es y los hospitales de los convalecientes en que se manda reducir a él, el que ahora se llama General y que es sitio y edificio de él era y es muy aventajado para este efecto por muchas causas y razones que se trataron y platicaron. Acordaron que de todas ellas se haga un memorial para el rey nuestro señor y otro para el reverendísimo de Toledo suplicándolos que se ejecute la reducción de los dichos hospitales en el de Antón Martín y en el que ahora esta el Real porque lo que más conviene al servicio de Dios y bien de esta república de los dichos pobres y que don Pedro de Vozmediano y Nicolás Suárez juntamente con don Alonso de Mendoza y Rodrigo de Tapia que fueron nombrados por esta villa por comisión para la fundación del dicho Hospital General hagan dar los dichos memoriales e informes de palabra a todas las personas que les pareciere que conviene y hagan todas las demás diligencias así para que la dicha reducción se haga en las dichas dos casas como para que no se comprenda ni entienda con el colegio de las dichas niñas por las razones y causas que para ello hay como porque no están comprendidas bien de su secretario que para la dicha reducción hay. Lo cual todo pasó y se acordó de conformidad y don Pedro de Vozmediano y Nicolás Suárez dijeron que ellos fueron de parecer, dieron consentimiento que se redujese el dicho colegio y así les parece muy bien lo que la villa ha acordado».

[25] Actas del Ayuntamiento de Madrid, 28 de septiembre de 1588. La mala situación de la caridad en Madrid: [25 de noviembre de 1588] «Acordóse que se dé petición en el Consejo pidiendo licencia para que esta villa pueda comprar unas casillas que están arrimadas al Colegio de la Doctrina a las espaldas que se venden para el ensanche del colegio que es necesario por la mucha apretura que en él hay necesidad de hacer dormitorios que por haber tantos niños después de la reducción de los hospitales no tienen donde dormir y de otras cosas que tiene necesidad para la comodidad de los niños y el procurador general dé la petición y haga las demás diligencias que cerca de ello sean necesarias».

[26] En lunes hubo 438; martes, 484; miércoles, 435; jueves, 452; viernes, 419; sábados —curiosamente— 273 y, claro, domingos, 623. SANZ AYÁN, C. y GARCÍA GARCÍA, B. J.: *Teatros y comediantes...*, p. 58. Hay una «estacionalidad» en las representaciones: máximos en noviembre-febrero; mínimos en marzo y abril. Segundos mínimos en junio-julio, agosto y septiembre... en los meses de tareas agrícolas.

[27] SANZ AYÁN, C. y GARCÍA GARCÍA, B. J.: *Teatros y comediantes...*, p. 75.

[28] COTARELO Y MORI, E.: *Bibliografía de las controversias sobre la licitud del teatro en España,* Madrid, 1904. Recientemente reeditada a cargo de José Luis Suárez García. También, un clásico, RODRÍGUEZ MARÍN, F.: *Aportaciones para la historia del histrionismo español,* Madrid, 1914.

[29] Desarrolla la cuestión ASTRANA, V, p. 410.

[30] Para mejor información, selecciono algunos títulos y autores y, si hubiera que reducir a uno, las síntesis de J. G. MAESTRO: ARATA, S.: «Notas sobre *La conquista de*

Jerusalén y la transmisión manuscrita del primer teatro cervantino», *Edad de Oro* 16, (1997), pp. 53-66; CANAVAGGIO, J.: *Cervantes dramaturgue: un théâtre à naître*, París, 1977; CASALDUERO, J.: *Sentido y forma del teatro de Cervantes*, Madrid, 1974; CLOSE, A.: «Cervantes frente a los géneros cómicos del siglo XVI», en CASASAYAS, J. M. (ed.): *Actas del III Coloquio Internacional de la Asociación de Cervantistas*, Barcelona, 1993, pp. 89-104; MAESTRO, J. G.: «Poética del personaje en las comedias de Miguel de Cervantes», *Cervantes. Bulletin of Cervantes Society*, 19 (1999), pp. 55-86; MAESTRO, J. G.: *La escena imaginaria. Poética del teatro de Miguel de Cervantes*, Frankfurt, 2000; MEREGALLI, F.: «Las ocho comedias», *Introducción a Cervantes*, Barcelona, 1992, pp. 133-152; VALBUENA PRAT, A.: «Cervantes», *El teatro español en su Siglo de Oro*, Barcelona, 1969, pp. 9-58; ZIMIC, S.: *El teatro de Cervantes*, Madrid, 1992...

[31] Astrana, III, 322 y ss.

[32] Alonso Rodríguez fallece en Madrid, en la parroquia de san Martín y sin testar el 23 de octubre de 1587. Astrana, IV, p. 203.

[33] Astrana ofrece interpretaciones contradictorias, según se fueron editando sus tomos. Entre tomo y tomo seguía investigando y, por ende, aportando más y más datos que en ocasiones le hacían cambiar de opinión. Creo que lo definitivo sobre Laínez, en Astrana, V, pp. 465 y ss.

[34] Astrana, V, p. 472.

[35] En *La Gitanilla*: «Por ellos hasta el cielo me levanto, / y sin ellos me corro y me avergüenzo: / tal es LAÍNEZ, tal es FIGUEROA, / dignos de eterna y de incesable loa» (*Gitanilla*, VI). Al parecer, Juana Gaitán es de ascendencia morisca (Canavaggio, *Cervantes*, p. 193).

[36] Astrana, III, p. 417 y n. 2.

[37] Cuando falta Cervantes el paciente cura se hace cargo de las cosas de familia. Murió el 5 de mayo de 1595. Dejó a su sobrina y a su esposa unas tierras y viñedos. «Todos los libros de latín» a otro sobrino, Francisco. Astrana, V, pp. 169 y ss.

[38] Astrana, III, p. 467.

[39] Astrana, IV, p. 202 inserta la partida de defunción.

[40] «—¡Ah, señor mío! —dijo a esta sazón la sobrina—; advierta vuestra merced que todo eso que dice de los caballeros andantes es fábula y mentira, y sus historias, ya que no las quemasen, merecían que a cada una se le echase un *sambenito*, o alguna señal en que fuese conocida por infame y por gastadora de las buenas costumbres» (*Quijote*, II, VI).

[41] Creo que no se ha reparado suficientemente en la importancia que da Cervantes en sus escritos a los archivos. Como botón de muestra, acércate conmigo, lector, al «Prólogo» del *Quijote*: «En fin, señor y amigo mío —proseguí—, yo determino que el señor don Quijote se quede sepultado en sus archivos en la Mancha...».

[42] ¡Otra vez me vienen a las mentes los alcaldes de Daganzo y sus habilidades y destrezas!

[43] No está de menos la escena de los méritos de Humillos:

BACHILLER. ¿Sabéis leer, Humillos?/ HUMILLOS. No, por cierto,/ ni tal se probará que en mi linaje/ haya persona tan de poco asiento,/ que se ponga a aprender esas quimeras,/ que llevan a los hombres al brasero,/ y a las mujeres, a la casa llana./ Leer no sé, mas sé otras cosas tales/ que llevan al leer ventajas muchas./ BACH. Y ¿cuáles cosas son?/ HUM. Sé de memoria/ todas cuatro oraciones, y las rezo/ cada semana cuatro y cinco veces./ RANA Y ¿con eso pensáis de ser alcalde?/ HUM. Con esto, y con ser yo cristiano viejo,/ me atrevo a ser un senador romano.

[44] He seguido, en la exposición de estos sucesos, los datos aportados por Astrana en sus vols. III y IV. Aunque he de declarar mi admiración por su trabajo, creo que, al confundir nobleza y limpieza, no acaba de comprender totalmente el significado de estas probanzas.

⁴⁵ Astrana, III, pp. 484 y 485.

⁴⁶ «Prólogo» de *Ocho comedias...*

⁴⁷ Enunciadas sin mucha base documental —y de manera un tanto despectiva— por MARAÑÓN, G.: *El Greco y Toledo*, Madrid, 1958, pp. 94 y ss.

⁴⁸ ASTRANA, IV, p. 7.

⁴⁹ Y si no «ya», poco faltaba, porque ido —o expulsado— trece años de su casa, lo podrían explicar. Cada vez hay menos dudas de que aquel matrimonio tenía que hacer aguas, aunque al final de la vida, todo se recompuso. Las alusiones a la infidelidad de la mujer son varias. Recojo las palabras de Martín de Riquer: «Sobre el carácter de ésta [de la esposa Catalina de Salazar] no se posee ningún dato infamante, aunque tal vez correrían habladurías poco piadosas, como parece indicar un pasaje del *Quijote* de Avellaneda, en el que se dice, en términos groseros, que los maridos engañados «se fortifican en el castillo de san Cervantes». *Vid.* su edición de *Don Quijote de la Mancha*, para Hispánicos Planeta, Barcelona, 1975, p. xx; Astrana no quiere ni oir hablar del tema, VI-I, p. 172 y ss. No considero difícil creer en las infidelidades.

⁵⁰ Recomiendo: HERNÁNDEZ, M.: *Vida, martirio y traslación de la gloriosa virgen y mártir Santa Leocadia*, Toledo, 1591; también, PISA, F. de: *Descripción de la Imperial ciudad de Toledo,* Toledo, 1605. No obstante, no puedo resistirme a incluir los datos que proporciona una página web: magnificat.qc.ca/cal/esp/12-09.htm: «Nació en la ciudad de Toledo, de padres nobles y cristianos. Dotada de todas las brillantes prendas en que fundan su principal mérito las de su sexo, ninguna cosa tenía atractivo para ella sino el retiro. Era mirada como un prodigio de talento y de virtud y su modestia inspiraba veneración y respeto. No pudiendo Daciano reducirla a la adoración de los ídolos, la hizo moler a palos del modo más inhumano. Mandó después encerrarla en un horrible calabozo, donde pasaba en oración los días y las noches, prefiriendo aquella mazmorra a los mas deliciosos y magníficos palacios del mundo. Allí expiró esta insigne heroína el día 9 de Diciembre año 303. Celebrando San Ildefonso la fiesta de Santa Leocadia con el rey Recesvinto y toda su corte en la basílica donde estaba sepultada, salió del sepulcro la santa mártir diciendo al santo prelado: "¡Oh Ildefonso, por ti vive la gloria de mi Señora la Virgen María!" En la invasión sarracena fue llevado su santo cuerpo a Flandes, de donde se trasladó a Toledo en tiempo de Felipe II, año 1587».

⁵¹ Libros de Acuerdos del Ayuntamiento de Madrid, sesión de 20 de abril de 1587.

⁵² Es bueno hojear la sesión XXV del Concilio de Trento sobre «LA INVOCACIÓN, VENERACIÓN Y RELIQUIAS DE LOS SANTOS,Y DE LAS SAGRADAS IMÁGENES», que dice, sintéticamente, así: «Manda el santo Concilio a todos los Obispos, y demás personas que tienen el cargo y obligación de enseñar, que instruyan con exactitud a los fieles ante todas cosas, sobre la intercesión e invocación de los santos, honor de las reliquias, y uso legítimo de las imágenes, según la costumbre de la Iglesia Católica y Apostólica [...] enseñándoles que los santos que reinan juntamente con Cristo, ruegan a Dios por los hombres; que es bueno y útil invocarlos humildemente, y recurrir a sus oraciones, intercesión, y auxilio para alcanzar de Dios los beneficios por Jesucristo su hijo, nuestro Señor, que es sólo nuestro redentor y salvador; y que piensan impíamente los que niegan que se deben invocar los santos que gozan en el cielo de eterna felicidad; o los que afirman que los santos no ruegan por los hombres; o que es idolatría invocarlos, para que rueguen por nosotros [...]

Instruyan también a los fieles en que deben venerar los santos cuerpos de los santos mártires, y de otros que viven con Cristo, que fueron miembros vivos del mismo Cristo, y templos del Espíritu Santo, por quien han de resucitar a la vida eterna para ser glorificados, y por los cuales concede Dios muchos beneficios a los hombres; de suerte que deben ser absolutamente condenados, como antiquísimamente los condenó, y ahora también los condena la Iglesia, los que afirman que no se deben honrar, ni venerar las reliquias de los santos; o que es en vano la adoración que estas y otros monumentos sagrados reciben de los fieles; y que son inútiles las frecuentes visitas a las capillas dedicadas a los santos con el fin de alcanzar su socorro. Además de esto, declara que se deben tener y conservar, principalmente en los templos, las imágenes de Cristo, de la Virgen madre de Dios, y de otros santos, y que se les debe dar el correspondiente honor y veneración: no porque se crea que hay en ellas divinidad, o virtud alguna por la que merezcan el culto, o que se les deba pedir alguna cosa, o que se haya de poner la confianza en las imágenes, como hacían en otros tiempos los gentiles, que colocaban su esperanza en los ídolos; sino porque el honor que se da a las imágenes, se refiere a los originales representados en ellas; de suerte, que adoremos a Cristo por medio de las imágenes que besamos, y en cuya presencia nos descubrimos y arrodillamos; y veneremos a los santos, cuya semejanza tienen: todo lo cual es lo que se halla establecido en los decretos de los concilios, y en especial en los del segundo Niceno contra los impugnadores de las imágenes [...]

Y si alguno enseñare, o sintiere lo contrario a estos decretos, sea excomulgado. Mas si se hubieren introducido algunos abusos en estas santas y saludables prácticas, desea ardientemente el santo Concilio que se exterminen de todo punto; de suerte que no se coloquen imágenes algunas de falsos dogmas, ni que den ocasión a los rudos de peligrosos errores. Y si aconteciere que se expresen y figuren en alguna ocasión historias y narraciones de la sagrada Escritura, por ser estas convenientes a la instrucción de la ignorante plebe; enséñese al pueblo que esto no es copiar la divinidad, como si fuera posible que se viese esta con ojos corporales, o pudiese expresarse con colores o figuras.

Destiérrese absolutamente toda superstición en la invocación de los santos, en la veneración de las reliquias, y en el sagrado uso de las imágenes; ahuyéntese toda ganancia sórdida; evítese en fin toda torpeza; de manera que no se pinten ni adornen las imágenes con hermosura escandalosa; ni abusen tampoco los hombres de las fiestas de los santos, ni de la visita de las reliquias, para tener convitonas, ni embriagueces: como si el lujo y lascivia fuese el culto con que deban celebrar los días de fiesta en honor de los santos. Finalmente pongan los Obispos tanto cuidado y diligencia en este punto, que nada se vea desordenado, o puesto fuera de su lugar, y tumultuariamente, nada profano y nada deshonesto; pues es tan propia de la casa de Dios la santidad. Y para que se cumplan con mayor exactitud estas determinaciones, establece el santo Concilio que a nadie sea lícito poner, ni procurar se ponga ninguna imagen desusada y nueva en lugar ninguno, ni iglesia, aunque sea de cualquier modo exenta, a no tener la aprobación del Obispo.

Tampoco se han de admitir nuevos milagros, ni adoptar nuevas reliquias, a no reconocerlas y aprobarlas el mismo Obispo. Y este luego que se certifique en algún punto perteneciente a ellas, consulte algunos teólogos y otras personas piadosas, y haga lo que juzgare convenir a la verdad y piedad», etc.

Aunque hay muchas ediciones de los cánones y decretos del Concilio, recomiendo la pág. http://www.intratext.com/IXT/ESL0057/_P1I.HTM

[53] La iconografía toledana de santa Leocadia es muy abundante —aunque no tanto como la Imposición de la Casulla a san Ildefonso— y responde al canon pedagógico propugnado por la Contrarreforma y Trento, visto en la nota anterior. Remito al lector a las pp. de Pérez Sánchez en PÉREZ SÁNCHEZ, E. (com.): *El Toledo de El Greco*, Madrid, 1982, pp. 166 y ss. Aún en 1614 se encargaba a Eugenio Cajés el óleo de la capilla de la catedral. En 1617 la misma historia la pintaba Pedro Orrente y la pagaba a regañadientes la catedral. Se hizo también un encargo a Maíno, que no llegó a ejecutarse. De la misma época es «Santa Leocadia en prisión», de Carlo Saraceni, también en la Catedral de Toledo. En el XVIII se hicieron nuevos encargos, como a Maíllo.

[54] Está otorgado ante Ambrosio de Mejía el 28 de abril de 1587. Lo publica íntegro Astrana, IV, pp. 63-67.

CAPÍTULO VI. «Rompe [fama], del norte las cerradas nieblas»

[1] Astrana, V, pp. 65 y ss.

[2] Recientemente, Juan Gil ha vuelto a incidir en los estrechos lazos de los conversos toledanos con los sevillanos. He revisado más de una vez la lista de los conversos sevillanos (ciudad y alrededores) que se «compusieron» o «habilitaron» (esto es, se les borró del camino a la muerte social a cambio de importantes cantidades de dinero) con la reina Isabel la Católica entre 1494 y 1496 y con Juana de Castilla en 1509, y de entre aquellos ¡1.238! y ¡390! respectivamente, no hay ningún Valdivia ni indicios de que los «Gutiérrez» que aparecen tuvieran nada que ver con los servicios a los viajeros. ¿Debe descartarse un contacto reticular entre conversos toledanos y sevillanos del que se beneficiaría Cervantes? No, por cierto: a Tomás Gutiérrez le impiden entrar en la cofradía del Sacramento, cuyos 13 cofrades en una ocasión y sus 24 en otra, aunque no argumentan nada de limpieza, porque no está recogido ese requisito en los estatutos, se aferran a una suerte de «limpieza de oficio». Son mecanismos de freno a la movilidad social en unos, artes de la disimulación en otros. Es más, cuando Cervantes declara en el pleito incoado por Gutiérrez contra la cofradía, inmediatamente responde y da testimonio de la cristianía vieja del afectado. ¡Pero si no era impedimento, ¿por qué sale a relucir positivamente?! El pleito es muy importante: un particular, Gutiérrez, quiere romper la estrategia de obstáculos para la movilidad social por vía judicial y, al amparo del proceso, Cervantes exalta la comedia como oficio digno, «guardando todo honesto decoro, por lo cual no debe ser tenido en menos, sino estimado en más», recoge Astrana, V, p. 67. La obra de Gil, impresionante, es GIL [FERNÁNDEZ], J.: *Los conversos y la Inquisición sevillana*, 2 vols., Sevilla, 2000.

[3] Las alabanzas de Cervantes en la propia obra de Mosquera al Marqués y al corregidor ponderando la importante unión de armas y letras:

> *No ha menester el que tus hechos canta,*
> *¡oh gran marqués!, el artificio humano,*
> *que a la más sutil pluma y docta mano*
> *ellos le ofrecen al que al orbe espanta;*
> *y éste que sobre el cielo se levanta,*
> *llevado de tu nombre soberano,*
> *a par del griego y escritor toscano,*
> *sus sienes ciñe con la verde planta;*
> *y fue muy justa prevención del cielo*
> *que a un tiempo ejercitases tú la espada*
> *y él su prudente y verdadera pluma,*
> *porque, rompiendo de la invidia el velo,*
> *tu fama, en sus escritos dilatada,*
> *ni olvido o tiempo o muerte la consuma.*

Las alabanzas de Cervantes en el «Canto de Calíope» a Mosquera dicen así:

> *Otro veréis en quien veréis cifrada*
> *del sacro Apolo la más rara sciencia,*
> *que en otros mil subjectos derramada,*
> *hace en todos de sí grave aparencia.*
> *Mas, en este subjeto mejorada,*
> *asiste en tantos grados de excelencia,*
> *que bien puede MOSQUERA, el licenciado,*
> *ser como el mesmo Apolo celebrado.*

⁴ El primero que hizo alusión a esta presencia de Cervantes en Écija fue RODRÍGUEZ MARÍN, F.: *Nuevos documentos cervantinos hasta ahora inéditos,* Madrid, 1914, pp. 190 y ss.

⁵ Era una ciudad muy importante: dos hechos lo corroboran. Primero, que tiene corregidor; lo segundo, su población, que es de unos 32.000 habitantes, tantos como en 1955. Astrana (IV, pp. 167 y 168) confunde «vecino» con «habitante» y no cae en la trascendencia de Écija, a la que considera con sólo 8.000 habitantes. Hasta el siglo XVIII, los «vecinos» son las «unidades fiscales», o sea, algo así como cabezas de familia. La depuración de los métodos de investigación en demografía histórica son claros: un vecino equivale, aproximadamente, a 3'75 o 4 personas.

⁶ ¡Nunca más hablemos de «Armada Invencible»!, mote necesario e inventado por los ingleses para hacer mofa de aquella Empresa. El que el epítome haya triunfado es una manifestación más de la victoria cultural del norte sobre el autovergonzante sur.

⁷ De Mateo Vázquez al rey y su respuesta. En San Lorenzo, 13 de junio de 1584. RIBA GARCÍA, C.: *Correspondencia privada de Felipe II con su secretario Mateo Vázquez,* pp. 326-327.

⁸ Sobre estas cuestiones, ALVAR EZQUERRA, A.: *El nacimiento de una capital europea...* pp. 119-121, cap. «La crisis de 1584».

⁹ [Miércoles 20 de mayo de 1587]: «En este ayuntamiento el corregidor dijo que en consideración de que nuestro señor a sido servido de dar 3 años continuos con este, de tanta abundancia de pan que se espera que el nuevo que se ha de coger, ha de valer a muy notable y bajo precio y porque es muy extraordinaria la gracia que Nuestro Señor ha hecho de dar tres años de fertilidad según la orden natural de los tiempos se puede tener recelo que faltará esta abundancia en los primeros años venideros y así a esta villa se le ofrece una gran ocasión de poderse proveer de pan para dos años a muy barato precio y demás de esto hacer en su pósito y a dichos una muy gran ganancia para ayuda a su desempeño....», etc.

¹⁰ La reflexión del rey en ALVAR EZQUERRA, A.: *El nacimiento de una capital europea...,* p. 121. El acuerdo municipal, en *Libros de Acuerdos del Ayuntamiento,* sesión de 5 de mayo de 1589.

¹¹ Astrana, IV, p. 175. Tampoco tenían mucho que decir: habían sido cuatro laicos, de los que dos, hidalgos rurales.

¹² Uso www.multimedios.org/docs. Véase *Concilio de Trento,* Sesión XXII, Decreto sobre la Reforma, cap. XI. «Penas de los que usurpan los bienes de cualquiera iglesia o lugar piadoso.»

¹³ En la misma web, *Concilio de Trento,* Sesión XXV, Decreto sobre la Reforma, cap. III. «Úsese con precaución de las armas de la excomunión. No se eche mano de las censuras, cuando pueda practicarse ejecución real o personal: no se mezclen en esto los magistrados civiles».

¹⁴ DOMÍNGUEZ ORTIZ, A.: *La sociedad española en el siglo XVII. El estamento eclesiástico,* CSIC, Madrid, 1970; también DOMÍNGUEZ ORTIZ, A. y ALVAR EZQUERRA, A.: *La sociedad española en la Edad Moderna,* Istmo, Madrid, 2004 y ALVAR EZQUERRA, A. y PRIETO PALOMO, T.: *Creyentes y gobernantes en tiempos de Felipe II. La religiosidad en Madrid,* Comunidad de Madrid, Madrid, 2002, en especial, pp. 29-43. En pp. 105-126 narro cómo el Ayuntamiento de Madrid fue excomulgado también por cuestiones de diezmos en 1568.

¹⁵ Es un memorial de un regidor elevado ante el Ayuntamiento el 26 de enero de 1588. Lo copio de Astrana, IV, p. 190.

¹⁶ A pesar del deterioro, del paso del tiempo y de la desidia, gracias a la múltiple administración que tiene hoy España, ciudades como Medina del Campo parecen resurgir de sus cenizas. Por todo Medina se recuerda la presencia de Simón Ruiz, como no puede ser de otra manera. Propongo un autor, Lapeyre, y una de sus muchas obras sobre este personaje: LAPEYRE, H.: *Une familie de marchands, les Ruiz de Medina,* París, 1955. También recientemente, SÁNCHEZ DEL BARRIO, A. (com.): *Mercaderes y*

cambistas. Exposición celebrada en Medina entre el 4 de junio y el 5 de julio de 1998, Valladolid, 1998.

[17] Libros de Acuerdos Municipales de Écija. Astrana, IV, p. 257, tomado de Rodríguez Marín, *passim.*

[18] El documento es verdaderamente interesante y define muy bien la personalidad de Cervantes. Lo descubrió Rodríguez Marín. Lo reproduce Astrana, IV, p. 362. A lo largo de mi carrera científica he visto «algunos» memoriales y peticiones de parte: nunca nada tan sencillo, claro, riguroso.

[19] Con este libro en imprenta, el Dr. Alcalá Zamora, maestro de modernistas, ha dictado unas conferencias en la Real Academia de la Historia, que sintetizo apresuradamente: ALCALÁ-ZAMORA Y QUEIPO DE LLANO, J.: *La Empresa de Inglaterra (La «Armada Invencible»: fabulación y realidad)*, Real Academia de la Historia, Madrid, 2004, 94 pp.

[20] PI CORRALES, M. de P.: *Felipe II y la lucha por el dominio del mar*, Editorial San Martín, Madrid, 1989.

[21] PI CORRALES, M. de P.: *Felipe II y la lucha por el dominio del mar*, p. 25.

[22] La nao era el barco cantábrico por excelencia, de alto bordo y que podía llegar a 500 toneladas y excepcionalmente a 700. Buque muy sólido, era inútil en los puertos de bajos fondos y arenosos de Flandes. Por su parte, el filibote era un tipo de buque técnicamente más moderno. Tenía el fondo plano y era ágil y ligero. Tenía unas 200 toneladas de peso. Era el barco usado por los rebeldes.

[23] De las que 3 eran catalanas, porque seguramente sabían que, asegurando las Azores, podrían seguir comerciando con América, aunque con testaferros; otras 40 eran vascas.

[24] PI CORRALES, M. de P.: *Felipe II y la lucha por el dominio del mar*, p. 300. Para una opinión en contra, Astrana IV. Se deja llevar por algunas de las exageraciones de la historiografía liberal del XIX, que, leídas en la España de Franco, debían ser chocantes. En las páginas siguientes he manejado con profusión las obras de GÓMEZ-CENTURIÓN JIMÉNEZ, C.: *Felipe II, la Empresa de Inglaterra y el comercio septentrional (1566-1609)*, Ed. Naval, Madrid, 1988; GÓMEZ-CENTURIÓN JIMÉNEZ, C.: *La Invencible y la Empresa de Inglaterra*, ed. Nerea, Madrid, 1988; CASADO SOTO, J. L.: *Los barcos españoles del siglo XVI y la Gran Armada de 1588*, Ed. San Martín, Madrid, 1988; O'DONNELL Y DUQUE DE ESTRADA, H.: *La fuerza de desembarco de la Gran Armada contra Inglaterra (1588)*, Editorial Naval, Madrid, 1989; PARKER, G.: *La gran estrategia de Felipe II*, Alianza Editorial, Madrid, 1998; igualmente, es imprescindible deleitarse con la consulta del catálogo RODRÍGUEZ SALGADO, M. J. (com.): *Armada, 1588-1988. An international exhibition to commemorate the Spanish Armada*, Londres, 1988. Finalmente, las exposiciones de Felipe II de 1998 han vuelto sobre el tema.

[25] Sigo, como debe ser, a CASADO SOTO, J. L.: *Los barcos españoles del siglo XVI y la Gran Armada de 1588*, Ed. San Martín, Madrid, 1988, cap. «Incidencias y regreso», pp. 232-249. En p. 243, nota 430 declara el manejo de unos ¡70! legajos en Simancas para reconstruir la vida de cada uno de los buques.

[26] Corroboro los datos dados por Alcalá Zamora, *La Empresa de Inglaterra...*, p. 81.

[27] Estudiados por GÓMEZ-CENTURIÓN en lo inherente a la relación directa Armada de Inglaterra-Visionarios. Fernández Duro, Maltby o Mattingly recogieron muchos de estos panfletos.

[28] Alcalá Zamora, *La Empresa de Inglaterra*, pp. 88 y ss, en especial, p. 93.

[29] Estos actos públicos de junio de 1589 han servido para varias fantasías, recogidas y analizadas por Astrana (IV, pp. 375 y ss.). En unos días, mucha liquidez. ¿De dónde lo sacó? Y Astrana, de nuevo, imagina: lo ganó jugando a los naipes (?).

[30] TOMÁS Y VALIENTE, F.: «Ventas y oficios públicos en Castilla durante los siglos XVII y XVIII», en *Gobierno e instituciones en la España del Antiguo Régimen*, Alianza editorial, Madrid, 1982, pp. 151-177. Más bibliografía en el artículo que se cita a continua-

ción. Acaba de editarse DOMÍNGUEZ ORTIZ, A. y ALVAR EZQUERRA, A.: *La sociedad española en la Edad Moderna*, Istmo, Madrid, 2004.

[31] ALVAR EZQUERRA, A.: «Organización de la vida municipal y arbitrismo en el siglo XVI», en ALVAR EZQUERRA, A., BERNARDO ARES, J. M. de y MOLAS RIBALTA, P.: *Espacios urbanos, mundos ciudadanos. España y Holanda (siglos XVI-XVIII)*, Córdoba, 1998, pp. 3-48, en especial, mapa p. 45 y tablas, pp. 46-48. A la benemérita obra de Astrana se le escapa la comprensión del fenómeno de las venalidades, que no es cosa del final del reinado, sino de épocas imperiales.

[32] Un trabajo de «juventud», BOUZA ÁLVAREZ, F. y ALVAR EZQUERRA, A.: «Apuntes biográficos y análisis de la biblioteca de un gran estadista hispano del siglo XVI: el Presidente don Juan de Ovando», *Revista de Indias*, (Madrid) 173 (1984) pp. 81-139.

[33] Aunque tengo dudas de tanta presencia del Secretario real por todas partes, sujetando todos los cabos, sólo a Cervantes se le puede ocurrir pedir un oficio en Indias: el trámite lo supervisaba el Secretario del Consejo y, a buen seguro, que lo trataría con Mateo Vázquez.

[34] La partida de enterramiento la edita Astrana (IV, p. 491, n. 1). Fue enterrado el 6 de mayo de 1591 en la parroquia de san Martín de Madrid.

[35] A Astrana (IV, pp. 459-460) le llamó la atención que en el encabezamiento Cervantes hablara de su esposa como «vecina de Madrid». He revisado todas las «recepciones» de vecinos de Madrid desde 1580 a 1598 que da el Ayuntamiento en sus Libros de Acuerdos Municipales y no hay rastro de que Catalina de Palacios solicitara avecindamiento en Madrid. El tiempo empleado en esa búsqueda se resume en este párrafo.

[36] Astrana, IV, p. 469 y ss.

[37] Es curioso este personaje: hijo del Juan de Isunza muy conocido como Proveedor General de las Galeras de España, salió joven de España y, conocedor de todo lo inherente al tráfico comercial marítimo, se enriqueció en Flandes. Volvió a España y recibió este cargo y su fortuna siguió aumentando... Aún está por hacer un necesario y profundo estudio sobre la red clientelar vasca al servicio de Carlos V y Felipe II: desde secretarios reales hasta cronistas oficiales. Sería muy interesante ver con quiénes se relacionaron, o contra quiénes, y las etapas de su inmenso poder, vinculado siempre a la lealtad al Rey Católico: el enfrentamiento brutal de Isunza con el virrey de Cataluña y la búsqueda del amparo regio es muy destacable en esta trama de poderes.

[38] Los piropos en Astrana, IV, p. 535.

[39] Ser «vecino» de una localidad implicaba estar censado en ella, esto es, tener que contribuir fiscalmente, pero poderse beneficiar de sobras de rentas, usos de bienes comunales, etc. Para avecindarse, según determinara el fuero de cada villa o ciudad, había que tener casa abierta y poblada así como llevar residiendo unos años. En Madrid, diez. He revisado —otra vez— todas las concesiones de avecindamiento hechas por el Ayuntamiento de Madrid desde 1561, y por ningún lado aparece la de Cervantes. Puede ser que no se registrase en las actas en su momento; puede ser que Cervantes mintiera. Un «Juan de Cervantes» fue aceptado como vecino en 23 de noviembre de 1589. *Vid.* Libros de Acuerdos de ese día. Miente de nuevo cuando se declara natural de Córdoba y vecino de Madrid en un pleito incoado por su amigo el posadero Tomás Gutiérrez contra la cofradía del Sagrario en Sevilla, 2 de junio de 1593, Astrana, V, p. 66.

[40] El contrato está íntegro en Astrana, V, pp. 29-31. Cita sus fuentes y procedencia.

[41] La alcabala y las tercias son derechos propios del rey, esto es regalía. La alcabala gravaba en teoría el 10 por ciento de todas las transacciones comerciales. Como no había una «alcabala repercutida» (o similar), los productos desde origen a destino se podían encarecer tantas veces como cambiaran de intermediario. Por ello, hasta 1575, Felipe II autorizaba a que se cobrara muy por debajo. En ese año subió la presión fiscal: impuso el 10 por ciento por toda Castilla, causando un monstruoso desbarajuste en las manufacturas. Por su parte, del diezmo que se pagaba a la Iglesia, dos novenos se retra-

ían para que el rey pudiera sufragar sus guerras contra herejes e infieles. Esa proporción se llamaba «tercias reales». La renta de la abuela es específica de Granada: de origen musulmán, cargaba materiales de construcción.

[42] Las monedas se acuñaban en diferentes cecas, tanto en Castilla como en América. Esta forma de fabricar moneda acarreaba algunas singularidades. Por ejemplo, cada pieza de una remesa de reales de a ocho de Segovia de 1589 pesó 27,533 g, mientras que otra de la misma fecha, 27,048 g. Igualmente, una de Toledo, 1590, pesó 27,197 g, mientras que de Granada, 1597, 27,381 g. Es decir: quien pagara sólo y exclusivamente con monedas de Granada de 1597 estaba pagando más que si lo hacía con monedas de Segovia de 1589. Mientras aquellos hombres no cayeran en esto, no pasaba nada; si se daban cuenta... recortaban o limaban los cantos de las monedas, práctica habitual hasta que tal infracción se evitó de una manera bien sencilla: troquelando los cantos y dando por malas las monedas que no estuvieran perfectas. Sobre las monedas, el mejor catálogo que he visto es ANES, G. (com.): *Monedas hispánicas, 1475-1598*, Exposición celebrada en el Banco de España, Madrid, 1987. El estudio de más fácil comprensión de esos fenómenos, GARCÍA GUERRA, E. M.: *Las alteraciones monetarias en Europa durante la Edad Moderna*, Arco Libros, Madrid, 2001.

[43] Los portugueses fueron, junto a los genoveses, excelentes prestamistas del Rey Católico. Habitualmente, los historiadores hablamos de la época de los banqueros alemanes (Carlos V), el «siglo de los genoveses» (en feliz alocución del recientemente fallecido Ruiz Martín) y, en tiempos de Felipe IV, la época de los banqueros judeo-conversos portugueses. Luego, con Carlos II... unos hombres de negocios extraídos de donde se pueda; habitualmente, arriesgados españoles.

[44] Por poder continuar con las comparaciones: esos 60.000 ducados —moneda de oro— equivaldrían a algo más de 660.000 reales, aproximadamente, 2.200 kilos de plata.

[45] Otro tono tiene, sin duda, el soneto al marqués de Santa Cruz:

De Miguel de Cervantes Saavedra, soneto
No ha menester el que tus hechos canta,
¡oh gran marqués!, el artificio humano,
que a la más sutil pluma y docta mano
ellos le ofrecen al que al orbe espanta;
y éste que sobre el cielo se levanta,
llevado de tu nombre soberano,
a par del griego y escritor toscano,
sus sienes ciñe con la verde planta;
y fue muy justa prevención del cielo
que a un tiempo ejercitases tú la espada
y él su prudente y verdadera pluma,
porque, rompiendo de la invidia el velo,
tu fama, en sus escritos dilatada,
ni olvido o tiempo o muerte la consuma.

[46] Astrana ha sido, ¡cómo no!, quien ha revisado mejor estos papeles de Simancas, sin embargo..., comentando estas cuentas nos enseña que a Cervantes le dan por bien pagados a la Hacienda regia 2.467.225 maravedíes, pero que tendría que haber ingresado 2.557.029, y que se le exigen 79.804 mrs. Concluye: «Y, o no hay aritmética en el mundo, o el alcance debería ascender a 89.804. De modo que perjudican [los contadores] en mil [!] maravedíes a la Hacienda real». ¡Es en 10.000, don Luis, o no hay aritmética en el mundo! Astrana, V, 218 y 219.

[47] En este ambiente, también en 1598, debió de perfilarse *Rinconete y Cortadillo*. La vida en la cárcel de Sevilla la describió Cristóbal de Chaves. Uso la edición más moderna

que conozco de CHAVES, Cristóbal de: *Relación de la cárcel de Sevilla*, eds. El Árbol, Madrid, 1983. Es fundamental también DOMÍNGUEZ ORTIZ, A.: *Vida y obras del Padre León*, Sevilla, 1957. No podemos olvidarnos de HERRERA PUGA, P.: *Sociedad y delincuencia en el Siglo de Oro*, Universidad de Granda, Granada, 1971; ni de HERNÁNDEZ ALONSO, C. y SANZ ALONSO, B.: *Germanía y sociedad en los Siglos de Oro. La cárcel de Sevilla*, Valladolid, 1999. Hace años realicé un discreto estudio sobre documentación inédita de archivo, ALVAR EZQUERRA, A.: «Algunas noticias sobre la vida diaria en la Cárcel de Corte: la visita de 1588-1589», *Anales del Instituto de Estudios Madrileños*, (Madrid) XXIII (1986), pp. 309-332. Es necesario citar ALEMÁN, M.: *Guzmán de Alfarache*, II, VII y para Cervantes, como en otras ocasiones, ARCO GARAY, R. del: *La sociedad española en las obras de Cervantes*, Madrid, 1951, caps. XVI y XXII, así como el clásico RODRÍGUEZ MARÍN, «La cárcel en que se engendró *El Quijote*», Ateneo de Sevilla, Madrid, 1916. Esa conferencia está publicada y ampliada en su ed. crítica de *El Quijote*, Apéndice III, Madrid, 1928.

[48] No sé si aclara algo Astrana, V, 293.

[49] Durante unos años antes del centenario de la muerte de Arias Montano, tuve la inmensa fortuna de poder ser comisario e ir preparando junto a los doctores Eustaquio Sánchez Salor y Juan Gil, la exposición que se hizo en Cáceres en 1998 en honor del insigne escritor. La exposición anduvo luego por Badajoz, Évora, Sevilla y Alcalá, aunque mermada. El catálogo lleva por título *Benito Arias Montano y su tiempo*, Mérida, 1998. Si tuviera dotes poéticas los laudaría aquí mismo.

[50] La noticia, claro está, corrió como la pólvora. ¡Menudo rey y menudo reinado! Una nota por curiosidad: a las pocas horas, el lunes 14 de septiembre de 1598 se reunieron el corregidor y los regidores de Madrid: «En este ayuntamiento, habiéndose entendido que la Majestad Católica del rey don Felipe nuestro señor es fallecido y pasado de esta presente vida y que es muy justo que esta villa esté prevenida de lutos y de lo que ha de hacer en sus honras como de tan gran príncipe y señor». Es el primer acuerdo de todos los demás referidos a exequias y proclamaciones.

[51] COLLADO, F. J. de: *Descripción del túmulo y relación de las exequias que hiço la ciudad de Sevilla en la muerte del rey don Felipe Segundo*. El ms. está en la Colombina de Sevilla. La primera edición es de PALOMO, Francisco de Borja, Sevilla, 1869. También ALLO MANERO, M. A.: *Exequias de la Casa de Austria en España, Italia e Hispanoamérica*, [Microforma], Zaragoza, 1993. Un clásico en el análisis sociológico es el de VARELA, J.: *La muerte del rey. El ceremonial funerario de la Monarquía española (1500-1885)*, Turner, Madrid, 1990.

[52] En la edición del *Epistolario* de Lope, II, p. 108, n. 8.

[53] PÉREZ MOREDA, V.: *Las crisis de mortalidad en la España interior. Siglos XVI-XIX*, Siglo XXI eds., Madrid, 1980.

[54] En 1998 se celebró en Graz un coloquio internacional sobre Margarita de Austria. RAINER, J. (ed. Lit.): *Du glückliches Österreich heirate. Die Hochzeit der interösterreichischen Prinzessin Margarethe mit König Philipp III. Von Spanien 1598/99*, Graz, 1998, 108 pp.

CAPÍTULO VII. «Quisiera que este libro, fuera el más hermoso, el más gallardo y más discreto que pudiera imaginarse»

[1] La lectura por Cervantes de esta novela la demuestra Astrana, V, p. 495. Se trata de SILVA Y DE TOLEDO, J. de: *Historia famosa del príncipe don Policisne de Boecia, hijo y único heredero de los Reyes de Boecia, Minandro y Grumedela, y de sus ilustres hechos y memorables hazañas y altas caballerías*, Valladolid, 1602.

² Omito más detalles porque los árboles no dejan ver el bosque. Acúdase a Astrana, V, pp. 502 y 503.

³ Mantuvo esta hipótesis, interesante sin duda, Astrana Marín en todo su vol. V.

⁴ OLIVER ASÍN, j.: El *«Quijote» de 1604*, Madrid, 1948. La hipótesis tiene aceptadores y detractores. De entre los primeros, Florencio Sevilla y Antonio Rey Hazas.

⁵ Sigo a Astrana, V, 529.

⁶ LOPE DE VEGA: *Epistolario*, 5 vols., Madrid, 1941, III, pp. 3 y 4.

⁷ Astrana, VI-I, pp. 140-146.

⁸ Me encanta esta observación. Hoy es bastante frecuente intentar leer textos científicos con una carga de bibliografía en las notas a pie de página que parece sublime. Algunos ponen tantísima bibliografía que el lector ha de quedar sorprendido por cuantísimo sepa el autor. No es necesario ser tan pedante... y falso; que es muy fácil con Internet vaciarse bibliografías más o menos exhaustivas.

⁹ «Introducción» a la edición de las *Obras completas de Cervantes*, Centro de Estudios Cervantinos, Alcalá de Henares, 1993.

¹⁰ La atribución de esos versos y el poema completo en Astrana, VI-I, p. 114. Hay dudas sobre la autoría de Cervantes.

¹¹ Las páginas de Amezúa son vibrantes, aunque algo enrevesadas a veces. Véase la edición que hizo del *Epistolario*, II, pp. 105 y 106 en especial. Habla, por ejemplo, de «antítesis estéticas y literarias».

¹² Riquer es más directo, «en su segundo verso *cu*— quiere decir "cuco", o sea, cornudo», RIQUER, M. de: «Cervantes: vida y literatura» en Riquer, M. de: *Para leer a Cervantes*, Barcelona, 2003, p. 74.

¹³ De nuevo Amezúa, *Epistolario*, II, p. 108, n. 8.

¹⁴ Sigo a Florencio Sevilla y Antonio Rey, «Introducción» a la edición de las *Obras completas de Cervantes*, Centro de Estudios Cervantinos, Alcalá de Henares, 1993, pp. xl y xli. La hipótesis de MILLÉ JIMÉNEZ, J.: *Sobre la génesis del «Quijote»*, Barcelona, 1930.

¹⁵ Astrana, VI-I, p. 116.

¹⁶ *Quijote*, II, LXII: «Pero dígame vuestra merced: este libro, ¿imprímese por su cuenta, o tiene ya vendido el privilegio a algún librero? Por mi cuenta lo imprimo —respondió el autor—, y pienso ganar mil ducados, por lo menos, con esta primera impresión, que ha de ser de dos mil cuerpos, y se han de despachar a seis reales cada uno, en daca las pajas. —¡Bien está vuesa merced en la cuenta! —respondió don *Quijote*—. Bien parece que no sabe las entradas y salidas de los impresores, y las correspondencias que hay de unos a otros; yo le prometo que, cuando se vea cargado de dos mil cuerpos de libros, vea tan molido su cuerpo, que se espante, y más si el libro es un poco avieso y no nada picante. —Pues, ¿qué? —dijo el autor—. ¿Quiere vuesa merced que se lo dé a un librero, que me dé por el privilegio tres maravedís, y aún piensa que me hace merced en dármelos? Yo no imprimo mis libros para alcanzar fama en el mundo, que ya en él soy conocido por mis obras: provecho quiero, que sin él no vale un cuatrín la buena fama. —Dios le dé a vuesa merced buena manderecha —respondió don Quijote».

¹⁷ Astrana, V, 531.

¹⁸ «Introducción» de Sevilla y Rey a la edición de las *Obras completas de Cervantes*, de p. xxxviii.

¹⁹ RICO, F.: «Historia del texto», en la ed. por él coord., Crítica-Instituto Cervantes, Madrid, 1998, I, pp. cxcii-cxlii; en concreto, en p. cxciii.

²⁰ Pero no hay certeza en ello. RICO, F.: «Historia del texto», en pp. cxciii-cxciv.

²¹ Había otra *a posteriori*: la inquisitorial, cuyo daño era enorme, ya que podía ordenar la requisa total o parcial de un texto una vez impreso y obligaba a quienes lo poseyeran a llevarlo ante el tribunal de turno para examinar el libro en cuestión ¡y al propietario, si era pertinente!

²² RICO, F.: «Historia del texto», p. cxcvi. Astrana hizo en su día un exhaustivo recuento de errores tipográficos.

²³ RIQUER, M. de: «El "Quijote"» en RIQUER, M. de: *Para leer a Cervantes*, Barcelona, 2003, p. 242, en donde enumera las erratas y los defectos.

²⁴ «Por cuanto por parte de vos, Miguel de Cervantes, nos fue fecha relación que habíades compuesto un libro intitulado *El ingenioso hidalgo de la Mancha*, el cual os había costado mucho trabajo y era muy útil y provechoso...»; son fórmulas habituales.

²⁵ «Yo, Juan Gallo de Andrada, escribano de Cámara del Rey nuestro señor, de los que residen en su Consejo, certifico y doy fe que, habiendo visto por los señores dél un libro intitulado El ingenioso hidalgo de la Mancha, compuesto por Miguel de Cervantes Saavedra»..., etc.

²⁶ ALVAR, C.: «Le dediche delle opere di Cervantes», pp. 146 y 147. También —entre otros escritos— SIEBER, H.: «Clientelismo y mecenazgo: hacia una historia cultural literaria de la Corte de Felipe III», en GARCÍA DE ENTERRÍA, M .C. y CORDÓN MESA, A. (eds.): *Actas del IV Congreso Internacional de la Asociación Internacional*, Universidad de Alcalá, 1998, vol. I, pp. 95-113, en especial pp. 96-97. Reproduzco el texto para que el lector pueda comprobar que es una dedicatoria fría, sin originalidad: «En fe del buen acogimiento y honra que hace Vuestra Excelencia a toda suerte de libros, como príncipe tan inclinado a favorecer las buenas artes, mayormente las que por su nobleza no se abaten al servicio y granjerías del vulgo, he determinado de sacar a luz al *Ingenioso hidalgo don Quijote de la Mancha*, al abrigo del clarísimo nombre de Vuestra Excelencia, a quien, con el acatamiento que debo a tanta grandeza, suplico le reciba agradablemente en su protección, para que a su sombra, aunque desnudo de aquel precioso ornamento de elegancia y erudición de que suelen andar vestidas las obras que se componen en las casas de los hombres que saben, ose parecer seguramente en el juicio de algunos que, continiéndose en los límites de su ignorancia, suelen condenar con más rigor y menos justicia los trabajos ajenos; que, poniendo los ojos la prudencia de Vuestra Excelencia en mi buen deseo, fío que no desdeñará la cortedad de tan humilde servicio».

²⁷ Como dije en las páginas dedicadas a *La Galatea*, he seguido a PORQUERAS MAYO, A.: «Los prólogos de Cervantes»; ahora, en concreto, pp. 119 y 120.

²⁸ Da rabia ver el maravilloso archivo-museo de Plantino en Amberes y la nada de Juan de la Cuesta. Hay un inventario de bienes de 1595 de la suegra de Juan de la Cuesta. El documento es delicioso en todo. Astrana, V, pp. 610 y 611.

²⁹ Astrana, en V, pp. 601 y ss. edita un documento de compra de cien resmas de papel al monasterio, en fecha de 14 de diciembre de 1604.

³⁰ Sigo a RICO, F.: «Historia del texto», en concreto, cxcii y cxciii. En p. ccxxxviii y ccxxxix cita abundante bibliografía.

³¹ En el museo Plantino de Amberes enseñaban a los turistas cómo se imprimían los pliegos. No hay que irse tan lejos, aunque se aprenda de lectura y no de ojos, [GONZÁLEZ DE] AMEZÚA Y MAYO, A.: *Cómo se hacía un libro en nuestro Siglo de Oro*, Madrid, 1946.

³² RICO, F.: «Historia del texto», p. cxcv.

³³ La primera vez que aparece escrito así y no «Quixote» es en el poder dado a Robles para que persiga criminalmente a los ladrones de la edición, dado en Valladolid a 12 de abril de 1605. El documento está firmado por el propio Cervantes. Astrana, V, pp. 624 y ss.

³⁴ «Personalmente, opinamos que no pasan de una veintena [las correcciones] que reúnen las condiciones necesarias para considerarlas cervantinas.» La frase es el colofón a un meticuloso estudio de esas mejoras en cuestión. RICO, F.: «Historia del texto», p. cxcviii.

³⁵ Dejo aquí mis páginas y remito, para más saber, a Palau, a Astrana y a Rico.

³⁶ Como los precios de muchos artículos de consumo estaban tasados en el Siglo de Oro, se hablaba de «hacer» o «poner la postura» del artículo en cuestión.

[37] Archivo Histórico de Protocolos de Madrid. 14 de diciembre de 1605. Protocolo 432, 1012r-1018v. PRIETO PALOMO, M. T.: *El abastecimiento de Madrid y el sistema de obligados (1560-1630)*, tesis doctoral, UCM, 2003, cap. III.

[38] Carta de 13 de enero de 1566. Viena, *Hoff Haus und Staats Archiv*, Spanien, Varia 2/17.

[39] En la *Historia de Portugal*, vol IV, pp. 279-283, J. VERISSIMO SERRAO extracta estos memoriales, sacando la conclusión de que de haberse trasladado la Corte a Lisboa, el año de 1640 habría sido un año sin sentido para la historia de Portugal. Opino que, sin duda, habría sido así, pero que habría tenido muchísimo más en la historia de Castilla, el Principado de Cataluña y, en definitiva, de nuestra España actual.

[40] Creo que hubo una parte de buena voluntad en el traslado de la Corte; a partes iguales con la más asombrosa de las corrupciones. Se ha escrito mucho, muchísimo sobre el traslado de la Corte. Empezó a hacerse ya en aquellas fechas. La bibliografía al uso va en nota en las pp. siguientes. No obstante, además, ESCUDERO, J. A.: «El traslado de la Corte a Valladolid», en *Estudios jurídicos en homenaje al profesor Aurelio Méndez*, Madrid (1996), pp. 4161-4179; ENCISO RECIO, L. M.: «Tres estampas del Madrid moderno. La capital, la Corte y la calle» en *Historia de las Instituticiones. El Municipio*, Madrid, 1998, pp. 911-957; SÁNCHEZ ALONSO, B.: «La Villa de Madrid ante el traslado de la Corte (1600-1601)», en *Revista de Bibliotecas, Archivos y Museos* (Madrid) (1924), pp. 327-240; ALONSO CORTÉS, N.: *La Corte de Felipe III en Valladolid*, Valladolid, 1908; del mismo, *Noticias de una corte literaria*, Valladolid, 1906; del mismo, «Romances sobre el traslado de la Corte de Felipe III» y «Segundo cuaderno de cuatro romances en alabanza de Valladolid y Madrid y despedida de cortesanos», en *Miscelánea vallisoletana*, I, Valladolid, 1955; FRÍAS, D. de: «Diálogo en alabanza de Valladolid», en *Miscelánea vallisoletana*, I, Valladolid, 1955; URREA, J.: «La plaza de san Pablo escenario de la Corte» en ...Valladolid. Historia de una ciudad, t. I, Valladolid, 1999; ENCISO ALONSO-MUÑUMER, I.: *Nobleza, gobierno y cultura en el Nápoles español. El VII Conde* Lemos, tesis doctoral, Madrid, 2004, etc. Por supuesto, Astrana, VI-I, pp. 140 y ss.

[41] S. l., s. f. Utilizo el ejemplar de la BNM, R-28762/1.

[42] ACTAS *de las Cortes de Castilla*, vol. XIX, p. 806 y ss.

[43] Véanse las sesiones de septiembre de 1600 de las *Actas del Ayuntamiento de Madrid*.

[44] Sobre estos sobornos puede verse la Introducción a *El casamiento engañoso. El coloquio de los perros* de Cervantes, hecha por A. G[ONZALEZ] DE AMEZÚA Y MAYO, Madrid, 1912; las *Relaciones de las cosas sucedidas en la Corte de España desde 1599 hasta 1614*, Madrid, 1857, pp. 80 y ss., de Luis CABRERA DE CORDOBA; de J. AGAPITO REVILLA, «Ultimas gestiones de Valladolid para el traslado de la Corte», *Boletín de la Sociedad Española de Excursiones*, (Madrid) 30 (1923); y mi trabajo antes mencionado.

[45] Una relación de ellos en *El nacimiento de una capital europea, Madrid entre 1561 y 1606*, p. 302, n. 42.

[46] SEPÚLVEDA «EL TUERTO», J.: *Historia de varios sucesos...*, p. 242.

[47] Las cuestiones anteriores, y no sólo, proceden de *El nacimiento de una capital europea...* pp. 275 y ss.

[48] CABRERA DE CÓRDOBA, L.: *Relaciones...*, p. 99.

[49] SEPÚLVEDA «EL TUERTO», J. de: *Historia de varios sucesos...*, p. 246.

[50] *Memorias*, CODOIN, LX, p. 166.

[51] A.G.S., *Estado*, legº 250. Punto 3.

[52] Frases que saco de J. SEPÚLVEDA «EL TUERTO», *Historia de varios sucesos y de las cosas notables que han acecido en España y otras naciones desde el año de 1584 hasta el de 1603*, ed. de J. ZARCO CUEVAS, Madrid, 1924, p. 266.

[53] De J. SEPÚLVEDA «EL TUERTO», *Historia de varios sucesos...*, p. 265.

[54] En el decir de J. SEPÚLVEDA «EL TUERTO», *Historia de varios sucesos...*, pp. 242, 250, 252, 271, etc.

⁵⁵ BALVAS BARONA, A., *El poeta castellano...*, Valladolid, 1627, cit. por J. SIMÓN DIAZ, «Elogios clásicos de Madrid», en *Madrid en el siglo XVI*, Madrid, 1961, p. 19.

⁵⁶ «Evolución de la demografía vallisoletana durante el siglo XVII», *Investigaciones históricas*, (Valladolid) 2 (1980), pp. 39-69 y *Estudios sobre la decadencia de Castilla. La ciudad de Valladolid en el siglo XVII*, Valladolid, 1989.

⁵⁷ LEÓN PINELO, A. de: *Anales de Madrid desde el año 447 al 1658*, FERNÁNDEZ MARTÍN, P. (ed.), Madrid, 1971, p. 175.

⁵⁸ Si de verdad hubieran quedado 1.500 casas pobladas, habría, como mucho, 7.500 habitantes (con un coeficiente multiplicador del 5!) y según los bautismos había más de 30.000! habitantes.

⁵⁹ A.H.P.M., *Prot.* 2434, fol. 968r. Es un ejemplo burdo, pero significativo.

⁶⁰En las líneas siguientes hago un repaso de los acuerdos municipales que me parecen más interesantes hasta el verano de 1601. Puede consultarse también PÉREZ CASTRO, F.: «Extracto de los 'Libros de Acuerdos' del Ayuntamiento de Madrid a partir del año 1601», *Revista de la Biblioteca y Archivo de Madrid* (Madrid) 1-2 (1949), pp. 415-433 y (1950), pp. 417-450.

⁶¹ El problema del pago de alcabalas venía arrastrándose desde el primer momento. En 1601, aparte de reuniones y comisiones para estudiarlo, se había decidido enviar a un regidor (aprovechando un incidente con un alguacil de Casa y Corte que se había saltado las guardias de peste en la Puerta de Alcalá metiendo en Madrid carros y coches cargados de gente) a Valladolid con orden expresa de que no se moviera de allí hasta solucionar todos los problemas. Si en 1604 se seguía dando vueltas al asunto, es evidente que el comisionado madrileño había fracasado en su gestión: Lerma no le dejó entrar en Valladolid. Ver A.V.M., *Libros de Acuerdos*, 28-III-1601 y 9-IV-1601. El 14 de mayo de 1601 el Concejo le permite seguir esperando la autorización hasta junio, A.V.M., *Libros de Acuerdos*, sesión de ese día. Al final, parece ser que Lerma accede. En junio se discute sobre si se le prorroga su estancia fuera de Madrid gestionando negocios de la Villa, prórroga que se le da el 25 de junio de 1601. ¿Acaso se temía que pasara con él lo que con varios letrados de Madrid a los que se les suspendieron sus gajes porque permanecieron en Valladolid cuando tendrían que haberse desplazado a Medina tras la Chancillería, y abandonaron así los pleitos de Madrid? Ver A.V.M., *Libros de Acuerdos*, 2-VI-1601. El 13 de julio se le ordena volver a Madrid para que informe de cómo han ido las gestiones. Después podrá volver a Valladolid. El tema del encabezamiento aún sigue sin resolverse. A finales de ese mes se decide pagarle su salario, 3 ducados/día para dietas y otros 200 más por otros gastos, A.V.M., *Libros de Acuerdos*, 23-VII-1601.

⁶² A.V.M., *Libros de Acuerdos*, 13-I-1601. El 2 de marzo de 1601 el Concejo decide recortar todos los gastos que hay en defensa contra la peste porque no hay con qué pagar, A.V.M., *Libros de Acuerdos*, 2-III-1601.

⁶³ El 16 de enero de 1601 el Concejo encarga a tres regidores que preparen un memorial sobre los remedios a los males que se avecinan, haciendo hincapié en el tema de las deudas municipales. El 19 de enero se lee el memorial en la reunión del Ayuntamiento. Se aprueba y se decide elevarlo al rey, dando permiso al Corregidor para que modifique lo que crea conveniente. Cfr. A.V.M., *Libros de Acuerdos*, reuniones de esos días.

⁶⁴ El 12-I-1601 se había decidido vender 16.000 fanegas de harina pronta a picarse a panaderos y pasteleros y pueblos a 8 leguas alrededor de Madrid, porque probablemente la cosecha de 1600 había sido buena y las reservas se estaban pasando. Parece como que si el 31 de enero se quisiera acelerar el procedimiento, para recaudar, aunque fuera poco, algunos fondos para las exhaustas arcas municipales. A.V.M., *Libros de Acuerdos*, reuniones de esos días. En julio se detecta gorgojo en el trigo del alholí de la Villa. Se habían juntado el hambre con las ganas de comer: a un gran almacenamiento

de cereal en 1600, había seguido una buena cosecha, y ahora no había población suficiente para consumir tantas reservas. A.V.M., *Libros de Acuerdos*, 13-VII-1601.

[65] Es una medida un tanto burda de proteger los intereses del municipio. En A.V.M., *Libros de Acuerdos*, 18-II-1601.Parece ser que aún después de haberse ido la Corte los Alcaldes mantenían ciertas jurisdicciones en Madrid, como en lo referente al abasto y consumo de cereal en 8 leguas alrededor de la Villa. En marzo de 1601 no se había logrado el permiso para vender el trigo y la harina del pósito fuera de las puertas de la Villa. En cuanto al cereal del municipio, el del pósito, se decide rebajar el precio de la harina hasta igualarlo con el del trigo, para ver si así se consigue vender. Respectivamente, A.V.M., *Libros de Acuerdos*, 17-III-1601 y 22-III-1601.

[66] Concretamente, a Consuegra, Tembleque, Madridejos, Herencia y Villarrobledo. A.V.M., *Libros de Acuerdos*, 27-III-1601. Igualmente, el Concejo de Madrid se muestra algo remiso a pagar (que no devolver) lo que debe en cereal a La Mancha y ha de ser el Consejo de Castilla el que intervenga, ordenando los pagos el 11-IV-1601. Ver A.V.M., *Libros de Acuerdos*, 1-VI-1601.

[67] En concreto, el pleito que se mantiene contra Polvoranca y su señor, que va ya en apelación de segunda instancia y no se concluye. A.V.M., *Libros de Acuerdos*, 9-II-1601.

[68] Esto se ve en las sesiones de los tres primeros meses del año.

[69] Se decide despedir a los empleados de las Carnicerías y del Matadero que no sean imprescindibles. A.V.M., *Libros de Acuerdos*, 10-III-1601.

[70] La obligaduría del carbón y la de la nieve han de ser revisadas, según acuerdo de 10-III-1601. A.V.M., *Libros de Acuerdos*, sesión de ese día.

[71] Ver A.V.M., *Libros de Acuerdos*, 25-V-1601.

[72] Para apacentar el ganado que se consumía en Madrid, había algunos terrenos que se tuvieron que hacer «dehesas de engorde». Ahora, con la disminución de la población no tenía sentido su existencia. Por ello, se pide permiso al Consejo de Castilla para convertir esas dehesas en tierras de sembradura y los beneficios destinarlos a sufragar las arcas municipales, A.V.M., *Libros de Acuerdos*, 22-VI-1601.

[73] A.V.M., *Libros de Acuerdos*, 14-II-1601. También en 16-II-1601.

[74] Ver A.V.M., *Libros de Acuerdos*, 1-VI-1601. La Cédula Real es del 2 de mayo de 1601.

[75] Ver A.V.M., *Libros de Acuerdos*, 4-VI-1601.

[76] Situación muy incómoda que se intenta paliar a lo largo de enero y febrero de 1601 en las reuniones del Concejo.

[77] La ficha, en esta ocasión, es de otra edición de la *Pincigrafía* de B. PINHEIRO DA VEIGA, publicada por P. DE GAYANGOS bajo el título de *La Corte de Felipe III y aventuras del Conde de Villamediana*, Madrid, 1885, pp. 14 y 15. Es de suponer que los recelos entre unos y otros fueran generales y no sólo entre las mujeres, tal y como ocurría en el Toledo/Madrid de 1560-1561.

[78] Matías de NOVOA hace esa aseveración en las *Memorias*, que se publicaron en los vols. LX y LXI del CODOIN.

[79] Concretamente, la Chancillería a Medina del Campo.

[80] MARCOS MARTIN, A.: *Auge y declive de un núcleo mercantil y financiero de Castilla la Vieja. Evolución de mográfica de Medina del Campo durante los siglos XVI y XVII*, Universidad de Valladolid, 1978. Especialmente figuras 4, 7, 8, 9, 10, 36, etc.

[81] Estas referencias proceden del Archivo Secreto Vaticano, *Segreteria di Stato*. Spagna, leg. 54. Cristina Aragón me ha ayudado en la preparación de estos textos.

[82] «(29r) Tengo poco che scrivere a Vostra Signoria Illustrissima sstando tutta la Corte di qua sospesa per la partita che si tiene senza dubio a Vagliadolid; questa matina il Re parte per San Lorenzo il Escuriale. Lunedì partirà la Regina con tutto il rimanente e per Quaresima si tien certo sarà tutta la Corte mutata e farà stanza in quella città.»

[83] «(32r) Ha finalmente il Re risoluto che tutta la Corte passi a Vagliadolid et Sua

Maestà partì di qui hieri per l'Escuriale dove andarà lunedì la Regina et di là andaranno a Segovia et altri luoghi convicini et a Pascua si dice starà a Vagliadolid *il ché si sente straordinariamente da tutta la Corte per la grande incomodità et spesa che da tutti si farà.*»

[84] «(107r) Con la mutanza della Corte da Madrid a questa città si fa per condurre le robbe una spesa incredibile et non si puó fare di meno di non portare qua ogni cosa per non trovarsi a Madrid a vendere nessuna cosa restando quel luogo dishabitato onde é necessario di condurre qua molte cose della Camera che mi lasció per inventario mons. Patriarca che mi pare sia giusto vadi la spesa a conto della Camera . et cosí restará Vostra Signoria Illustrissima servita come anco di ordinare parendoli, si possa dare quale aiuto di costa al secretario et notario della Collettoria per condurre qua le loro robbe et famiglia che n'hanno veramente grandissimo bisogno. Al margen: Di mando del papa. Ce ne contentiamo ma moderatamente et quello che é necessario.» A.S.V., *Segreteria di Stato. Spagna*, leg. 54.

[85] «(142r) Ancora non é tornato il re ma s'aspetta questa sera se non li viene la fantasia d'andare a Madrid, per dove aveva giá inviato letti di altre robbe, ma mi scrive il duca di Lerma che senz'altro verrà...»

[86] Hay más alteraciones de las cláusulas de obligadurías a raíz del traslado de la Corte. PRIETO PALOMO, M. T.: *El abastecimiento de Madrid y el sistema de obligados (1560-1630)*, tesis doctoral, UCM, 2003; en concreto, A.H.P.M., Protocolo 3117.

[87] Estos datos proceden, y se los debo a GARCIA GUERRA, E.: *Las acuñaciones de moneda de vellón en Castilla durante el siglo XVII (1594-1665). Análisis de las consecuencias de un arbitrio*, tesis doctoral. UCM, Madrid, 1997, vol. II, pp. 472-475.

[88] Las referencias me las facilita, de nuevo, la Dra. Elena García Guerra. A.G.S., *Contadurías Generales*, 271.

[89] A.H.N., *Consejos*, Libro 1.198, fols. 429 y ss. Por su parte, las peticiones a la Cámara son innumerables.

[90] A la mínima estaban a la que saltaban Alcaldes y Regidores. Lo que menciono de la Emperatriz, en A.V.M., *Libros de Acuerdos*, 23-II-1601.

[91] Cortes de 1599, vol. XIX, 515.

[92] Estas referencias proceden de B.N.M., mss 2346, fol. 263r-264r; de la p. 266 de la *Historia de varios sucesos* de Sepúlveda «El Tuerto» y de la edición de González de Amezúa de *El casamiento engañoso...*, p. 17, en donde publica el soneto de Espinel.

[93] Acuerdo que se toma el 16 de enero de 1606.

[94] PRIETO PALOMO, M. T.: *El abastecimiento de Madrid y el sistema de obligados (1560-1630)*, tesis doctoral, UCM, 2003, cap. VIII.

[95] El texto de la carta, en A.V.M., *Libros de Acuerdos*, 25, 30 de enero de 1606.

[96] A.V.M., *Archivo de Secretaría*, 2-159-11.

[97] A.G.S., *Estado*, legº 205.

[98] A.H.N., *Consejos*, Lib. 1.198, fol. 431r.

[99] R.A.H., *Colección Salazar y Castro*, A-79, fol. 164r.

[100] R.A.H., *Colección Salazar y Castro*, A-79, fol. 70r.

[101] Existe un escrito autobiográfico, *Discurso de mi vida*, que se editó por vez primera en el *Memorial Histórico Español*, en 1854. Hay una edición más reciente de Jesús MOYA, Bilbao, 1999. Una relación de rastros documentales dejados ante los escribanos de Madrid, CERVERA VERA, L.: *Semblanza familiar de Esteban de Garibay*, Madrid, 1994. Astrana dio algunos datos, sin saber calibrar la importancia de Garibay, V, p. 543 y ss. en nota 1. Finalmente, la puesta en relación de Garibay con la historiografía del momento, manejando documentación del archivo y museo de Plantino, ALVAR EZQUERRA, A.: «Sobre historiografía castellana en tiempos de Felipe II», en *Torre de los Lujanes*, (Madrid) 32 (1996), pp. 89-106; «La historia, los historiadores y el rey en la España del humanismo», en ALVAR EZQUERRA, A. (Coord.): *Imágenes Históricas de*

Felipe II, Alcalá, Centro de Estudios Cervantinos, 2000, pp. 217-254. Al igual que Cervantes reconoce que tuvo un hijo en Nápoles, el último documento firmado por Garibay es el codicilo en el que reconoce que Catalina de Garibay, hija de mujer soltera, era suya natural.

[102] A quien trabaje sobre el Madrid de Felipe II, los Gaitán de Ayala le saldrán por doquier. No están estudiadas las relaciones, si es que las hubo, entre los Gaitán en Madrid y Toledo; los Cervantes de Alcalá y los Gaitán en Madrid, etc.

[103] En efecto. En 1620 se imprimió cierta respuesta a unos *Apuntamientos que salieron contra [...] las fiestas de Sevilla de [...] 1620*, en la que se cita que, entre otros escritos en los que se habló en 1605 de gastos importantes, «lee a Miguel de Cervantes, en la Relación de las fiestas que en Valladolid se hicieron al nacimiento de nuestro Príncipe...» (Astrana, VI-I, p. 36).

[104] Aunque a Astrana (VI-I, p. 36) le habría encantado que en esa embajada hubiera estado Shakespeare, su ilusión carece de fundamento. SCHOENBAUM, S.: *William Shakespeare. Una biografía documentada*, Argos Vergara, Barcelona, 1985 (1977), pp. 266 y ss. no alude a nada de eso.

[105] El poema, repetido hasta la saciedad, se ha atribuido a Góngora. La atribución es discutida. También, cómo no, a Cervantes. Astrana, VI-I, pp. 38 y 39.

[106] En *Lujo y capitalismo*, obra, por otro lado, genial y punzante de 1912, no hay apenas alusión a lo que pasaba en el extremo del Mediterráneo occidental, como si no fuera importante en la época. Manejo la edición de Alianza, Madrid, 1979.

[107] De su *Fastiginia o fastos geniales* hay varias ediciones, como hemos visto, de las cuales la clásica es la traducción hecha por el erudito vallisoletano Narciso Alonso Cortés en 1916 y reeditada en 1996.

[108] Debía de conservarse muy bien, porque la identifican como mujer de cuarenta años, cuando en realidad tenía cincuenta y tres.

[109] CANAVAGGIO, J.: «Cervantes en su vivir: aproximación al proceso Ezpeleta», en *Torre de los Lujanes* (Madrid) 33 (1997), pp. 113-128; también, «Aproximación al proceso Ezpeleta», en *Cervantes, entre vida y creación*, Centro de Estudios Cervantinos, Alcalá de Henares, 2000, pp. 45-63.

[110] El síndrome esquizoide paranoico que padece el Licenciado ha sido analizado reiteradamente por psiquiatras y se concluye siempre: es probable que Cervantes conociera a algún desquiciado así.

[111] La azarosa vida de Urbina, Astrana, VI-I, pp. 189 y ss.

[112] Murió la nietecita en febrero de 1610, Astrana, VI-I, p. 359.

[113] Canavaggio, *Cervantes*, p. 416.

[114] Ambos textos comentados por Astrana, VI-I, pp. 201-224.

[115] Hace unos años expuse algunas opiniones sobre estas obritas en ALVAR EZQUERRA, A.: «Los entremeses de Cervantes leídos por un historiador», *Torre de los Lujanes*, (Madrid) 29 (1995), pp. 137-157.

[116] Cfr. RIQUER, M. de: «Cervantes en Barcelona», en *Para leer a Cervantes*, Barcelona, 2003, pp. 285-385, la cita en pp. 359-374.

[117] Desde la acotación de la Teoría de la Literatura, en esta obra Cervantes se convierte parcialmente a la «nueva comedia», que antaño hubo vituperado. Astrana, VI-I, pp. 436 y ss.

[118] Y porque para ello se está preparando la *Gran Enciclopedia Cervantina* en el Centro de Estudios Cervantinos de Alcalá de Henares.

[119] BUNES IBARRA, M. A.: *Los moriscos en el pensamiento histórico*, Cátedra, Madrid, 1983; CARDAILLAC, L.: *Moriscos y cristianos un enfrentamiento polémico, 1492-1640*, Madrid, 1979; DOMÍNGUEZ ORTIZ, A. y VINCENT, B.: *Historia de los moriscos. Vida y tragedia de una minoría*, Madrid, 1978; EPALZA, M. de.: *Los moriscos antes y después de la expulsión*, Madrid, 1992; GARCÍA ARENAL, M.: *Los moriscos*, Granada, 1996;

GONZÁLEZ PALENCIA, A.: «Cervantes y los moriscos», *Boletín de la Real Academia Española*, XXVII (1947-1948), pp. 107-122; GUTIÉRREZ NIETO, J. I.: «Inquisición y culturas marginadas: conversos, moriscos y gitanos», en *El siglo del Quijote (1580-1680)*, en *Historia de España de Menéndez Pidal*, XXVI, Madrid, 1986, pp. 647-792; LAPEYRE, H.: *Geografía de la España morisca*, Dip. Prov., Valencia, 1986; MÁRQUEZ VILLANUEVA, F.: *Personajes y temas del Quijote*, Madrid, 1975; RAMÍREZ ARAUJO, M.: «El morisco Ricote y la libertad de conciencia», *Hispanic Review*, XXIV (1925), pp. 278-289; SOLA, E. y DE LA PEÑA, J. F.: *Cervantes y Berbería. (Cervantes, mundo turco-berberisco y servicios secretos en la época de Felipe II)*, Madrid, 1995.

[120] BORONAT Y BARRACHINA, P.: *Los moriscos españoles y su expulsión*, Valencia, 1901, en especial, su «Colección diplomática» desde p. 429 y ss., o también el cap. II de pp. 33 y ss.

[121] Es genial la descripción del carácter del escribano. Cervantes narra cómo todos, una vez han sobrevivido al asalto, se besan, abrazan y dan gracias a Dios: «El escribano ni adoró, ni besó las manos a nadie, porque le tenía ocupada el alma el sentimiento de la pérdida de su hacienda».

CAPÍTULO VIII. «Éste que veis aquí, de rostro aguileño…»

[1] No está claro por qué el *Viaje del Parnaso* lo dedica como lo dedica… a nadie en concreto: «Dedicatoria. Dirijo a vuesa merced este *Viaje* que hice *al Parnaso*, que no desdice a su edad florida, ni a sus loables y estudiosos ejercicios. Si vuesa merced le hace el acogimiento que yo espero de su condición ilustre, él quedará famoso en el mundo y mis deseos premiados. Nuestro Señor, &c.»

[2] ALVAR, C.: «Le dediche delle opere di Cervantes…», p. 147.

[3] Dice así esta «Dedicatoria»: «En dos errores, casi de ordinario, caen los que dedican sus obras a algún príncipe. El primero es que en la carta que llaman dedicatoria, que ha de ser breve y sucinta, muy de propósito y espacio, ya llevados de la verdad o de la lisonja, se dilatan en ella en traerle a la memoria, no sólo las hazañas de sus padres y abuelos, sino las de todos sus parientes, amigos y bienhechores. Es el segundo decirles que las ponen debajo de su protección y amparo, porque las lenguas maldicientes y murmuradoras no se atrevan a morderlas y lacerarlas. Yo, pues, huyendo destos dos inconvenientes, paso en silencio aquí las grandezas y títulos de la antigua y Real Casa de Vuestra Excelencia, con sus infinitas virtudes, así naturales como adquiridas, dejándolas a que los nuevos Fidias y Lisipos busquen mármoles y bronces adonde grabarlas y esculpirlas, para que sean émulas a la duración de los tiempos. Tampoco suplico a Vuestra Excelencia reciba en su tutela este libro, porque sé que si él no es bueno, aunque le ponga debajo de las alas del Hipogrifo de Astolfo y a la sombra de la clava de Hércules, no dejarán los Zoilos, los Cínicos, los Aretinos y los Bernias de darse un filo en su vituperio, sin guardar respecto a nadie. Sólo suplico que advierta Vuestra Excelencia que le envío, como quien no dice nada, doce cuentos, que, a no haberse labrado en la oficina de mi entendimiento, presumieran ponerse al lado de los más pintados. Tales cuales son, allá van, y yo quedo aquí contentísimo, por parecerme que voy mostrando en algo el deseo que tengo de servir a Vuestra Excelencia como a mi verdadero señor y bienhechor mío. Guarde Nuestro Señor, &c. De Madrid, a catorce de julio de mil y seiscientos y trece».

[4] Insisto en el uso que hago de PORQUERAS MAYO, A.: «Los prólogos de Cervantes», *passim*, pp. 121 y 122.

[5] DOMÍNGUEZ CAPARRÓS, J.: *Diccionario de métrica española*, Madrid, 1999.

[6] La idea conductora reaparece en *Quijote*, II, LVI, entre el Caballero del Verde

Gabán, uno de mis personajes favoritos, y don Quijote. El capítulo es de una ternura extrema. Además de sobre los hijos, el protagonista habla sobre la Poesía: «La poesía, señor hidalgo, a mi parecer, es como una doncella tierna y de poca edad, y en todo estremo hermosa, a quien tienen cuidado de enriquecer, pulir y adornar otras muchas doncellas, que son todas las otras ciencias, y ella se ha de servir de todas, y todas se han de autorizar con ella; pero esta tal doncella no quiere ser manoseada, ni traída por las calles, ni publicada por las esquinas de las plazas ni por los rincones de los palacios. Ella es hecha de una alquimia de tal virtud, que quien la sabe tratar la volverá en oro purísimo de inestimable precio; hala de tener, el que la tuviere, a raya, no dejándola correr en torpes sátiras ni en desalmados sonetos; no ha de ser vendible en ninguna manera, si ya no fuere en poemas heroicos, en lamentables tragedias, o en comedias alegres y artificiosas; no se ha de dejar tratar de los truhanes, ni del ignorante vulgo, incapaz de conocer ni estimar los tesoros que en ella se encierran. Y no penséis, señor, que yo llamo aquí vulgo solamente a la gente plebeya y humilde; que todo aquel que no sabe, aunque sea señor y príncipe, puede y debe entrar en número de vulgo. Y así, el que con los requisitos que he dicho tratare y tuviere a la poesía, será famoso y estimado su nombre en todas las naciones políticas del mundo».

[7] Más adelante vuelve a expresar menosprecio:

¿Carece el cielo de poetas santos,
puesto que brote a cada paso el suelo
poetas, que lo son tantos y tantos?

También cómo, para salir de ciertos peligros, se ponen en la tesitura de arrojar al mar a algún que otro infumable poeta, como el Lofrasto.

[8] El orden de impresión respondió a los gustos del autor y no a las fechas de su redacción: *Ocho comedias y ocho entremeses nuevos, nunca representados,* «Los nombres destas comedias son los siguientes: *El gallardo español, La casa de los celos, Los baños de Argel, El rufián dichoso, La gran sultana, El laberinto de amor, La entre[te]nida, Pedro de Urdemalas.* Entremeses: *El juez de los divorcios, El rufián viudo, [La] elección de los alcaldes de Daganzo, La guarda cuidadosa, El vizcaíno fingido, El retablo de las maravillas, La cueva de Salamanca, El viejo celoso*».

[9] La del doctor Gutierre de Cetina: «Por comisión y mandado de los señores del Consejo, he hecho ver el libro contenido en este memorial: no contiene cosa contra la fe ni buenas costumbres, antes es libro de mucho entretenimiento lícito, mezclado de mucha filosofía moral; puédesele dar licencia para imprimirle. En Madrid, a cinco de noviembre de mil seiscientos y quince».

· [10] En extracto, así dice la del maestro José de Valdivielso: «Por comisión y mandado de los señores del Consejo, he visto la *Segunda parte de don Quijote de la Mancha,* por Miguel de Cervantes Saavedra: no contiene cosa contra nuestra santa fe católica, ni buenas costumbres, antes, muchas de honesta recreación y apacible divertimiento, que los antiguos juzgaron convenientes a sus repúblicas [...], lo cual hace el autor mezclando las veras a las burlas, lo dulce a lo provechoso y lo moral a lo faceto [...] cumpliendo con el acertado asunto en que pretende la expulsión de los libros de caballerías, pues con su buena diligencia mañosamente alimpiando de su contagiosa dolencia a estos reinos, es obra muy digna de su grande ingenio, honra y lustre de nuestra nación, admiración y invidia de las estrañas. Éste es mi parecer, salvo etc. En Madrid, a 17 de marzo de 1615».

[11] Reconoce nuestro censor, el licenciado Márquez Torres, «Bien creo que está, para censura, un poco larga; alguno dirá que toca los límites de lisonjero elogio; mas la verdad de lo que cortamente digo deshace en el crítico la sospecha y en mí el cuidado; además que el día de hoy no se lisonjea a quien no tiene con qué cebar el pico del adulador», en Madrid, a 27 de febrero de 1615.

[12] ALVAR, C.: «Le dediche delle opere di Cervantes...», p. 156.

[13] En los párrafos siguientes sigo a ENCISO ALONSO-MUÑUMER, I.: *Nobleza, gobierno y cultura en Nápoles español. El VII Conde de Lemos. Centro de Estudios Constitucionales*, Madrid, 2004. También, de nuevo, SIEBER, H.: «Clientelismo y mecenazgo: hacia una historia cultural literaria de la Corte de Felipe III», en GARCÍA DE ENTERRÍA, M .C. y CORDÓN MESA, A. (eds.): *Actas del IV Congreso Internacional de la Asociación Internacional Siglo de Oro*, Universidad de Alcalá, 1998, vol. I, pp. 95-113, así como —del mismo autor— «The Magnificent Fountain: Literary Patronage in the Court of Philip III», en *Bulletin of the Cervantes Society of America*, 18 (1998), p. 87. Finalmente, PARDO MANUEL DE VILLENA, A.: *Un mecenas español del siglo XVII: el Conde de Lemos*, Madrid, 1912.

[14] Sígase su vida a través de PARDO DE GUEVARA Y VALDÉS, E.: *Don Pedro Fernández de Castro, VII conde de Lemos (1576-1622), estudio histórico y documental*, 2 vols.., Xunta de Galicia, Santiago, 1997.

[15] Cierta carta de despedida escrita a él se ha tenido por mucho tiempo como el último manuscrito que quedaba de nuestro autor: está demostrada su falsedad.

[16] RIQUER, M. de: «Cervantes en Barcelona», p. 372.

[17] ARGENSOLA, Lupercio y Bartolomé Leonardo: *Rimas*, ed. de J. M. BLECUA, 2 vols., CSIC, Zaragoza, 1950, I, p. xv.

[18] Un par de estudios clásicos, GREEN, O. H.: *Vida y obras de Lupercio Leonardo de Argensola*, CSIC, Zaragoza, 1945, en especial pp. 86-92, y del mismo autor su «The Literary Court of the Conde de Lemos at Naples, 1610-1616», en *Hispanic Review* (Filadelfia) I (1933), pp. 290-308.

[19] En un importante texto, PRIETO BERNABÉ, J. M.: *Lectura y lectores en el Madrid de los Austrias (1550-1650)*, tesis doctoral inédita, Madrid, 1998, como apéndice a los usos de la lectura nobiliaria en la Corte, se cita una relación de 59 libros que tenía el conde en Madrid. No se explica la causa de ese inventario. Véase pp. 409-415.

[20] SIMÓN DÍAZ, J.: *Libros dedicados al gran conde de Lemos*, Pontevedra, 1990.

[21] RODRÍGUEZ G. DE CEVALLOS, A.: «El cardenal Rodrigo de Castro, humanista y mecenas de las Artes», en EIRAS ROEL, A. (ed.): *El reino de Galicia en la Monarquía de Felipe II*, Santiago, 1998, pp. 613-634. En especial, p. 618: «Pero el suceso más conmovedor fue el que en 1588 enviase a su vicario general Fernando de Silva para que absolviese a Miguel de Cervantes».

[22] RIQUER, M. de: «Cervantes en Barcelona», pp. 377 y 378.

[23] YAGÜE DE SALAS, Juan: *Los amantes de Teruel: epopeya trágica, con la restauración de España por parte de Sobrarbe y conquista del Reyno de Valencia*, en Valencia, por Pedro Patricio Mey, 1616. Cervantes no vio esa obra impresa. No hay ejemplares en la Biblioteca Nacional de Madrid. En el siglo pasado se han hecho una reedición en Teruel, 1951 y una novelización por María Gloria ORNAT en 1962.

[24] TOLEDANO, Miguel: *Minerva sacra*, Madrid, por Juan de la Cuesta, 1616. Este Miguel Toledano era clérigo presbítero nacido en Cuenca. Dedica la obra a la susodicha Alfonsa de Salazar. No se sabe por qué se pide a Cervantes el poemita; Astrana no asegura nada, pero habla de apellidos Salazar comunes en la esposa de Miguel y la monja; que si el yerno Luis de Molina podría haber conocido al presbítero en Cuenca; que un cura de Esquivias se llamaba Simón Toledano y que podría ser familiar de Miguel Toledano... Lo más curioso de esas líneas de Astrana (VII, 413) es que elude la realidad: Miguel Toledano, conquense, era de ascendencia judeoconversa, tal y como claman al cielo sus apellidos; el Simón Toledano de Esquivias también; Miguel de Cervantes, otro tanto... Acaso al final de los días, de la manera que fuera y por las causas que fueran, y sin mayor trascendencia, nuestro autor escribió para otro descendiente de conversos... o para otra descendiente de conversos: «Si os oye la infernal caterva,/ huye gimiendo al centro y, de la acerba/ región, suspiros a la tierra envía [...] vos convertís el suelo en cielo [...] Y así conviene que tal vez el velo/ alcéis, y descubráis esa luz pura...», etc. Sin

forzar mucho las cosas, ¿no se pueden leer ciertos guiños entre líneas? Esto, aderezado con que Cuesta y Robles, por echar una mano a Cervantes, le pidieron el poema para este libro a cambio de algún maravedí.

[25] Para la G.E.C., en prensa, voz «Venerable Orden Tercera». El Dr. I. Ruiz dirige un equipo de investigación (con María Dolores Delgado Pavón y Francisco Muñoz Ávila) que está catalogando los fondos del archivo de la VOT.

[26] La historia de esta casa de recogidas en Astrana, VII, pp. 552 y ss., entre otras.

[27] «En su lengua original el *Quijote* se imprimió unas treinta veces en el siglo XVII, unas cuarenta en el XVIII, unas doscientas en el XIX y en lo que va del XX un promedio de tres veces al año», cita Martín de Riquer en su edición de *El Quijote,* Planeta, 1975, p. xxvii.

Cervantes se describe a sí mismo física y psicológicamente

En un gran estudio titulado «Vida y Literatura» Jean Canavaggio nos recuerda el juego empleado por Cervantes en su obra cuando hace descripciones autobiográficas «cuya verdad no exige verificación».[1] La importancia de estos textos se acentúa si tenemos en cuenta que, a pesar de los pesares, los rastros escriturarios íntimos de Cervantes son escasísimos, aunque más abundantes los documentos público-administrativos. En efecto, los que hemos hecho alguna biografía, esperamos epistolarios, esperamos testamentos, codicilos, inventarios *post mortem*, memoriales, cartas de dote y arras, algún pleito, algún proceso y tantos otros documentos que tienen su origen en el ordenamiento jurídico de una sociedad y que, por ello, se custodian (o deberían custodiarse) en los archivos de protocolos notariales, en los de las Chancillerías o Audiencias, en los departa-

---

[1] CANAVAGGIO, J.: «Vida y Literatura: Cervantes en el «Quijote"», en *Miguel de Cervantes: Don Quijote de la Mancha*, dirigida por RICO, F., Instituto Cervantes, Barcelona, 1998, pp. xl-lxvi, en concreto, p. xlii. El lector tiene unos párrafos dedicados a «Los disfraces del "raro inventor"» en pp. lvii-lxix, con alusiones a los disfraces cervantinos en *Quijote*, II, iii, xvi y xliv.

mentos administrativos o judiciales de otras instituciones o agrupaciones. Y de Cervantes, apenas nada de lo anterior. Por eso es bueno traer a colación estas auto descripciones, ordenadas cronológicamente y que, como adivinarás lector, todas son de los evos (tiempos sin término) de su vejez.

No quiero decir con lo anterior que no haya otros *yoes* en la obra de Cervantes, ni mucho menos: recuerdo que no quiso acordarse del lugar de la Mancha en el que empezaron los desasosiegos y viajes de su ingenioso hidalgo. Esos *yoes* los hay dispersos por doquier, de manera explícita en ocasiones; implícita otras veces (es él, aunque no lo diga, Ruy Pérez de Viedma, *Quijote*, I, XXXIX a XLI). Sus abultadas vivencias las refleja estructural o coyuntural o puntualmente por su obra. No obstante, a veces se ha convertido en un arriesgado ejercicio esotérico ir viéndolo reflejado en los textos, cuando en mil y una ocasiones lo único que haría sería decirnos que esto o aquello lo sabía por su experiencia..., producto de la vista, o del haber oído, es decir, por haber vivido; ni por el dictado de los maestros ni por una necesidad compulsiva de mostrársenos, sin mostrársenos.[2]

Para evitar confundir al lector ordinario, no al cervantista académico, sólo reproduzco los *yoes* explícitos, claros, bellísimos, de sus escritos liminares y añado una alusión que pone en boca ajena en el «donoso escrutinio de la biblioteca», un necesario extracto del *Viaje del Parnaso*[3] y el entrañable viaje de vuelta a Madrid desde Esquivias que es su último viaje y constituye, a medias entre la realidad y la ficción, el «Prólogo» a su his-

---

[2] La bibliografía sobre los prólogos de Cervantes es inabarcable. Cito un par de trabajos trascendentales, ya que PORQUERAS MAYO nos ha enseñado cómo la lectura de los prólogos, por sí sola, es suficiente como género literario, y más aún en el caso de Cervantes. Por su parte, la «modernidad» literaria y la inmersión verdadera del autor en su propio texto, en los prólogos de Cervantes, en CANAVAGGIO, J.: «Cervantes en primera persona».

[3] Para un comentario global, CANAVAGGIO, J.: «La dimensión autobiográfica del *Viaje del Parnaso*», en *Cervantes* (1997), pp. 25-45.

toria septentrional del *Persiles*. Hallará quien encuentre útiles estos extractos, al Cervantes físico y al psicológico, cargado de años o al borde del todo está concluso.[4]

Prólogo [*El Quijote*, I]

Desocupado lector: sin juramento me podrás creer que quisiera que este libro, como hijo del entendimiento, fuera el más hermoso, el más gallardo y más discreto que pudiera imaginarse. Pero no he podido yo contravenir al orden de naturaleza; que en ella cada cosa engendra su semejante. Y así, ¿qué podrá engendrar el estéril y mal cultivado ingenio mío, sino la historia de un hijo seco, avellanado, antojadizo y lleno de pensamientos varios y nunca imaginados de otro alguno, bien como quien se engendró en una cárcel, donde toda incomodidad tiene su asiento y donde todo triste ruido hace su habitación? El sosiego, el lugar apacible, la amenidad de los campos, la serenidad de los cielos, el murmurar de las fuentes, la quietud del espíritu son grande parte para que las musas más estériles se muestren fecundas y ofrezcan partos al mundo que le colmen de maravilla y de contento. Acontece tener un padre un hijo feo y sin gracia alguna, y el amor que le tiene le pone una venda en los ojos para que no vea sus faltas, antes las juzga por discreciones y lindezas y las cuenta a sus amigos por agudezas y donaires. Pero yo, que, aunque parezco padre, soy padrastro de *Don Quijote,* no quiero irme con la corriente del uso, ni suplicarte, casi con las lágrimas en los ojos, como otros hacen, lector carísimo, que perdones o disimules las faltas que en este mi hijo vieres; y ni

---

[4] El lector puede acudir, igualmente, a CANAVAGGIO, J.: «Cervantes en primera persona» en *Journal of Hispanic Philology*, II (1977), pp. 35-44 (reeditado en *Cervantes, entre vida y creación*, Centro de Estudios Cervantinos, Alcalá de Henares, 2000, pp. 65-72) y más recientemente en MONER, M.: *Cervantes conteur. Écrits et paroles*, Casa de Velázquez, Madrid, 1989.

eres su pariente ni su amigo, y tienes tu alma en tu cuerpo y tu libre albedrío como el más pintado, y estás en tu casa, donde eres señor della, como
el rey de sus alcabalas, y sabes lo que comúnmente se dice: que debajo de
mi manto, al rey mato. Todo lo cual te esenta y hace libre de todo respecto y obligación; y así, puedes decir de la historia todo aquello que te
pareciere, sin temor que te calunien por el mal ni te premien por el bien
que dijeres della.

Sólo quisiera dártela monda y desnuda, sin el ornato de prólogo, ni
de la inumerabilidad y catálogo de los acostumbrados sonetos, epigramas
y elogios que al principio de los libros suelen ponerse. Porque te sé decir
que, aunque me costó algún trabajo componerla, ninguno tuve por mayor
que hacer esta prefación que vas leyendo. Muchas veces tomé la pluma
para escribille y muchas la dejé, por no saber lo que escribiría; y, estando una suspenso, con el papel delante, la pluma en la oreja, el codo en el
bufete y la mano en la mejilla, pensando lo que diría, entró a deshora un
amigo mío, gracioso y bien entendido, el cual, viéndome tan imaginati-
vo, me preguntó la causa; y, no encubriéndosela yo, le dije que pensaba
en el prólogo que había de hacer a la historia de don Quijote, y que me
tenía de suerte que ni quería hacerle, ni menos sacar a luz las hazañas de
tan noble caballero.

—Porque, ¿cómo queréis vos que no me tenga confuso el qué dirá el
antiguo legislador que llaman vulgo cuando vea que, al cabo de tantos
años como ha que duermo en el silencio del olvido, salgo ahora, con todos
mis años a cuestas, con una leyenda seca como un esparto, ajena de invención, menguada de estilo, pobre de concetos y falta de toda erudición y
doctrina; sin acotaciones en las márgenes y sin anotaciones en el fin del
libro, como veo que están otros libros, aunque sean fabulosos y profanos,
tan llenos de sentencias de Aristóteles, de Platón y de toda la caterva de
filósofos, que admiran a los leyentes y tienen a sus autores por hombres
leídos, eruditos y elocuentes? Pues ¿qué, cuando citan la *Divina Escritura*?
No dirán sino que son unos santos Tomases y otros doctores de la Iglesia;
guardando en esto un decoro tan ingenioso, que en un renglón han pintado un enamorado destraído y en otro hacen un sermoncico cristiano,

que es un contento y un regalo oílle o leelle. De todo esto ha de carecer mi libro, porque ni tengo qué acotar en el margen, ni qué anotar en el fin, ni menos sé qué autores sigo en él, para ponerlos al principio, como hacen todos, por las letras del A B C, comenzando en Aristóteles y acabando en Xenofonte y en Zoílo o Zeuxis, aunque fue maldiciente el uno y pintor el otro. También ha de carecer mi libro de sonetos al principio, a lo menos de sonetos cuyos autores sean duques, marqueses, condes, obispos, damas o poetas celebérrimos; aunque, si yo los pidiese a dos o tres oficiales amigos, yo sé que me los darían, y tales, que no les igualasen los de aquellos que tienen más nombre en nuestra España. En fin, señor y amigo mío —proseguí—, yo determino que el señor don Quijote se quede sepultado en sus archivos en la Mancha, hasta que el cielo depare quien le adorne de tantas cosas como le faltan; porque yo me hallo incapaz de remediarlas, por mi insuficiencia y pocas letras, y porque naturalmente soy poltrón y perezoso de andarme buscando autores que digan lo que yo me sé decir sin ellos. De aquí nace la suspensión y elevamiento, amigo, en que me hallastes; bastante causa para ponerme en ella la que de mí habéis oído.

Oyendo lo cual mi amigo, dándose una palmada en la frente y disparando en una carga de risa, me dijo:

—Por Dios, hermano, que agora me acabo de desengañar de un engaño en que he estado todo el mucho tiempo que ha que os conozco, en el cual siempre os he tenido por discreto y prudente en todas vuestras aciones. Pero agora veo que estáis tan lejos de serlo como lo está el cielo de la tierra. ¿Cómo que es posible que cosas de tan poco momento y tan fáciles de remediar puedan tener fuerzas de suspender y absortar un ingenio tan maduro como el vuestro, y tan hecho a romper y atropellar por otras dificultades mayores? A la fe, esto no nace de falta de habilidad, sino de sobra de pereza y penuria de discurso. ¿Queréis ver si es verdad lo que digo? Pues estadme atento y veréis cómo, en un abrir y cerrar de ojos, confundo todas vuestras dificultades y remedio todas las faltas que decís que os suspenden y acobardan para dejar de sacar a la luz del mundo la historia de vuestro famoso don Quijote, luz y espejo de toda la caballería andante.

—Decid —le repliqué yo, oyendo lo que me decía—: ¿de qué modo pensáis llenar el vacío de mi temor y reducir a claridad el caos de mi confusión?

A lo cual él dijo:

—Lo primero en que reparáis de los sonetos, epigramas o elogios que os faltan para el principio, y que sean de personajes graves y de título, se puede remediar en que vos mesmo toméis algún trabajo en hacerlos, y después los podéis bautizar y poner el nombre que quisiéredes, ahijándolos al Preste Juan de las Indias o al Emperador de Trapisonda, de quien yo sé que hay noticia que fueron famosos poetas; y cuando no lo hayan sido y hubiere algunos pedantes y bachilleres que por detrás os muerdan y murmuren desta verdad, no se os dé dos maravedís; porque, ya que os averigüen la mentira, no os han de cortar la mano con que lo escribistes.

En lo de citar en las márgenes los libros y autores de donde sacáredes las sentencias y dichos que pusiéredes en vuestra historia, no hay más sino hacer, de manera que venga a pelo, algunas sentencias o latines que vos sepáis de memoria, o, a lo menos, que os cuesten poco trabajo el buscalle; como será poner, tratando de libertad y cautiverio:

Non bene pro toto libertas venditur auro.

Y luego, en el margen, citar a Horacio o a quien lo dijo. Si tratáredes del poder de la muerte, acudir luego con:

Pal[l]ida mors aequo pulsat pede pauperum tabernas,
regumque turres.

Si de la amistad y amor que Dios manda que se tenga al enemigo, entraros luego al punto por la *Escritura Divina*, que lo podéis hacer con tantico de curiosidad, y decir las palabras, por lo menos, del mismo Dios: *Ego autem dico vobis: diligite inimicos vestros.* Si tratáredes de malos pensamientos, acudid con el *Evangelio: De corde exeunt cogitationes malae.* Si de la instabilidad de los amigos, ahí está Catón, que os dará su dístico:

Donec eris felix, multos numerabis amicos,
tempora si fuerint nubila, solus eris.

Y con estos latinicos y otros tales os tendrán siquiera por gramático, que el serlo no es de poca honra y provecho el día de hoy.

En lo que toca el poner anotaciones al fin del libro, seguramente lo podéis hacer desta manera: si nombráis algún gigante en vuestro libro, hacelde que sea el gigante Golías, y con sólo esto, que os costará casi nada, tenéis una grande anotación, pues podéis poner: «El gigante Golías, o Goliat, fue un filisteo a quien el pastor David mató de una gran pedrada en el valle de Terebinto, según se cuenta en el Libro de los Reyes, en el capítulo que vos halláredes que se escribe». Tras esto, para mostraros hombre erudito en letras humanas y cosmógrafo, haced de modo como en vuestra historia se nombre el río Tajo, y veréisos luego con otra famosa anotación, poniendo: «El río Tajo fue así dicho por un rey de las Españas; tiene su nacimiento en tal lugar y muere en el mar océano, besando los muros de la famosa ciudad de Lisboa; y es opinión que tiene las arenas de oro, etc.». Si tratáredes de ladrones, yo os diré la historia de Caco, que la sé de coro; si de mujeres rameras, ahí está el obispo de Mondoñedo, que os prestará a Lamia, Laida y Flora, cuya anotación os dará gran crédito; si de crueles, Ovidio os entregará a Medea; si de encantadores y hechiceras, Homero tiene a Calipso, y Virgilio a Circe; si de capitanes valerosos, el mesmo Julio César os prestará a sí mismo en sus *Comentarios*, y Plutarco os dará mil Alejandros. Si tratáredes de amores, con dos onzas que sepáis de la lengua toscana, toparéis con León Hebreo, que os hincha las medidas. Y si no queréis andaros por tierras extrañas, en vuestra casa tenéis a Fonseca, *Del amor de Dios*, donde se cifra todo lo que vos y el más ingenioso acertare a desear en tal materia. En resolución, no hay más sino que vos procuréis nombrar estos nombres, o tocar estas historias en la vuestra, que aquí he dicho, y dejadme a mí el cargo de poner las anotaciones y acotaciones; que yo os voto a tal de llenaros las márgenes y de gastar cuatro pliegos en el fin del libro.

Vengamos ahora a la citación de los autores que los otros libros tienen, que en el vuestro os faltan. El remedio que esto tiene es muy fácil, porque no habéis de hacer otra cosa que buscar un libro que los acote todos, desde la A hasta la Z, como vos decís. Pues ese mismo abecedario pondréis vos en vuestro libro; que, puesto que a la clara se vea la mentira, por la poca necesidad que vos teníades de aprovecharos dellos, no importa nada; y quizá alguno habrá tan simple, que crea que de todos os habéis aprovechado en la simple y sencilla historia vuestra; y, cuando no sirva de otra cosa, por lo menos servirá aquel largo catálogo de autores a dar de improviso autoridad al libro. Y más, que no habrá quien se ponga a averiguar si los seguistes o no los seguistes, no yéndole nada en ello. Cuanto más que, si bien caigo en la cuenta, este vuestro libro no tiene necesidad de ninguna cosa de aquellas que vos decís que le falta, porque todo él es una invectiva contra los libros de caballerías, de quien nunca se acordó Aristóteles, ni dijo nada San Basilio, ni alcanzó Cicerón; ni caen debajo de la cuenta de sus fabulosos disparates las puntualidades de la verdad, ni las observaciones de la astrología; ni le son de importancia las medidas geométricas, ni la confutación de los argumentos de quien se sirve la retórica; ni tiene para qué predicar a ninguno, mezclando lo humano con lo divino, que es un género de mezcla de quien no se ha de vestir ningún cristiano entendimiento. Sólo tiene que aprovecharse de la imitación en lo que fuere escribiendo; que, cuanto ella fuere más perfecta, tanto mejor será lo que se escribiere. Y, pues esta vuestra escritura no mira a más que a deshacer la autoridad y cabida que en el mundo y en el vulgo tienen los libros de caballerías, no hay para qué andéis mendigando sentencias de filósofos, consejos de la *Divina Escritura,* fábulas de poetas, oraciones de retóricos, milagros de santos, sino procurar que a la llana, con palabras significantes, honestas y bien colocadas, salga vuestra oración y período sonoro y festivo; pintando, en todo lo que alcanzáredes y fuere posible, vuestra intención, dando a entender vuestros conceptos sin intricarlos y escurecerlos. Procurad también que, leyendo vuestra historia, el melancólico se mueva a risa, el risueño la acreciente, el simple no se enfade, el discreto se admire de la invención, el grave no la desprecie, ni el prudente deje de alabarla. En efecto, llevad la mira puesta a derribar la máquina mal fundada destos caballerescos libros, aborrecidos de tantos y alabados de muchos más; que si esto alcanzásedes, no habríades alcanzado poco.

Con silencio grande estuve escuchando lo que mi amigo me decía, y de tal manera se imprimieron en mí sus razones que, sin ponerlas en disputa, las aprobé por buenas y de ellas mismas quise hacer este prólogo; en el cual verás, lector suave, la discreción de mi amigo, la buena ventura mía en hallar en tiempo tan necesitado tal consejero, y el alivio tuyo en hallar tan sincera y tan sin revueltas la historia del famoso don Quijote de la Mancha, de quien hay opinión, por todos los habitadores del distrito del campo de Montiel, que fue el más casto enamorado y el más valiente caballero que de muchos años a esta parte se vio en aquellos contornos. Yo no quiero encarecerte el servicio que te hago en darte a conocer tan noble y tan honrado caballero, pero quiero que me agradezcas el conocimiento que tendrás del famoso Sancho Panza, su escudero, en quien, a mi parecer, te doy cifradas todas las gracias escuderiles que en la caterva de los libros vanos de caballerías están esparcidas.

Y con esto, Dios te dé salud y a mí no olvide.

Vale

«Del donoso y grande escrutinio que el cura y el barbero hicieron en la librería de nuestro ingenioso hidalgo» [*El Quijote*, I, VI]

[...]

—Pero, ¿qué libro es ese que está junto a él?

—*La Galatea*, de Miguel de Cervantes —dijo el barbero.

—Muchos años ha que es grande amigo mío ese Cervantes, y sé que es más versado en desdichas que en versos. Su libro tiene algo de buena invención; propone algo, y no concluye nada: es menester esperar la segunda parte que promete; quizá con la emienda alcanzará del todo la misericordia que ahora se le niega; y, entre tanto que esto se ve, tenedle recluso en vuestra posada, señor compadre.

—Que me place —respondió el barbero—. [...]

Prólogo al lector [*Novelas ejemplares*]

Quisiera yo, si fuera posible, lector amantísimo, escusarme de escribir este prólogo, porque no me fue tan bien con el que puse en mi *Don Quijote*, que quedase con gana de segundar con éste. Desto tiene la culpa algún amigo, de los muchos que en el discurso de mi vida he granjeado, antes con mi condición que con mi ingenio; el cual amigo bien pudiera, como es uso y costumbre, grabarme y esculpirme en la primera hoja deste libro, pues le diera mi retrato el famoso don Juan de Jáurigui, y con esto quedara mi ambición satisfecha, y el deseo de algunos que querrían saber qué rostro y talle tiene quien se atreve a salir con tantas invenciones en la plaza del mundo, a los ojos de las gentes, poniendo debajo del retrato:

Éste que veis aquí, de rostro aguileño, de cabello castaño, frente lisa y desembarazada, de alegres ojos y de nariz corva, aunque bien proporcionada; las barbas de plata, que no ha veinte años que fueron de oro, los bigotes grandes, la boca pequeña, los dientes ni menudos ni crecidos, porque no tiene sino seis, y ésos mal acondicionados y peor puestos, porque no tienen correspondencia los unos con los otros; el cuerpo entre dos estremos, ni grande, ni pequeño, la color viva, antes blanca que morena; algo cargado de espaldas, y no muy ligero de pies; éste digo que es el rostro del autor de *La Galatea* y de *Don Quijote de la Mancha*, y del que hizo el *Viaje del Parnaso,* a imitación del de César Caporal Perusino, y otras obras que andan por ahí descarriadas y, quizá, sin el nombre de su dueño. Llámase comúnmente Miguel de Cervantes Saavedra. Fue soldado muchos años, y cinco y medio cautivo, donde aprendió a tener paciencia en las adversidades. Perdió en la batalla naval de Lepanto la mano izquierda de un arcabuzazo, herida que, aunque parece fea, él la tiene por hermosa, por haberla cobrado en la más memorable y alta ocasión que vieron los pasados siglos, ni esperan ver los venideros, militando debajo de las vencedoras banderas del hijo del rayo de la guerra, Carlo Quinto, de felice memoria.

Y cuando a la deste amigo, de quien me quejo, no ocurrieran otras cosas de las dichas que decir de mí, yo me levantara a mí mismo dos docenas de testimonios, y se los dijera en secreto, con que estendiera mi nombre y acreditara mi ingenio. Porque pensar que dicen puntualmente la verdad los tales elogios es disparate, por no tener punto preciso ni determinado las alabanzas ni los vituperios.

En fin, pues ya esta ocasión se pasó, y yo he quedado en blanco y sin figura, será forzoso valerme por mi pico, que, aunque tartamudo, no lo será para decir verdades, que, dichas por señas, suelen ser entendidas. Y así, te digo otra vez, lector amable, que destas novelas que te ofrezco, en ningún modo podrás hacer pepitoria, porque no tienen pies, ni cabeza, ni entrañas, ni cosa que les parezca; quiero decir que los requiebros amorosos que en algunas hallarás, son tan honestos, y tan medidos con la razón y discurso cristiano, que no podrán mover a mal pensamiento al descuidado o cuidadoso que las leyere.

Heles dado nombre de *ejemplares*, y si bien lo miras, no hay ninguna de quien no se pueda sacar algún ejemplo provechoso; y si no fuera por no alargar este sujeto, quizá te mostrara el sabroso y honesto fruto que se podría sacar, así de todas juntas como de cada una de por sí. Mi intento ha sido poner en la plaza de nuestra república una mesa de trucos, donde cada uno pueda llegar a entretenerse, sin daño de barras; digo, sin daño del alma ni del cuerpo, porque los ejercicios honestos y agradables antes aprovechan que dañan.

Sí, que no siempre se está en los templos, no siempre se ocupan los oratorios, no siempre se asiste a los negocios, por calificados que sean.

Horas hay de recreación, donde el afligido espíritu descanse. Para este efeto se plantan las alamedas, se buscan las fuentes, se allanan las cuestas y se cultivan con curiosidad los jardines. Una cosa me atreveré a decirte: que si por algún modo alcanzara que la lección destas novelas pudiera inducir a quien las leyera a algún mal deseo o pensamiento, antes me cortara la mano con que las escribí que sacarlas en público. Mi edad no está ya para burlarse con la otra vida, que al cincuenta y cinco de los años gano por nueve más y por la mano.

A esto se aplicó mi ingenio, por aquí me lleva mi inclinación, y más, que me doy a entender, y es así, que yo soy el primero que he novelado en lengua castellana, que las muchas novelas que en ella andan impresas todas son traducidas de lenguas estranjeras, y éstas son mías propias, no imitadas ni hurtadas: mi ingenio las engendró, y las parió mi pluma, y van creciendo en los brazos de la estampa. Tras ellas, si la vida no me deja, te ofrezco los *Trabajos de Persiles,* libro que se atreve a competir con Heliodoro, si ya por atrevido no sale con las manos en la cabeza; y primero verás, y con brevedad dilatadas, las hazañas de don Quijote y donaires de Sancho Panza, y luego las *Semanas del jardín.* Mucho prometo con fuerzas tan pocas como las mías, pero ¿quién pondrá rienda a los deseos? Sólo esto quiero que consideres: que, pues yo he tenido osadía de dirigir estas novelas al gran Conde de Lemos, algún misterio tienen escondido que las levanta.

No más, sino que Dios te guarde y a mí me dé paciencia para llevar bien el mal que han de decir de mí más de cuatro sotiles y almidonados. *Vale.*

Extractos de *Viaje del Parnaso*

Yo, que siempre trabajo y me desvelo   25
por parecer que tengo de poeta
la gracia que no quiso darme el cielo,
quisiera despachar a la estafeta

mi alma, o por los aires, y ponella
sobre las cumbres del nombrado Oeta,   30
   pues, descubriendo desde allí la bella
corriente de Aganipe, en un saltico
pudiera el labio remojar en ella,
   y quedar del licor süave y rico
el pancho lleno, y ser de allí adelante   35
poeta ilustre, o al menos magnifico.

* * *

   Vayan, pues, los leyentes con letura,   100
cual dice el vulgo mal limado y bronco,
que yo soy un poeta desta hechura:
   cisne en las canas, y en la voz un ronco
y negro cuervo, sin que el tiempo pueda
desbastar de mi ingenio el duro tronco;   105
   y que en la cumbre de la varia rueda
jamás me pude ver sólo un momento,
pues cuando subir quiero, se está queda.
   Pero, por ver si un alto pensamiento
se puede prometer feliz suceso,   110
seguí el viaje a paso tardo y lento.

* * *

   Mandóme el dios parlero luego alzarme,
y, con medidos versos y sonantes,   200
desta manera comenzó a hablarme:
   «¡Oh Adán de los poetas, oh Cervantes!
¿Qué alforjas y qué traje es éste, amigo,
que así muestra discursos ignorantes?»
   Yo, respondiendo a su demanda, digo: 205
«Señor: voy al Parnaso, y, como pobre,
con este aliño mi jornada sigo».

Y él a mí dijo: «¡Oh sobrehumano y sobre
espíritu cilenio levantado,
toda abundancia y todo honor te sobre! 210

Que, en fin, has respondido a ser soldado
antiguo y valeroso, cual lo muestra
la mano de que estás estropeado.

Bien sé que en la naval dura palestra
perdiste el movimiento de la mano 215
izquierda, para gloria de la diestra;

y sé que aquel instinto sobrehumano
que de raro inventor tu pecho encierra
no te le ha dado el padre Apolo en vano.

Tus obras los rincones de la tierra, 220
llevándola[s] en grupa Rocinante,
descubren y a la envidia mueven guerra.

Pasa, raro inventor, pasa adelante
con tu sotil disinio, y presta ayuda
a Apolo, que la tuya es importante, 225

antes que el escuadrón vulgar acuda
de más de veinte mil sietemesinos
poetas que de serlo están en duda.

Llenas van ya las sendas y caminos
desta canalla inútil contra el monte, 230
que aun de estar a su sombra no son dignos.

Ármate de tus versos luego, y ponte
a punto de seguir este viäje
conmigo, y a la gran obra disponte;

conmigo, segurísimo pasaje 235
tendrás, sin que te empaches, ni procures
lo que suelen llamar matalotaje;

y, porque esta verdad que digo apures,
entra conmigo en mi galera y mira
cosas con que te asombres y asegures». 240

Yo, aunque pensé que todo era mentira,
entré con él en la galera hermosa
y vi lo que pensar en ello admira:

de la quilla a la gavia, ¡oh estraña cosa!,
toda de versos era fabricada,   245
sin que se entremetiese alguna prosa;

* * *

Suele la indignación componer versos;
pero si el indignado es algún tonto,
ellos tendrán su todo de perversos.

De mí yo no sé más sino que prompto
me hallé para decir en tercia rima   5
lo que no dijo el desterrado a Ponto;

y así le dije a Delio: «No se estima,
señor, del vulgo vano el que te sigue
y al árbol sacro del laurel se arrima;

la envidia y la ignorancia le persigue,   10
y así, envidiado siempre y perseguido,
el bien que espera por jamás consigue.

Yo corté con mi ingenio aquel vestido
con que al mundo la hermosa *Galatea*
salió para librarse del olvido.   15

Soy por quien *La Confusa*, nada fea,
pareció en los teatros admirable,
si esto a su fama es justo se le crea.

Yo, con estilo en parte razonable,
he compuesto comedias que en su tiempo   20
tuvieron de lo grave y de lo afable.

Yo he dado en *Don Quijote* pasatiempo
al pecho melancólico y mohíno,
en cualquiera sazón, en todo tiempo.

Yo he abierto en mis *Novelas* un camino   25

por do la lengua castellana puede
mostrar con propiedad un desatino.

Yo soy aquel que en la invención excede
a muchos; y al que falta en esta parte,
es fuerza que su fama falta quede.   30

Desde mis tiernos años amé el arte
dulce de la agradable poesía,
y en ella procuré siempre agradarte.

Nunca voló la pluma humilde mía
por la región satírica: bajeza   35
que a infames premios y desgracias guía.

Yo el soneto compuse que así empieza,
por honra principal de mis escritos:
¡Voto a Dios, que me espanta esta grandeza!

Yo he compuesto romances infinitos,   40
y el de *Los celos* es aquel que estimo,
entre otros que los tengo por malditos.

Por esto me congojo y me lastimo
de verme solo en pie, sin que se aplique
árbol que me conceda algún arrimo.   45

Yo estoy, cual decir suelen, puesto a pique
para dar a la estampa al gran *Pirsiles*,
con que mi nombre y obras multiplique.

Yo, en pensamientos castos y sotiles,
dispuestos en soneto[s] de a docena,   50
he honrado tres sujetos fregoniles.

También, al par de Filis, mi Silena
resonó por las selvas, que escucharon
más de una y otra alegre cantilena,

y en dulces varias rimas se llevaron   55
mis esperanzas los ligeros vientos,
que en ellos y en la arena se sembraron.

Tuve, tengo y tendré los pensamientos,

merced al cielo que a tal bien me inclina,
de toda adulación libres y esentos.   60

    Nunca pongo los pies por do camina
la mentira, la fraude y el engaño,
de la santa virtud total rüina.

    Con mi corta fortuna no me ensaño,
aunque por verme en pie como me veo,   65
y en tal lugar, pondero así mi daño.

    Con poco me contento, aunque deseo
mucho». A cuyas razones enojadas,
con estas blandas respondió Timbreo:

    «Vienen las malas suertes atrasadas,   70
y toman tan de lejos la corriente,
que son temidas, pero no escusadas.

    El bien les viene a algunos de repente,
a otros poco a poco y sin pensallo,
y el mal no guarda estilo diferente.   75

    El bien que está adquerido, conservallo
con maña, diligencia y con cordura,
es no menor virtud que el granjeallo.

    Tú mismo te has forjado tu ventura,
y yo te he visto alguna vez con ella,   80
pero en el imprudente poco dura.

    Mas, si quieres salir de tu querella,
alegre y no confuso, y consolado,
dobla tu capa y siéntate sobre ella;

    que tal vez suele un venturoso estado,   85
cuando le niega sin razón la suerte,
honrar más merecido que alcanzado».

    «Bien parece, señor, que no se advierte»,
le respondí, «que yo no tengo capa».
Él dijo: «Aunque sea así, gusto de verte.   90

    La virtud es un manto con que tapa

> y cubre su indecencia la estrecheza,
> que esenta y libre de la envidia escapa».
>
> Incliné al gran consejo la cabeza;
> quedéme en pie, que no hay asiento bueno   95
> si el favor no le labra o la riqueza.

Prólogo al lector [*Ocho comedias y ocho entremeses nuevos, nunca representados*]

No puedo dejar, lector carísimo, de suplicarte me perdones si vieres que en este prólogo salgo algún tanto de mi acostumbrada modestia. Los días pasados me hallé en una conversación de amigos, donde se trató de comedias y de las cosas a ellas concernientes, y de tal manera las subtilizaron y atildaron, que, a mi parecer, vinieron a quedar en punto de toda perfección.

Tratóse también de quién fue el primero que en España las sacó de mantillas, y las puso en toldo y vistió de gala y apariencia; yo, como el más viejo que allí estaba, dije que me acordaba de haber visto representar al gran Lope de Rueda, varón insigne en la representación y en el entendimiento. Fue natural de Sevilla y de oficio batihoja, que quiere decir de los que hacen panes de oro; fue admirable en la poesía pastoril, y en este modo, ni entonces ni después acá ninguno le ha llevado ventaja; y, aunque por ser muchacho yo entonces, no podía hacer juicio firme de la bondad de sus versos, por algunos que me quedaron en la memoria, vistos agora en la edad madura que tengo, hallo ser verdad lo que he dicho; y si no fuera por no salir del propósito de prólogo, pusiera aquí algunos que acreditaran esta verdad.

En el tiempo deste célebre español, todos los aparatos de un autor de comedias se encerraban en un costal, y se cifraban en cuatro pellicos blancos guarnecidos de guadamecí dorado, y en cuatro barbas y cabelleras y cuatro cayados, poco más o menos. Las comedias eran unos co-loquios, como églogas, entre dos o tres pastores y alguna pastora; aderezábanlas y dilatábanlas con dos o tres entremeses, ya de negra, ya de rufián, ya de bobo y ya de vizcaíno: que todas estas cuatro figuras y otras muchas hacía el tal Lope con la mayor excelencia y propiedad que pudiera imaginarse. No había en aquel tiempo tramoyas, ni desafíos de moros y cristianos, a pie ni a caballo; no había figura que saliese o pareciese salir del centro de la tierra por lo hueco del teatro, al cual componían cuatro bancos en cuadro y cuatro o seis tablas encima, con que se levantaba del suelo cuatro palmos; ni menos bajaban del cielo nubes con ángeles o con almas. El adorno del teatro era una manta vieja, tirada con dos cordeles de una parte a otra, que hacía lo que llaman vestuario, detrás de la cual estaban los músicos, cantando sin guitarra algún romance antiguo. Murió Lope de Rueda, y por hombre excelente y famoso le enterraron en la iglesia mayor de Córdoba (donde murió), entre los dos coros, donde también está enterrado aquel famoso loco Luis López.

Sucedió a Lope de Rueda, Navarro, natural de Toledo, el cual fue famoso en hacer la figura de un rufián cobarde; éste levantó algún tanto más el adorno de las comedias y mudó el costal de vestidos en cofres y en baúles; sacó la música, que antes cantaba detrás de la manta, al teatro público; quitó las barbas de los farsantes, que hasta entonces ninguno representaba sin barba postiza, y hizo que todos representasen a cureña rasa, si no era los que habían de representar los viejos o otras figuras que pidiesen mudanza de rostro; inventó tramoyas, nubes, truenos y relámpagos, desafíos y batallas, pero esto no llegó al sublime punto en que está agora.

Y esto es verdad que no se me puede contradecir, y aquí entra el salir yo de los límites de mi llaneza: que se vieron en los teatros de Madrid representar *Los tratos de Argel*, que yo compuse; *La destruición de Numancia* y *La batalla naval*, donde me atreví a reducir las comedias a tres jornadas, de cinco que tenían; mostré, o, por mejor decir, fui el primero que representase las imaginaciones y los pensamientos escondidos del alma, sacando figuras morales al teatro, con general y gustoso aplauso de los oyentes; compuse en este tiempo hasta veinte comedias o treinta, que todas ellas se recitaron sin que se les ofreciese ofrenda de pepinos ni de otra cosa arrojadiza; corrieron su carrera sin silbos, gritas ni barahúndas. Tuve otras cosas en que ocuparme; dejé la pluma y las comedias, y entró luego el monstruo de naturaleza, el gran Lope de Vega, y alzóse con la monarquía cómica; avasalló y puso debajo de su juridición a todos los farsantes; llenó el mundo de comedias proprias, felices y bien razonadas, y tantas, que pasan de diez mil pliegos los que tiene escritos, y todas (que es una de las mayores cosas que puede decirse) las ha visto representar, o oído decir, por lo menos, que se han representado; y si algunos, que hay muchos, han querido entrar a la parte y gloria de sus trabajos, todos juntos no llegan en lo que han escrito a la mitad de lo que él sólo.

Pero no por esto, pues no lo concede Dios todo a todos, dejen de tenerse en precio los trabajos del doctor Ramón, que fueron los más después de los del gran Lope; estímense las trazas artificiosas en todo estremo del licenciado Miguel Sánchez, la gravedad del doctor Mira de Mescua, honra singular de nuestra nación; la discreción e inumerables conceptos del canónigo Tárraga; la suavidad y dulzura de don Guillén de Castro, la agudeza de Aguilar; el rumbo, el tropel, el boato, la grandeza de las comedias de Luis Vélez de Guevara, y las que agora están en jerga del agudo ingenio de don Antonio de Galarza, y las que prometen *Las fullerías de amor*, de Gaspar de Ávila, que todos éstos y otros algunos han ayudado a llevar esta gran máquina al gran Lope.

Algunos años ha que volví yo a mi antigua ociosidad, y, pensando que aún duraban los siglos donde corrían mis alabanzas, volví a componer algunas comedias, pero no hallé pájaros en los nidos de antaño; quiero decir que no hallé autor que me las pidiese, puesto que sabían que las tenía; y así, las arrinconé en un cofre y las consagré y condené al perpetuo silencio. En esta sazón me dijo un librero que él me las comprara si un autor de título no le hubiera dicho que de mi prosa se podía esperar mucho, pero que del verso, nada; y, si va a decir la verdad, cierto que me dio pesadumbre el oírlo, y dije entre mí: «O yo me he mudado en otro, o los tiempos se han mejorado mucho; sucediendo siempre al revés, pues siempre se alaban los pasados tiempos». Torné a pasar los ojos por mis comedias, y por algunos entremeses míos que con ellas estaban arrinconados, y vi no ser tan malas ni tan malos que no mereciesen salir de las tinieblas del ingenio de aquel autor a la luz de otros autores menos escrupulosos y más entendidos. Aburríme y vendíselas al tal librero, que las ha puesto en la estampa como aquí te las ofrece. Él me las pagó razonablemente; yo cogí mi dinero con suavidad, sin tener cuenta con dimes ni diretes de recitantes. Querría que fuesen las mejores del mundo, o, a lo menos, razonables; tú lo verás, lector mío, y si hallares que tienen alguna cosa buena, en topando a aquel mi maldiciente autor, dile que se emiende, pues yo no ofendo a nadie, y que advierta que no tienen necedades patentes y descubiertas, y que el verso es el mismo que piden las comedias, que ha de ser, de los tres estilos, el ínfimo, y que el lenguaje de los entremeses es proprio de las figuras que en ellos se introducen; y que, para enmienda de todo esto, le ofrezco una comedia que estoy componiendo, y la intitulo *El engaño a los ojos*, que, si no me engaño, le ha de dar contento. Y con esto, Dios te dé salud y a mí paciencia.

Dedicatoria [*Ocho comedias y ocho entremeses nuevos, nunca representados*]

Al conde de Lemos

Ahora se agoste o no el jardín de mi corto ingenio, que los frutos que él ofreciere, en cualquiera sazón que sea, han de ser de V. E., a quien ofrezco el destas *Comedias y entremeses*, no tan desabridos, a mi parecer, que no puedan dar algún gusto; y si alguna cosa llevan razonable, es que no van manoseados ni han salido al teatro, merced a los farsantes, que, de puro discretos, no se ocupan sino en obras grandes y de graves autores, puesto que tal vez se engañan. Don Quijote de la Mancha queda calzadas las espuelas en su *Segunda parte* para ir a besar los pies a V. E. Creo que llegará quejoso, porque en Tarragona le han asendereado y malparado, aunque, por sí o por no, lleva información hecha de que no es él el contenido en aquella historia, sino otro supuesto, que quiso ser él y no acertó a serlo. Luego irá el gran *Persiles*, y luego *Las se-manas del jardín*, y luego la segunda parte de *La Galatea*, si tanta carga pueden llevar mis ancianos hombros; y luego y siempre irán las muestras del deseo que tengo de servir a V. E. como a mi verdadero señor y firme y verdadero amparo, cuya persona, &c.

Criado de V. Excelencia:
Miguel de Cervantes Saavedra.

Prólogo al lector [*El Quijote*, II]

¡Válame Dios, y con cuánta gana debes de estar esperando ahora, lector ilustre, o quier plebeyo, este prólogo, creyendo hallar en él venganzas, riñas y vituperios del autor del segundo *Don Quijote*; digo de aquel que dicen que se engendró en Tordesillas y nació en Tarragona! Pues en verdad que no te he dar este contento; que, puesto que los agravios despiertan la cólera en los más humildes pechos, en el mío ha de padecer excepción esta regla. Quisieras tú que lo diera del asno, del mentecato y del atrevido, pero no me pasa por el pensamiento: castíguele su pecado, con su pan se lo coma y allá se lo haya. Lo que no he podido dejar de sentir es que me note de viejo y de manco, como si hubiera sido en mi mano haber detenido el tiempo, que no pasase por mí, o si mi manquedad hubiera nacido en alguna taberna, sino en la más alta ocasión que vieron los siglos pasados, los presentes, ni esperan ver los venideros. Si mis heridas no resplandecen en los ojos de quien las mira, son estimadas, a lo menos, en la estimación de los que saben dónde se cobraron; que el soldado más bien parece muerto en la batalla que libre en la fuga; y es esto en mí de manera, que si ahora me propusieran y facilitaran un imposible, quisiera antes haberme hallado en aquella facción prodigiosa que sano ahora de mis heridas sin haberme hallado en ella. Las que el soldado muestra en el rostro y en los pechos, estrellas son que guían a los demás al cielo de la honra, y al de desear la justa alabanza; y hase de advertir que no se escribe con las canas, sino con el entendimiento, el cual suele mejorarse con los años.

He sentido también que me llame invidioso, y que, como a ignorante, me describa qué cosa sea la invidia; que, en realidad de verdad, de dos que hay, yo no conozco sino a la santa, a la noble y bien intencionada; y, siendo esto así, como lo es, no tengo yo de perseguir a ningún sacerdote, y más si tiene por añadidura ser familiar del Santo Oficio; y si él lo dijo por quien parece que lo dijo, engañóse de todo en todo: que del tal adoro el ingenio, admiro las obras y la ocupación continua y virtuosa. Pero, en efecto, le agradezco a este señor autor el decir que mis novelas son más satíricas que ejemplares, pero que son buenas; y no lo pudieran ser si no tuvieran de todo.

Paréceme que me dices que ando muy limitado y que me contengo mucho en los términos de mi modestia, sabiendo que no se ha de añadir aflición al afligido, y que la que debe de tener este señor sin duda es grande, pues no osa parecer a campo abierto y al cielo claro, encubriendo su nombre, fingiendo su patria, como si hubiera hecho alguna traición de lesa majestad. Si, por ventura, llegares a conocerle, dile de mi parte que no me tengo por agraviado: que bien sé lo que son tentaciones del demonio, y que una de las mayores es ponerle a un hombre en el entendimiento que puede componer y imprimir un libro, con que gane tanta fama como dineros, y tantos dineros cuanta fama; y, para confirmación desto, quiero que en tu buen donaire y gracia le cuentes este cuento:

«Había en Sevilla un loco que dio en el más gracioso disparate y tema que dio loco en el mundo. Y fue que hizo un cañuto de caña puntiagudo en el fin, y, en cogiendo algún perro en la calle, o en cualquiera otra parte, con el un pie le cogía el suyo, y el otro le alzaba con la mano, y como mejor podía le acomodaba el cañuto en la parte que, soplándole, le ponía redondo como una pelota; y, en teniéndolo desta suerte, le daba dos palmaditas en la barriga, y le soltaba, diciendo a los circunstantes, que siempre eran muchos: "¿Pensarán vuestras mercedes ahora que es poco trabajo hinchar un perro?"»

¿Pensará vuestra merced ahora que es poco trabajo hacer un libro?

Y si este cuento no le cuadrare, dirásle, lector amigo, éste, que también es de loco y de perro:

«Había en Córdoba otro loco, que tenía por costumbre de traer encima de la cabeza un pedazo de losa de mármol, o un canto no muy liviano, y, en topando algún perro descuidado, se le ponía junto, y a plomo dejaba caer sobre él el peso. Amohinábase el perro, y, dando ladridos y aullidos, no paraba en tres calles. Sucedió, pues, que, entre los perros que descargó la carga, fue uno un perro de un bonetero, a quien quería mucho su dueño. Bajó el canto, diole en la cabeza, alzó el grito el molido perro, violo y sintiólo su amo, asió de una vara de medir, y salió al loco y no le dejó hueso sano; y cada palo que le daba decía: "Perro ladrón, ¿a mi podenco? ¿No viste, cruel, que era podenco mi perro?" Y, repitiéndole el nombre de *podenco* muchas veces, envió al loco hecho una alheña. Escarmentó el loco y retiróse, y en más de un mes no salió a la plaza; al cabo del cual tiempo, volvió con su invención y con más carga. Llegábase donde estaba el perro, y, mirándole muy bien de hito en hito, y sin querer ni atreverse a descargar la piedra, decía: "Este es podenco: ¡guarda!" En efeto, todos cuantos perros topaba, aunque fuesen alanos, o gozques, decía que eran podencos; y así, no soltó más el canto.»

Quizá de esta suerte le podrá acontecer a este historiador: que no se atreverá a soltar más la presa de su ingenio en libros que, en siendo malos, son más duros que las peñas.

Dile también que de la amenaza que me hace, que me ha de quitar la ganancia con su libro, no se me da un ardite, que, acomodándome al entremés famoso de *La Perendenga*, le respondo que me viva el Veinte y cuatro, mi señor, y Cristo con todos. Viva el gran conde de Lemos, cuya cristiandad y liberalidad, bien conocida, contra todos los golpes de mi corta fortuna me tiene en pie, y vívame la suma caridad del ilustrísimo de Toledo, don Bernardo de Sandoval y Rojas, y siquiera no haya emprentas en el mundo, y siquiera se impriman contra mí más libros que tienen letras las *Coplas de Mingo Revulgo*. Estos dos príncipes, sin que los solicite adulación mía ni otro género de aplauso, por sola su bondad, han tomado a su cargo el hacerme merced y favorecerme; en lo que me tengo por más dichoso y más rico que si la fortuna por camino ordinario me hubiera puesto en su cumbre. La honra puédela tener el pobre, pero no el vicioso; la pobreza puede anublar a la nobleza, pero no escurecerla del todo; pero, como la virtud dé alguna luz de sí, aunque sea por los inconvenientes y resquicios de la estrecheza, viene a ser estimada de los altos y nobles espíritus, y, por el consiguiente, favorecida.

Y no le digas más, ni yo quiero decirte más a ti, sino advertirte que consideres que esta segunda parte de *Don Quijote* que te ofrezco es cortada del mismo artífice y del mesmo paño que la primera, y que en ella te doy a don Quijote dilatado, y, finalmente, muerto y sepultado, porque ninguno se atreva a levantarle nuevos testimonios, pues bastan los pasados y basta también que un hombre honrado haya dado noticia destas discretas locuras, sin querer de nuevo entrarse en ellas: que la abundancia de las cosas, aunque sean buenas, hace que no se estimen, y la carestía, aun de las malas, se estima en algo. Olvídaseme de decirte que esperes el *Persiles*, que ya estoy acabando, y la segunda parte de *Galatea*.

Dedicatoria al conde de Lemos
[*El Quijote*, II]

Enviando a Vuestra Excelencia los días pasados mis comedias, antes impresas que representadas, si bien me acuerdo, dije que don Quijote quedaba calzadas las espuelas para ir a besar las manos a Vuestra Excelencia; y ahora digo que se las ha calzado y se ha puesto en camino, y si él allá llega, me parece que habré hecho algún servicio a Vuestra Excelencia, porque es mucha la priesa que de infinitas partes me dan a que le envíe para quitar el hámago y la náusea que ha causado otro don Quijote, que, con nombre de *Segunda parte*, se ha disfrazado y corrido por el orbe; y el que más ha mostrado desearle ha sido el grande emperador de la China, pues en lengua chinesca habrá un mes que me escribió una carta con un propio, pidiéndome, o, por mejor decir, suplicándome se le enviase, porque quería fundar un colegio donde se leyese la lengua castellana, y quería que el libro que se leyese fuese el de *la* historia *de don*

Quijote. Juntamente con esto, me decía que fuese yo a ser el rector del tal colegio.

Preguntéle al portador si Su Majestad le había dado para mí alguna ayuda de costa. Respondióme que ni por pensamiento. «Pues, hermano —le respondí yo—, vos os podéis volver a vuestra China a las diez, o a las veinte, o a las que venís despachado, porque yo no estoy con salud para ponerme en tan largo viaje; además que, sobre estar enfermo, estoy muy sin dineros, y emperador por emperador, y monarca por monarca, en Nápoles tengo al gran-de conde de Lemos, que, sin tantos titulillos de colegios ni rectorías, me sustenta, me ampara y hace más merced que la que yo acierto a desear».

Con esto le despedí, y con esto me despido, ofreciendo a Vuestra Excelencia los *Trabajos de Persiles y Sigismunda*, libro a quien daré fin dentro de cuatro meses, *Deo volente;* el cual ha de ser o el más malo o el mejor que en nuestra lengua se haya compuesto, quiero decir de los de entretenimiento; y digo que me arrepiento de haber dicho *el más malo*, porque, según la opinión de mis amigos, ha de llegar al estremo de bondad posible.

Venga Vuestra Excelencia con la salud que es deseado; que ya estará *Persiles* para besarle las manos, y yo los pies, como criado que soy de Vuestra Excelencia. De Madrid, último de otubre de mil seiscientos y quince.

Criado de Vuestra Excelencia,
Miguel de Cervantes Saavedra.

Dedicatoria [Los trabajos de Persiles y Sigismunda, historia setentrional]

A don Pedro Fernández de Castro, *conde de Lemos, de Andrade, de Villalba; marqués de Sarriá, gentilhombre de la Cámara de su Majes-tad, presidente del Consejo Supremo de Italia, comendador de la Encomienda de la Zarza, de la Orden de Alcántara*

Aquellas coplas antiguas, que fueron en su tiempo celebradas, que comienzan:

> *Puesto ya el pie en el estribo,*

quisiera yo no vinieran tan a pelo en esta mi epístola, porque casi con las mismas palabras la puedo comenzar, diciendo:

> *Puesto ya el pie en el estribo,*
> *con las ansias de la muerte,*
> *gran señor, ésta te escribo.*

Ayer me dieron la Estremaunción y hoy escribo ésta. El tiempo es breve, las ansias crecen, las esperanzas menguan, y, con todo esto, llevo la vida sobre el deseo que tengo de vivir, y quisiera yo ponerle coto hasta besar los pies a Vuesa Excelencia; que podría ser fuese tanto el contento de ver a Vuesa Excelencia bueno en España, que me volviese a dar la vida. Pero si está decretado que la haya de perder, cúmplase la voluntad de los cielos, y por lo menos sepa Vuesa Excelencia este mi deseo, y sepa que tuvo en mí un tan aficionado criado de servirle que quiso pasar aun más allá de la muerte, mostrando su intención. Con todo esto, como en profecía me alegro de la llegada de Vuesa Excelencia, regocíjome de verle señalar con el dedo, y realégrome de que salieron verdaderas mis esperanzas, dilatadas en la fama de las bondades de Vuesa Excelencia. Todavía me quedan en el alma ciertas reliquias y asomos de *Las semanas del jardín*, y del famoso *Bernardo*. Si a dicha, por buena ventura mía, que ya no sería ventura, sino milagro, me diese el cielo vida, las verá, y con ellas fin de *La Galatea*, de quien sé está aficionado Vuesa Excelencia. Y, con estas obras, continuando mi deseo, guarde Dios a Vuesa Excelencia como puede. De Madrid, a diez y nueve de abril de mil y seiscientos y diez y seis años.

Criado de Vuesa Excelencia,
Miguel de Cervantes.

Prólogo [*Los trabajos de Persiles y Sigismunda, historia setentrional*]

Sucedió, pues, lector amantísimo, que, viniendo otros dos amigos y yo del famoso lugar de Esquivias, por mil causas famoso, una por sus ilustres linajes y otra por sus ilustrísimos vinos, sentí que a mis espaldas venía picando con gran priesa uno que, al parecer, traía deseo de alcanzarnos, y aun lo mostró dándonos voces que no picásemos tanto. Esperámosle, y llegó sobre una borrica un estudiante pardal, porque todo venía vestido de pardo, antiparas, zapato redondo y espada con contera, valona bruñida y con trenzas iguales; verdad es, no traía más de dos, porque se le venía a un lado la valona por momentos, y él traía sumo trabajo y cuenta de enderezarla.

Llegando a nosotros dijo:

—¡Vuesas mercedes van a alcanzar algún oficio o prebenda a la corte, pues allá está su Ilustrísima de Toledo y su Majestad, ni más ni menos, según la priesa con que caminan?; que en verdad que a mi burra se le ha cantado el víctor de caminante más de una vez.

A lo cual respondió uno de mis compañeros:

—El rocín del señor Miguel de Cervantes tiene la culpa desto, porque es algo qué pasilargo.

Apenas hubo oído el estudiante el nombre de Cervantes, cuando, apeándose de su cabalgadura, cayéndosele aquí el cojín y allí el portamanteo, que con toda esta autoridad caminaba, arremetió a mí, y, acudiendo asirme de la mano izquierda, dijo:

—¡Sí, sí; éste es el manco sano, el famoso todo, el escritor alegre, y, finalmente, el regocijo de las musas!

Yo, que en tan poco espacio vi el grande encomio de mis alabanzas, parecióme ser descortesía no corresponder a ellas. Y así, abrazándole por el cuello, donde le eché a perder de todo punto la valona, le dije:

—Ese es un error donde han caído muchos aficionados ignorantes. Yo, señor, soy Cervantes, pero no el regocijo de las musas, ni ninguno de las demás baratijas que ha dicho vuesa merced; vuelva a cobrar su burra y suba, y caminemos en buena conversación lo poco que nos falta del camino.

Hízolo así el comedido estudiante, tuvimos algún tanto más las riendas, y con paso asentado seguimos nuestro camino, en el cual se trató de mi enfermedad, y el buen estudiante me desahució al momento, diciendo:

—Esta enfermedad es de hidropesía, que no la sanará toda el agua del mar Océano que dulcemente se bebiese. Vuesa merced, señor Cervantes, ponga tasa al beber, no olvidándose de comer, que con esto sanará sin otra medicina alguna.

—Eso me han dicho muchos —respondí yo—, pero así puedo dejar de beber a todo mi beneplácito, como si para sólo eso hubiera nacido. Mi vida se va acabando, y, al paso de las efemérides de mis pulsos, que, a más tardar, acabarán su carrera este domingo, acabaré yo la de mi vida. En fuerte punto ha llegado vuesa merced a conocerme, pues no me queda espacio para mostrarme agradecido a la voluntad que vuesa merced me ha mostrado.

En esto, llegamos a la puente de Toledo, y yo entré por ella, y él se apartó a entrar por la de Segovia.

Lo que se dirá de mi suceso, tendrá la fama cuidado, mis amigos gana de decilla, y yo mayor gana de escuchalla.

Tornéle a abrazar, volvióseme ofrecer, picó a su burra, y dejóme tan mal dispuesto como él iba caballero en su burra, a quien había dado gran ocasión a mi pluma para escribir donaires; pero no son todos los tiempos unos: tiempo vendrá, quizá, donde, anudando este roto hilo, diga lo que aquí me falta, y lo que sé convenía.

¡Adiós, gracias; adiós, donaires; adiós, regocijados amigos; que yo me voy muriendo, y deseando veros presto contentos en la otra vida!

CRONOLOGÍA

Fecha	Vida de Cervantes	Contexto histórico	Arte y literatura
1547	Posiblemente el día de San Miguel de 1547 (29 de septiembre), nace en Alcalá de Henares Miguel de Cervantes Saavedra, cuarto hijo del cirujano Rodrigo de Cervantes y de Leonor de Cortinas. Es bautizado en la iglesia de Santa María la Mayor de Alcalá el 9 de octubre.	Victoria de Mühlberg, de Carlos V sobre los luteranos, magistralmente representada por Tiziano.	Nace Mateo Alemán Nace Juan Rufo.
1551	La familia Cervantes se traslada a Valladolid. El padre, cargado de deudas, es embargado y encarcelado.		
1553	Regresan a Alcalá. Al poco tiempo, el desdichado progenitor se va a Córdoba.		

Fecha	Vida de Cervantes	Contexto histórico	Arte y literatura
1554		Felipe II rey de Nápoles. Andrés Laguna le regala al rey el espectacular *Dioscórides acerca de la materia medicinal, y de los venenos mortíferos.*	*Lazarillo de Tormes.*
1555		Paz de Augsburgo entre protestantes y católicos en el Sacro Imperio Romano.	Alvar Núñez Cabeza de Vaca, *Naufragios.*
1556		Abdicación de Carlos V en Bruselas. Felipe II proclamado rey.	Fr. Luis de Granada, *Guía de pecadores.*
1557		Batalla de San Quintín. Fin de medio siglo de guerras con Francia.	
1558		Mueren Carlos V y María Tudor, esposa de Felipe II. Advenimiento de Isabel de Inglaterra.	
1559		Paz de Cateau-Cambrésis. Felipe II casa con Isabel de Valois.	Jorge de Montemayor, *La Diana.* Nace Lupercio Leonardo de Argensola, mediocre obstaculizador de Cervantes en sus años de madurez.
1561		Traslado de la Corte a Madrid desde Toledo.	Nace Luis de Góngora.

Fecha	Vida de Cervantes	Contexto histórico	Arte y literatura
1562			El Brocense, *Latinae institutiones*. Nacen Bartolomé Leonardo de Argensola, Lope de Vega y José de Valdivielso.
1563		Primera piedra de El Escorial e, histórica coincidencia, clausura del Concilio de Trento.	
1564	Los Cervantes en Sevilla. ¿Pudo estudiar con Mateo Vázquez o conocerle de andanzas de barrio?	Los turcos atacan Orán y se retiran.	Gaspar Gil Polo, *La Diana enamorada* y Antonio de Torquemada, *Don Olivante de Laura*. Nacimiento de Shakespeare.
1565	Luisa de Cervantes ingresa en el convento de Alcalá.	Los turcos atacan Malta y se retiran.	Jerónimo de Contreras, *Selva de aventuras*. Juan de Timoneda, *El Patrañuelo*. Muere Lope de Rueda.
1566	Rodrigo Cervantes —el padre— en Madrid. Traba amistad con Getino de Guzmán. Primer soneto conocido de Cervantes.	Empieza, con la «Furia iconoclasta», el levantamiento calvinista en Flandes. Alba, gobernador de los Países Bajos. Se abre el «Camino Español», desde Nápoles a Flandes.	

Fecha	Vida de Cervantes	Contexto histórico	Arte y literatura
1568	Cervantes y López de Hoyos. Nuestro protagonista escribe cuatro poemas destinados a la *Relación oficial de las exequias* celebradas con motivo de la muerte de Isabel de Valois.	La Corte se viste de luto: mueren el príncipe Carlos e Isabel de Valois. Sublevación de los moriscos de Granada que no aceptan la convivencia con la mayoría cristiana.	
1569	Huida de Cervantes del ambiente cortesano, acaso por acuchillar a un alarife. Se refugia en Roma. Empieza su vida de aventuras.		Alonso de Ercilla, *La Araucana*. Juan de Timoneda, *Sobremesa y alivio de caminantes*. Nace Guillén de Castro.
1570	Cervantes se alista en los tercios de Nápoles. Coincide con su hermano Rodrigo.	El mundo cristiano ha decidido parar los pies al otro imperio, al otomano. Los turcos ocupan Chipre. Felipe II casa con Ana de Austria. Se organiza la *Liga Santa*.	
1571	La actuación de Cervantes en la batalla de Lepanto, que él la habría querido heroica, no deja de ser lamentable. Recibe tres disparos, dos en el pecho y uno en la mano izquierda, que le queda inútil. Concluida la batalla, se recupera en Mesina.	Es sofocada la segunda rebelión musulmana de las Alpujarras. Batalla de Lepanto.	

Fecha	Vida de Cervantes	Contexto histórico	Arte y literatura
1572	Recuperado de las heridas, decide seguir en los tercios y participa en varias batallas y escaramuzas por el Mediterráneo.		
1573		Don Juan de Austria toma Túnez. Mateo Vázquez es nombrado secretario de Felipe II.	
1575	Decide, tras cinco años de vida militar, volver a casa. La galera *Sol* es apresada por unos turcos y sus ocupantes secuestrados. Al frente de la flotilla va Arnaúte Mamí. Los cautivos son llevados a Argel y Miguel de Cervantes es entregado a Dalí Mamí, apodado *El Cojo*, quien, a la vista de las cartas de recomendación de nuestro soldado, fija su rescate en 500 ducados de oro, cantidad inalcanzable para su familia. Empieza su cautiverio, que durará cinco años: prácticamente cada año hay un intento de fuga.	Segunda suspensión de pagos de Felipe II, contra banqueros genoveses: se reconoce la deuda, pero no los intereses. Van triunfando en Castilla los partícipes de la religión más intransigente.	Uno de los primeros textos psiquiátricos es de Juan Huarte de San Juan, *Examen de ingenios*.

Fecha	Vida de Cervantes	Contexto histórico	Arte y literatura
1576		Don Juan de Austria es nombrado gobernador de los Países Bajos. Como no llega dinero a los tercios, «Saco de Amberes» por los españoles.	
1578	Capturado en el tercer intento, se le condena a recibir 200 palos. No se cumple el castigo.	Juan de Escobedo es asesinado por orden de Antonio Pérez, con el beneplácito del Rey. Muere don Juan de Austria. El rey don Sebastián muere en la batalla de Alcazarquivir. El trono de Portugal quedará vacante en cuestión de poco tiempo. Nace el futuro Felipe III.	
1579	Tras el cuarto intento, Cervantes es capturado y, de nuevo, perdonado.	Caída de Antonio Pérez.	Se abren los primeros teatros madrileños.
1580	Encadenado para ser llevado a Constantinopla, es providencialmente rescatado por fray Juan Gil y fray Antón de la Bella. El 27 de octubre llega a las costas españolas y desembarca en Denia (Valencia). Deambula por Madrid, como tantos más, en pos de alguna merced.	Felipe II es proclamado rey de Portugal.	Nace Francisco de Quevedo.

Fecha	Vida de Cervantes	Contexto histórico	Arte y literatura
1581	Se traslada a Lisboa y allí Mateo Vázquez se lo quita de encima por enésima vez, mandándole a una gris misión en Orán.		Nacen Salas Barbadillo y Ruiz de Alarcón.
1582	Sigue pretendiendo mercedes en Madrid, sin lograrlo. Se introduce en el ambiente literario. Primeros párrafos de *La Galatea*. Admira el nuevo teatro madrileño y va redactando *El trato de Argel* y *La Numancia*.		Fernando de Herrera, *Poesías*. Luis Gálvez de Montalvo, *El pastor de Fílida*. Nace el conde de Villamediana.
1584	Tiene una hija, Isabel de Saavedra, con una mujer casada, Ana de Villafranca. ¿Huye? del jaleo y se va a Esquivias para entrevistarse con Juana Gaitán, viuda de su amigo el poeta Pedro Laínez, para hacerse cargo de la edición de sus obras. Le presentan a Catalina de Salazar, a la sazón una muchacha de 19 años, con la que contrae matrimonio. Se instala con su esposa en el pueblo, pero pronto iniciará un permanente peregrinaje entre Esquivias y Madrid.		Nacen Tirso de Molina y Saavedra Fajardo.

Fecha	Vida de Cervantes	Contexto histórico	Arte y literatura
	Es un matrimonio por interés que no funciona. Catalina asistirá al marido al final de sus días.		
1585	El 5 de marzo firma un contrato con Gaspar de Porres, quien le entregará cuarenta ducados por dos piezas perdidas: *El trato de Constantinopla* y *La Confusa*. Aparece la *Primera parte de La Galatea, dividida en seis libros*, dirigida a Ascanio Colona e impresa en Alcalá de Henares, por Juan Gracián, a costa de Blas de Robles. Muere su triste padre. Hace frecuentes viajes a Toledo, y, finalmente, sin avisar, se marcha a Sevilla.		Arrecian la mística española: san Juan de la Cruz, *Cántico espiritual;* santa Teresa, *Camino de perfección*. No son buenos años para autores teatrales, ni para padres de hijas adulterinas.
1586	Va y viene de Esquivias a Sevilla. Escribe algunos sonetos de circunstancias.		
1587	En primavera empieza a trabajar como comisario general de la provisión de las galeras reales.		Comienzan los preparativos de la Gran Armada.

Fecha	Vida de Cervantes	Contexto histórico	Arte y literatura
	Durante ¡quince años! sirve a Felipe II en la requisa de aceite, grano y otros alimentos para sus buques. Debe de ser la época de consolidación de sus conocimientos crediticios, financieros y jurídicos.		Nunca «Armada Invencible», término socarrón inventado por los ingleses.
1588	Primeras acusaciones de malversación y primeras sentencias absolutorias.	Regresa gran parte de la Armada de Inglaterra. Crisis psicológica colectiva. El Atlántico sigue siendo, y lo seguirá siendo, un mar castellano.	El Greco, *El entierro del conde de Orgaz*. Santa Teresa, *Libro de la vida* y *Las Moradas*.
1590	Sigue en Andalucía. Solicita un oficio en Indias, pero le es denegado.	La hidalguía y los privilegiados de Zaragoza se soliviantan contra Felipe II por el caso Antonio Pérez, y la defensa de sus fueros…	
1591		Muere Mateo Vázquez. Son años críticos en la monarquía hispánica.	
1592	Cervantes da con sus huesos en la cárcel de Castro del Río. Contrato de autor con Rodrigo Osorio.	Cortes de Tarazona, en las que los fueros de Aragón son retocados a favor de la presencia regia; no abolidos.	

Fecha	Vida de Cervantes	Contexto histórico	Arte y literatura
1593	Muerte de su madre. Final —provisional— de sus trabajos en Andalucía. Más poemas sueltos y primeros párrafos de otras novelas (odas a la *Empresa de Inglaterra,* romance a *La morada de los celos, El cautivo, Rinconete y Cortadillo, El celoso extremeño,* etc.).		
1594	Se le encomienda el cobro de ciertos atrasos. La quiebra del avalista da con él, de nuevo, en la cárcel.	Guerra con Francia.	
1595			Ginés Pérez de Hita, *Guerras civiles de Granada.*
1596		Asalto a Cádiz por Howard y Essex. Primeros síntomas de peste en Santander. Durará esta letal epidemia hasta 1602.	
1597	Encarcelado en Sevilla, empieza a rondarle la idea de la novela de *El Quijote.*	Primera bancarrota de Felipe II: la monarquía, arruinada.	
1598	Muere Ana Franca —la madre de su hija— y, al año siguiente, su hija Isabel entra al servicio de Magdalena de Cervantes, bajo el nombre de Isabel de Cervantes.	Paz de Vervins con Francia. Isabel y Alberto, regentes de los Países Bajos, consiguen ser autónomos de Castilla. Muere Felipe II.	Nace Zurbarán.

Fecha	Vida de Cervantes	Contexto histórico	Arte y literatura
	Compone el soneto «Al túmulo de Felipe II», genial y mordaz crítica contra el rey.	Advenimiento de Felipe III.	
1599		Felipe III casa con Margarita de Austria.	Nace Velázquez. Mateo Alemán, *Guzmán de Alfarache* (I). Lope de Vega, *El Isidro*.
1600	Durante el verano abandona Sevilla, por las mismas fechas en las que su hermano Rodrigo muere en la batalla de las Dunas. Se pierde la pista de Cervantes durante unos años. Es posible que regrese a Esquivias.		Se abren de nuevo los teatros con limitaciones. Nace Pedro Calderón de la Barca.
1601		La Corte se traslada a Valladolid.	Juan de Mariana, *Historia de España* en español. Nace Baltasar Gracián.
1603	El matrimonio Cervantes se instala en Valladolid, con una legión de féminas: Andrea, Constanza, Magdalena, Isabel y, por añadidura, una criada, María de Ceballos.	Paz de Londres. Muere Isabel de Inglaterra.	Agustín de Rojas, *El viaje entretenido*. Francisco de Quevedo redacta *El Buscón*.
1604	*El Quijote* es conocido ya, antes de ser impreso. Probablemente, circula una versión corta.		Mateo Alemán, *Guzmán de Alfarache* (II).

Fecha	Vida de Cervantes	Contexto histórico	Arte y literatura
	Está editado en el formato que conocemos en diciembre de 1604, a falta de algunos textos liminares.		
1605	A principios de año sale a la venta *El ingenioso hidalgo don Quijote de la Mancha,* dirigido al duque de Béjar, en la imprenta madrileña de Juan de la Cuesta, a costa de Francisco de Robles. A los tres meses Cuesta inicia la segunda edición. Gaspar de Ezpeleta es herido de muerte a las puertas de los Cervantes.	Nacimiento del príncipe Felipe, futuro Felipe IV.	
1606	Vive en las proximidades de Atocha, en las casas de don Juan de Borbón, detrás del hospital de Antón Martín; después, en la calle de la Magdalena, muy cerca de la librería de Francisco de Robles y de la imprenta de Juan de la Cuesta. Su hija Isabel casa —en extraña relación— con Diego Sanz.	Traslado de la Corte a Madrid.	
1607	Cervantes, abuelo. Pero por poco tiempo.		

Fecha	Vida de Cervantes	Contexto histórico	Arte y literatura
1608	Su hija Isabel se casa, tras la muerte de Diego, con Luis de Molina.		
1609	En abril, preocupado ya por su salvación, ingresa en la Congregación de los Esclavos del Santísimo Sacramento del Olivar; Magdalena, Catalina y Andrea lo han hecho antes en la Venerable Orden Tercera de San Francisco. Mueren sus hermanas Andrea y Magdalena. También su nietecita.	Tregua de los Doce Años en los Países Bajos. Se decreta definitivamente la expulsión de los moriscos de toda España.	Lope de Vega, *Arte nuevo de hacer comedias*.
1610		Toma de Larache. Enrique IV es asesinado en Francia.	
1611	Intenta acompañar al conde de Lemos a su virreinato en Nápoles, pero Lupercio Leonardo de Argensola le niega el favor. También se queda en tierra Góngora.	Muere Margarita de Austria.	Se cierran temporalmente los teatros. Sebastián de Covarrubias, *Tesoro de la lengua castellana*.
1612	El matrimonio Cervantes, acompañado por Constanza, se traslada al actual número 18 de la calle Huertas. *El Quijote* es traducido al inglés por Thomas Shelton.		Diego de Haedo, *Topographía e historia general de Argel*. C. Suárez de Figueroa, *La España defendida*.

Fecha	Vida de Cervantes	Contexto histórico	Arte y literatura
1613	Ingresa como novicio en la Venerable Orden Tercera de San Francisco. Salen las *Novelas ejemplares*.		Luis de Góngora da a conocer la *Primera Soledad* y *El Polifemo*.
1614	Publica el *Viaje del Parnaso*. César Oudin traduce *El Quijote* al francés.		A. Fernández de Avellaneda, *Segunda parte del Quijote*.
1615	Cervantes se traslada a una casa sita en la calle de Francos (hoy calle Cervantes), esquina a la del León. Convivirá con su esposa y una criada. Publica el tomo de teatro: *Ocho comedias y ocho entremeses nuevos, nunca representados.* Se publica la *Segunda parte del ingenioso caballero don Quijote de la Mancha.*		
1616	Enfermo, en abril profesa en la Orden Tercera. El 18 del mismo mes recibe los últimos sacramentos. El 19 de abril escribe la dedicatoria más impresionante que se haya escrito jamás: la del *Persiles*. Muere, en fin, el viernes 22 de abril de 1616, poco más de una semana después que Shakespeare.		

Fecha	Vida de Cervantes	Contexto histórico	Arte y literatura
	Se registra su muerte el día del entierro, o sea, al día siguiente. Se traslada el cadáver con el sayal franciscano, desde su casa al destartalado convento de las Trinitarias Descalzas de la calle de Cantarranas (hoy, de Lope de Vega).		
1617	Su esposa Catalina gestiona con Juan de Villarroel la impresión de *Los trabajos de Persiles y Sigismunda, historia setentrional*.		

FUENTES Y BIBLIOGRAFÍA

Fue Cervantes quien dijo en el «Prólogo» de su *Quijote* de 1605 que en su texto «no sé qué autores sigo en él, para ponerlos al principio, como hacen todos, por las letras del A B C, comenzando en Aristóteles y acabando en Xenofonte y en Zoílo o Zeuxis, aunque fue maldiciente el uno y pintor el otro».

Aquí, saturado lector, va a pasar lo mismo. Comoquiera que la bibliografía sobre Cervantes no es que sea abundantísima, sino que como está publicada en papel afecta al equilibrio de la biodiversidad, no la cito. Las decenas de notas a pie de página de mi texto indican por dónde me he movido y qué es lo que se me ha escapado. También hay otras cosas manejadas, leídas, pero que no tenían sentido en una «biografía cronológica».

Por todo ello, me limito a ciertas recomendaciones. En primer lugar, no hablo de ediciones de *El Quijote,* porque Cervantes no fue sólo *El Quijote,* y que me perdone Jaime Fernández, S. J. Así que creo que es bueno seleccionar la edición de Florencio SEVILLA de las *Obras completas* de Cervantes en la editorial Castalia, Madrid, 1999, edición que tiene la ventaja de reunir todos sus escritos en un solo volumen y que, filológicamente, se atiene al texto cervantino prístino sin manipulaciones. El mismo Florencio SEVILLA y Antonio REY HAZAS prepararon en 1993 en tres volúmenes la correspondiente edición para el Centro de Estudios Cervantinos de Alcalá de Henares.

Con respecto a los documentos cervantinos, considero que —aunque ha habido otras— las recopilaciones más importantes son cuatro: PÉREZ PASTOR, Cristóbal: *Documentos Cervantinos hasta ahora inéditos*, 2 vols., Madrid, 1897-1902 (¡cinco años para editar dos volúmenes revolucionarios sobre Cervantes!); después, ASTRANA MARÍN, Luis: *Vida ejemplar y heroica de Miguel de Cervantes Saavedra con mil documentos hasta ahora inéditos y numerosas ilustraciones y grabados de la época*, 7 vols., Madrid, 1948-1958: la gran biografía, muy documentada, aunque no todos los documentos tienen que ver con Cervantes o sus allegados, sino —a veces— con los familiares de éstos... Cita más y mejor a partir del tomo III que en los anteriores, en que oculta mucho. La tercera recopilación documental es la de CANAVAGGIO, Jean: «Resumen cronológico de la vida de Cervantes», en la ed. de *El Quijote* de Francisco RICO, 2 vols., Instituto Cervantes-Crítica, Barcelona, 1998; I, pp. ccxliii-cclxxi. Se trata de una descripción cronológica de la vida de Cervantes (en las páginas impares) que se va cotejando con los documentos que corroboran las afirmaciones y los descubridores de los documentos (en las pares). Por fin, de manera seca y adusta, quedaba fijada la vida de Cervantes... ¡en 1998! Recientemente, ha ampliado la recopilación documental a los familiares, etc., en un exquisito trabajo SLIWA, Krzysztof: *Documentos de Miguel de Cervantes Saavedra,* EUNSA, Pamplona, 1999. Me consta que ha redactado una extensísima voz para la Gran Enciclopedia Cervantina que prepara desde hace años el Centro de Estudios Cervantinos sobre las «Efemérides cervantinas», que arrancan en 1463 y concluyen en 1652.

Por fin, la bibliografía en sí. Pienso que lo mejor es navegar en Internet: en primer lugar, desde la Universidad de Alicante, www.cervantesvirtual.com; en segundo lugar, el Proyecto Cervantes, coordinado por el prof. Eduardo Urbina, www.csdl.tamu.edu/cervantes/esp/index.html; es importante, institucionalmente, www.cervantes.es, que es la del Instituto Cervantes y, por la cantidad de proyectos que se ejecutan desde el Centro de Estudios Cervantinos: www.centroestudioscervantinos.es. Día a día aparecerán nuevas páginas.

ÍNDICE ONOMÁSTICO

Acquaviva: 109, 137, 191
Adjunta al Parnaso: 201, 287, 334, 355
Agustín Dávila Padilla, fray: 334
Alba, duque de: 134, 186, 241
Alberti, Leon Battista: 300, 301
Alfonso V de Aragón: 106
Alí, pachá: 133
Alonso Rodríguez: 198, 203, 277
Amadís: 48
Amante liberal, El: 111, 153, 158, 159, 180, 230
Amescua, Mira de: 366
Ana de Austria: 44, 77
Ana de Toledo: 143, 146
Andrada, Gallo de: 293
Andrónico II: 106
Antón de la Bella, fray: 176, 178
Aquiles Tacio: 95
Arcadia de Lope de Vega, *La*: 286
Arcadia de Sannazaro, *La*: 96, 193
Arias Montano, Benito: 113, 186, 274
Arnaúte Mamí: 149
Astrana Marín, Luis: 40, 45, 74, 97, 149, 167, 169, 182, 190, 202, 212, 216, 218, 219, 231, 234, 276, 278, 279, 284, 287, 291, 295, 329, 330
Avellaneda, Alonso Fernández de. Véase Fernández de Avellaneda, Alonso de
Avellaneda, Isabel de: 45

Baker, Edward: 89, 101
Baños de Argel, Los: 153, 154, 165, 168, 200, 333

Barbarroja: 128, 142, 152
Barreiros, Gaspar: 28
Barrionuevo, Diego de: 299, 301
Barrionuevo, Gabriel de: 366
Bataillon: 95
Batalla Naval, La: 201-203
Bazán, Álvaro de: 43, 142, 182, 235
Béjar, duque de: 293, 295, 296, 335, 363, 365
Belleforest: 97
Bennassar: 146, 158
Bertendona, Martín de: 248
Biblia Políglota Complutense: 28
Bizarra Arsinda, La: 202
Bizarrías de Belisa, Las: 276
Blanco de Paz, Juan: 177, 178
Bobadilla, Francisco de: 43, 181
Botero: 300
Bouza Álvarez, F.: 186
Búho gallego: 368
Burguillos, Nicolás de: 197
Busto, Bernabé del: 100

Cabrera, Catalina de: 30
Calvete de Estrella: 100
Camporredondo, Francisco: 320-322
Canavaggio: 169, 327, 328
Cancionero de Pedro Laínez: 204
Cano, Juan Sebastián del: 244
Carlos I de España. Véase Carlos V de Alemania
Carlos V de Alemania: 27, 77, 79, 82, 105, 108, 120, 127-129, 144, 145, 152, 189, 203, 209, 240, 244, 298, 330, 335, 339, 340

Carlos VIII de Francia: 106, 107
Casa confusa, La: 368
Casa de los celos, La: 110, 200
Castañeda, Gabriel de: 132, 161, 160
Catalina Micaela: 76, 200
Celestina, La: 96, 283
Celoso Extremeño, El: 47, 278
Cervantes de Saavedra, Gonzalo: 195
Cervantes, Andrea de: 40, 41, 44, 56, 176, 182, 315, 316, 324, 332
Cervantes, Isabel de: 269, 277, 278, 316, 331, 376
Cervantes, Juan de: 30-34
Cervantes, Magdalena de: 38, 41, 44, 45, 175, 182, 259, 268, 278, 315, 318, 322, 323, 332
Cervantes, María de: 30, 34
Cervantes, Rodrigo de (hijo): 42, 43, 45, 75, 76, 131, 149, 152, 162-166, 174, 176, 181, 189, 195, 226, 279
Cervantes, Rodrigo de (padre): 30, 31, 35-40, 74
Cetina, Agustín de: 259, 261, 278
Chiambery, Bartolomé Rufino de: 164
Coello, Juana: 86
Colón, Cristóbal: 225
Colonna, Ascanio: 109, 191, 365
Coloquio de los perros, El: 70, 73, 75, 85, 95, 98, 111, 127, 146, 201, 318, 323, 329, 333, 342, 343, 346
Comentario en breve compendio de disciplina militar: 226
Compendio historial, El: 314
Conde Lucanor, El: 96, 333
Confusa, La: 216
Contradiction de los catorce artículos de la fe Cristiana: 283
Cortinas, Leonor de: 37, 38, 39, 162, 163, 175, 176, 182, 195
Cosmographia de Münster: 96
Cotarelo: 93, 101
Craasbeck, Pedro: 296
Crato, Antonio de: 186
Crotalón: 95
Croy y Peralta, Diego de. Véase Falces, marqués de
Cuesta, Juan de: 292, 294-296, 335, 355, 356, 360
Cueva de Samanca, La: 200

Dalí Mamí: 149, 150, 152, 166
Dámasa, Catalina: 214

Dante: 115
Decamerón, El: 115
Deza, Lope de: 301
Diálogo de Mercurio y Carón: 95
Diálogos de amor: 95
Diana de Jorge de Montemayor: 191
Diana enamorada: 192
Diccionario de Autoridades: 89
Diccionario de la RAE: 89
Diez libros de arquitectura: 300
Docampo, Florián: 100
Doria, Juan Andrea: 128, 132, 133, 134, 139, 143, 145
Dos doncellas, Las: 57, 58, 110, 111
Drake: 67, 224, 225, 244-247, 258, 253, 269, 290, 348

Eisenberg, Daniel: 94, 97, 98, 101
Elección de los alcaldes de Daganzo, La: 88, 200, 208, 333
Elogio de la locura, El: 35
Engaño a los ojos, El: 357
Enrique I de Portugal: 185, 186
Enrique IV de Castilla: 32, 127
Entremés de los romances: 289, 290
Entretenida, La: 69, 110, 200, 334
Erasmo de Rotterdam, Desiderio: 28, 35, 69, 96
Esclavos de Argel, Los: 203
Española inglesa, La: 70, 150, 160, 180, 253, 348
Espinosa, Diego de: 85, 170, 171, 188, 199
Examen de ingenios: 192
Exhortación para los soldados y capitanes que van en esta Jornada de Inglaterra: 249
Ezpeleta, Gaspar de: 318, 319-325, 329
Ezpeleta, Gaspar de: 44, 281, 318-329, 365

Fadrique I: 106
Falangota, Diana de: 143
Falces, marqués de: 319, 320, 321, 326
Farnesio, Alejandro: 44, 245, 246, 249
Felipe el Hermoso: 54
Felipe II: 25, 43, 80, 85, 101, 105, 107, 109, 121, 125, 129, 140-143, 146, 153, 159, 169,170, 173, 182, 185-190, 196, 198, 199, 203, 223, 228, 229, 235, 237, 240-247, 249, 251, 271, 272, 274, 276, 297, 298, 313, 314, 319, 340, 359, 376
Felipe III: 27, 275, 278, 296, 300, 308-310, 312, 314, 315, 330, 341, 343, 371, 374

Fernández de Avellaneda, Alonso de: 37, 287, 358, 360, 361
Fernández de Castro, Pedro: 363, 373
Fernández de Córdoba, Gonzalo: 107
Fernández de Torreblanca, Leonor: 33, 38, 40, 41
Fernando el Católico: 31, 106, 107
Ferrante I: 106
Ferrante II: 106
Figueroa, Lope de: 43, 136, 139
Flores de Valdés, Diego de: 247
Francisco de Asís, san: 370
Freire de Lima, Simón: 44, 268
Frías de Miranda, Gaspar: 209
Fuente, Tomás de la: 198
Fuerza de sangre, La: 49, 50, 52, 111, 112

Gaitán, Juana: 203, 204, 217, 281, 315, 316, 324, 325
Galatea, La: 51, 67, 95, 98, 100, 109, 111, 112, 177, 181, 189-195, 204, 215, 216, 218, 226, 284, 290, 336, 347, 348, 359, 361, 365
Gallardo español, El: 45, 111, 188, 200, 333
Gálvez de Montalvo, Luis: 77, 191, 192
Gálvez, Jerónimo de: 198
Ganaza: 198
García de Loaysa: 85
Garibay y Zamalloa, Esteban de: 100, 314, 315, 322, 369
Garibay, Luis de: 320, 322
Getino de Guzmán, Alonso: 76-78, 162, 176
Gil Polo, Gaspar: 191, 192
Giner, Lope: 188
Ginés de Sepúlveda, Juan: 100
Gitanilla, La: 46, 47, 51, 66, 69, 86, 111, 146, 317, 316, 328, 333
Gómez Dávila: 216
Gómez de Medina, Juan: 248
Góngora, Luis de: 288, 289, 363, 365
González de Amezúa: 276, 289
González Vera, Gil: 301
González, Alfonsa: 369
González, Tomás: 190
Gracián, Diego: 95
Gran sultana, La: 110, 150, 200, 201, 333
Gran Turco, EL. Véase Selim II
Granados, Juan: 198
Greco, El: 218
Gregorio XIII: 140, 246

Guarda cuidadosa, La: 200, 334
Guevara, Antonio de: 181, 225, 230-238, 261, 264
Gutiérrez, Tomás: 224, 225, 254, 260, 265
Guzmán de Alfarache: 283

Hasán: 264-266, 275-277
Hawkins: 243, 252, 269
Heliodoro: 95
Hermosura de Angélica, La: 285
Herrera, Antonio de: 313
Herrera, Jerónimo de: 300-302
Histoires tragiques: 97
Historia de Clareo y Florisea: 95
Historia de la fundación y discurso de la Provincia de Santiago de Méjico: 334
Historia del cisma de Inglaterra: 249
Hondaro, Diego de: 217
Huarte de San Juan, Juan: 192, 318
Huerta, Lope: 35, 36, 42
Hurtado de Mendoza, Antonio: 33, 34, 248
Hurtado de Mendoza, Diego: 33

Icíar, Juan de: 97
Ilustre fregona, La: 110, 159, 329, 330
Información de Argel: 153, 162, 177, 179
Ipenarrieta, Cristóbal de: 259
Isabel de Valois: 73, 82, 196, 274, 297
Isabel la Católica: 35, 52, 128
Isidro, El: 285, 368
Isunza Lequeitio, Pedro de: 261-266, 273, 314
Isunza, Juan de: 314

Jaime II de Aragón: 106
Jenofonte: 95
Jerez, Juan de: 301
Jerusalén conquistada: 286
Jiménez Ortiz: 131
Jorge de Olivar, fray: 163
José de Sigüenza, fray: 253
Juan de Austria: 134, 136, 140, 141, 143, 152, 169, 246, 256, 340
Juana de Castilla: 54
Juez de los divorcios, El: 52, 58, 66, 126, 200, 333

L'Hermite, Jean: 196
Laberinto de amor, El: 200
Laínez, Pedro: 75, 203, 217, 329
Langa, Juan de: 234
Lanuza, Juan de: 165, 265

Lanuza, Pedro de: 55, 56
Laredo, Antonio de: 366
Lazarillo de Tormes: 283
Leca, Juan Pablo de: 170
Ledesma, Juan de: 258
Lemos, Conde de: 26, 94, 293, 333, 348, 349, 358, 361-368, 372
León Hebreo: 95
Lerma, duque de: 279, 293, 298-300, 302, 305, 308, 310, 311, 316, 332, 341, 363, 365
Licenciado Vidriera, El: 83, 86, 109, 110, 111, 112, 126, 201, 329, 386
Llorente Santantón: 217
Lodeña, Fernando de: 53, 268
López de Hoyos, Juan: 73, 77, 78, 81, 82, 83, 85, 96, 97, 100, 171, 182
López de Velasco, Juan: 100
López Maldonado: 77
López, Francisco: 26, 44, 283
Loranca, Fernando de: 78
Luciano: 95
Luis XII de Francia: 107
Luján, Micaela: 315

Madrigal, Pedro: 294
Marañón, Gregorio: 170
Martín de Córdoba: 188
Martínez Millán, J.: 170
Martínez Montañés, Juan: 259
Martínez, Gabriel: 369, 372
Maximiliano II de Alemania: 129
Medina Sidonia, duque de: 187, 246-249, 269, 270
Medinaceli, duque de: 241
Medrano, Diego de: 248, 335
Mejía, Pedro de: 100, 192
Mejía, Rodrigo: 215
Méndez, Simón: 322-326, 328
Mendoza, María de. Véase Cervantes, María de
Menéndez Pelayo, Marcelino: 95, 96
Meneses, Francisco de: 161
Meregalli, Franco: 115
Minerva sacra: 369
Molina, Luis de: 331, 332, 376
Moncada, Hugo de: 248
Moncada, Miguel de: 131
Montoya, Luisa de: 314-316, 319-323
Morales, Ambrosio de: 100, 359
Mosquera de Figueroa, Cristóbal: 223, 226
Moura, Cristóbal de: 216
Murcia de la Llana, Francisco: 292, 293

Navas, Juan de las: 313
Nebrija, Antonio de: 335
Novela del curioso impertinente, La: 279, 335
Novelas ejemplares: 66, 110, 253, 287, 336, 347, 348, 349, 355, 356, 361, 368
Novoa, Matías de: 302
Numancia, La: 45, 160, 200-203
Núñez de Reinoso, Alonso: 95

Obras de Laínez: 217
Ocho comedias y ocho entremeses: 75, 110, 197, 201, 334, 349, 356-358, 360, 361, 364, 368
Odisea, La: 95
Olivares, conde-duque de: 202, 214
Oquendo, Miguel de: 248
Orange, Guillermo de: 245
Ortigosa, Francisco de: 366
Osorio, Francisco: 198
Osorio, Rodrigo: 198, 262
Ostra, Diego de la: 76
Oudin, César: 194, 356
Ovando, Constanza de: 316
Ovando, Juan de: 258
Ovando, Nicolás de: 40, 56, 316

Pacheco, Alonso: 56, 176
Páez de Castro: 100
Palacios, Catalina de (hija). Véase Salazar, Catalina de
Palacios, Catalina de (madre): 215, 278, 281, 324
Pantoja de la Cruz, Juan: 235
Pasatiempos de Jean L'Hermite: 196
Pastor de Filida, El: 191
Pedro de Urdemalas: 70, 110, 200, 201, 230, 333
Pedro IV de Aragón: 106
Pedroso, Bernabé de: 273
Peregrino en su patria, El: 285
Pérez de Herrera, Antonio: 313
Pérez, Gonzalo: 95
Pérez, Juan: 283
Persiles y Sigismunda, El: 50, 51, 58, 66, 67, 95, 109, 134, 151, 183, 200, 201, 262, 342-345, 355, 361-364, 368, 369, 374
Pícara Justina, La: 283
Pincigrafía: 306
Pinelo, León: 304, 312
Pinheiro da Veiga: 306, 318
Pío V: 139, 140

Plantino, Cristóbal: 101
Plutarco: 95
Ponce de León, Manuel: 136
Porqueras Mayo, A.: 191
Porres, Gaspar de: 216, 333
Prado, Juan de: 163

Quevedo, Francisco de: 289, 365, 367
Quijada de Salazar y Pereña, Alonso: 209, 213
Quijada de Salazar, Gabriel: 210, 212,
Quijada de Salazar, Juan: 209, 210, 212
Quijote de Avellaneda, El: 288, 358, 360
Quijote, El: 46-51, 55-58, 69, 71, 72, 83-91, 93, 95, 96, 98-103, 110-112, 115, 116, 119, 124, 126, 134, 135, 142, 143, 146, 150, 154-161, 168, 169, 171, 182, 184, 192, 194, 200, 201, 206, 219-221, 230, 256-258, 263, 270, 272, 273, 279, 281-296, 317, 318, 328, 331, 333-336, 342, 344, 345, 347-349, 352, 355-364

Ráez Maltrapillo, Morato: 149, 168, 169
Razón de Corte: 301
Recalde, Juan Martínez de: 248
Recibimiento, El: 83
Requesens, Luis de: 146, 241
Retablo de las maravillas, El: 96, 200, 201, 208, 333
Ribadeneira, Pedro de: 249, 253, 265
Rico, Francisco: 291
Rinconete y Cortadillo: 83, 84, 89
Robles, Blas de: 290
Robles, Francisco de: 290, 295, 296, 313, 356, 360
Rodaja, Tomás: 83, 86
Rodríguez Marín: 74
Rojas, Fernando de: 94
Rojas, Juan de: 79
Rueda, Lope de: 75, 76, 78, 96, 196, 197, 200, 357
Ruffinato, Aldo: 115
Rufián dichoso, El: 110, 200, 201, 334
Rufián viudo, El: 200
Ruiz, Simón: 234, 235

Saavedra, Isabel de. Véase Cervantes, Isabel de
Salazar Vozmediano, Hernando de: 204
Salazar, Catalina de: 26, 30, 204-206, 216, 219, 259, 314, 315, 318, 331-333, 374, 376
Salazar, Francisco de: 210, 212

Salcedo, Mateo de: 198
Sánchez de Córdoba, Pedro: 163, 174
Sánchez. Luis: 295
Sande, Álvaro de: 131
Sannazaro: 95, 191
Santa Liga, La: 43, 136, 203
Santacruz, marqués de. Véase Bazán, Alonso de
Santisteban, Mateo de: 131, 132
Saratosia, Zenobia: 143
Sarmiento de Acuña, Diego: 313
Selim II: 105, 128, 129, 134, 141, 142, 143, 154, 159, 169, 245, 340
Señora Cornelia, La: 56
Sessa, duque de: 35, 136, 152, 175, 256
Sigura, Antonio de: 108
Silent Woman, The: 335
Silva curiosa, La: 335
Silva de varia lección: 192
Silva, Juan de: 216, 282
Soneto a la reina Doña Isabel 2ª : 76
Soto, Casado: 251
Sotomayor, Magdalena de. Véase Cervantes, Magdalena de
Suárez Gasco, Francisco: 266, 271

Teresa de Jesús, santa: 42
Tesoro de la lengua castellana o española, El: 89
Tía fingida, La: 278
Toledano, Navarro: 357
Tomas Moro, santo: 28
Toro, Salvador de: 263
Torres, Bartolomé de: 277
Torres, Silva de: 311-313
Tratado de la Tribulación: 253
Trato de Argel, El: 111, 147, 150, 153-155, 159, 160, 164, 165, 168, 191, 200-202
Trato de Constantinopla y muerte de Selim, El: 216

Uchalí: 131, 135, 140, 142, 144, 154, 187
Urbina, Diego de: 131, 132, 134, 136
Urbina, Isabel de: 290, 315
Urbina, Juan de: 330, 331, 332, 376

Valdés, Juan de: 95
Valdés, Pedro de: 248
Valdivia, Diego de: 225, 226, 230, 233, 234
Valdivieso, José de: 374
Valla, Lorenzo: 80
Vázquez de Alderete, Diego: 170

Vázquez de Arce, Rodrigo: 88
Vázquez de Leca, Mateo: 43, 85, 164, 165, 169-172, 174, 175, 182, 189, 199, 203, 226, 228, 258, 315
Vega, Galindo de la: 237
Vega, Lope de: 203, 216, 217, 250, 276, 282, 284-290, 294, 315, 360
Velásquez, Jerónimo: 198
Venegas, Alejo de: 81, 82
Viaje del Parnaso: 95, 98, 110, 113, 126, 134, 184, 197, 272, 276, 287-289, 292, 295, 347, 349, 350, 353, 254, 356, 361, 363, 366

Viejo celoso, El: 200, 333
Viejo enamorado, El: 202
Vieras, Alonso de: 74
Villafranca, Ana de: 203, 273
Villalón, Cristóbal de: 95
Villaroel, Cristóbal de: 319, 326
Villarroel, Juan de: 290, 356, 357, 360
Virgilio: 80, 92
Vitruvio Polión, Marco: 300
Vizcaíno fingido, El: 200, 334

Zúñiga y Avellaneda, Juan de: 216, 230